왜 그들의 교회는 성장하는가?

새 천년의 교회 패러다임

도날드 E. 밀러 지음 | 이원규 옮김

kmc

REINVENTING AMERICAN PROTESTANTISM
Christianity in the New Millennium

by Donald Miller
ⓒ 1997, 1999 The Regents of the University of California
Published by arrangement with University of California Press

이 책의 한국어판 저작권은 미국의 University of California Press와의 계약으로
도서출판kmc에 있습니다.
저작권법에 의해 대한민국 안에서 보호를 받는 저작물이므로
허락 없이 복사, 인용, 전재하는 것을 금합니다.

왜 그들의 교회는
성장하는가?

초판 1쇄　2008년 2월 15일
　　4쇄　2021년 10월 19일

도날드 밀러 지음
이원규 옮김

발 행 인　이　철
편 집 인　한만철
펴 낸 곳　도서출판kmc
　　　　　서울특별시 종로구 세종대로 149 감리회관 16층
　　　　　(재)기독교대한감리회 도서출판kmc
　　　　　전화 02-399-2008 팩스 02-399-2085
　　　　　www.kmcpress.co.kr

인　　쇄　리더스커뮤니케이션

ISBN 978-89-8430-374-4 03230

값 12,000원

Reinventing American Protestantism
Christianity in the New Millennium

By Donald E. Miller

이 책은
기독교대한감리회 중부연회 인천동지방 청암교회(담임 주복균 목사)의
후원으로 번역되었습니다.

| 차례 |

옮긴이의 말　　8
감사의 글　　13

서론　얻은 자와 잃은 자　종교 경제의 재구성 ················ 16

미국 종교에서 얻은 자와 잃은 자 | 연구 여정 | 연구 주제

1장　미국 개신교의 새 얼굴　제2의 종교개혁? ················ 30

새로운 패러다임 교회 | 주류 교파들의 쇠퇴 | 변화의 세 사례 | 새로운 문화적 패러다임 | 원시적인가? 포스트모던적인가? | 두 유용한 지침

2장　히피, 해변 침례, 병 고침　세 운동의 역사 ················ 52

갈보리교회 | 호프교회 | 빈야드교회 | 비교

3장　삶의 변화　회심의 과정 ················ 86

뉴욕 주 북부에 있는 갈보리교회 | 문화적 적합성 | 빛을 찾은 가톨릭교인 | 회심의 경험 | 회심 후의 삶의 방식 | 회심과 교회성장

4장　합리성을 넘어　성스러움을 향한 민주적 접근 ················ 126

자력으로 성공한 작곡가 | 교회운동의 전달자 | 노래·가르침·기도 | 주를 찬미함 | 찬양 경험에 대한 해석 | 성령의 은사

5장 성경대로 살아감 사회사역, 정치, 신학 ········· 166

가난한 사람이 우리를 필요로 하는 것이 아니라 우리에게 가난한 사람이 필요하다 | 성 역할, 결혼, 자녀, 그리고 성(性) | 정신적 신념 | 경험적인 기독교 | 새로운 패러다임 목회자 대(對) 장로교 성직자 | 교리보다는 마음의 순수함 | 성경 읽기 | 결론적 의견

6장 사람을 위한 목회 포스트모던 조직 ········· 202

내가 가져보지 못한 가족 | 평신도에게 권한을 주다 | 분권화된 운동 | 돈에 대한 태도 | 성령의 역할 | 성령의 인도하심 | 전인적 봉사 | 포스트모던 종파 | 결론적 성찰

7장 새 집단 만들기 교회 개척과 성장 ········· 234

시장 | 성장의 수단 | 상품 | 새로운 교회의 설립 | 복음주의 윤리 | 라디오, 테이프, 그리고 음악 | 대안적인 주류 교회의 예배 | 소속 변경 | 결론

8장 주류 교회는 살아남을 수 있는가? ········· 260
역사에서부터 배우는 교훈

제3의 대각성운동 | 왜 새로운 패러다임 교회가 성장하는가? | 새로운 패러다임 종교와 현대 미국 문화 | 주류 교파에 주는 의미

부록 1. 교회의 지리적 분포 280
부록 2. 평신도 조사 283
부록 3. 목회자 조사 298
주 316
찾아보기 328

옮긴이의 말

　　　　　　　이 책을 번역하게 된 중요한 동기 중의 하나는 개인적 경험과 관계되어 있다. 2004년 안식년을 맞아 미국 남가주 클레어먼트 신학대학원(Claremont School of Theology)에 방문교수로 1년간 머물러 있는 동안 최근 급성장하고 있는 여러 미국 교회들을 방문했다. 미국의 주류(mainline) 전통교파들이 일반적으로 쇠퇴하는 상황에서 그 교회들이 어떻게, 왜 성장하는지 궁금했기 때문이다. 내가 방문했던 교회들 중에는 갈보리교회(Calvary Chapel of Costa Mesa), 빈야드교회(Vineyard Christian Fellowship of Anaheim), 새들백교회(Saddleback Community Church), 마리너스교회(Mariner's Church), 페이스교회(Faith Community Church of West Covina), 그레이스교회(Grace Church of Glendora), 도상교회(The Church on the Way) 등이 포함되어 있었는데, 그들은 대부분 특정 교파에 속해 있지 않은 소위 독립교회들(independent churches)이었다.

　이 교회들의 공통점은 전통적인 방식의 예배, 프로그램, 조직, 운영을 포기하거나 근본적으로 바꾸었다는 것이다. 예배는 대개 개조한 창고나 체육관 같은 건물에서 드렸으나, 음향과 조명 시설은 첨단의 것으로 갖췄다. 예배 순서는 대개 찬양과 설교 두 부분으로 되어 있다. 약 30분간 전문적인 밴드와 찬양 팀이 찬양을 인도하고, 다음에는 목사가 약 40분간 복음적인 설교를 한다. 묵도 찬송 교독 대표기도 성경봉독 특별찬송 목회기도 헌금 광고 등의 순서는 거의 없다. 찬송가 대신에 경쾌하고 아름다운 선율의 CCM(현대기독교음악 혹은 복음송가)을 찬양 팀이, 그리고 모두가 함께 부른다. 교인들 가운데 정장을 하고 온 사람은 거의 없으며, 심지어는 목사도 가운은커녕 정장도 하지 않은 채 단 위에서 설교를 한다. 주보를 보면 예배순서가 없는 대신에, 다양한 프로그램에 대한 소개와 여러 모임에 대한 광고가 가득 실려 있다. 예배를 드리는 교인들은 행복해 보이고, 교회 나오는 것이 즐거워 보인다. 열광적이지 않으면서도 정감이 넘치는 교회 분위기, 기쁨이 충만한 듯 밝고 명랑한 교인들, 친절하고 다정한 표정과 몸짓들, 찬양 팀과 완전히 하나 되어 은혜를 표현하는 사람들, 목사의 설교에 편안한 자세로 깊이 공감하는 회중들…. 이 모두가 내게는 신선한 충격과 감동으로 다가왔다.

이 교회들을 탐방하면서 나는 이것이 새로운 교회 패러다임의 한 형태가 아닐까 생각했다. 무엇이 이 교회들을 성장시키며, 무엇이 그 교인들을 그렇게 행복하게(내게는 그렇게 보였다) 만드는지 궁금했다. 그래서 이 교회들이, 침체의 국면에 접어든 한국교회에 주는 메시지가 있지 않을까 생각하면서 이 현상을 종교사회학적으로 연구해 보고 싶었다. 그러던 중 남가주 대학(USC) 종교학과 도날드 밀러 교수가 바로 그 주제에 대하여 종교사회학적으로 심층 분석한 이 책을 접하게 되었다(이 책은 그 교회현상을 연구하고자 했던 내 수고를 덜어준 셈이다!). 나는 단숨에 읽고 즉시 번역하기로 작정했다.

사실상 밀러 교수는 어떤 개신교 독립교회들이 왜, 어떻게, 얼마나 급성장할 수 있었고, 그 교회들이 갖는 동력은 무엇인지에 대한 답을 얻기 위해 이 책을 썼다. 그는 그 가운데 대표적인 갈보리교회와 빈야드교회(이 두 교회는 내가 각각 두 번씩 방문한 바 있다), 그리고 호프교회를 집중적으로 연구했다. 종교사회학자로서 그는 서베이, 참여관찰, 면접과 같은 사회과학적인 연구방법을 활용하여 2년간 그 교회들을 깊이 있고 폭넓게 조사하고 분석했다. 밀러는 주류 전통교파 교회들에는 무엇인가 빠져 있으며, 무엇인가를 잃어버렸다고 본다. 이것이 그 교회들의 쇠퇴의 근원이라는 것이다. 그는 그 무엇을 독립교회들에서 발견했다. 그것은 첫째로, 종교의 본질적인 부분, 즉 성스러움의 경험이며, 둘째로, 사람들의 시대적 요구에 부응하는 문화적 표현이다.

저자가 분석한 그 교회와 교인들의 특징은 다음과 같다. 그 교회들은 무엇보다 '감성을 추구하는' 경향이 강하다. 종교적 회심과 경험을 중요시한다. 성경을 열심히 배우고 그대로 살려고 노력한다. 교인들 사이의 관계가 매우 친밀하다. 사랑의 실천을 적극적으로 한다. 기쁨이 충만한 교회생활, 가정생활을 한다. 소그룹 모임이 매우 활성화되어 있다. 사람들의 다양한 요구를 수용하는 다양한 프로그램들을 가지고 있다. 평신도를 사역의 파트너로 삼아 그들을 최대한 활용한다. 권위주의나 관료주의를 배격한다. 하나님께 대한 지식이나 믿음보다는 하나님과의 만남과 관계를 중요하게 생각한다. 하나님에 대하여 찬양하는 것이 아니라 하나님께 찬양한다. 밀러는 그 교회들에서 말씀의 선포, 전도, 교육, 봉사, 친교라는 교회의 기능들이 어떻게 활성화되며, 그것이 교회를 어떻게 활기 있게 만드는지 밝혀낸다. 이성과 전통만을 고수하는 교회에는 미래가 없으며, 그것들에 더하여 경험이라는 차원이 반드시 수반되어야 한다고 강조한다.

밀러는 여러 종교사회학자들의 주장에 동의하면서 21세기를 후기교파주의(post-denominationalism) 시대라고 단언한다. 즉 전통적인 주류 교파의 시대는 가고, 독립교회 혹은 독립교단이 활발하게 성장하는 시대라는 것이다. 실제로 오늘날 세계적으로 보면 아프리카와 아시아 일부 지역을 제외하고는 전반적으로 기독교가 쇠퇴하고 있는데, 그것은 특히 개신교의 전통교파들의 경우 그러하다. 반면에 독립교회 및 독립교단은 전 세계적으로 급성장하고 있다(자세한 통계로는 이원규, 『인간과 종교』, 나남, 2006, 참조). 2000년 현재 세계의 독립교회 및 독립교단에 속해 있는 교회 수는 약 180만 개로서 세계 전체 교회의 52%를 차지하고 있어서, 지난 30년간 그 성장률은 무려 330%에 이른다. 교인 수에서도 독립교회 및 독립교단에 속해 있는 신도 수는 약 4억 명으로 전체 기독교인의 20%를 차지하며, 그 성장률은 지난 30년간 300%나 된다.

밀러는 그 세 독립교단 교회들을 분석한 후 이 교회들이 바로 새로운 패러다임 교회의 전형이라고 자신 있게 말한다. 즉 21세기에 교회가 생존하기 위해 지향해야 할 새로운 교회의 모델을 그가 연구한 교회들에서 발견한 것이다. 물론 새 천년 시대에 살아남기 위해 모든 교회가 반드시 독립교회의 형태를 갖출 필요는 없겠지만, 전통적인 주류교파 교회가 새로운 시대적 요구에 부응하지 못한다면, 그리고 새롭게 변화되지 못한다면, 그것이 회생할 가능성은 희박하다고 단언한다.

우리는 이 책을 통해 미국에서 급성장하는 교회의 내적, 외적 성장 동력이 무엇인지, 현대인의 종교성에는 어떤 특징이 있으며 어떤 목회 패러다임이 그들에게 설득력이 있는지, 새 시대 새로운 교회의 모델은 어떤 것인지, 그리고 이러한 교회의 문제점은 무엇인지 알아볼 수 있을 것이다. 물론 이 책에서 저자가 정리하는 새로운 패러다임 교회의 형식과 내용이 한국교회에 그대로 적용하는 데는 적합하지 않은 부분이 있을 것이다. 그러나 양적으로 성장이 멈춰버렸고, 질적으로도 활기를 잃어가는 한국교회의 입장에서는 눈여겨보아야 할, 그리고 배워야 할 것들이 그 교회들에서 적지 않게 발견될 것이라고 생각한다. 따라서 현재의 위기를 극복하여 새 시대 새 교회를 지향하는 한국의 목회자, 신학자, 평신도에게 이 책은 하나의 좋은 참고서가 될 수 있으리라.

이 번역서를 내는 데 도움이 되었던 분들께 감사를 표하고 싶다. 먼저 이 책의 번역에 기꺼이 동의해 준 저자 도날드 밀러 교수와 이 역서의 한국어 출판을 허락해 준 캘리포니아대학 출판사에 감사드린다. 원고를 컴퓨터로 정리해 준 제자 손동철 전도사에게 고마운 마음을 전한다. 이 책의 출판을 허락해 주신 감리교 출판국 총무 김광덕 목사님, 그리고 실무자에게도 감사한다. 마지막으로 책의 번역을 위해 학술연구비를 지원해 주신, 내게는 언제나 '주형'으로 불리는 주복균 목사님(중부연회 인천동지방 청암교회)께 특별히 감사드린다. 이 번역서가 평생 목양의 길을 걸어오며 한국교회를 위해 헌신하고 있는 목회자들, 올바른 교회 상을 정립하고 그 방향을 제시하려고 수고하는 신학자들, 그리고 그 밖에 한국교회를 아끼고 염려하는 모든 분들에게 적은 도움이나마 될 수 있기를 바란다. 이 책을 한국교회를 사랑하는 모든 목회자들께 드린다.

2008년 2월 냉천동에서
옮긴이 이원규

감사의 글

이 책에서 설명한 세 운동들에 대한 해석의 책임은 나에게 있지만, 이 작업에 대한 중요한 두 연구 조교인 브렌다 브래셔와 폴 케네디의 창조적인 노고에 감사를 표한다. 그들은 현장조사 보고서를 자세하게 기록했을 뿐만 아니라 목회자들과 평신도들을 인터뷰하면서 2년을 보냈다. 마이클 매켄지도 연구 조교로서 두 번의 여름 동안 나와 함께 일했다.

또한 기꺼이 인터뷰에 응해 주었던 수많은 사람들에게 커다란 빚을 지고 있는데, 이 가운데는 척 스미스, 오덴 퐁, 그렉 로리, 빌 골라틴, 존 윔버, 칼 터틀, 케빈 스프링거, 켄 걸릭슨, 랄프 무어, 그리고 자크 나자리안과 같은 이 운동들의 중심적인 지도자들이 포함되어 있다. 내가 그렇게 완전한 협조를 받게 될 줄은 몰랐다. 나는 갈보리교회, 빈야드교회, 그리고 호프교회 교인들과 목회자들과의 관계 가운데서 내가 받았던 교훈에 대해 항상 감사할 것이다.

나는 이 연구의 초기 원고에 대해 매우 귀한 비판을 받았는데, 딘 호지, 로저 핑크, 그리고 제임스 윈드의 통찰력과 비판에 감사하고 싶다. 그러나 이 원고를 검토하는 데 가장 역할이 컸던 사람은 캘리포니아대학 출판사의 명랑한 편집자 덕 아브람스 아라바였다.

마지막으로 이 연구는 릴리 재단의 기금이 없었다면 불가능했을 것이다. 크레이그 딕스트라와 제임스 루이스로부터 받은 지속적인 격려에 감사한다.

도날드 E. 밀러

서론

얻은 자와 잃은 자

종교 경제의 재구성

미국 종교에서 얻은 자와 잃은 자 | 연구 여정 | 연구 주제

> 서론

얻은 자와 잃은 자
종교 경제의 재구성

    하나의 혁명이 미국 개신교를 바꾸어놓고 있다. 많은 주류(mainline) 교회에서는 교인이 줄지만, 전체적인 교인 수는 감소하지 않았다. 대신에 기독교의 새로운 한 형태, 즉 1960년대 중반부터 시작된 근본적인 문화적 변화에 반응하는 형태의 교회가 생겨나고 있다. 이 새로운 패러다임 교회(new paradigm churches, 이 책에서 나는 이 용어를 쓰기로 한다)는 기독교가 표현되고 경험되는 방식을 바꾸고 있다.[1] 과거의 유별난 종교집단처럼 그 새로운 패러다임 교회는 기성 종교의 속성 중 많은 것을 버렸다. 현대적인 문화 형식을 받아들이면서 새로운 유형의 예배 음악을 만들어 내고 있다; 제도적 종교의 조직적 특성을 바꾸고 있다; 그리고 만인사제직이라는 개신교 원리를 철저하게 지킴으로 누구나 민주적으로 '성스러움'(the sacred)에 다가갈 수 있게 한다.

    새로운 패러다임은 많은 곳에서 발견된다. 그 중 가장 전형적인 곳이 요즈음 널리 퍼지는 수많은 독립교회들(independent churches)이다. 이 교회들은 관료적인 위계질서와 조직적인 감독 체계를 거부하면서 미국의 소위 후기교파(postdenominational) 기독교라는 새로운 시대를 열고 있다.[2] 어떤 새로운 패러다임 교회는 기존의 교파 안에 머물러 있지만, 예배와 조직 형식은 보다 **제도화**된 교파 교회와 현저하게 다르다. 실제로 이 새로운 패러다임 교회의 일부는 교파 소속이라는 사실마저도 드러내지 않는다.

    새로운 패러다임 교회는 '감성을 지향하는'(seeker-sensitive) 교회로서, 시카고에 있는 윌로우크릭 커뮤니티교회(Willow Creek Community Church)나 남가주(Southern California) 지역에 있는 새들백 커뮤니티교회(Saddleback Community Church)가 그 예가 될 것이다. 이 교회들은 교회에 잘 나가지 않는 사람들에게 매력을 주는 예배 형식을 취한다. 또한 자신이 '사도적 그물망'(apostolic networks)3)의 일부라고 하며 성장하는 교회 운동도 새로운 패러다임의 범주에 포함될 것이다. 이 교회들은 신약의 사도행전에서 나타난 종교적 지도력을 조직 구조의 모형으로 삼았다.

그러나 미국 개신교의 이러한 변화를 설명하기 위하여 **복음적**(*evangelical*) 혹은 **근본주의적**(*fundamental*)이라는 신학적 용어를 사용하는 것은 별 도움이 안 된다. 나아가서 **카리스마적**(*charismatic*) 혹은 **성령강림적**(*Pentecostal*)이라는 개념은 그 의미가 너무 광범위하여 이 책에서 설명하는 독특한 혁명적 성격을 이해하는 데 적합하지 않다(비록 많은 새로운 패러다임 교회들이 '성령의 은사'를 중요하게 본다 할지라도). 종교적인 '문화 전쟁'4)(culture wars)이라는 용어도 별로 유용하지 않다. 왜냐하면 많은 새로운 패러다임 교회가 혁신적인 방식으로 정치적, 사회적 문제를 넘나들기 때문이다.

이 혁명 – '제2의 종교개혁'(Second Reformation)의 처음 단계로까지 볼 수 있는- 의 특징을 밝혀내기 위하여 나는 새로운 패러다임 교회의 정의에 부합한다고 믿는 세 운동에 초점을 맞추는데, 그것들은 갈보리교회(Calvary Chapel), 빈야드교회(Vineyard Christian Fellowship), 호프교회(Hope Chapel)다(여기서 연구하는 교회들에는 Chapel이나 Fellowship이라는 명칭이 붙지만, 편의상 모두 '교회' 라는 말로 번역한다. 옮긴이). 이 집단 중에서도 서로 차이가 있지만, 많은 공통점도 있다(제 2장에서 다룸). 세 운동 모두가 남가주 지역에서 시작되었기 때문에 운동의 처음 지도자뿐만 아니라 모(母)교회와 접촉하는 것이 용이했다. 그러나 그 운동 각각이 나라 전체로 -그리고 점차 세계로- 퍼져나갔기 때문에 단순히 미국의 서부 해안지역 현상에 대한 설명으로 그칠 수 있는 위험을 벗어날 수 있었다.(교회의 지리적 분포에 대해서는 부록 1을 보라.)

미국 종교에서 얻은 자와 잃은 자

미국 종교는 계속 변해 왔다. 예를 들어 1776년에는 회중교(Congregationalism)가 뉴잉글랜드 지역에서 지배적 영향을 미쳐 그 지역 종교인의 ⅔ 이상이 회중교 교인이었다. 그러나 1850년에 이르면 그 비중은 28%로 낮아졌다.[5] 경험을 보다 중요시하는 -사람들의 사적인 요구에 응답하면서- 새로운 종교 형태를 띤 침례교(Baptists)와 감리교(Methodists)와 같은 집단이 출현했다. 그것들은 기존 교회에 출석하지 않는 사람들에게 매력을 주면서 신도수가 급격히 늘어났다.[6] 비슷한 변화가 오늘날에도 일어난다. 갈보리교회, 빈야드교회, 호프교회와 같은 집단이 제도적 종교 안에서는 주변인으로 머물던 사람들의 마음을 사로잡고 있다.

이러한 변화를 설명하는 하나의 방식은 종교를 경제적 용어로, 즉 시장의 힘과 시장적 분석에 근거하여 보는 것이다. 로저 핑크(Roger Finke)와 로드니 스타크(Rodney Stark)가 말하듯이 "현재의 그리고 미래의 소비자로 이루어진 시장과 그 시장을 만족시키려는 기업으로 구성되어 있다는 점에서 종교 경제(religious economies)는 시장 경제와 흡사하다. 이 기업의 운명은 (1)조직 구조의 양상, (2)기업의 대표, (3)생산하는 물건, 그리고 (4)판매 기법에 달려 있다. 보다 교회적인 말로 풀이해 보면 종교 조직의 성공여부(특히 규제가 없는 경제상황에서)는 정책, 성직자, 종교 교리, 그리고 복음화 기법에 달려 있다."[7] 비록 참여자들의 **종교적 경험**(religious experience)과 그들이 성스러움과 만나는 내력을 과소평가해서는 안 되겠지만, 이러한 시장적 관점은 갈보리교회, 빈야드교회, 호프교회와 같은 운동의 성장을 설명하는 데 유용하다.

나의 주장은 새로운 패러다임 교회가 많은 주류 교회보다 고객의 요구를 충족시키는 일을 더 잘 할 뿐만 아니라, 성스러움을 전달하고 사람들에게 하나님을 소개하며 자기 초월적이고 삶을 변화시키는 종교적 핵심을 표현하는 데 있어 새로운 패러다임 교회가 더 성공적이라는 것이다. 그 교회들은 중산층의 폭넓은 경험을 반영하는 음악적 표현 방식으로 예배를 드린다; 많은 10대와 젊은 성인을 소외시키는 조직화된 종교 양상을 버렸다; 그리고 잘 규정된 도덕적 가치를 강조하고, 세속문화 가운데에서는 발견될 수 없는 프로그램을 마련하고 있다. 요약하자면 그 교회들은 성스러움의 초월적 경험에 기초한 희망과 의미를 사람들에게 제공한다.

이러한 종교집단이 존재한다는 사실, 그리고 그 중 대부분이 지난 20여 년 동안 생겨났다는 사실을 통해 우리는 전통적인 사회학적 관점을 돌이켜본다. 19세기가 끝날 무렵 독일과 프랑스에서 저술했던 다수의 사회 이론가들은 종교가 20세기 말까지는 사라져버릴 것이라고 생각했다.[8] 종교를 인지적 믿음과 잘못 결부시킴으로써 그들은 종교의 '비합리성'(irrationalities)이 이성의 시대에는 생존할 수 없다고 주장했다. 만일 종교가 계속 존재한다면 그것은 삶의 사적인 영역에서만, 또는 사회적으로 주변적인 사람들에게서만 남게 될 것이라고 생각했다.[9]

그러나 최근 많은 사회학자들은 이러한 세속화 주제는 잘못되었다고 결론내리고 있다.[10] 종교는 세계의 여러 곳에서, 특히 미국에서 굳건히 서 있다.[11] 동시에 종교는 그 모양과 형식에서 끊임없이 변하고 있다; 실제로 어떤 학자들이 범하는 오류는 특정 종교제도(주류 개신교나 로마 가톨릭교회와 같은)의 쇠퇴를 종교 일반의 종식을 뜻하는 것으로 해석하는 것이다. 그러나 자기 초월의 경험과 삶의 의미의 궁극적 근거를 추구하는 인간 정신에는 어떤 심오한 것이 있어 보인다. 기존의 종교가 이 요구를 충족시키지 못할 때 종교적 혁신이 일어나게 된다.

지난 25년간의 갤럽 조사는 미국인이 매우 종교적이라는 사실을 분명하게 밝혀준다. 성인의 40%가 지난 한 주간에 종교 예배에 출석했다고 한다; 69%는 교회 혹은 회당에 속해 있다고 말한다; 그리고 95%가 하나님에 대한 믿음을 고백한다.[12] 미국에는 교회가 30만개에 이르고, 헌금 및 종교 관련 물건 판매 액수를 고려하면 종교는 연 1천억 달러의 산업이다. 그러나 이러한 통계가 모든 것을 말해 주는 것은 아니다. 이 활발한 종교적 경제의 구체적 내용을 살펴보면 개인이 어떤 집단에 참여할 것인지 소비자와 같은 선택을 함에 따라 얻은 자(winners)와 잃은 자(losers)가 분명히 있음을 발견하게 된다.

소위 주류 교파들은 분명히 시장에서 그 몫을 다하지 못하고 있다.13) 지난 몇십 년간 감리교, 장로교, 회중교와 같은 교파들은 20-40%의 교인을 잃었다. 이 교회들은 1960년대와 1970년대 이 교회들에서 자라났던 이들의 충성심을 유지하는 데 실패하여 지금은 백발의 노인들로 채워져 있다.14) 그리고 만일 새로운 세대에 적합한 지도력이 없다면 그 교회들이 젊은이들에게 매력을 주고 지속적인 참여를 유도하도록 예배와 조직 형태를 바꿀 수 있을지는 확실하지 않다. 이 불확실성이 이 책 마지막 장의 내용이다.

그러나 여러 연구들은 많은 보수적인 교회가 같은 기간 동안 매우 잘 해왔음을 밝혀내고 있다.15) 예를 들어 남 침례교(Southern Baptists)는 지난 수십 년간 많은 새 교인을 확보하면서 꾸준히 성장해 왔다. 비록 규모는 작지만 '복음적'이며 '사람들이 찾는' 얼마의 다른 교파 역시 성장한다. 보수적인 교회의 목회자들은 포스트모던 사회의 도덕적, 철학적 물음들에 대하여 분명한 대답을 제시한다. 그들은 또한 사람들의 요구에 창조적으로 응답하는 프로그램들을 지속적으로 새롭게 제공한다. 나아가서 교인 자녀가 참여할 수 있는 체육관을 세우고 청소년 지도자를 고용하는 일에 투자해 왔다.

그리하여 놀라운 일이 벌어진다. 한때 종교적으로 주변적이었던 모르몬교(the Mormons)와 같은 집단이 폭발적으로 성장했다.16) 그들은 높은 출생률을 보이는데, 그것은 또한 보수적인 복음주의 교회의 성장을 설명하는 데도 도움이 된다.17) 그러나 보다 중요한 것은 그들이 가정생활 교육의 중요성을 이해한다는 점이다. 나아가서 모르몬교가 지원자를 받아 2년간 세계 전역에 자비량 선교사를 보내는 시장 확장 사업은 여호와의 증인(Jehovah's Witness)조차도 무색하게 만들고 있다.

전통적으로 하류 계층과 관계된 성령강림운동 교인(Pentecostalists)은 더 이상 주변적 위치에 있지 않는 또 하나의 집단이다. 사회적 박탈감 이론에 따라 사회학자들은 전형적으로 성령강림운동 교인을 생존문제에서의 어려움을 보상받기 위해 삶에서 어떤 환각적 경험이 필요한 사람으로 이해해 왔다.[18] 따라서 이 사회학자들은 하나님의 성회(Assemblies of God)와 그 밖의 다른 성령강림운동 집단이 중산층 사람에게 매력을 주기 시작했다는 사실에 당혹해 하고 있다. 그리고 미국과 남아메리카의 많은 로마 가톨릭 신자가 의례적 교회를 버리고 성령강림운동 교회의 즉흥적 예배 형식을 따르는 데 모두가 놀라고 있다.[19] 성령강림운동 신앙이 이슬람 근본주의보다도 빠르게 성장하여 남아메리카뿐만 아니라 아프리카는 물론 전 세계적으로 4억 명 이상의 신도를 가지게 될 것이라고 누가 과연 예측했겠는가?[20]

이렇게 보수적 종교가 확산하는 가운데 또 다른 운동이 생겨났다. 교육받은 다수의 젊은 미국인들이 조직화된 종교 자체를 떠나가거나 혹은 힌두교나 선불교와 같은 동양 종교들(미국 기독교에서 구체화되는 자본주의적 가치에 반하는)로 돌아섰다. 그들의 의식은 반체제 성향의 1960, 70년대에 형성되었고, 제도적인, '인간이 만든' 종교를 단순히 봉급을 지불할 제도를 필요로 하는 성직자의 이익을 위해 봉사하는 것으로 보았다. "왜 성스러움에 직접 다가갈 수 없는가?"라고 물었다. "누가 돈을 지불받는 중재자-특히 옛날의 성직자 의복을 입고 활보하는 이들-를 필요로 하는가?" 이 베이비 붐 세대(제2차 세계대전 이후에 출생한 세대로 전쟁이 끝난 후 얼마 동안 많은 자녀 출산이 있었기 때문에 이들을 베이비 붐 세대라고 부르는데 혹자는 이를 전후 세대라고도 함. 옮긴이)가 영적인 탐구에 대한 흥미를 잃어버렸던 것은 아니며, 이것은 그들 자녀의 경우에도 마찬가지다; 그들이 환멸을 느끼는 것은 위계적인 권위, 그리고 감성이 결여된 의례와 동일시되는 '종교'에 대한 것이다.[21] 그들이 보기에 하나님과 궁극적 실재는 개인적인 탐구를 통해서 충분히 발견될 수 있는 것이다. 물론 그러한 탐구가 위대한 종교적 전통의 옷을 입을 수도 있지만, 전통적 종교를 통해서만 그것이 가능한 것은 아니다.

이러한 사회적 정황이 미국의 종교적 경제 중에서 가톨릭의 위치에 영향을 미쳤다. 무엇보다 가톨릭은 근본적으로 문화적 '타격'을 입었고, 주일 교회 출석률이 1960년대 중반부터 1980년대 초 사이에 20% 이상 급격히 내려갔다. 수천 명의 신부와 수녀가 소명 받은 직책을 떠나 세속적인 일터로 돌아갔다.[22] 남아있는 이들의 삶도 1965년 제2바티칸공의회(the Second Vatican Council) 개혁 이후에 극적으로 변했다. 많은 수녀가 수녀복을 벗어버렸다. 교회에서의 평신도 역할이 확대되었고, 다른 종교들과의 대화가 시작되었다. 그러나 교회가 보다 '현대적'이 되면서 사제 지망생은 급격히 줄어들었다. 일반 신도의 견해와, 교권으로 설교하는 교리 사이에는 간격이 더 벌어졌다. 출석률의 감소는 이제 소강상태에 접어들었다; 가톨릭 신자의 교회 출석률은 개신교인과 비슷하며, 도덕적 견해와 실천도 점차 개신교인을 닮아간다.[23] 그러나 주류 개신교인이 생존에 대하여 염려한다면, 전통적 교의에 대하여 자주 재확인함에도 불구하고, 그리고 가톨릭이 인구의 ¼을 차지하여 현재 미국에서 가장 큰 종교 집단임에도 불구하고 가톨릭교회 지도자의 불안 수준은 훨씬 더 높을 것이다. 평신도가 믿고 실천하는 것과 성직자가 설교하는 것 사이의 거리감이 끝없이 계속될 수는 없다.

또 다른 사례는 미국 인구의 2%(모르몬교와 비슷한 수준)를 차지하는 유대인에 대한 것이다. 지금까지 설명했던 긴장의 많은 것이 유대교에도 반영되고 있다; 특히 정통주의 유대교는 놀랄 정도로 강한 호소력을 갖으나, 자유주의 개혁 유대교는 주류 개신교가 직면하는 것과 똑같은 문제로 씨름하고 있다.[24] 나아가서 이제는 "개신교-가톨릭-유대교 미국"이라는 개념을 수정할 때다(1950, 1960년대 미국 사회학자들은 미국이 주로 개신교, 가톨릭, 유대교 세 종교를 믿는 사람들로 구성되어 있다고 주장했다. 옮긴이). 예를 들면 몇 년 내 미국에서의 무슬림은 유대교인 숫자와 비슷해질 것이다. 그리고 만일 '종교 없음'(어떤 종교에도 소속되지 않음)이라는 사람의 비율이 증가하는 것을 감안한다면 -30년 전에는 2%에 불과했지만 지금은 약 8%- 전체적인 종교적 구도는 보다 더 복잡해진다.

연구 여정

새로운 패러다임 교회에 참여하는 사람들의 흥미로운 이야기를 시작하기 전에 나는 이 연구에 대하여 이 집단과 나의 개인적 관계를 밝히기 원한다. 1980년대 초 『자유주의 기독교의 경우』(*The Case for Liberal Christianity*)라는 책을 저술했는데, 여기서 나는 급격한 사회변동의 시기에 자신의 신앙을 의미 있게 하려는 여러 탐구 방식을 제시한 바 있다.25) 그 책은 대학원에서 종교에 대해 연구했던 자료를 정리하려는 시도의 산물이었다. 하나님과 성서를 '참으로 믿는 자'에 대한 이해가 대부분 무너져 버렸다. 나는 교리의 순수성보다 사회정의 문제에 더 관심을 가지고 있는 자유주의적 감독교회(Episcopal church-영국 성공회 전통을 이어 받았으나 그것과는 독립적으로 운영되는 미국의 한 자유주의 교파. 옮긴이)에 다녔다. 그리고 그 예배에 참여할 때 그곳이 내 생각과 부합되는 종교 공동체라는 사실을 발견하고는 마음이 편했다.

사실상 나는 아직도 나 자신이 기독교인이라는 것을 행운이라고 생각한다. 내 동료 가운데 많은 이들이 종교를 사람이 삶의 불안에 적응하는 하나의 거대한 투사(projection)라고 보았다. 종교(하나의 제도로서)가 사회적으로 구성되었다는 것에 동의하면서도 나는 초월적인 어떤 것이 인간이 만든 종교적 상징을 힘 있게 만들고 개인의 삶에 의미를 부여한다고 믿었다. 그럼에도 불구하고 종교에 대하여 인지적으로 이해하려는 나의 시도에는 무엇인가 빠져 있다는 것을 알았고, 따라서 『자유주의 기독교의 경우』 출간 바로 직후 내가 은퇴하여 사색적인 추론을 할 여유를 가질 때까지는 신학에 대하여 저술하려는 모든 시도를 유보하겠다고 작정했다. 대신에 기독교 신앙의 지성적 도전을 벗어나기 위하여 여러 매우 실제적인 문제들-처음에는 집단학살 문제, 다음에는 노숙자 문제-로 관심을 돌렸다.26)

10년쯤 지난 후에 종교사회학 분야에서 학부 학생 몇 명에 의해 관찰된 어떤 현상을 분석하려는 연구계획의 자금을 위해 릴리(Lilly) 재단에 기금을 신청했다. 여러 해 동안 나는 십대가 우글거리고, 사람들이 춤을 출 수 있는 록 음악을 연주하며, 자유로운 곳에서 모이는 교회에 대한 학생들의 연구 논문을 읽어왔다. 이 가운데 몇 교회를 방문한 후에 나는 연구할 가치가 있는 어떤 일이 남가주 지역에서 일어나고 있음을 알게 되었다. 1960년대의 예수 운동(Jesus movement)은 오래 전에 끝났다. 비록 일부는 예수 운동에 뿌리를 두지만, 그 교회들은 주로 1990년대의 산물이었다. 종교적 히피(전통적인 종교 형식을 파괴한 1960, 70년대 신흥 제의운동 참여자들. 옮긴이)가 사라진 후 그 자리에는 자신의 자녀가 자라난 도시 환경에서 의미를 찾으려는 젊은 부모들이 있게 되었다. 이 교회들은 옛날 방식의 복음을 설교하지만, 음악과 예배 형태는 매우 현대적이며, 분위기는 내가 방문했던 전형적인 복음주의적, 근본주의적 교회의 그것과는 크게 달랐다.

연구 기금을 받게 되자 어떤 상반된 생각을 하게 되었다. 나는 적어도 30년 동안은 신학 문제를 다루지 않기로 결심했었다; 그러나 내가 연구하려고 제안했던 교회들의 성서적 문자주의에 대하여는 어떻게 할 것인가? 최근까지 나는 그 교회 교인들이 성령뿐만 아니라 예수가 아직도 병을 고치신다고 믿고 있음을 알기에 충분할 만큼 그들의 모임을 자주 방문했다. 나아가서 그들은 악마의 존재를 믿었고 그것을 내쫓기까지 했다! 그러나 나는 스스로 기독교의 초자연적 요소 대부분을 비신화화 해 왔고 내가 속해 있는 감독교회에서 강조하는 사회복음에 안주해 있었다. 비록 연구 목적 때문이라고 하더라도 사람들이 손을 들고 찬양하고 방언을 말하며 일상생활의 대부분을 하나님께 의지하는 예배에 여러 해 동안 기꺼이 참여할 수 있을 것인가?

연구 주제

이 연구 작업을 시작한 이래로 5년간 처음 가정(assumptions) 중에서 많은 것이 크게 달라졌다. 이 교회들을 수십 차례 방문한 후 나는 그들이 예배에 몸과 마음을 몰입하는 것이 더 이상 이상한 일이 아님을 발견했다. 연구 계획의 대상이 된 세 집단에 대하여 연구할 수 있게 허락해 달라고 요청했을 때, 그 집단의 지도자들은 흔쾌히 허락하여 내 마음을 편하게 해 주었다. 그들은 나와 연구 조교들이 참석하기 원하는 모임(많은 자유주의적인 종교 동료들은 참석을 주저할 것 같은 모임까지)에 자유롭게 참여하게 해 주었다. 비록 나 자신이 결코 이 교회들의 성서적 문자주의를 받아들일 수는 없었지만, 나는 성스러움과 소통하는 현대 음악의 힘을 발견했으며, 그 멤버들이 변화되고 치유 받은 개인적 이야기들에 솔직히 감동받았다.

연구 계획을 시작한 지 몇 달 후 무엇이 『자유주의 기독교의 경우』에서 빠져 있는지 깨달았다: 그 책에서 결여되었던 것은 종교의 감정적인 차원과 몸의 차원에 대한 생생한 이해였다. 나는 주류 개신교 교파들이 신앙과 문화 사이의 부조화 때문에 교인을 잃고 있다고 잘못 생각했었다. 이제는 문제의 근원이 합리화된 믿음에 초점을 맞추는 것임을 알게 되었다. 대학원 시절 신학 서적을 읽으며 진리란 교리나 철학적 진술 중에서 파악될 수 있는 어떤 것이라고 생각했었다. 그러나 빠르게 성장하는 교회들을 연구하며 나는 종교가 잘 구성된 믿음에 대한 동의 이상임을 배웠다. 실제로 그동안 마차를 말보다 앞에 두었던 것처럼 순서를 잘못 생각했던 것은 아닌지 의문을 갖게 되었다: 전의 생각과는 달리 믿음이 경험으로부터 나오는 것은 아닐까 생각하기 시작했다. 아마도 내가 포스트모던 세계로 들어가지 못했나보다: 여전히 마음과 몸을 이분법으로 나누었고, 종교를 예배에 녹아있는 광범위한 감각보다는 이성적인 것과 동일시했다.

그러나 이 책을 쓰는 목적은 나의 신학을 전개하려는 것이 아니라 세 운동에서의 목회자와 교인들에 대하여 기술하려는 것이다. 비록 내가 이 집단의 모든 가르침을 받아들이는 것은 아니지만, 그들이 나의 자유주의 동료들이 때때로 놓치는-또는 아마도 두려워하는-방식으로 기독교의 '영'(spirit)과 관계를 가지고 있다고 믿는다. 그들의 성장은 심오하고 삶을 변화시키는 방식으로 성스러움과 소통하고, 이 경험을 포스트모던 조직구조 가운데서 구현하는 능력 탓으로 돌려질 수도 있을 것이다.

이 책 전체를 통해 많은 종교사회학자들의 특징이기도 한 냉소적 태도를 피하려고 했다. 나아가서 쇠퇴하는 주류 교회들이 갈보리교회, 빈야드교회, 그리고 호프교회로부터 배울 것이 있다고 확실히 믿기 때문에, 이 책을 내가 연구한 그 세 운동에 대한 비판서로 만들지 않기로 결심했다. 나의 자유주의적인 정치적 관점에서는 이 집단들의 어떤 양상을 비판하는 것이 쉬운 일일 수 있겠지만, 비판은 독자의 몫으로 남겨 놓고 그들-특히 그들이 우리 시대의 중요한 문화적 위기에 대처하는 방식들-을 이해하려고 노력했다.

1991년 1월 나는 "급격히 성장하는 비주류 교회들"이라는 주제로 연구할 수 있는 기금을 받았다. 두 연구 조교를 기용했는데, 그들은 빈야드교회를 집중적으로 분석한 폴 케네디(Paul Kennedy)와 갈보리교회를 연구한 브렌다 브래셔(Brenda Brasher)이다.[27] 2년 동안 우리는 이 집단의 멤버들, 그리고 지도자인 갈보리교회의 척 스미스(Chuck Smith), 빈야드교회의 켄 걸릭슨(Kenn Gulliksen)과 존 윔버(John Wimber), 그리고 호프교회의 설립자 랄프 무어(Ralph Moore)를 인터뷰했다. 우리는 또한 수많은 예배, 성서연구 모임, 신유 집회, 세례식, 그리고 다른 모임에 참여했다. 200회의 면접 내용을 녹음하고 기록했으며, 200회 이상의 모임에서 구체적인 현장조사 결과를 적었다. 네 곳의 큰 교회에 참석한 사람들에게 광범위한 설문지를 돌렸고, 그 세 운동의 모든 담임 목회자에게 설문지를 우송했으며, 여러 빈야드 신유 집회에서 '증언' 양식을 배부했다.[28] 앞으로 나는 이 모든 자료를 소개할 것이다.

갈보리교회, 빈야드교회, 호프교회 사이의 차이들에도 불구하고 대부분의 단원에서 그들의 공통점을 강조한다. 이 운동 각각에 대해서도 따로 책을 쓸 수 있고, 언젠가는 그렇게 될 것이지만, 각각의 운동을 요약하는 것은 이 집단들의 종교적, 문화적 중요성(이것이 이 책에서의 나의 의도다)보다는 특정 인물들에 초점을 맞추는 정도일 것이다.

1장

미국 개신교의 새 얼굴

제2의 종교개혁?

새로운 패러다임 교회 | 주류 교파들의 쇠퇴 | 변화의 세 사례 | 새로운 문화적 패러다임 | 원시적인가? 포스트모던적인가? | 두 유용한 지침

1장

미국 개신교의 새 얼굴
제2의 종교개혁?

나는 우리가 새 천년 시대에 기독교가 경험될 수 있는 방식을 변화시키는 제2의 종교개혁을 목격한다고 믿는다. 18세기의 찬송가, 격식화된 의례, 그리고 조직의 관료화된 계층으로 대표되는 기독교의 형식이 점차 죽어간다. 그 자리에 수많은 새로운 패러다임 교회들이 나타나는데, 그것들은 포스트모던 문화로부터 형식적, 조직적 요소를 활용하고 있다. 마르틴 루터(Martin Luther)가 이끌던 종교개혁과는 달리 이 개혁은 교리에 도전하는 것이 아니라 기독교 메시지가 전달되는 매체에 대하여 도전하고 있다. 그러나 이 개혁이 파격적인 것은 기존 교파 교회를 개혁하려는 희망을 대부분 포기했다는 점이다. 대신 새로운 패러다임 교회 지도자들은 교파적 관료주의와 전통의 구속 -1세기 기독교의 모형을 제외하고는- 에 얽매이지 않고 새로운 운동을 시작하고 있다.

변화의 가장 초기 조짐은 최근 선도적인 새 패러다임 교회들, 특히 수천 명의 교인을 가지고 있는 거대교회(mega-churches, 이 개념은 단순히 규모가 큰 대형교회를 의미하는 것이 아니라 최근에 급성장하고 있는 독립교회들을 지칭하는 것으로 흔히 사용되기 때문에 이 책에서는 mega-church를 대형교회가 아니라 거대교회로 번역했다. 옮긴이) 목회자들 중 많은 이들이 극적인 회심의 경험을 했던 1960년대 예수 운동 시기에 나타났다. 참을 수 없는 기성 종교에 대한 반항으로 '예수 열광자들'(그들은 때때로 자신을 이렇게 불렀다)은 공원에서 성경공부를 시작했고 가정에서 교회를 시작했으며, 수백, 수천 명의 사람들이 호응하면서 곧 레크리에이션 센터와 학교 강당을 빌려 예배를 드렸다. 종교적 경험은 교회 교리에 새롭게 활력을 주어 사람들은 마약 대신 예수에 취하고, 초기 기독교 교회에서 흔히 있었던 방언과 같은 성령의 은사를 받았다. 마르틴 루터에 대하여 읽은 적이 없는 보통 사람들이 모든 신자가 사제직을 감당할 수 있다는 사실(성직자만이 평신도와 신 사이를 중재할 수 있다는 가톨릭 교리를 거부하고 모든 사람이 사제의 역할을 할 수 있다는 만인사제직 사상은 종교개혁자 마르틴 루터가 처음 주장했으며 이것은 종교개혁의 한 특징이 되고 있다. 옮긴이)을 발견하면서 종교개혁의 여러 원리가 되살아났다. 열정적인 성경공부가 예수 사람들에게 놀라운 민주적인 결과를 초래했는데, 그들은 거룩한 책을 해석하는 데는 공식적으로 신학교에서 훈련받은 성직자의 도움이 필요 없다고 느꼈다.[1]

많은 새로운 패러다임 교회들의 뿌리가 1960년대에 있지만, 오늘날의 교회들이 사회적으로 주변적인 반문화적 가치를 나타낸다고, 혹은 지난 30년간 변화되지 않았다고 생각하는 것은 잘못이다. 1960년대의 종교적 혁명이 당시의 문화적 규범을 반영하듯이 오늘날 이 교회들에는 베이비 붐 세대와 '저 출산율'(baby buster) 세대의 가치가 반영되고 있다. 남가주 지역에서 잘 알려진 새로운 패러다임 교회의 예는 다섯 갈보리교회로서, 이 교회들은 각각 주일예배 출석자가 7,500명을 넘고 있다. 매주 월요일 밤 코스타메사(Costa Mesa)에 있는 갈보리교회에는 2,000명이 넘는 10대가 성경공부를 하기 위해 대강당으로 모여든다. 여러 해 동안 애너하임(Anaheim) 야구장에는 기독교록 음악 연주와 갈보리교회 목사이자, 연로한 빌리 그래함(Billy Graham)의 계승자로 여겨지는 부흥사 그렉 로리(Greg Laurie)의 설교를 듣기 위해 5만 명이 넘는 젊은이와 그 가족으로 가득 채워졌다. 그러나 이것이 단순히 남가주 지역만의 현상은 아니다. 미국 전역에서 갈보리교회, 빈야드교회, 그리고 다양한 독립교회가 규모에 있어 폭발적으로 늘어나고 있다.[2]

쇠퇴하는 주류 교파의 많은 성직자와 교인들은 미국 개신교 안에서 일어나는 혁명을 무시하려고 한다. 전형적인 태도는 이 집단들을 '근본주의적' 반동세력으로 낙인찍는 것이다. 그러나 그러한 거만한 태도는 이 운동의 복잡한 성격을 이해하지 못하는 데서 기인한다. 그것은 사회적으로 주변적인 현상이 아니다. 반대로 그것은 미국 사회의 대세를 나타내는 중산층 교회다. 신학적으로는 보수적이지만, 문화적으로는 상대적으로 앞서가며-전형적인 주류 교회보다 훨씬 더-사회적으로는 결코 퇴행적이지 않다.

개신교의 미래에 대하여 시사하는 바 외에도 새로운 패러다임 운동은 다른 이유에서 주목을 끈다. 종교적 수행과 믿음에서의 변화는 현대의 문화적 변형을 반영한다. 수많은 십대, 젊은 부모, 그리고 베이비 붐 세대 성인이 성경을 도덕의 절대적 지침서라고 믿는 것은 단순히 우연한 일은 아니다. 또한 수많은 중산층 미국인이 영적 복지뿐만 아니라 초자연적 존재, 육체적 치유를 믿고 있는 것도 사사로운 일이 아니다. 이 선도적인 종교 운동에 대한 주의 깊은 연구는 미국의 문화적 가치 변화를 이해할 수 있는 하나의 통로가 된다.

새로운 패러다임 교회

전형적인 새로운 패러다임 교회는 개조한 창고, 빌린 학교 강당, 혹은 세를 낸 쇼핑센터 공간에서 모인다. 이 모임의 장소에는 어떤 종교적 상징물도, 채색된 유리도, 종교적 조형물도 없다. 고정된 좌석보다는 접는 의자가 흔히 사용된다. 전면에는 무대(이동식)가 있는데 거기에는 음향 기재, 수수한 연단, 때로는 약간의 화초 외에는 다른 것이 거의 없다. 사람들은 그들이 쇼핑하러 가거나 영화 보러 갈 때 입을 것 같은 평상복 차림으로 예배에 참석한다. 더운 날이면 그들은 반바지나 티셔츠를 입기도 한다. 옷만으로는 성직자와 회중을 구별할 수 없다.

외부인으로 이 모임에 참석하면 매우 따뜻한 분위기에 놀란다: 남녀 모두가 서로 포옹하면서 인사를 나눈다.3) 모두가 성경을 갖고, 많은 이들이 공책을 가지고 온다.4) 친절하고 편안한 분위기가 가족과 같은 느낌을 준다. 건물은 젊은 부부와 그 자녀, 독신 성인으로 가득 차 있으나, 50대 이상의 사람은 상대적으로 적다.5) 대부분 30대 중반에서 40대 중반인 목회자들은 회중의 평균 연령보다 약간 나이가 더 든 정도일 것이다.6)

찬양은 전형적으로 기타를 연주하는 사람이 인도하는데, 여기에는 여러 가수와 키보드, 드럼, 베이스 기타 연주자들이 참여한다.7) 어떤 경우에는 색소폰, 트럼펫, 혹은 저음 악기를 연주하는 사람도 있다. 처음 노래는 대개 경쾌한 찬양이다. 그 노래의 가사가 스크린 위에, 혹은 강당의 흰 벽 위에 영사된다. **찬양**(*worship*)이란 용어는 노래를 의미하며, 25분 내지 30분 정도 지속하는데, 하나님을 찬양하고 그에 대한 사랑을 표현하는 내용을 담고 있다(원래 'worship'이란 말은 예배라는 뜻이지만 이들에게 이 용어는 '찬양'을 나타내는 의미를 갖는다. 예배는 'worship service' 혹은 'service'라는 말로 표현된다. 옮긴이). 찬양 중간에는 방해가 되는 해설이나 광고가 거의 없다. 많은 사람들이 노래를 듣거나 함께 부르는 동안 눈을 감고 있으며, 생각과 체험의 깊은 내면으로 빠져 들어가는 것 같아 보인다; 어떤 이들은 눈에서 흐르는 눈물을 닦기도 한다. 찬양 연주가 진행되는 동안 사람들은 일어서서 하나님께 대한 복종을 표시하며 팔을 들어올리기도 한다. 다른 사람들은 은사를 받으려는 듯이 손바닥을 위로 향하게 하며 팔을 뻗기도 한다. 찬양의 마지막 무렵에는 -전형적으로는 아무런 선포나 말도 없이- 헌금 바구니를 돌린다. 그러나 때로는 나갈 때 자유롭게 헌금하도록 뒤쪽에 헌금함을 놓는 경우도 있다.

30분의 찬양이 있은 후에는 목사가 단 위로 나와서 사람들에게 인사한다. 그러면 분위기가 바뀐다. 스스럼없이 그는 사람들이 성서의 구절에 주목하도록 한다.8) 가르침은 해설하는 식이며, 그는 이 구절이 그에게 의미하는 바를(흔히 개인적인 예를 들어가며) 친절하게 소개한다. 이 목사들 중 많은 이들이 카리스마를 가졌으나, 그것은 TV에 나와서 설교하는 부흥사(televangelists)의 그것과는 사뭇 다르다. 극적이고 자기 과시적이기보다는 말을 조심스럽게 하고 대화하는 듯하며 겸손하다. 그럼에도 그들은 하나님이 그들에게 말씀하신다는 것을 분명히 믿으며, 교회와 세계에 대한 비전을 품고 있다. 또한 하나님이 사람들의 삶을 근본적으로 변화시키는 역사를 이루신다고 확실히 믿는다. 실제로 설교는 45분간 계속되는데 흔히 회중에게 삶을 예수께 맡기도록 초청하면서 끝을 맺는다. 거대교회에서는 수십 명 혹은 그 이상의 사람들이 앞으로 나와 새로운 신앙 여정에서 그들을 인도하도록 도울 수 있는 사람에게 기도를 청하고 간단한 상담을 받기도 한다. 회중은 그러한 결단을 내리는 사람들을 격려하는 뜻에서 박수를 보내기도 하고 때로는 휘파람을 불기까지 한다.

초청의 순서가 있는 후에는 대개 악단이 경쾌한 음악을 연주한다. 저녁 집회에서 사람들은 악단이 계속 연주하는 동안 떠나가지 않고 남아 있기도 한다. 부모가 자녀, 그리고 친구와 함께하는 분위기는 따뜻하고 호의적이다. 보다 카리스마적인 교회-신유와 방언을 성령의 은사로 믿는-에서는 예배의 마지막 순서로 신유의 기도를 위하여 사람들이 앞으로 나오도록 초청을 받는 '사역'(ministry)의 시간이 마련될 수도 있다. 사역 팀의 평신도 멤버들도 앞으로 나와 그들과 함께한다. 흔히 다른 사람의 어깨에 위로하는 손을 얹고 평신도 사역자는 그 사람의 필요나 문제에 대하여 묻고는 치유를 위하여 그 둘이 함께 기도한다. 그 상호작용은 격식이 없고 정성을 담은 것이며, 기도는 그 공동체의 멤버들이 관심을 함께 나누는 방식이 된다.[9]

예배를 드리고 나오면 대개 다양한 내용의 집단 모임을 소개하는 많은 책상과 전시물을 보게 된다. 1/3 정도가 가정에서 모이는 성경공부에 매주 참석한다. 참석자들에 따르면 이것이-주일 아침 예배가 아니라- 교회의 진짜 핵심이다. 또한 10대 자녀를 키우는 부모의 모임, 마약이나 알코올 중독과 싸우는 사람의 모임, 재정 경영에 대한 자문을 원하는 부부 모임, 이혼의 아픔을 치유하는 사람 모임, 스포츠 팀, 자택 학습(homeschooling)에 대하여 알아보려는 부모 모임 등이 있다. 또한 남자만의 모임, 여자만의 모임, 결혼 생활을 새롭게 하는 주말 모임, 가족의 야외 캠프, 10대를 위한 영화의 밤, 사춘기 직전 아이들의 활동과 같은 폭넓은 모임이나 프로그램이 있다. 놀라운 것은 개종자들의 사적인, 오락적인 요구뿐만 아니라, 영적인 요구를 충족시키기 위하여 이 교회들이 얼마나 재빨리 광범위한 사역 방법을 개발하는 가이다.

전형적으로 교회는 가정에서 이루어지는 성경공부 집단에서 시작된다. 흔히 지도자는 큰 교회에서 중요한 회심 경험을 한 후에 거기서 실습을 받았다. 여러 해 동안 새로운 신앙으로 지도자 훈련을 받은 후에, 그리고 때로는 목회자 훈련 프로그램에서 간단한 과정을 거친 후에, 성령의 부르심에 응답하여 새로운 교회를 시작한다. 때로는 환상이나 꿈에서 어디로 가야할지 지시를 받기도 하지만, 단순히 특정 도시로 가서 교회를 '개척' 해야 한다는 강한 확신을 가질 수 있다. 재정적인 도움을 받는 일은 거의 없다. 결과적으로 새로운 공동체에서 먼저 일자리를 찾은 다음 이웃과 직장 동료를 자신의 가정에서 하는 성경공부 모임에 초대한다. 만일 정말로 목회자가 되도록 하나님의 부르심을 받았다면, 성경공부를 하기 위해 모이는 사람이 늘어날 것이라고 믿는다. 어떤 목회자는 교회를 시작하려는 첫 시도가 성공적이지 못해서 상당한 회중이 모일 때까지 이곳저곳으로 옮겨 다녔다고 한다. 흔히 1~2년간 목회자는 이 작은 성경공부 모임의 생존을 위해 애쓰면서 자신의 소명에 대하여 진지하게 생각한다.

미국 전역에 수백 개의 이러한 '개척' 교회들이 뿌리를 내렸다. 전형적인 시나리오는 목회자의 집에서 하는 성경공부 모임이 커지면서, 보다 큰 모임의 장소-흔히는 지역 회관, 극장, 혹은 학교 강당-를 찾아 나서는 것이다. 참여자가 100명 이상이 되면 회중은 목회자가 세속적인 일을 그만두고 전임으로 목회할 것을 요구한다. 새로운 개척 교회가 '자립' 하게 되면 몇 년 안에 교회는 전형적으로 훨씬 커다란 모임 장소로 옮겨간다. 목회자 자신도 놀랄 정도로 흔히 이 운동은 참여자가 급성장하는 결과를 가져온다. 돌이켜 보면 상점의 규모가 작으면 그곳을 찾는 소비자가 많지 않듯이 주차하는 공간과 모이는 공간이 좁으면 회중의 규모도 커지지 않는 것 같다.

교인이 늘어나면서 스태프(staff)의 숫자도 서서히 늘어나는데, 처음에는 부목사, 다음은 찬양사역자, 그리고는 아이들 프로그램을 다양하게 이끌어갈 사람 순으로 사역에 참여한다. 그러나 새로운 패러다임 교회의 특징은 지도력과 프로그램 개발에서 평신도의 참여 수준이 매우 높다는 것이다. 민주적인 가치를 표방하면서 성직자는 교인들이 새로운 프로그램과 계획을 주도하도록 권장하는데, 그것은 교인들 자신의 필요와 관심을 반영하는 것이다. 실제로 이 프로그램들이 회중의 가치와 부합되면 광범위하게 그것을 뒷받침하는 새로운 사역이 시작되고 발전하게 된다. 목회자는 자신의 역할이 전문 성직자에게 이러한 사역을 할당하는 것이라기보다는 평신도들이 일을 감당하도록 권장하고 도와주는 것이라고 생각한다. 예산이 절감되는 이점도 있지만, 평신도 중심 사역의 보다 직접적인 장점은 수백 명의 사람들이 지도자 역할을 감당하면서 교회에 대한 신뢰가 더욱 공고해진다는 것이다.

교인들의 관심을 반영하기 때문에 새로운 패러다임 교회들은 출석하는 사람들의 특별한 요구를 충족시킬 프로그램을 충분히 마련하는 경향이 있다. 그렇게 본다면 가정에서의 작은 집단 모임이 이 모든 운동의 핵심이 되는 것은 그리 놀랄 일이 아니다.[10] 미국 사회에는 친밀성이 결핍되어 있다. 교인들은 가정에서 모이는 친교 집단이 어렸을 때는 경험하지 못했던 가족 같은 분위기를 조성한다고 거듭 강조한다.[11] 가정 모임과 함께 다양한 회합과 모임들이 양육하는 아버지, 책임적인 남편이 된다는 것이 무엇을 의미하는지에 대하여 관심을 집중하고 있다. 남성 정체성과 관계된 문제들을 다루는 '남성 운동'(men's movement)이 그 집단에서 활발히 전개된다. 비슷하게 여성을 위한 광범위한 프로그램들도 흔히 목회자의 사모 혹은 여성 평신도 지도자들이 인도하고 있다.

의심의 여지없이 이 교회들은 남성과 여성이 어떻게 서로 관계해야 하는지, 폭력적인 사회에서 아이들을 어떻게 키우는지, 그리고 관계성보다 소유에 더 가치를 부여하는 세상에서 어떻게 사랑을 발견할지 불안해하는 사람들에게 해답을 제공하기 때문에 성장한다. 이 교회들은 세속 사회에 대한 하나의 대칭점이다: 아이들이 바로 양육되고 위협이 되지 않는 환경에서 개인적인 두려움을 표현할 수 있는 반면에, 누군가가 그들의 복지에 대하여 참으로 관심 갖고 있다고 느끼는 안전한 피난처다. 그러나 새로운 패러다임 교회의 진정한 힘은, 주류 교회보다 깊이 느끼는 종교적 경험을 훨씬 효과적으로 중재한다는 것이다.[12]

주류 교파들의 쇠퇴

역사학자들과 종교사회학자들은 미국의 종교 제도가 구조적으로 크게 변화된다는 사실을 인정한다.[13] 몇십 년 전 호사가들이 유명 잡지의 표지에서 "신 죽음"을 발표했을 때 선언했던 것처럼 종교가 폐업의 길을 걷고 있지는 않다.[14] 오히려 종교적 경제(교회 출석으로 측정된 것으로서의)는 매우 건강하다. 그러나 종교적 '기업'-경제적 비유를 들자면-의 시장 점유율은 크게 변했다. 소위 주류 교파들은 어려운 시기에 기울어져 갔다. 그리고 비록 1960대 후반기와 1970, 80년대에서처럼 급격한 것은 아닐지라도 계속 교인이 줄어들고 있다. 전형적인 감독교회, 장로교, 회중교, 혹은 감리교 교회를 얼핏 보더라도 젊은 가족이 매우 적으며, 십대는 얼마 안 된다. 이 교회들이 사양길에 접어든 미국의 섬유산업이나 철강산업과 비슷하다고 결론짓는 것은 하버드 경영대학원 출신이 아니더라도 가능할 것이다. 거대한 교회 건물들이 미국의 주요 거리마다 남아 있지만, 헌금이 부족하여 그것들을 유지하는 것조차 힘들어졌다.

교회 출석은 한 주간 동안 예배에 출석했다는 인구가 49%를 나타냈던 1950년대에 절정을 이루었다. 1960년대 초부터 시작하여 출석률은 1970년대에 약 40%로 낮아질 때까지 서서히 감소했고, 오늘날까지 대체로 이 수준에 머물러 있다. 이러한 쇠퇴에서 가장 큰 손실은 자유주의 교파들이 입었고, 어떤 교파는 10년 사이 교인의 10%를 잃었다. 이 기간에 많은 보수주의 교파들, 특히 성령강림과 은사를 강조하는 교파들은 놀랍게 성장했다. 관찰자에게는 이 경향이 상식을 넘어서는 것이다. 왜 도덕적으로 엄격하고 신학적으로 편협하며 예배에서 감정을 표출하는 교회는 성장하는 반면에, 관용과 합리성, 그리고 과학적 소양을 지닌 교회는 쇠퇴하는가?[15]

이 물음에 답하기 위하여 베이비 붐 세대의 가치에 대하여 생각해보자. 그들은 관료적 구조를 좋아하지 않는데, 주류 교회들은 딱딱한 의례와 조직적 규칙을 고수한다. 역사적인 교파들에 매력을 느낄 수 없는 네 가지 이유가 있다. 첫째로, '품종'(brand -여기서는 특정 교파를 의미함. 옮긴이)에 대한 충성심이 대부분의 베이비 붐 세대에는 별 의미가 없다; 감리교나 감독교회에서 자랐다는 것이 앞으로 어떤 교회를 나갈지를 결정하는 것은 아니다. 둘째로, 전통이라는 것은 흔히 긍정적이기보다는 부정적 의미를 가지고 있다; 그리하여 베이비 붐 세대 중 일부는 바흐나 모차르트를 좋아할지 몰라도 대부분은 오케스트라나 합창단보다는 밴드와 대중가수를 친숙하게 여기며 자랐고, 따라서 그들이 현대음악을 연주하는 교회를 찾는 것은 놀랄 일이 아니다. 셋째로, 베이비 붐 세대는 목사나 사제처럼 꼭대기에 있는 이에게 결정권을 맡기기보다는 자신의 조직을 운영하고 경영하는 데 참여하기를 원한다. 넷째로, 베이비 붐 세대는 지엽적인 문제에 관심을 갖지 수백만 달러를 그들 공동체 밖에 있는 문제에 쓰는(특히 이 돈의 대부분이 관료 성직자 봉급으로 쓰인다면) 교파 조직의 가치를 좋아하지 않는 경향이 있다.[16]

전후 베이비 붐 세대의 가치는 주류 교파들의 생존에는 어두운 그림자가 되고 있다. 분명히 어떤 개체 교회는 전후 세대의 요구와 관심에 잘 적응했다. 그러나 최근 연구는 많은 주류 교파들이 모든 세대의 사람들을 잃고 있음을 보여주며,17) 따라서 죽어가는 섬유산업과 마찬가지로 그 교파들이 시장을 다시 확보하는 데 성공한다고 생각할 이유는 별로 없다.

그러나 나는 지나치게 비관적이고 싶지는 않다. 산업을 예로 든다면 IBM은 컴퓨터 산업에서 시장의 점유율을 유지하는 데 뚜렷하게 희생하고 있다. 그러나 참된 활력은 시장의 적합성에 재빨리 반응하면서 소비자의 관심에 가까이 가고, 경영대학원 프로그램에서 배운 공식에 의존하기보다는, 본능에 따라 움직이는 젊은 기업가가 운영하는 수백 개의 '새로 생긴' 회사들에서 발견된다. 미국의 종교적 경제에서 IBM과 새로 생긴 경쟁자들에 대한 비유는 교훈적이다. 새로운 패러다임 교회의 목회자들은 매우 총명하여 베이비붐 세대 교인들의 삶과 경험에 가까이 다가가면서, 대신 교회를 어떻게 운영할 것인가를 가르치는 신학교 교육에서는 자유로운 경향이 있다. 그들에게는 대학을 그만두고 창고나 기숙사 방에서 일을 시작했던 프로그램과 컴퓨터 회사의 설립자들과 분명히 비슷한 점이 있다. 새로 컴퓨터 회사를 시작한 사람들처럼 새로운 패러다임 목회자들에 의해 시작된 교회들은 오래된, 보다 관료주의에 얽매여 있는 주류 '교회들' 보다 변화에 대처하는 데 앞장 선 것 같다.18)

만일 기독교가 생존하려면 메시지를 각 세대 사람에게(그들의 문화와 지리적 환경에 따라) 어울리도록 계속 개조해야 한다. 기독교 -혹은 어느 종교라도- 를 문화적으로 적합하게 하기 위해 그 원초적 메시지의 본래 모습을 훼손할 필요는 없다. 결국 진리란 사람이 그것을 어떻게 생각하든 항상 뿌리 깊은, 문화적으로 특수한 상징으로 표현된다. 문제는 이 상징들이 최근의 필요와 이념을 반영하는 시장에서 메시지를 전달할 수 있느냐 하는 것이다. 메시지를 끊임없이 '새롭게 상징화' 하지 못하는 교회, 사찰, 사원은 점차 죽게 된다; 반대로 현대적 상징과 형태로 메시지를 전달하는 통찰력을 가진 집단은 이 책에서 다루는 세 집단의 경우처럼 생존할 가능성을 가지고 있을 뿐만 아니라

때로는 놀라운 비율로 성장한다.

변화의 세 사례

갈보리교회, 빈야드교회, 그리고 호프교회는 주류 교파들이 시장에서 쇠퇴하는 동안 생겨났다. 세 교회 모두 설립된 이래로 폭발적으로 성장했고, 베이비 붐 세대와 저 출산 세대로 가득 차 있다. 나아가 이 세 운동은 세계로 퍼져나가는 많은 문화적 경향의 본고장이라 할 수 있는 남가주 지역에서 시작되었다. 지금까지 이 운동들은 미국 서부 지역을 넘어 널리 퍼져 나갔다; 그 운동들에 뿌리를 둔 수백 개의 교회가 북아메리카 전 지역에 세워졌으며, 최근에는 유럽과 러시아에서도 시작되었다. 지난 몇십 년 사이 이 운동들은 교인 수가 수천 명에 이르는 많은 거대교회를 세웠다.

갈보리교회는 히피와 파도타기를 하는 젊은이를 위한 사역의 하나로 1965년 척 스미스(Chuck Smith)가 창립하였다. 초기 시절 많은 연주회와 예수운동을 했던 천막 교회를 오래 전에 벗어났다. 이제는 같은 계열의 갈보리교회가 미국 안에 600개 이상, 해외에 100개 이상을 헤아리게 되었다. 첫 빈야드교회는 1974년 켄 걸릭슨(Ken Gulliksen)이 시작하였고, 1982년 이 운동은 존 윔버(John Wimber)에게 계승되었다. 빈야드교회는 이제 미국에 400개가 있으며, 해외에도 200개에 육박한다. 이 세 운동 가운데 가장 작은 것은 포스퀘어복음교회(Foursquare Gospel church) 소속의 젊은 목사 랄프 무어(Ralph Moore)가 1971년 시작한 호프교회다. 캘리포니아 허모사 비치(Hermosa Beach)에 있는 모(母)교회에는 금요일 밤 집회부터 주일 저녁 집회에 이르기까지 2,000명 넘게 모이며, 50개의 다른 교회들을 만들어 냈는데, 이 교회들은 모두 포스퀘어복음교단에 속해 있다.

이 교회들을 모두 합치면 1,000개가 넘으며, 미국 기독교에 미치는 파급 효과'는 매우 크다. 그들의 음악과 예배 형식은 미국 내에서 수많은 다른 교회들(많은 주류 교파와 일부 로마 가톨릭교회 포함)에 영향을 미치고 있다. 그러나 어떤 의미에서 이 세 운동은 단순히 톱기사일 뿐이다. 밝혀지지 않는 미국 개신교 이야기는 독립교회들의 성장과 확산이다. 그 운동은 별로 주목을 받지 못했는데, 이유는 특정 교파 소속이 아니며 따라서 분석하기가 어렵기 때문이다. 그러나 이러한 교회들이 수천 개나 되며 그 가운데 일부는 '사도적 그물망'과 약하게 관계되어 있다.[19] 또한 새로운 세대의 '감성 지향적' 교회들이 있는데, 그 예배 양식과 조직 구조는 갈보리교회, 빈야드교회, 호프교회의 그것들과 닮았다.[20] 이런 교회들이 성장하기 때문에, 어떤 이들은 우리가 후기교파 시대로 들어간다고 생각한다. 여기서 초점을 맞추고 있는 세 운동들 사이에 차이가 있는 것처럼 새로운 교회들도 다양하기 때문에 내가 새로운 패러다임 교회라고 이름붙이는 것의 대표적인 특징을 밝히는 것이 중요하다. 다음의 열두 가지 성향(이 모든 것이 어느 정도 나타나야 한다)이 새로운 패러다임 교회의 특징이다:

1. 1960년대 중반 이후에 시작되었다.
2. 교인의 대다수는 1945년 이후에 태어났다.
3. 성직자의 신학교 훈련은 선택사항이다.
4. 예배는 현대적이다.
5. 평신도 지도력이 높이 평가된다.
6. 광범위하게 작은 집단 사역을 한다.
7. 성직자와 회중은 대개 격식 없이 옷을 입는다.
8. 개인적 방식의 차이에 대한 관용을 권장한다.
9. 목회자는 조심스럽게 말하고 겸손하며 자신의 감정을 자연스럽게 나타낸다.
10. 예배에서는 단순히 인지적인 것이 아니라 몸으로 참여하는 것이 규범이 된다.
11. '성령의 은사'가 중요하다.

12. 성경중심적인 가르침이 주제별 설교를 압도한다.

이 모든 성격을 아우르는 핵심은 엄격한 개신교(특히 청교도적) 전통과 극명하게 대조되는 즐거움과 찬양의 정신이다.

처음에는 새로운 패러다임 집단이 근본주의적, 복음주의적, 성령강림운동적, 카리스마적, 그리고 정통주의적이라는 고정된 범주에 부합되는 것으로 보일 수 있다. 그러나 이 용어들만으로는 새로운 패러다임 집단의 본질을 파악할 수 없다; 그러한 이해는 모두 문화적 경향이라는 중요한 부분을 놓치고 있다. 우리는 새로운 패러다임 집단을 21세기 기독교의 미래에 대한 근본적인 의미를 제공하는, 보다 큰 문화적 패러다임 전환의 부분으로 보아야 한다.

새로운 문화적 패러다임

1960년대는 지금도 그 의미를 탐구하는 문화적 혁명을 일으켰던 시기다. '반문화적'(countercultural) 가치는 이제 경멸받을 것으로, 정치적으로는 비난받을 것으로 이해되고 있다. 그러나 아무리 그 개념이 정나미가 떨어지고 소모적인 것이라 하더라도, 그것은 새로운 패러다임 교회가 이루는 문화적 재구성을 이해하는 데 있어서 여전히 중요한 준거점이 된다. 특히 새로운 패러다임 교회와 교인들은 반문화(反文化)의 **치유적, 개인주의적, 반체제적** 주제에 공감해 왔다.[21] 그들은 이러한 가치의 요소를(부정적 측면은 거부하면서) 그들의 종교생활과 결합시켜 왔다.

치유(*therapeutic*): 새로운 패러다임 교회에 참석하는 사람들과의 인터뷰에서 흔히 매력을 주었던 것은 이 교회에서 만난 사람들의 개방성과 정직성이라고 말했다. 그것이 의미하는 바를 설명할 단어를 말해 달라고 했을 때, 그들은 흔히 교회 사람들이 '진실' 된(real) 것 같다-가식이 없고, 자신을 위장하려는 시도가 없음-고 말했다. 결과적으로 자신이 판단되는 것이 아니라 받아들여질 것임을 알고 마음이 편해지면서 자신을 내보이고 상처와 문제를 인정하는 것이 가능해졌다. 이는 1960년대 대면 집단(encounter groups)에서 꽃을 피웠고 다양한 정신치유 방법을 확산시켰던 것과 같은 가치이며, 점차 대중 심리학, 자조(自助)에 관한 책, 그리고 종교적 도인과의 TV 대담의 형태로 주류 문화에 스며들게 되었다.[22] 반면에 새로운 패러다임 교회들은 개방성과 관용의 윤리를 포용하는 한편, 현대의 치유적 가치에서 보이는 자기도취증(narcissism)에 대해서는 적대적이다.[23] 실제로 새로운 패러다임 교회들은 현대 심리학의 많은 가치에 대하여 반대하는데, 이는 많은 현대 정신 치료사와 대중 해설자가 '자기성취'를 절대적인 것으로 받들기 때문이다. 그들은 '상담'을 '성경적 권고'로 대체하며, 심리적 문제를 감성적이지만 흔히 직접적이고 심지어는 대면적인 방식으로 -과거 태도에 대한 유년기적 이해보다는 현재에서의 도덕적 선택에 초점을 맞추면서- 다룬다.

개인주의(*individualistic*): 새로운 패러다임 교회는 개인주의를 강조한다: 성경을 스스로 해석하며, 기도와 환상을 통해 하나님과 직접 상호관계를 가지고, 개인적으로 구원을 확증한다. 개인적인 권위가 외부적 제도나 지도자의 규칙으로 인해 포기되지 않는다. 오히려 각 사람은 종교 진리의 의미에 대하여 질문하고 해석할 권리를 갖는다. 그러나 이 집단은 로버트 벨라(Robert Bellah)가 '공리적 개인주의'(utilitarian individualism)라고 부르는 것을 거부하는데, 이것은 그들이 개인적 책임을 매우 강조하기 때문이다.[24] 전형적으로 이러한 책임은 믿을 만한 우정이 중요한 작은 집단 성경공부 모임에서 이루어진다. 하나의 기독교인으로 그는 혼자 사는 것이 아니다. 공동체 안에서 각 사람은 독특한 은사를 가진다. 개인적인 선택과 사적인 해석을 매우 강조하지만, 참된 기독교인은 자기실현을 넘어서는 하나의 목적을 지향한다.

반체제(*anti-establishment*): 새로운 패러다임 교회 교인들은 제도, 관료주의,

그리고 일상화된 조직 생활에 대하여 적대적인 경향이 있다. 따라서 '조직화된' 종교의 외면적인 상징의 대부분을 거짓되고 억압적이며 인간적인 것으로 보고 거부한다. 교회는 종교적 상징물로 꾸미지 않고, 전문적인 스태프는 부족한 듯하며 교인들이 쉽게 다가갈 수 있다. 반면에 새로운 패러다임 교인들은 공동체에 매우 커다란 가치를 부여하며, 많은 개인에게 교회는 삶의 중심이다. 다시 말하면 제도는 그것이 사랑하고 돌보는 장소가 되는 경우에만 가치 있는 것이다. 이 사람들이 거부하는 것은 피라미드 형식의 관료주의이며, 따라서 그들은 대부분의 교파주의(denominationalism) 형태에 대하여 매우 적대적인 경향이 있다.

그렇다면 새로운 패러다임 교회의 독특성은 치유적, 개인주의적, 그리고 반체제적 가치 양상을 교회 생활로 끌어들였다는 것이지만, 동시에 반문화적 경향의 자기도취적 성격은 거부해 왔다는 점이다. 그들은 결혼생활을 복원하고, 개인적 목적을 추구하기 위하여 자녀를 무시하는 것이 아니라 돌보며, 현대 문화의 폭력성에 대한 실천적인 대안을 마련하는 일을 한다. 여성의 전통적인 역할을 확증하고, 낙태를 반대하며, 현대 심리학을 거부하기 때문에 그들은 흔히 외부 사람들에게 보수적으로 보인다. 그러나 이것은 다시 살아난 근본주의가 아니다. 새로운 패러다임 교회는 전통과 관계된 권위주의를 멀리한다. 그리고 여기에는 현대성에 대한 근본주의의 맹렬한 반대, 과거의 도덕적 순결성에 대한 낭만적 미화, 그리고 옛 시대로의 회귀가 오늘날의 혼돈을 해결해 줄 것이라는 믿음이 없다. 새로운 패러다임 교회는 표준적인 종교적 혹은 정치적 정형을 거부하는 중요한 '문화적 개조'(cultural repair) 작업을 하고 있다.

원시적인가? 포스트모던적인가?

18세기 이래로 서구 종교철학은 합리성과 과학적 경험주의를 진리에 대한 모든 탐구에서의 기초로 보았던 계몽주의 사상의 지배를 받아왔다. 하나의 결과는 종교적 논의가 믿음의 내용이 사실인지 허위인지를 토론하는 것으로 격하되어, 종교를 '영혼이 떠나가서' 죽어가는 문제로 만들어 버렸다는 것이다. 그러나 요즈음 계몽주의 사상의 많은 가정이 도전을 받아왔다. 합리성의 기초가 허약하다는 것이 드러났으며, 포스트모던 철학은 하나의 보편적인 인식론 혹은 지식이론의 권위적인 주장에 의문을 제기한다.[25]

이러한 철학적 정황에서 보면 새로운 패러다임 교회는 일종의 문화적 선구자로 비쳐질 수 있다. 그들은 몸의 경험을 종교적 생활과 통합하려고 시도한다. 예배는 단순히 다양한 신조를 확증하고 규범적인 믿음 조항을 인식하는 이성의 문제가 아니다. 실제로 포스트모던 철학자와 비슷하게 새로운 패러다임 교회의 목회자와 교인들은 교리가 형성된 동기에 대하여 의구심을 안고 있다. 믿음의 조항은 중요한데, 특히 그것이 성서 이야기를 다시 말하는 데 머물 때 그러하다; 그러나 믿음의 조항 자체는 열매를 맺지 못하는 것이다. 종교는 모든 수용기관-모든 감각-을 포함하는 완전히 체화(體化)된 경험이며, 합리적 생각은 실재에 대한 정보의 한 방편일 뿐이다. 우측 뇌의 활동(인간 뇌의 좌측 영역은 논리적 기능을 주로 하는 반면에, 뇌의 우측 영역은 정서적 기능을 주로 한다고 밝혀졌음. 옮긴이)이 보다 적합한 것으로 인식되고 있다.

성령의 본래 실재가 어떠한 것이든 새로운 패러다임 기독교인들은 경험이 단순히 논리와 합리적 담론의 규범에 동조하는 것은 아니라고 본다. 경험이란 구체적으로 환상, 꿈, 그리고 거룩한 존재와의 비합리적 만남을 뜻한다. 이 기독교인들은 찬양하다가 하나님의 현존을 '느끼며', 그리스도와 '관계'하게 된다고 말한다. 적지 않은 사람들이 방언을 하고, 하나님과의 비합리적인 형태의 소통(그들이 성령의 역사라고 하는)을 경험한다. 환각적인 즐거움과 심오한 평화 역시 그들이 신의 현존이라고 보는 경험들이다. 예외적인 경우에는 초자연적인 신유가 이루어지고, 마귀가 축출되며, 예언이 선포되기도 한다. 이것은 합리적 담론이 아니라 찬양과 기도의 '소재'가 된다.

계몽주의 관점에서 보면 이 경험들은 인간 본성의 원시적 측면을 나타내는 것이다. 지그문트 프로이트(Sigmund Freud)는 그러한 경험을 유아기적인 소망 실현(wish fulfillment)이라고 보았다.[26] 프로이트와 다른 과학적 이론가들에 따르면, 이제는 성장하여 합리성과 경험주의의 냉철한 논리에 따라 살 때가 되었다.[27] 대조적으로 새로운 패러다임 기독교인들은 종교적 지식의 영역에서 비전과 환각적 경험을 배제해야 하는 이유를 찾지 못한다. 사실상 계몽주의 세계관에 사로잡힌 사람들은 측정할 수 없고 검증할 수 없는 실재에 대한 전제를 배제하는 '과학적 근본주의자'(scientific fundamentalists)인 반면에, 기독교인들은 자신을 급진적인 경험주의자(radical empiricists)라고 생각한다.

그리하여 이 집단은 현대성을 거부하는 원시주의자로 보이거나 아니면 문화적인 전위대, 새로운 세계관을 형성하는 데 참여하는 이들로 볼 수 있다. 두 가지 해석이 모두 정당하나, 나는 후자의 견해가 보다 복잡하고 흥미로운 분석을 가능케 한다고 믿는다. 새로운 패러다임 집단들이 현대 문화의 어떤 양상들을 거부하는 것은 사실이다. 그러나 그들은 또한 매우 혁신적인 방식으로 세속적 세계관의 많은 요소를 **변형시키고**(transforming) 있다. 이 기독교인들을 '포스트모던 원시주의자'(postmodern primitivists)라고 부를 수도 있겠다. 왜냐하면 그들이 포스트모던 문화의 많은 양상을 인정하고 활용하지만, 또한 성서적 전통-특히 1세기의 '원시 기독교'-에서 많은 포스트모던 이론가들의 냉소주의와 단편화를 거부하는 급진적 영성의 토대를 발견하기 때문이다.

두 유용한 지침

앞으로 진행될 분석에서 종교에 대한 윌리엄 제임스(William James)의 관점과 그의 고전 『종교적 경험의 다양성』(*The Varieties of Religions Experience*)이 하나의 준거점으로 활용될 것이다.28) 제임스는 그가 '의학적 유물론'(medical materialism)이라고 부르는, 신비주의나 다른 경험과의 물리적 상관성을 밝히는 식으로 종교적 경험을 설명하려는 시도를 거부했다. 종교적 경험은 신체적 감각이 아니라고 가정하는 정신-몸의 이분법에 동의하지 않았다. 나아가서 그는 모든 종교적 철학은 종교적 경험에 기초하며, 교리와 교의는 파생적인 '이차적 첨가물'이라고 주장했다. 제임스에게 있어 종교적 경험은 종교생활의 근거이며, 기도는 신과 지속적으로 소통하는 생명선이다.

제임스의 관점은 여러 가지 이유에서 매력적이다. 첫째로, 우리의 연구에서 발견되는 종교적 경험에 대한 많은 설명이 그의 연구에서 보고된 사례 연구들과 비슷하다. 신과의 만남에 대한 우리 연구를 감당할 수 없어 무시하려는 사람은 제임스를 또한 생각해야 한다. 둘째로, 제임스는 종교적 경험이, 대부분의 사람에게 일상생활의 일부이며 따라서 진지하게 취급되어야 한다고 주장하지만, 종교를 변호할 의도는 없는 불가지론적 입장에서 그의 결론에 도달한다. 비슷하게 비록 내가 이 책에서 분석한 집단들에 대하여 매료된 것을 인정하기는 하지만 나의 접근 방법이 그들에 대한 개인적 신뢰에 근거한 것은 아니다. 셋째로, 어느 정도 제임스의 실용주의를 수용한다. 제임스처럼 나는 단순히 종교적 경험의 근거보다는 그것의 '열매'에 관심이 있다(예를 들면 하나님이나 성령이 경험의 실제적 근원인지 아닌지는 이 책에서 논의되지 않을 것이다). 나는 회심의 경험이 사람들로 하여금 생산적인 시민, 보다 나은 아버지와 어머니, 보다 책임적인 배우자가 되도록 돕는 데 있어 효과적인지를 분석한다.

제임스의 이론에서 나온 하나의 추론은 교파의 성장이나 쇠퇴가 종교적 경험의 활력과 관계된다는 나의 주장이다. 깊은 수준에서 성스러움에 도달하는 교회(회당이나 사원도 마찬가지다)는 교인이 증가하고 확장되는 경향이 있는 반면에, 삶을 변화시키는 정감적인 종교 경험을 제공하지 못하는 교회는 시간이 흐르면서 쇠퇴하고 점차 죽어가는 경향이 있다고 나는 믿는다. 이 공식에 따르면 의례 지향적인 교회(주류 교파의 교회를 포함하여)도 회중이 심오한 방식으로 성스러움을 만나게 **된다면** 성장할 것이다. 반면에 의례에서 종교적 경험이 제거되어 그것이 제임스의 용어처럼 단순히 부차적인 요소로 머무른다면 쇠퇴는 불가피하다.

이러한 추론이 제임스의 관점과 통하는 것이기는 하지만, 그는 결코 종교적 경험을 교회 성장이나 쇠퇴와 결부시키지 않았다. 제도적인 종교를 혐오했기 때문이다. 제임스는 종교를 고립적으로 생겨나는 것으로 규정했다. 그러나 나는 종교의 제도적 표현에 대하여는 제임스보다 훨씬 더 낙관적이며, 사실상 그것이 종교가 인간의 문화에 영향을 미치는 우선적인 방식이라고 믿는다. 여기서 나아가 제임스는 공동의 예배가 종교적 경험을 중재하는 강력한 방식임을 깨닫지 못했던 것 같다. 반대로 나는 종교적 경험이란 항상 문화적 환경 안에서 생겨나며, 사람은 그들 경험의 근원을 집합적으로 축하하기 위하여 불가피하게 다른 사람과 함께하려 한다고 믿는다.

저명한 독일 사회학자 막스 베버(Max Weber)는 제임스의 관점을 유용하게 보완한다. 즉 그도 제임스처럼 원초적이며 자유로운 종교적 경험의 중요한 역할을 인정하기는 하지만, 그는 종교를 개인적인 것이라기보다는 제도적인 것으로 본다.[29] 베버에 따르면 대부분의 위대한 종교들은 삶의 의미에 대한 자신의 이해를 다시 정리하게 하는 심오한 종교적인 만남이나 계시를 경험했던 카리스마적인 지도자들 -붓다, 예수, 무함마드- 에 의해 시작되었다.

추종자를 모으기 전에 이 예언자적 인물들은 가장 깊은 수준에서 진리를 찾을 필요성을 느꼈다. 그들 주변에 있는 제도적 형태의 종교는 전문가 집단과 사제 계급의 권력 요구를 충족시키기 때문에 열매 맺지 못하고 너무도 인간적인 것으로 보였다. 이들은 불가지론자로 머물기보다는 유산으로 물려받은 종교를 거부하고, 지금은 죽어서 생기가 없어 보이는 종교 형태에 근본적으로 힘을 불어넣을 수 있는 실재를 탐구했다. 광야에서 자신을 비우고 의미를 추구하면서 사회에서 다른 이들에 의해 경험되는 깊은 공백을 채워주는 실재를 만나게 되었다. 얼마 후 주변에 제자 집단이 형성되었다.

그 운동의 초기 시절 카리스마적 예언자와 그의 제자들은 전형적으로 공동생활을 했고 소유물도 함께 나누었다고 베버는 설명한다. 규칙이란 별로 없었다; 조직도 없었다; 추종자들 사이에 위계질서도 없었다. 그러나 카리스마적 지도자가 죽은 후에는 불가피하게 그 운동은 일상화되는 경향이 있게 된다. 얼마 후 예언자의 구두 가르침이 기록되어 성문서-과오가 없는 '거룩한 문서'-가 되었다. 제자들의 모임은 서로 다른 직책을 가진 하나의 사제 계급으로 구조화되었다. 의례(예언자 행위의 일부를 규범으로 만드는 것을 포함하여)는 지도자와 관련된 '진리'를 유지하고 시행하도록 발전되었다. 그 운동의 첫 세대에서 매우 직접적이고 즉흥적이며 즉각적이었던 것이 점차 공식화되고 의례화되며 나중에는 관료화되었다. 베버는 이 과정을 '카리스마의 일상화' (routinization of charisma)라고 불렀다.

베버에 따르면 카리스마의 일상화는 단순히 불가피한 것이 아니라, 만일 창시자가 떠나간 후에도 그 운동이 생존하려면 그것은 절대적으로 필요한 것이다. 그러나 구조와 본질 사이에 균형이 이루어져야 한다. 일상화된 형식과 과정이 창시자와 제자들에게 능력을 주는 원초적인 종교적 경험을 대체하게 되면, 종교는 죽어버리거나 혹은 계속 존재하기 위해 단순히 국가에 예속되는 종이 되어버린다. 그것은 개인적 의미가 메시지에서 나오기 때문이 아니라, 종교에 대한 보조금을 사제 계급이 떠받드는 정치가들이 제공하기 때문이다. 개혁자들이 항상 그랬던 것처럼 새로운 패러다임 교회들이 경고하는 것은 이러한 문제적인 일상화와 관료주의화다: 그들은 카리스마적인 예언자의 초기 가르침을 따르도록 호소하고, 어떻게 현대 교회(사찰, 이슬람 사

원)가 형성되어야 하는지에 대한 모델로서 초기 제자들의 사회 조직을 예시한다.[30]

다음 장은 갈보리교회, 빈야드교회, 그리고 호프교회가 어떻게 시작되었는지 소개하고, 미국의 종교적 경제에 미친 이 교회들의 '파급 효과'에 대하여 밝힌다. 그 뒤의 장들에서는 새로운 패러다임 기독교인들이 경험하는 구체적 내용을 탐구하게 된다. 마지막 장에서는 이 관찰을 종교 변화와 갱신에 관한 이론으로 정립하고, 주류 교파뿐만 아니라 새로운 패러다임 교회에 대한 전망을 하게 될 것이다.

2장

히피, 해변 침례, 병 고침
세 운동의 역사

갈보리교회 | 호프교회 | 빈야드교회 | 비교

2장

히피, 해변 침례, 병 고침
세 운동의 역사

    만일 갈보리교회, 빈야드교회, 호프교회의 성장에 대한 각각의 이야기가 놀라운 것이라면, 왜 이 운동들이 성장했는지 그 이유는 놀라운 일이 아니다. 그 운동들은 인간 역사를 통해 종교운동의 성장을 이끌어 냈던 얼마의 단순한 원리를 -아마도 매우 무의식적으로- 따랐다.
    성장을 이해하기 위하여 먼저 종교의 기능 -사회의 다른 제도들의 사명과는 구분되는 것으로서- 을 살펴야 한다. 비록 사회학자들이 종교가 어떻게 규정되는지에 대하여는 논란을 벌이지만, 대부분의 학자는 종교의 과제는 의미, 즉 사람의 삶을 질서정연하게 만들고, 그에게 궁극적 목적의 느낌 -존재의 의미, 희망의 느낌, 성취될 운명- 을 주는 의미를 제공한다고 주장한다. 이러한 정의를 뒷받침하는 가정은 모든 시대, 모든 곳에 있는 모든 인간이 궁극적 의미의 어떤 도식에 따라 삶을 질서 있게 만들 필요가 있다는 것이다. 학자에 따라서 이 의미 체계는 하나의 이데올로기로, 혹은 단순히 일단의 믿음으로 보일 수 있다. 그리고 또한 학자 -문화적 배경은 물론- 에 따라서 믿음은 상징적으로 행동으로 옮겨지는 의례 형태 중에서 공식화되거나 구체화될 수 있다. 요점은 이것이다: 만일 종교가 사람에게 강한 개인적 의미 -개인적 의미는 흔히 집단의 집합적 목적에 포함되어 있다- 를 제공하지 못한다면 쇠퇴하게 된다. 비록 강한 공동체 의미를 제공하고 여러 부수적인 인간 요구를 충족시킨다 하더라도, 교회, 사찰 그리고 사원은 사교 클럽, 유흥 센터, 혹은 오락 장소가 아니다. 건강하고 성장하는 모든 종교제도에 근본적인 것은 그것이 개인에게 삶의 강한 목적을 준다는 것이다.

여기서 서로 다른 세대와 서로 다른 하위문화(subcultures)는 서로 다른 의미 문제를 가지며, 따라서 우리가 원시 사회에서 근대 사회로, 포스트모던 사회로 옮겨감에 따라 세대간의 거리와 다양한 하위문화 사이의 거리가 넓어져 왔음을 아는 것이 중요하다. 이런 의미에서 교회 시장에서의 입지와, 의사소통의 대상이 되는 특별한 청중을 이해하지 못하는 종교제도 지도자는 과업수행에서 대개 실패할 것이다. 시장이라는 용어가 귀에 거슬릴지 모르나, 요지는 종교를 상품화하려는 것이 아니라 사회는 동질적인 것이 아니며, 모든 사람의 요구가 똑같지 않음을 강조하려는 것이다. 산만한 메시지는 특별히 현대 사회에서는 귀에 들어오지 않을 것이다. 왜냐하면 궁극적 의미에 대한 열망은 보편적일 수 있지만, 믿음과 가치는 사람의 나이, 교육, 인종 혹은 민족, 그리고 문화적 배경에 따라 매우 다르게 이해되고 경험되기 때문이다.

현대 미국과 같이 매우 구획화된 사회에서는 메시지와 이를 표현하는 매체 사이에 밀접한 관계가 있다. 예를 들어 동일한 노래 가사라도 그 노래를 록 밴드가 부르는지 혹은 오르간 반주로 합창단이 부르는지에 따라 매우 다른 의미를 전달할 것이다. 마찬가지로 메시지에 대하여 '봉투'와 같은 역할을 하는 외형적 구조도 그것이 고딕 양식의 석조물 구조인지, 혹은 종교적 상징물이 없는, 개조된 창고인지에 따라 서로 다르게 전달될 것이다. 같은 메시지라도 그것을 '설교'하는지, '가르치'는지에 따라, 그리고 목사가 성직자 복장을 했는지, 반바지에 티셔츠를 입었는지에 따라 다르게 경험될 것이다. 간단히 말하면, 만일 메시지가 어떤 의도된 청중과 의사소통을 하려면, 그것은 문화적으로 적합해야 한다. 즉 메시지를 전달하는 매체는 청중의 일상적 경험과 관계있어야 한다.

현대 사회에서 개인은 자신의 삶이 지향하는 가치를 정하는 선택권이 있다. 가족의 종교적 전통을 따르는 것과 같은, 과거의 많은 제한이 더 이상 적용되지 않는다. 장로교회에서 자랐지만 그 교회가 삶의 상황과 요구에 대해 더 이상 말해 주지 못하는 것을 발견한다면, 그는 다른 대안을 찾을 가능성이 많다. 이것은 기업들이 최근에 너무도 잘 배워온 하나의 교훈이다: 제품에 대한 충성은 그 상품이 경쟁력을 가진 동안에만 유지된다. 어떤 종교가들의 냉소적인 견해는 미국이 환상과 쾌락만을 추구하며 자기도취에 빠진 사람들의 나라로 전락했다는 것이다. 이러한 비난에 일리가 있지만 현대 종교에서 선택의 자유와 이와 관계된 다원주의를 보는 보다 건설적인 방식이 있다. 미국 개신교가 새로운 구조로 바뀐다는 사실을 적용해 보면, 궁극적 의미에 대한 사람들의 요구를 충족시켜 주는, 문화적으로 적절한 방법을 발견한 교회는 성공하지만 그렇지 못한 교회는 실패할 것이다.

갈보리교회

이 연구를 하면서 놀랄 일이 있을 것이라고 예상은 했지만, 내가 어느 월요일 밤에 코스타메사(Costa Mesa)에 있는 갈보리교회로 들어가서 2,300명의 십대가 모여 성경공부를 하는 것을 발견했을 때의 충격은 아직도 가시지 않는다. 강당의 모든 좌석이 다 찼고, 자리가 없는 아이들은 카펫 바닥에 앉아 있었고; 어떤 소녀는 마치 거실에서 TV를 보는 것처럼 엎드려서 팔꿈치로 턱을 괴고 있었다. 내 앞에는 등에 '야생녀로 태어났음'이라고 쓰인 티셔츠를 입은 한 젊은 여자가 앉아 있었다. 소년과 소녀의 비율은 비슷해 보였다. 여기는 정치적 성향이 보수주의로 알려진 오렌지카운티(Orange County)지만, 그들은 갈보리교회가 처음 세워졌던 1960년대 중반의 세대와는 다른 중고등학교 학생의 세대였다. 거의 모두가 풍족한 삶을 누리는 사람에게서 보이는, 단정하고 적당하게 햇볕에 탄 모습을 보여주는 것 같았다.

음악이 좋았다; 사실 매우 좋았다! 이런 전문적인 악단의 음악을 듣기 위해 공연장에 가려면 아마 꽤 많은 돈을 지불해야 할 것이다. 청중은 악단과 함께 노래했다. 그들은 어떤 노래에 박수를 치고 춤을 추기도 했으며, 때로는 음악에 따라 발로 박자를 맞추었다. 악단을 이끄는 기타 연주자는 어느 시점에서 멈추고는 "우리는 오늘 종교에 대하여 노래하는 것이 아닙니다; 우리는 예수님과의 관계에 대하여 얘기합니다."라고 하면서 참된 기독교의 핵심에 대하여 설교 같은 말을 했다. 이 말에 동감의 표시로 휘파람을 부는 아이들도 있었다. 그 다음 악단은 "나는 그 길을 걸어갈 것이고, 오늘도 그것을 믿고 있다네."라는 곡의 연주를 계속했다. 약 40분 후에 악단이 "놀라운 은총"(Amazing Grace)이라는 곡으로 끝을 맺을 때 모든 청중은 일어나 함께 노래에 참여했다.

갈보리 운동 초기에 회심을 했고, 지금은 1만 명 이상의 교인이 있는 교회 목사인 그렉 로리(Greg Laurie)가 말씀을 전하기 위하여 캘리포니아 주 리버사이드에서 차를 몰고 달려왔다. 말씀의 주제는 우물가에서 예수를 만나고 결국 다섯 번이나 결혼을 했다고 고백한 사마리아 여인의 이야기였다. 로리는 십대들에게 그들 중에서 얼마는 사마리아 여인처럼 오늘밤 예수와 만나기로 약속했다고 말했다. 그가 자신의 마음을 예수께 바쳤을 때 이것이 그가 해야 할 일이었음을 전에는 생각하지 못했다고 말했다.

모든 사람의 깊은 내면에는 사마리아 여인이 그랬던 것처럼 하나님에 대한 갈증이 있다고 로리는 주장했다. 로리는 우리가 오래가지 못하는 쾌락을 추구하려는 갈증을 감추려고 노력하고 있다고 말했다. 그러나 혼외정사, 마약, 새 옷 – 이 모든 것으로 충분한 것은 아니다; 그것들은 더 많은 것을 찾는 지속적인 욕구로 이어진다. 로리가 말하는 모든 이야기의 요점은 확고하고 영원한 어떤 것, 즉 물질적인 것과는 달리 조용한 순간 우리가 느끼는 공허함을 채워주는 어떤 것을 찾으라는 것이다.

로리는 악단을 이끄는 기타 연주자와 비슷한 말을 했다: "해답은 종교가 아닙니다; 그것은 예수님과의 관계입니다." 그 다음에 그는 우리에게는 거룩한 건물이 없으며, 대신 사람들이 곧 교회라고 말하면서, 기성 교단을 비판했다. 그는 '밖으로' 나가는 대신에 '위로' 올라가는 교회에 대해 의문을 표시했다. 그리고 그가 "우리는 공원이나 해변에서 쉽게 교회로 모일 수 있다."라고 말하자 청중은 박수를 쳤다. 유일한 문제는 그리스도가 여러분 안에 살아 있는가라고 강조했고, 침례교인이나 장로교인으로서의 정체성을 주장하는 것은 무의미한 일이라고 지적했다.

설교는 사마리아 여인을 계속 언급하면서 25분간 더 지속되었다. 설교를 마감하면서 로리는 청중을 직접 바라보며 물었다. "삶의 공백을 채우기 위해 여러분은 무엇을 할 것입니까? 깊은 열망을 만족시키기 위해 여러분은 완벽한 남자 혹은 여자를 찾습니까? 여러분은 소유물로 공허함을 채우려고 합니까? 사마리아 여인처럼 지금이 예수께 나아갈 기회입니다. 그는 지금 당장 여러분의 삶 속으로 들어오기 원하십니다. 예수님은 여러분의 실패를 용서하실 것입니다. 그는 삶의 생수입니다." 신호에 따라 로리가 예수 없이 살았던 사람은 앞으로 나와서 삶을 하나님께 맡기라고 선포할 때 악단이 배경 음악을 연주하기 시작했다.

다음에 로리는 강대상에서 뒤로 물러섰고 악단이 활기를 띠었다. 처음에는 한 명, 그리고는 수십 명의 십대가 자리에서 일어나 강당 앞으로 나왔다. 이들 가운데는 손을 잡은 쌍들, 파도타기 티셔츠를 입은 젊은 남자들, 그리고 스포츠 상의를 입은 소녀들이 포함되어 있었다. 새로운 회심자 하나하나에 대하여 청중은 박수를 보냈다. 격려한다는 의미의 휘파람까지 들려왔다. 앞으로 나오는 무리의 대열이 끝날 무렵 로리가 다시 강대상으로 나와 이 새롭게 결단한 기독교인들을 위해 그들이 죄를 깨닫고 예수가 그들의 삶을 주관해 달라는 짧은 기도를 했다. 새로운 회심자 하나하나에게 성서와 다른 책을 나누어주기 원한다고 하면서, 앞으로 나온 친구들을 위해 잠시만 기다려 달라고 로리는 청중에게 부탁했다. 기쁨으로 가득 찬 분위기였다. 악단 인도자가 다른 곡을 크게 연주하도록 이끌었고, 그 공동체는 새로운 멤버들과 그들의 신앙고백을 축하했다.

몇 주 후에 나는 코스타메사 갈보리교회의 주간 행사에 대하여 알아보려고 다시 한 번 그곳을 찾아갔다. 수요일 밤, 그곳은 활동으로 떠들썩했다. 수백명 이상의 여자들이 작은 집단 단위로 성경을 공부하기 위해 모였다. 또한 400명 가량의 사람들이 척 미슬러(Chuck Missler)가 예언에 대하여 가르치는 정규 수요일 밤 집회에 참여하기 위해 강당으로 모여들었다. 250명가량의 대학생과 직장인들은 친교관에서 모였으며, 흥미롭게도 광고 시간에는 인도자가 열 개의 서로 다른 사역집단(남자를 위한 회계학 공부 집단을 포함하여)을 소개했다. 젊은 사람들이 흔히 가는 나이트클럽에서처럼 찬양 중에 조명이 어두워지는 것을 보고 나는 다시 한 번 어리둥절해졌다.

교회 구내를 돌아다니면서 나는 성경공부 모임에 참여한 베트남 사람들, 한 부모(single parents)로 가득 찬 교실, 알코올 중독자 치료모임도 보았다. 분명히 갈보리교회는 다양한 요구를 충족시키는 모임들을 가지고 있었다.

비슷한 프로그램 모임들이 주중의 다른 날 밤에도 열렸다. 예를 들어 목요일 저녁 나는 800~900명이 모이는 척 스미스의 성경공부 모임을 방문했다. 얼마의 참여자들은 여러 색연필로 어떤 체계에 따라 성경에 표시를 하는 것을 봤다. 나는 하나님이 이상한 방식으로 인도하신다는 스미스의 사례 소개를 듣고 당황했다. 자동차의 배터리가 나가는 것, 타이어의 바람이 빠지는 것도 하나님이 위험에서 당신을 보호하는 방법일 수 있다고 - "아무 일도 우연히 일어나는 것은 아니다" - 그는 말했다. 그러한 일들에 대하여 스미스가 제시하는 응답 방법은 "하나님, 나에게 무슨 말씀을 하시려는 것입니까?"라고 묻는 것이다. 나는 또한 스미스가 신앙을 지적인 것으로 만들려는 시도를 배격한다는 것을 알았다: "하나님은 당신이 어떤 신학교에 다녔는지 개의치 않으십니다."

어떤 화요일 저녁 오덴 퐁(Oden Fong)이 인도하는 성경공부 모임에 갔다. 스미스의 성경공부만큼 많은 사람이 모이지는 않았으나, 이 혼합적인 예배에서 퐁은 나름대로의 청중을 가지고 있음을 알아챘다. 그는 매우 재능 있는 음악가였고, 예배는 오히려 신비주의적이었다. 갈보리교회에서 흔히 보았던 것보다 많은 사람들이 팔을 들어 올리는 것을 볼 수 있었고, 이 모임에서는 카리스마적 은사를 더 갈망하는 것 같았다. 후에 진행된 인터뷰에서 퐁은 자신이 초기 갈보리교회의 한 연주회에서 회심의 경험을 하기 전에는 마약에 깊이 중독되었다고 설명했다. 코카인과 LSD와 같은 마약을 했던 경험이 그를 '대안적 실재'의 가능성으로 향하게 했다. 그에게 '방언을 말하는 것'과 다른 방식으로 성령을 만나는 것은 마음과 몸을 이분법으로 보지 않는 종교와 통하는 것처럼 보인다.

코스타메사에서의 주일 아침 예배는 다른 갈보리교회들의 경우보다 더 공식적이다. 척 스미스는 정장을 했다. 얼마의 구식 찬송가가 보통의 갈보리교회 노래와 섞여 있다. 아이는 예배에 참여하지 못한다. 다른 사람에게 방해가 되지 않게 예배중 설교 시간에 강당을 떠나는 것이 허용되지 않는다. 반면 예배는 격의 없는 성격을 유지한다. 확성기가 강당 밖 뜰 위에 있는 의자에 앉아 있는 사람들에게 울려 퍼진다. 예배는 체육관에서 스크린에 비춰지는 영상을 통해서도 이루어지며, 수백 명의 사람들은 체육관 의자에 앉아 있고 어떤 이들은 좌석이 정글인양 주변을 기어 다니는 아이들과 함께 있다.

코스타메사의 갈보리교회 프로그램들은 확실히 매우 진화되고 있다. 그러나 이 복잡한 예배 형태는 30년 전 다소 초라하게 시작되었다.

갈보리 운동의 역사

목회 초년병 시절 척 스미스(Chuck Smith)는 포스퀘어복음교단(Foursquare Gospel denomination) 목사였다. 그는 교단 성경학교에 다녔고, 젊은 목사로서 교회 성장의 모든 전략(그의 교회로 가장 많은 수의 초신자를 끌어 모으는 대회를 교단이 후원하는 전략을 포함하여)에 동조하려고 했다. 그러나 그는 주변의 제도적 기독교는 잘못되었다는 것을 깨달았고, 대회에서 1등을 했지만 포스퀘어교단과 결별하기로 작정했다. "나는 교단 체질이 아닙니다. 그래서 거기서 나오기를 원했습니다. 그러나 오래 머물러 있을수록, 거기서 더 높은 위치를 확보할수록, 거기서 벗어나기가 어렵습니다."라고 스미스는 설명한다.[1)

다른 여러 교파를 알아본 후에 스미스는 포스퀘어교단에 대한 비판은 사실상 모든 교파에도 똑같이 적용된다는 결론을 내렸다: "나는 그 교파들이 결국 반드시 가장 영적인 사람은 아닌 이들의 통제 아래 있음을 알았습니다. 참으로 영적인 사람은 하나님이 그를 어디서 부르시더라도 만족해야 하고 행복해야 합니다." 스미스가 보기에 교단을 이끌어 가는 것은 권력을 지향하는 사람들이며, "일단 그들이 권력의 자리를 쟁취하면 방어적이게 되어 이 권력의 자리에서 자신을 지키려고 합니다." "그들은 주변에 약한 사람들을 배치하고 그들의 자리에 위협이 되는 사람들은 모두 제거하는 식으로 자신의 자리를 지킵니다."라고 스미스는 설명한다. 그의 견해에 따르면 가장 유망한 지도자들은 그들이 가진 숨겨진 지도력이 위협이 된다고 보기 때문에 교단에 의해 대개 주변으로 밀린다는 것이다; 그렇게 하여 힘을 가진 사람들은 종속된 교회의 독립성을 빼앗아버리는 규칙을 만들어서 자신의 위치를 공고하게 한다. 그가 존경하는 한 분을 예로 들면서 스미스는 "사람이 영적일수록 그는 덜 교파적이 된다."고 말한다.

교파적인 구조와 전략에 혐오감을 느끼자 스미스는 1960년대 초 코로나 기독교회(Corona Christian Center)를 세웠다. 급성장하면서 그 교회는 늘어나는 사람들을 수용하기 위해 새로운 장소로 옮겨야 했다. 이러한 성공의 와중에서 25명의 교인이 힘겹게 버티고 있는 한 교회의 목사로 오라는 청빙을 받아들였다. 합리적으로 보면 갈보리교회(곧 문을 닫아야 할 것 같아 보이는 교회)로 가기 위해 그가 시작했던 활기 넘치는 교회를 사임하는 것은 말이 안 되었다. 그러나 스미스의 인생에서는 자기중심적인 계산을 넘어서게 하는 하나의 요인-성령의 인도하심에 대한 그의 믿음-이 있었다. 처음에 아내인 케이 스미스(Kay

Smith)는 부르심에 응답하는 남편을 반대했다. 그러나 그녀는 남편이 한 저녁 성경공부 모임에서 돌아왔을 때 그를 반갑게 맞으며 말했다. "여보, 내가 기도하는 동안 하나님께서 내 마음을 향해 말씀하셨어요. 주님은 내가 당신의 뜻을 따라야 한다고 분명히 일깨워 주셨답니다."[2)]

그리하여 1965년 척 스미스는 20여 명의 낙담한 사람들이 모이는 갈보리교회의 목회를 시작했다. 그의 집을 개조한 경험을 살려 스미스는 교회 내부를 현대화하자고 교인들을 설득했다. 그들은 또한 라디오로 성경공부 내용을 방송하는 데 드는 경비를 지불하는 데 동의했다. 얼마 되지 않아 스미스는 방송을 그만두어야 했다. 왜냐하면 교회는 그를 찾아오는 모든 새 신자들을 감당할 수 없었기 때문이다. 스미스는 한 루터교 교회로부터 주일 오후에 사용하지 않는 훨씬 큰 시설을 사용하도록 허락을 받았다. 이 교회 역시 곧 차고 넘쳤다. 훨씬 더 큰 건물을 찾다가 교회 지도자들은 경매로 나온 한 공립학교의 비어 있는 부지에 최저 입찰가로 응모했다. 놀랍게도 그들은 후에 그 학교 전체를 소유하게 되었다.

그러나 어떤 변화보다도 갈보리교회의 미래를 바꾼 것은 코스타메사 주변에 있는 해변에서 소위 히피들을 대상으로 목회를 하겠다는 스미스의 결심이었다. 스미스는 대학에 다니는 딸을 통해 예수 운동의 초기 회심자들 중 일부를 만나기 시작했다. 처음 그들의 긴 머리, 수염, 그리고 정치적 성향에 반감을 가지기도 했지만, 이 젊은이들 중에서 일어나는 내적인 변화와 새로운 신앙을 나누려는 열정을 보고 그는 크게 놀랐다.

이 처음 회심자들 중 여럿은 살 장소가 필요했고, 따라서 스미스 가족은 그들을 집으로 데려왔다. 그러나 1968년 5월 그의 집이 젊은이들로 차고 넘치자 스미스는 침실 두 개짜리 집을 빌려 그들이 마약에서 예수께로 돌아오도록 했다. 집을 빌린 첫 주말 무렵에는 21명의 새로운 기독교인이 그 집에 살게 되었고, 한 주 후에는 35명으로 늘어나 한 명은 목욕탕 욕조에서 자야 할 정도가 되었다. 오래지 않아 캘리포니아 리버사이드에 있는 한 호텔(여기에 들어온 지 두 주 만에 65명의 젊은이가 한 연못에서 침례를 받았다)을 포함하여 이 예수 집들(Jesus houses)의 그물망이 형성되었다. 그 첫 여름 리버사이드에서만 500명이 회심했고, 이 활발한 사역은 남가주 전역으로, 그리고 북으로 오리건 주까지 뻗어나갔다.

한편 교회 지도자들은 300개의 좌석이 적절한 규모라고 생각하며 그린빌 학교 부지에 새로운 예배당을 건축했다. 그러나 첫 주일 모든 좌석이 채워졌다. 다음 주일 그들은 입구에 50개의 접는 의자를 놓아야 했다. 얼마 되지 않아 예배를 세 번에 걸쳐 드렸으며, 사람들은 바닥에, 통로에, 옆방에까지 앉아야 했다. 마침내 벽을 허물고 좌석을 두 배로 늘렸다. 그러나 얼마 되지 않아 뜰에 추가로 500개의 접는 의자를 놓고서도 모두를 수용할 수 없게 되었다. 이러한 성장은 그들로 하여금 대단한 결단을 하게 만들었다: 그래서 몇 블록 떨어진 곳에 30만 달러를 주고 11에이커(1에이커는 약 4,000평방미터. 옮긴이)의 땅을 구입했다.

스미스는 말했다. "우리는 즉시 주차장을 증설했고, 겨울 전에 사람들을 수용하기 위한 커다랗고, 낡은 서커스 천막을 샀습니다. 서커스 텐트 안에 좌석 1,600개를 놓았고, 예배를 두 번 드리도록 계획했습니다. 주일 아침 첫 예배를 드리기 전 토요일 밤에 기도 모임을 가졌습니다. 기도 모임 후에 얼마의 사람들이 나와서 단 위에 섰습니다. 그들이 조명 작업을 마무리했고, 모든 것이 정리되었습니다. 나는 접는 의자들이 바다처럼 펼쳐져 있는 것을 보았습니다. 내 생애 동안 그렇게 많은 접는 의자를 본 적이 없었습니다! 나는 한 자원봉사자인 두안(Duane)에게 돌아서서 물었습니다. "주님이 이곳을 채우는데 얼마나 오래 걸릴 것이라고 생각하세요?" 그는 시계를 보더니 말했습니다. "약 11시간입니다."[3]

다음 겨울 이전에 천막 뒤에 400개의 의자가 들어갈 다른 천막을 세웠다. 1974년 마침내 2,300명이 앉을 수 있는 영구적인 성소를 지었다. 새 건물에서 예배를 드린 지 세 주일도 되기 전에 예배를 세 번에 나누어 드려야 했다.

얼마 되지 않아 700명이 앉을 수 있는 친교관을 지었고, 폐쇄회로 텔레비전으로 영상예배도 드렸다. 만일 스미스가 젊은 회심자들을 양육하여 인근 도시들에 갈보리교회들을 세워 나가도록 하지 않았다면, 교회의 확장은 계속되었을 것이다. 코스타메사 갈보리교회로 나오는 대신에 사람들은 이제 그들의 지역 공동체에서 비슷한 형식의 예배를 드리게 되었다. 이렇게 하여 갈보리교회 운동이 생겨나게 되었다.

600개 이상의 갈보리교회가 세계 전역에 세워졌다. 가장 큰 그 일부는 척 스미스의 '영적 아들들'이 시작했는데, 그들은 새로운 신앙으로 양육한 스미스의 절제된 지도력을 배운 젊은 회심자들이었다. 이 교회들의 일부는 갈보리교회라는 이름을 가졌으나 모든 교회가 그런 것은 아니다.[4] 스미스는 하나의 교파를 새로 만들려고 하지 않았다; 오히려 그 교회들은 비슷한 생각을 가진 사람들의 느슨한 친교 조직의 성격을 띤다. 1990년대 초 주일 출석자는 샌디에이고의 호라이즌교회(Horizon Christian Fellowship)에 6,500명, 리버사이드의 하비스트교회(Harvest Christian Fellowship)에 9,000명, 코비나/다이아몬드바의 골든 스프링(Golden Springs) 갈보리교회에 8,500명, 다우니(Downey)의 갈보리교회에 12,000명, 알부퀘크(Albuquerque)의 갈보리교회에 7,300명, 뉴욕의 핑거 레이크(Finger Lakes) 갈보리교회에 4,500명 등이다.

모든 갈보리교회가 거대 규모의 교회는 아니다. 우리의 조사에 응했던 200명의 갈보리교회 목회자들에 따르면 주일 아침예배에 출석하는 인원의 중간 값(median)은 138명이다. 조사를 실시한 시점에서 보면 교회들의 $1/4$이 세운 지 2년이 채 안 되었고, $3/4$도 세운 지 12년을 넘지 않고 있다. 비록 갈보리 집단 안에 다수의 큰 교회들이 있지만, 이것은 계속 새로운 교회를 개척하는, 상대적으로 역사가 짧은 운동이다. 1990년대 초 교회 예산의 중간 값은 7만 달러였다. 비록 많은 교회들이 건물을 지을 기금이 늘어나지만, 그 $3/4$은 세를 낸 공간에서 모이고 있었다. 10교회 중 7교회에서는 현재의 목사가 첫 목회자이며, 그것은 그의 첫 단독 목회였다.

교회를 개척하는 데 대한 척 스미스의 견해는 매우 실용적이다. 목회의 소명을 받았다고 느끼고 갈보리교회의 철학을 이해할 만큼 충분한 시간을 교회에서 보냈던 회심자들이 기도와 축복과 함께 -흔히는 재정지원 없이- 그들의 길을 가도록 보내진다. 정말로 목회에 대하여 부르심을 받은 사람은 몇 년 내에 그를 뒷받침할 수 있는 회중을 갖게 될 것이라고 스미스는 생각한다; 만일 이러한 일이 일어나지 않는다면, 하나님은 아마도 그를 위한 다른 계획을 가지고 계실 것이다. 스미스의 견해에 따르면 외부에서의 재정적 도움은 흔히 젊은 목회자가 하나님을 철저히 의지하지 않게 만든다. 그럼에도 불구하고 평신도 지도자들의 동의가 있으면 스미스는 사람들이 넘쳐나고 있어 땅을 구입하거나 예배 처소를 지을 필요가 있는 교회에는 자주 돈을 빌려주었다. 그러나 이러한 대여는 교회가 자립하게 하기 위해 항상 짧은 기간에만 허용한다.

코스타메사의 모(母)교회와 여기서부터 생겨난 많은 갈보리교회들 사이의 관계의 특징은 독립성이다. 각 교회는 독립적으로 운영되며, 대부(척 스미스)와 그 아들들(개척교회 목회자들) 사이에 이뤄지는 다정한 전화 통화를 제외하고는 코스타메사 교회에 보고할 필요가 없다. 그 운동이 성장하면서 많은 거대 규모의 교회들이 많은 '개척교회'를 세워왔고, 이 새로운 교회들은 코스타메사 교회가 아니라 그 목회자가 영향을 받은 교회와 관계를 갖는다. 권위를 집중화하거나 프로그램에 입각한 자료를 제공하려는 시도는 없다. 각 교회는 자유롭게 주일학교나 다른 프로그램을 위한 학습 자료를 만든다. 많은 거대 규모의 교회들이 자체의 목회자 훈련 학교를 가지고 있으나 갈보리교회 신학교를 세울 생각은 없다. 이것은 집중화된 권위나 공식적인 보고 구조가 아니라 관계성 위에 세운 운동이다.

무엇이 갈보리교회의 규모를 가진 운동이 교파가 되지 못하게 하느냐는 질문을 받고 스미스는 힘주어서 '나'라고 대답했다. 이어서 어떻게 관계에 기초한 운동이 "철저하게 독립적이게 됨으로써, 그리고 이 독립성을 개척교회들에 심어줌으로써," "그것들 각각이 독립적으로 운영됨으로써," "교회들 간의 소속감은 매우 느슨하게 유지함으로써" 지켜지는지를 설명해 주었다. 갈보리교회 철학에서 중요한 일탈이 있지 않는 한(그 시점에서는 무슨 일이 벌어지는지 알아보기 위해 '대부'인 척 스미스로부터의 부름이 있을 수 있다), 모교회의 어떤 요구도, 부름도, 편지도 없다고 그는 말했다. 갈보리교회의 교리(이런 이름으로 부를 수 있다면)는 단순하다. 성경의 중심성이 유지되기만 한다면, 그리스도의 신성과 예수의 부활과 같은 근본적인 기독교 신앙이 있다면, 많은 점에 있어 의견의 다양성이 있을 수 있다.

스미스는 갈보리교회의 신앙이 침례교와 성령강림 교회 사이에 놓일 수 있다고 설명한다. 그는 카리스마 운동을 지향하는 기독교인들처럼 성령의 은사를 믿지만, 그것이 결코 예배의 중심이 되어서는 안 된다고 지적한다. 비록 초대 기독교회에 대한 사도 바울의 지적이 명시한 것처럼 사적인 작은 모임(커다란 예배 모임과는 대조되는)에서는 방언, 치유, 지식의 말, 그리고 예언의 은사가 수행된다 하더라도, 침례교처럼 성경을 가르치는 것이 예배의 중심적 목표라고 스미스는 말한다. 그는 '복음주의자'라고 주장하지만, 전통과 관계해서는 방어적일 뿐만 아니라 권위주의적이고 엄격한 규율을 가진 '근본주의자'라는 이름에 대하여는 다소 거부하는 태도를 보인다. 누가 '안에' 있고 누가 '밖에' 있는지 엄격한 경계성을 긋기보다는, 갈보리 운동의 멤버십은 당신이 우리와 (정규적인 의사소통에 있어) '친교'할 수 있는지 아닌지의 문제라고 말한다.

척 스미스와 모든 갈보리교회의 교리적 특징은 성경을 한 구절 한 구절 해설하는 것이다. 포스퀘어교단에 있던 시절에는 그가 '주제별' 설교를 했고, 기독교의 주요 개념과 교리를 설명할 때 성경의 한 구절에서 다른 구절로 옮겨가곤 했다고 회상한다. 모든 설교가 조제된 노력이었고, 2년 정도 설교한 후에는 되풀이되는 이야기를 피하기 위해 교회를 옮겨야 했다. 성경을 이렇게 뒤죽박죽 이용하기를 포기한 이후 그는 자신의 표현대로 '순항하게' 되었다.5) 때때로 그는 성경의 몇 구절을, 다른 때는 몇 장을 취한다. 그러나 스미스와 대부분의 갈보리 목회자들의 접근 방법은 성경을 한 책 한 책 연속적으로 가르치는 것이다. 스미스의 목표는 교회 안에 '가장 잘 먹여진 양들'을 갖는 것이다. 그는 건강한 양은 무리가 늘어나는 것을 도우면서 다른 양들과 신앙을 나누기를 원한다는 견해를 가지고 있다.

비록 갈보리교회가 모든 목회자가 동조해야 하는 체계적인 교리는 발전시키지 않았지만, 그들 중 많은 이들이 척 스미스의 성경 연구 테이프를 듣는 데 많은 시간을 보낸다. 〈오늘을 위한 말씀〉이라는 테이프 목록에는 1천 개의 다른 제목을 가진, 척 스미스의 신구약성서 강해, 심층 연구, 그리고 주일 낮 예배 설교들이 들어 있다. 수만 개의 이러한 테이프를 해외 선교사들과 그것을 요청하는 사람들에게 보낸다; 아니면 그것은 실비로 팔리며, 낱개로나 세트로 주문할 수 있다. 큰 교회 목사들은 자신의 테이프를 만들며, 그리하여 교인은 일하러 가는 동안에도 차 안에서 가르침을 테이프로 들을 수 있다. 테이프를 복사하는 현대 기술 덕분에 주일 아침 교회를 나오면서 설교 테이프를 구하는 것이 가능하다. 적극적인 교인은 주제별로 엮은, 그리고 특별한 경우에 팔리는 오디오 혹은 비디오테이프를 선택할 수 있다.

예수 운동의 초기 시절부터 만든 음악도 갈보리교회의 또 다른 대표적 상표다. 비록 어떤 갈보리교회들(특히 코스타메사 교회)에서는 여전히 전통적인 찬송을 들을 수 있지만, 갈보리교회가 후원하는 〈Love Song〉〈The Children of the Day〉〈The Way〉〈Gentle Faith〉〈Country Faith〉(이들은 현대 기독교음악-CCM-을 부르는 젊은 보컬 그룹들로, 직접 작곡, 작사하고 노래를 부른다. 옮긴이)와 같은 그룹이 새로운 세대의 기독교 음악을 소개하였다. 록 콘서트에서 들음직한 현대 악기들을 사용하면서 이 그룹들은 예수와 만나는 느낌을 표현하는 노래들을 써 왔다. 이 현대음악은 갈보리 운동에서는 활발한 것이었다: 그것이 없었다면 얼마나 많은 젊은이가 그 운동에서, 다소 보수적인 성서적 가르침을 듣는 것에 싫증을 냈을 것인가?

갈보리교회는 새로운 패러다임 교회의 선구자로 볼 수 있다. 호프교회도 비슷하게 포스퀘어복음교단에 뿌리를 두며 랄프 무어(Ralph Moore)를 통해 세워졌다.

호프교회

어떤 침례를 관찰하기 전, 나는 여러 달 동안 남가주의 새로운 패러다임 교회들을 방문하였다. 패서디나(Pasadena)에 있는 집에서 한 시간을 운전한 후에 허모사 비치(Hermosa Beach)에 있는 유명한 곳에 10분 늦게 도착했는데, 어떤 의식이 시작되는 순간을 못 볼까 봐 걱정스러웠다. 호프교회 교인의 주차 안내를 받고 회전문을 통과해 그곳으로 들어간 즉시 커다란 공원으로 갔다. 한 쪽 끝에는 배구 코트가 있었고, 다른 쪽에는 피크닉 식탁과 고기를 구어 먹는 석쇠가 마련된 잔디밭이 있었다. 가운데에는 줄을 친 수영 지역, 아이들의 물놀이 지역, 그리고 부표가 있었다.

늦은 것을 걱정하며 침례식이 거행되나 둘러보았는데, 아직 시작하지 않았다. 대신에 수백 명의 사람들이 해변에서 일요일 오후를 즐기고 있는 것을 보았다. 햄버거와 닭을 요리하는 냄새가 났다. 아이들은 물에서 놀고, 어른들은 모래 위에 누워서 얘기하고 있었다. 식탁은 거의 차 있어서 어머니들은 식탁보를 잔디 위에 펼치고 있었다. 모든 사람이 반바지, 팔과 어깨가 노출된 여름용 드레스, 혹은 수영복 차림이었고, 나는 갑자기 나의 긴 바지가 어울리지 않다고 느꼈다. 또한 마치 내가 어떤 사람의 가족 소풍을 방해라도 하는 것처럼 다소 어색해졌다. 그러나 산들바람이 바다에서 불어오는 따스한 저녁, 몇 분 후 나는 백사장 위에 있는 호프교회의 많은 멤버들 가운데 끼어들었다.

공책을 꺼내 관찰하는 것을 기록하기 시작했다. 교회 멤버들과 해변에 놀러온 다른 사람들을 구분하는 것은 어려운 일이었으나 호프교회 공동체에 속한 사람은 500명에서 600명 정도일 것으로 생각되었다. 십대가 많았고, 잔디 위를 기어 다니는 아기들도 많이 있었으며 때때로 머리가 흰 사람들도 있었지만, 평균 연령은 30대 초반 정도였다. 비록 여러 흑인과 얼마의 아시아계가 있기는 했지만, 대부분 백인이었다. 주변 환경은 호화스러운 요트로 그득 찬 항구에 인접해 있는 부유한 곳이었지만, 그들은 중산층으로 보였다.

약 15분 후에 가족과 함께 회전문을 통해 걸어 나오는 자크 나자리안(Zac Nazarian) 목사를 보았다. 키가 크고 햇볕에 피부가 거슬러 있으며 반바지를 입은 그는 분명히 해변에서 편안함을 느끼는 듯했다. 몇 발짝마다 그는 멈춰서서 누군가와 인사했다. 한 시간 뒤 가족들이 야외 저녁식사 뒤처리를 끝낼 즈음, 확성기와 작은 무대가 세워졌고, 전자 기타를 가진 누군가가 전형적인 호프교회 노래로 사람들을 이끌기 시작했다. 군중이 약 20분간 노래를 부른 후에 나자리안 목사가 확성기를 잡았다. 그의 오른쪽에는 침례받기를 기다리는 70명 정도가 열을 지어 있었는데, 남녀노소 구분이 없었다. 나자리안은 한 사람씩 나오게 하여 확성기로 자신의 이름을 대고 몇 마디 얘기하게 했다. 청중은 각 사람이 말할 때마다 박수를 쳤다. 나는 그들이 얼마나 편안하게 간단한 증언을 하는지 놀랐다. 한 사람은 바로 세 시간 전에 '구원'을 받았다고 했다; 60대의 한 부부는 어린 시절 장로교회에서 세례를 받았는데, 이제 호프교회를 알게 되어 "우리의 삶을 그리스도께 다시 바치겠습니다."라고 했다. 아마 침례 받는 사람의 $1/3$은 전에 가톨릭 신자였던 것 같다. 그들 대부분이 지난 몇 달 사이에 예수께 자신을 헌신하게 되었다고 말했다. 그들이 고백하는 것은 대개 "전에는 내 뜻대로 했지만, 이제 나는 예수께 모든 것을 드리고 그를 따르기 원합니다."였다.

사람들은 그러한 증언 듣기를 좋아하는 것 같았다. 여러 사람이 마약 혹은 이혼이 그들을 호프교회로 인도한 촉진제라고 고백했다. 다른 이들은 일반적인 공허감을 말했고, 호프교회에 처음 왔을 때 발견했던 가정 같은 따뜻함에 대하여 얘기했다. 그들이 말하는 동안 나는 다른 세례의 장면, 즉 공관복음에 기록된 대로 세례 요한이 요단강에서 사람들에게 세례를 베푸는 장면을 연상해 보았고, 그 1세기 회심자들도 내가 방금 들었던 70명의 증언과 비슷한 말을 했을까 궁금해졌다. 그러나 더 생각하기 전에 침례의 공식적인 행사로 바닷물에 머리를 담글 시간이 되었다. 회심자들이 두 줄로 늘어섰고, 수영복을 입은 여러 목사가 허리 깊이의 물로 들어갔다. 한 사람씩 두 목사에 의해 뒤로 머리가 물에 잠겼다. 무슨 말이 있었는지 들을 수 없었지만, 각 사람의 머리가 위로 들려질 때마다 카메라 플래시가 터지고 있음을 알았다.

그날 밤 차를 몰고 돌아오면서 조금 전 목격했던 세례(사실상 침례)와 내가 다니는 감독교회에서 이뤄지는 세례의식 사이의 차이를 깊이 생각했다. 또한 그 사람들의 편안하고 즐거움 넘치는 모습을 생각했다. 그들은 즐기는 것 같았다! 그들의 종교는 신뢰로 가득 찼지만, 그것이 의례 때문만은 아니었다. 심지어 젊은이들도 그들이 의무감 때문에 거기에 왔다고 느끼지 못했다. 그들은 삶에 중요한 새로운 핵심을 주는 어떤 것을 발견한 듯했다. 그들이 호프교회에 나오지 않았다면 몇 명이나 주류 교회에 나갔을 것인가 의문을 갖게 되었다.

호프교회의 역사

세대 차이만 뺀다면 호프교회의 설립자 랄프 무어(Ralph Moore)와 갈보리교회의 설립자 척 스미스 사이에는 비슷한 점이 매우 많다. 스미스는 무어의 아버지 연배로 나이가 많지만 그들의 계보는 유사하다. 둘 다 부흥사이며 치유자인 에이미 셈플 맥퍼슨(Aimee Semple McPherson)이 세운 포스퀘어복음교단에서 자랐다. 둘 다 교단 학교인 라이프성경대학(L.I.F.E. Bible College)을 다녔다. 둘 다 라이프대학의 존경받는 교수요 포스퀘어운동의 원로인 나다니엘 M. 밴 클리브(Nathaniel M. Van Cleave)를 스승으로 두었다. 둘 다 포스퀘어교단에서 목회자로 일했다. 비록 스미스는 교단을 떠났고 무어는 교단의 충성스러운 일원으로 남아있지만, 성경을 구절에 따라, 장에 따라 가르치도록 무어에게 영향을 끼친 사람은 스미스였다.

 6세 때부터 랄프 무어는 목사가 되도록 정해졌다는 느낌과 씨름했다. 마침내 17세가 되자 재능이 있다고 생각한 분야인 건축학을 공부할 것인지 아니면 교단 학교로 갈 것인지 선택해야만 했다. 30일 동안 매일 성경을 10장씩 읽은 후 그는 목회자로서의 소명을 깨닫고 다소 망설이면서 오레곤 주 포틀랜드에서 로스앤젤레스로 향했다. 거기서 학생처장인 잭 헤이포드(Jack Hayford)뿐만 아니라 밴 클리브 교수를 만났다.6) 무어의 반항적인 태도를 바로잡아 준 것은 헤이포드였다. 그는 무어에게 학교에 대하여 불평을 하기보다는 학생회장으로 활동하라고 말했고 무어는 이 도전을 받아들였다.

 졸업 후 무어는 한 포스퀘어교회에서 부목사로 시무했는데, 하루는 사람들로 북적이는 식당에서 하나님이 캘리포니아 레돈도 비치(Redondo Beach)의 작은 포스퀘어교회에서 목회하라고 크게 말씀하시는 것을 들었다. 교인이 72명에 불과했고 차 몇 대를 겨우 세울 정도로 주차공간은 좁았다. 그러나 이 공간마저도 작은 교회로서는 커 보였다. 하나님의 지시를 받은 시기가 좋지 않았다: 무어의 아내는 임신 중이었고 직장을 그만 두었다. 유일하게 저축했던 돈은 집을 구하는 첫 지불금으로 쓰였다. 처음에는 옛 교수이며 지금은 그 교파의 지역 책임자인 밴 클리브 박사조차도 그에게 포기하라고 설득했다. 그러나 무어가 밴 클리브에게 하나님이 생생하게 말씀하셨다고 했을 때 밴 클리브는 무어를 축복했다. 1971년 9월 랄프 무어는 아내와 새로 태어난 아들, 그리고 몇 몇 친척과 친구들과 레돈도비치교회에서 의자를 몇 개 놓고 예배를 드리기 시작했다.

 아무도 그의 교회로 나오지 않는 것에 좌절한 무어는 이웃에 대하여 조사해 보았고, 결국 다른 교회의 관심이 미치지 않는 집단은 젊은 독신자임을 알았다. 그리하여 이 집단을 목표로 신문광고를 내고 전단을 뿌렸다. 그가 데이비드 윌커슨(David Wilkerson)의 책 『십자가와 나이프』(*The Cross and the*

Switchblade) 2만 권을 구입할 수 있는 기금을 제공해 달라고 기독교 독지가를 설득한 후 그 교회는 폭발적으로 성장했다. 각 책마다 무어의 초신자 멤버들은 "도움이 필요합니까? 호프교회를 찾으십시오."라는 구절과 함께 무어의 집 전화번호를 24시간 긴급 직통 전화로 표기한 작은 스티커를 붙였다. 교인들은 그 책을 학교 앞에서, 해변에서, 감옥에서 사람들에게 나눠주었다.

무어가 회상하기를 그 후 몇 달은 생애에서 가장 흥분된 날들이었다. 오래지 않아 교인들은 여러 개의 작은 교실 사이의 벽을 허물었고, 다시 교회 사무실과 세례 주는 곳을 없앰으로써 200명을 안으로 들일 수 있었다. 교인이 늘어나면서 예배를 두 번 보고, 다음에는 주일학교 교실 공간이 더 필요하여 근처 집을 샀으며, 보다 많은 사람을 수용하기 위해 창고까지 개조했다. 그 다음 교회는 주일 예배를 위해 마을 회관으로 옮겼고, 오래지 않아 사람들이 넘쳐서 뒤에 쌓인 매트 위에까지 앉았으며 창문이나 열린 문을 통해 안을 들여다보기도 했다.

분명히 보다 크고 영구적인 시설이 필요해서 무어와 교인들은 그 지역을 알아보았다. "우리는 4~5개의 다른 교회 건물들을 사려고 했지만 교회 책임자들은 우리에게 화를 냈습니다."라고 무어는 회상한다. "산업용 장소, 빈 슈퍼마켓을 찾아보았고, 커다란 창고를 얻기 위해 연방 정부와 씨름하기도 했습니다. 우리는 중고등학교를 하나 사려고 했습니다. 당연히 부동산의 규모와 돈이 얼마나 많이 필요한지를 알았습니다. 남쪽 연안에 있는 땅 구석구석에 대하여 알아보았습니다."[7] 무어가 계속 방문했던 곳은 허모사 해변 가까이 있는, 모든 설비가 제거된 파산한 볼링장이었다; 그곳은 축구장보다도 약 30%나 더 컸다.

처음에 교인들은 건물 소유주에게 세금 감면을 받게 건물을 기증하라고 제안하는 편지를 썼다. 예상했겠지만 답장조차 받지 못했다. 결국 건물은 경매에 붙여졌다. 비록 무어가 포스퀘어교단에서 미리 정해진 액수의 융자를 받도록 협정이 되었지만, 라켓볼 스포츠 센터를 세우려는 이의 제시 금액과

맞서기에는 충분하지 못했다. 그러나 시 당국은 새로운 구매자가 건물을 개조하는 데 대한 건축 허가를 해 주지 않았고, 결국 그 건물은 호프교회에 낙찰되어 지금까지 그들이 소유하고 있다. 현재 강당 좌석은 800석에 불과하지만 주말 예배에 나오는 2,500명을 위해 볼링장 건물과 근처 마을 강당에서 주일 아침 예배를 드릴 뿐만 아니라 금요일, 토요일, 그리고 주일 밤에도 예배를 드린다. 그들은 지금 그들 건물에 인접해 있는 대형 슈퍼마켓을 구입하려고 한다.

그러나 랄프 무어는 더 이상 그 교회 목회자로 머물지 않았다. 하나님께 직접 계시를 받았다고 믿는 환상에 고무된 무어는 1983년 허모사 해변을 떠나 하와이에서 새로운 호프교회를 시작했는데, 이 교회는 허모사비치교회의 30번째 지교회였다. 첫 번째 주일 카일루아 비치(Kailua Beach) 공원에 있는 한 나무 아래서 예배를 드릴 때 모인 사람은 64명이었다. 무어가 말했다. "당신이 그곳을 보았더라면 좋았을 것입니다. 비치 의자가 여기저기 쌓여 있었습니다. 우리는 많은 음식을 가져왔고, 아이스박스도 충분했습니다. 그것은 교회 모임이라기보다는 회사 소풍 같아 보였습니다."[8] 최근 카네오헤(Kaneohe) 호프교회는 매 주일 평균 1,400명이 모인다. 그 교회는 하와이의 여러 섬에 20개의 다른 교회들을 세웠다. 비록 무어의 교회는 지금도 한 공립학교 교정에 있는 공간에 세 들어 모이지만, 교회는 땅을 구입했고 조만간 건축을 시작한다. 무어가 떠나왔던 캘리포니아 교회와는 달리 이 교회는 약 30%만이 백인이다; 대다수는 아시아인과 원주민 자손이다.

허모사비치교회와 카네오헤교회 모두 생활의 중심은 "미니 교회들"(Mini Churches)이다. 교인들과 스태프들은 작은 모임이 기독교 생활의 핵심적 경험이고, 주말의 큰 집단 모임은 중요성에서 이차적인 것이라고 주장한다. 이 작은 집단 모임에서 사람들은 종교적 신앙이 자라고, 지도력이 개발된다. 각 집단은 '목자'(shepherd, 지도자를 의미함. 옮긴이)와 대역(understudy, 필요에 따라 일을 대신할 수 있게 훈련된 사람. 옮긴이)이 있는데, 만일 그 집단이 너무 커져서 친교에 어려움이 생기면, 대역이 목자가 되고 지금의 지도자(목자)는 작은 교회를 새로 시작한다. 이러한 과정을 통해서 수백 명의 사람이 훈련을 받는다. 나아가서 누가 목자의 은사를 가지고 있어서 작은 집단을 이끌어 갈지 분명해진다. 그리고 이들은 새로운 호프교회의 목회자가 된다.

랄프 무어의 주된 인상은 카리스마적 지도자상이 아니다. 그러나 그는 다른 사람들이 목회 사역을 할 수 있게 훈련시키고 준비시키는 은사를 가지고 있다. 그는 지도적 능력을 전달하고 개발하는 도전적이고 자연스러운 지도자 -대학 시절의 그 자신과 같은-를 마음에 들어 한다. 그의 전략은 이들과 함께 일한 후에 또 다른 교회를 세우기 위해 그의 교회의 일부를 떼어서 보내는 것이다. 이것은 교회가 지속적으로 지도자를 잃는 것을 의미하지만, 그들이 떠나감으로써 그들의 자리가 새로운 사람들로 채워질 기회를 만들어 낸다. 그리하여 무어는 그 섬의 다른 지역에서 새로운 교회를 시작하기 위해 가장 큰 힘이 되었던 조력자 존 호날드(John Honald)를 교인 200명과 함께 내보냈다. 2년도 되기 전에 새로운 교회는 두 배 이상으로 규모가 커졌고, 놀랍게도 무어의 교회도 200명 넘는 새신자가 생겨났다.

무어가 허모사 비치에 세운 교회는 자크 나자리안의 지도력 아래서 번창하고 있다. 그는 전직이 약사였는데 결혼이 파경에 이른 후에 호프교회에 나오기 시작했으며, 새로운 삶의 방식을 찾으려고 열심이었다. 일찍이 남가주대학을 졸업한 후에 '대마초 종자'를 찾아 유럽과 아시아를 여행했다. 그 후 그는 하와이 코나(Kona)에서 약국을 열었는데, 낮에는 합법적으로 약을 팔고, 밤에는 산에서 마리화나 농장을 경영했다. 사업은 약을 파는 것(합법적인 것과 불법적인 것 모두)에서 피라미드 형태의 판매 사업으로 크게 확장되었지만, 그의 삶은 산산이 무너져 버렸다. 어느 날 집에 왔을 때 아내가 가출해 버렸고, 전화를 포함하여 집에 있는 모든 것이 깨끗이 치워져 있음을 발견했다. 비록 그는 가톨릭 신자였지만, 전 부인의 성화로 몇 번 가본 적이 있는 호프교회로 향했다. 곧 새로운 방식의 삶을 살기 시작하여 성경을 열심히 공부하고, 주일에는 여러 예배에 참석했으며, 주중에 발견할 수 있는 모든 예배에 나갔다. 랄프 무어는 나자리안이 지칠 줄 모르고 배움에 몰두한 사람이라고 했다. 7년 후 무어가 자신의 자리를 대신할 사람을 찾았을 때 그는 나자리안을 택했다. 무어는 조직을 이끄는 나자리안의 기술은 교회를 새로운 수준으로 끌어올렸는데, 이는 '선구자'인 무어 자신도 이루어낼 수 없었던 일이었다고 회상했다.

갈보리교회와 빈야드교회를 비교해 보면 호프교회는 신학적으로 중간 입장을 취한다. 갈보리교회가 카리스마적 은사의 표현을 개인적 기도의 사적 영역으로 제한하는 데 비하여, 빈야드교회는 공중 예배에서의 방언과 신유 은사를 허용한다. 호프교회는 이와 같은 카리스마적 표현을 작은 교회 혹은 기도실에서는 허용하지만, 공중 예배에서는 권장하지 않는다. 호프교회는 교단 문제에서도 중간 입장을 취한다. 그리하여 교회는 포스퀘어복음교단의 일부로 남아 있기도 하지만, 교파적 생활의 일상화된 기대를 무시한다. 여러 번 들었던 그들의 입장은 흔히 낡은 규칙과 조례(그 교파가 80년도 되지 않았지만)로 생각되는 것과 타협하는 데 "허가보다는 양해를 구하는 것이 더 쉽다"는 것이다. 분명히 랄프 무어로 하여금 포스퀘어교단에 애착을 갖게 하는 것은 교회에 있는 개인들에 대한 개인적 애정이지만, 이러한 보호막이 없었다면 호프 운동의 성장률이 어떠했을까 의문을 가지게 된다. 단지 20년 동안 50개 교회로 놀랍게 늘어났음에도 불구하고, 호프교회의 성장은 같은 기간 동안의 갈보리교회의 증가와는 비교가 되지 않는다. 또한 호프교회의 성장은 자체의 독특한 내력을 가지고 있는 빈야드교회의 성장과도 비교가 되지 않는다.

빈야드교회

첫 방문은 새로운 가건물, 즉 아스팔트 주차장 위에 3천 명이 앉을 수 있게 세운 거대한 흰 천막에서 애너하임(Anaheim) 빈야드교회가 첫 예배로 모일 때였다. 뒷마당에는 사무실과 강당으로 개조한 창고 같은 건물이 있었다. 길 건너편에는 메르세데스 벤츠 자동차 판매점이 있었고, 양쪽에는 산업 건물들이 여러 블록으로 이어졌다. 에어컨 바람이 천막 안으로 불어와 인조 잔디 모양의 양탄자 위에 있는 접는 의자에 앉은 수천 명의 사람들을 시원하게 해 주었다. 천막 뒤에는 아이들 프로그램을 위해 지은 임시 이동식 건물이 있었다. 천막과 이동식 건물 사이에 간이 건물이 하나 있는데, 여기서는 다양한 소집단 모임과 프로그램을 설명하는 문서뿐만 아니라 커피와 도넛을 제공하였다.

천막 안에 앉아서 주위를 둘러보니 20대 중반에서 30대 초반이 많았고 어린 아이들을 데리고 있었다. 그러나 나이든 사람도 적지 않았다. 30대 후반으로 보이는 찬양 인도자가 성령이 우리에게 임하기를 염원하는 간단한 기도를 한 후 악단이 연주를 시작했다. 무대 위에는 각자 마이크를 잡은 세 명의 여성 가수, 베이스 기타 연주자, 드럼 치는 사람, 통기타를 연주하는 두 사람, 그리고 키보드를 연주하는 사람이 있었다. 선율이 아름다웠다; 실제로 부드러운 록 음악에는 독특한 감미로움이 있었다. 그러나 이 악단은 '연주하는' 것이 아니었다; 그들은 찬양하고 있었고, 가사가 천막 한 편에 투영됨에 따라 회중은 함께 노래했다.

잘 보이는 통로에서 나는 사람들이 눈을 감은(일부는 손을 뻗으면서) 것을 보았다. 그들은 주위 사람을 마음에 두지 않는 것 같았다; 의식 내면으로 깊이 빠져드는 것처럼 보였다. 영이 이끄는 대로 그들은 앉거나, 서거나, 무릎 꿇거나 혹은 손을 쳐들었다. 하루에 세 번씩 찬양하는 예배를 드리는 수사들과 함께하기 위해 매년 수만 명의 젊은이들이 찾는 프랑스의 떼제(Taizè) 공동체에서 보았던 예배가 떠올랐다. 성스러움과 소통하고 중재하는 음악의 힘은 동료 사회학자들이 오랫동안 무시했던 그 무엇이다. 나에게 강한 인상을 심어준 것은 이 사람들이 하나님에 **대하여**(about God) 노래하는 것이 아니라 하나님**께**(to God) 노래한다는 것, 그리고 어떤 것이 그들에게 임하는 듯이 -혹은 그들의 영혼을 깊이 흔들어 놓는 듯- 보였다는 점이다. 나는 성과 속, 영과 정신 사이를 철저하게 구분하는 것이 의미가 있을까 깊이 생각했다.

40여 분간의 연주가 끝날 무렵 말없이 헌금 바구니가 돌려졌다. 그 다음에는 키 큰 40대 중반의 남자가 회중 앞에 서서 예언을 말했다. 정확한 내용을 이해할 수 없었으나 여러 성경 구절을 인용했다. 사람들이 그를 에워쌌는데, 그들은 공손했다. 이어 존 윔버(John Wimber)가 무대 위로 올라갔고, 설교대가 올려졌다. 과체중으로 보이는 60대의 윔버는 폴로 셔츠를 입고 있었다. 조용한 목소리로 그는 여러 해 전에 바로 이 천막에 대한 환상을 보았고, 그것을 그리기까지 했다고 말했다. 우리는 예언이 성취된 것에 대한 증인이라는 의미인데, 빈야드 교인들은 놀라지 않는 것 같았다.

자신 있게 말할 수 있지만, 윔버의 메시지는 확실하게 복음적인 가르침이었다. 때때로 그는 자신을 낮추는 어떤 유머를 했는데, 이것을 통해 그가 완벽한 사람은 아님을 쉽게 깨달았다. 하나님이 그에게, 그리고 그를 통해 말씀하시는데, 그것은 자신이 성자이기 때문이 아니라 모든 사람처럼 죄인이지만 약함을 고쳐 주시는 예수의 십자가 은총 덕분이라는 것을 밝혔다. 실제로 그는 기독교인과 다른 사람의 차이는, 기독교인은 자신이 완전하지 않다는 것을 알지만 그럼에도 불구하고 높은 표준에 따라 살려고 노력한다는 점이라고 지적했다. 윔버의 설교는 예행연습을 한 것 같지는 않아 보였으나, 분위기와 인용문에 있어서는 다분히 성서적이었다. 그는 원고를 보지 않을 때 의사전달을 가장 잘 했다.

설교를 마치면서 윔버는 주변에 있는 '일곱 사람'을 보고 있다고 말했는데, 그는 이것이 그 날 아침 일곱 사람이 하나님께 그들의 마음을 바칠 것임을 의미한다고 해석했다. 이어 구원을 위한 표준적인 초대의 말을 하자 여섯 사람이 앞으로 걸어 나왔다. 그런데 일곱 번째 사람은 어디 있나? 윔버는 왼편을 돌아보며 회중 가운데 있는 한 '빛'을 보았다고 말했다; 잠시 후 거기 앉아 있던 한 사람이 일어나 앞에 나온 다른 여섯 명과 합류했다. 나는 회의적이었으나 회중 가운데 있는 믿는 자들에게는 이것이 윔버가 본 환상의 분명한 확증이 되었다.

이후 애너하임 빈야드교회를 방문할 때마다 나는 되풀이되는 어떤 일을 보았다. 악단이 부드럽게 연주할 때, 앞으로 나온 수십 명을 포함한 천막 안 사람들이 모두 작은 집단을 만들었다. '사역의 시간(ministry time)'이었고, 매우 자연스러운 방식으로 사람들은 도움을 청하는 이들을 위해 기도했다. 인간의 접촉이 이러한 의례에 포함된 방식에만 있고, 치유하는 힘이 성직의 지위를 가진 이들에게만 있는 것이 아니라 그 사람들의 손에-서로 서로 사역하는- 있다는 사실에 나는 크게 놀랐다. 사람의 필요에 대하여 간단히 알아본 후에, 사역 팀의 한 멤버, 혹은 어떤 경우에는 친구가 다른 사람의 어깨 위에(때로는 이마에) 손을 얹고 그를 위해 기도했다.

여러 경우에 나는 어떤 사람들이 기도를 받는 동안 몸을 떠는 것(때로는 통제할 수 없을 정도로)을 보았다. 마치 접신이라도 한 듯이-그들이 성령이라고 해석하는 것에 의해- 그들의 손이 가볍게 떨리거나 혹은 몸 전체가 크게 움직이기도 했다. 인류학 교과서에서 묘사된 '영'에 사로잡히는 현상을 떠올렸으나, 이 모든 것이 얼마나 자연스러운지 놀랐다. 냉소적인 외부인들은 이것을 '원시적인' 행위라고 무시할 것이다. 그러나 '왜 우리는 몸이 영으로부터 떨어져 있다고 믿어야 하는가?'라고 자문했다. 아마도 우리는 실재에 대한 이분법적인 서구적 접근방법에서 어떤 것을 잃어버렸는지 모른다. 우리가 모든 느낌과 감정을 정신으로 대체함으로써 진일보했다고 누가 말했던가?

빈야드교회의 역사

빈야드교회의 뿌리는 갈보리교회와 호프교회 성장의 역사와 비교해 보면 보다 복잡하게 얽혀 있다.9) 1974년 첫 빈야드교회를 시작한 켄 걸릭슨(Kenn Gulliksen)이 빈야드교회의 설립자라고 할 수 있다. 그러나 1982년 이래로 존 윔버가 하나의 독특한 조직적 실체로서의 빈야드 운동에서 지도력을 발휘해 왔다; 그는 애너하임에 있는 모(母)교회 설립자이며 빈야드운동의 대변자로 세계에 알려져 있다. 비록 걸릭슨이 1982년까지 미국에서 빈야드교회들의 관리자로 일해 왔지만, 그는 윔버의 지도력 아래서 빈야드교회가 교파적으로 가는 것에 동의하지 않았고, 이에 따라 그 운동을 떠나 빈야드교회협의회에서 독립된 하나의 새로운 교회를 시작했다.

걸릭슨은 루터교에서 자랐고 14세에 회심을 경험했다. 3년 후 한 교회 여름 캠프에서 걸릭슨과 많은 10대가 방언을 하였고, 그들 증언의 결과로 수백 명의 아이들이 몇 달 만에 극적인 회심을 경험했다. 고등학교를 졸업한 후 걸릭슨은 공군에 입대하여 알래스카에서 4년을 복무했다. 그가 제대했을 때 예수 운동이 한창 진행 중이었다. 그는 갈보리교회와 관계를 갖게 되었으며, 1971년 목사 안수를 받았다. 얼마 되지 않아 예수교회라고 부르는 갈보리 유형의 목회를 하기 위하여 텍사스 주 엘파소를 향해 떠났다. 이 사역은 급성장했는데, 그것은 부분적으로는 한 주류 교회에서 사람들이 옮겨 왔기 때문이다. 걸릭슨은 이렇게 회상한다: "우리의 대성공은 도시 다른 편에 있는 감독교회 교인들 덕분이었습니다. 그들이 성경공부를 하기 위해 오기 시작했고, 주님을 더욱 더, 성령을 더욱 더 원하기 시작했습니다. 하루는 교구 목사를 포함하여 80명이 나타났습니다. 우리는 그들을 위하여 기도했고, 그들은 모두 성령으로 충만했습니다; 교구 목사를 포함하여 그들 중 많은 이들이 방언을 말했습니다. 그것은 감독교회에 대변혁을 가져 왔고, 그리하여 그들은 나가서 새로운 교회를 개척했습니다. 그것은 매우 놀라운 일이었습니다."

엘파소에서 여러 해를 보낸 다음 걸릭슨과 아내 조니(Joni)는 첫 빈야드교회를 시작하기 전에 짧은 기간 동안 갈보리교회 사역을 했던 코스타메사로 돌아왔다. 걸릭슨은 이렇게 말했다. "첫 빈야드교회는 1974년 7월 척 지라드(Chuck Girard)의 집에서 다섯 사람으로 시작했고, 즉시 폭발적으로 성장했습니다. 솔직하게 말하면 매우 교만하게 들릴지 모르지만, 우리는 성장을 충분히 예상했습니다. 왜냐하면 갈보리교회에서 배운 것은 어떻게 비전을 가지느냐는 것이었기 때문입니다. 우리는 거대한 교회를 갖게 되리라고 충분히 예상했습니다. 왜냐하면 그것은 척 스미스가 주입시킨, 그리고 엘파소에서 경험했던 비전이었기 때문입니다. 그래서 이런 일이 일어나리라는 것에 대하여 의심하지 않았습니다." 걸릭슨은 계속 설명했다. "나는 그때 성경을 어떻게 가르쳐야 하는지를 알았습니다. 가정 모임에서 기타를 연주했고, 등 없는 의자에 앉아 찬양을 인도하고 성경을 가르쳤으며, 물음에 대답했습니다. 그리고 마지막에는 그리스도를 영접하기 원하는 사람은 누구나 초청하여 기도했는데, 이런 사람들이 무리를 지어 찾아왔습니다. 그래서 우리는 이곳에서 저곳으로 계속 옮겨 다녀야 했습니다." 이 교회의 주간 출석자가 수천 명으로 늘어남에 따라 6개의 빈야드교회(갈보리교회와 연관성이 있는)가 시작되었다.

한편 빈야드교회의 다른 뿌리가 형성되고 있었다. 1934년 미주리 주 컥스빌(Kirksville)에서 태어난 촌사람 존 윔버는 캘리포니아 주 요르바린다(Yorba Linda)로 이사했다. 그에게는 야심이 있었다. 결코 가난한 사람들에 대한 동정심을 잃은 적이 없는 그였지만 부모와는 다른 삶을 살기 원했다. 15세 때 준전문적인 음악가가 되었고, 18세에는 전문적인 음악인으로 돈을 벌게 되었다. 1963년까지 윔버는 엄청나게 잘 팔린 여러 앨범들을 녹음했고, 따라서 부가 계속 커질 것이라고 생각했다. 그러나 그때 의사의 딸인 캐럴(Carol)과의 결혼 생활이 위기에 처했다. 이런 갈등에 직면하여 자신을 3세대 이방인이라고 설명하던 윔버는 친구 딕 하인(Dick Hine)이 그리스도에 대한 회심을 말했을 때 그 말을 주의 깊게 들었다.

윔버는 딕 하인을 따라 요르바린다에 있는 복음적인 퀘이커교회에 나갔고, 거기에서 새로운 신앙으로 양육되었다. 그의 현재 믿음에 대한 퀘이커교회의 영향에 대하여 윔버는 이렇게 말했다: "나를 이끌어 주었던 얼마의 사람들은 퀘이커의 가치와 수행을 깊이 신봉했습니다. 그리고 비록 내가 최근의 퀘이커 문화를 모두 받아들인 것은 아니더라도-나는 그들 중 많은 이들이 오늘날 옹호하는 여러 견해에 동조하지 않습니다- 퀘이커 신학과 윤리적 실천에 대하여는 철저하게 신뢰하고 있습니다. 조지 폭스(George Fox)나, 퀘이커 운동의 취지를 설명하고 그것을 확립했던 초기 저술가들에게 큰 영향을 받았다는 점에서 나는 오히려 17세기 퀘이커 교도에 더 가까울지도 모르겠습니다." 윔버는 그의 퀘이커 뿌리가, 가난한 사람들에 대한 관심과 사회정의에 대한 신뢰에 특별히 반영되었다고 설명한다. 그러나 그는 퀘이커 신비주의의 플라톤적 형이상학을 거부하며, 대신 성서적인 세계관을 확고하게 고백한다.

몇 년 동안 윔버는 퀘이커교회의 충실한 멤버로서 그의 집에서 성경공부를 인도했고, 성인 주일학교 반을 이끌었다. 실제로 교회에 대한 관심은 회심 후에 꽃을 피웠고, 1970년대 중반의 3년 동안 그는 풀러복음주의협의회(Fuller Evangelistic Association)의 교회성장 컨설턴트로 봉사하며 2천 개나 되는 교회를 방문했다. 이 경험은 그가 한 가정에서 열린 주일 저녁 집회에 참석했던 1976년에 발휘되었다. 이러한 일에는 퀘이커교회 멤버들이 함께했다. 그러나 그들은 곧 폭발적으로 성장했고, 퀘이커교회의 일부로 남아 있기에는 성격상 너무 카리스마적이었다. 그리하여 1977년 5월 10일 저녁 집회에 참석했던 일단의 사람들이 퀘이커교회 길 건너편에 있는 마소닉(Masonic) 여관에서 첫 공식 모임을 가졌다. 이 공간은 곧 가득 채워졌고, 그 후 윔버가 담임목사로, 칼 터틀(Carl Tuttle)이 찬양 인도자로 있던 몇 년 사이에 교회는 세를 낸 학교 강당에서 다른 강당으로 옮겨가게 되었다. 5년 만에 교인은 1,500명으로 늘어났다. 윔버는 이 교회를, 성장하는 갈보리교회 운동과 연관시켰고, 그것은 요르바린다의 갈보리교회로 알려졌다.

1982년의 운명적인 모임에 척 스미스는 대형 갈보리교회 목회자들 얼마를 불러 모았다. 켄 걸릭슨과 존 윔버가 마이크 매킨토시(Mike McIntosh), 그렉 로리(Greg Laurie), 제프 존슨(Jeff Johnson), 라울 라이스(Raul Reis), 그리고 큰 교회 목회자로 갈 예정인 여러 목사들과 함께 모였다. 이때 젊은 목회자 중 얼마가, 교회에서 카리스마적 은사를 수행하는 것에 대하여 윔버를 공격했다. 포스퀘어교회의 배경을 가지고 있음에도 불구하고, 척 스미스는 공중 예배에서 노골적으로 방언하고 예언하며 병 고치는 것에 대하여는 중요시하지 않았다. 스미스, 걸릭슨, 그리고 윔버는 이 모임에 대하여 근본적으로 비슷한 회상을 했다. 얼마의 다른 목회자들의 추궁을 받자 윔버는 교회 이름을 바꾸겠다고 제안했다. 이에 스미스는 동의했고, 성령의 은사에 대하여 윔버가 강조하는 것은 걸릭슨의 빈야드교회에서도 비슷하게 벌어지고 있다고 말했다. 윔버와 걸릭슨 사이에는 이미 우정이 생겨났고, 둘은 의기투합하였다. 그리하여 1982년 빈야드운동이 갈보리교회에서 분리된 하나의 조직적 실체로 생겨나게 되었다.

존 윔버가 갓 태어난 빈야드운동에서 지도력을 발휘했던 방식은 그 자체가 하나의 이야기꺼리다. 걸릭슨은 1982년 당시 존재했던 얼마 안 되는 빈야드교회들을 관리하려고 노력하는 일이 힘들었다고 설명한다. 그는 하루에 14시간을 일했고, 그에게 요구되는 모든 일을 감당하려면 14시간이 더 필요할 지경이었다. 게다가 그에게는 제대로 돌보지 못했던 가족이 있었다. 걸릭슨은 "나는 머리가 돌아버릴 지경이었고, 무엇을 해야 할지 몰랐습니다. 감정적으로 무너지기 직전이었습니다." 라면서 "존은 당시 나에게 살찐 사람의 몸을 가진 구세주 같았습니다." 라고 하였다.

걸릭슨은 이렇게 회상한다. "존이 왔을 때, 우리에게는 서로에 대한 깊은 사랑과 관계 이외에는 어떤 조직도 없었습니다." 걸릭슨은 항상 '개척자' 였지 '정주해 있는 사람' 은 아니었다. 그래서 그는 자신의 은사가 새로운 교회를 개척하고, 그것을 누군가에게 넘겨주는 능력임을 알았다. 사실 윔버가 지도자가 된 다음 해인 1983년 걸릭슨은 뉴포트 비치(Newport Beach)로 가서 또 다른 빈야드교회를 시작했는데, 그 교회는 곧 1,400명으로 성장했다.

1982년 모임에서 예상하지 못했던 것은 이미 있는 8개의 빈야드교회가 하나의 운동으로 발전했을 뿐만 아니라, 다른 30개의 갈보리교회들이 이 새로운 빈야드운동에 가담하게 되었다는 사실이다. 스미스에 따르면 다음 몇 해 동안 얼마의 또 다른 갈보리교회들이 빈야드운동에 동참하기로 결정했다.

두 운동 사이의 차이점을 정확하게 지적하면서, 걸릭슨은 빈야드운동에 먼저 참여했던 30개 갈보리교회는 "자신의 교회에서, 자신의 삶에서 성령에 대하여 더욱 갈급했던 사람들이 사역했던 교회였습니다. 그들은 보다 위험을 감수하고, 보다 선구적이었으며, 존 윔버와 전에 관계를 가졌던 사람들이었습니다."라고 설명했다. 두 운동을 구분하는 주요 경계선은 성령의 은사에 대한 그들의 태도다.[10]

1982년 이래로 빈야드운동은 존 윔버와 깊은 관계를 맺어 왔다. 그 운동은 1980년대 초 이후 극적으로 성장하여 이제는 미국에 400교회, 해외(캐나다 포함)에 거의 200교회가 있다. 윔버는 어떤 기독교에 대해서도 포용하기 때문에, 가톨릭, 성공회, 그리고 얼마의 미국 주류 교파와도 사이좋게 지낸다. 잉글랜드, 스코틀랜드, 아일랜드, 남아프리카 공화국, 뉴질랜드, 호주, 독일, 프랑스, 캐나다, 그리고 다양한 스칸디나비아 나라들에서 '갱신'(치유) 집회에 엄청난 활력을 불어 넣어 주었다. 실제로, 그는 아마도 미국보다 영국에서 더 잘 알려졌을 것이며, 그곳에서 집회를 열 때에는 만 명이나 되는 사람들이 모여들었다.

영국에서 가장 활발한 성공회 교회들 중 얼마는 '윔버화된'(Wimberized) 교회들로서 그 교회 성직자들은 윔버가 이끄는 집회에 참석한 후에 신유와 방언의 은사를 받고 그들 교회로 돌아왔다. 최근까지 윔버는 영국과 다른 나라들에 새로운 빈야드교회를 개척하는 것을 권장하지 않았는데, 이것은 그가 주류 교파들과 경쟁하는 것을 원하지 않기 때문이다. 그러나 이 정책이 지금은 변해서 빈야드교회는 영국, 오스트리아, 독일, 그리고 어느 곳에든지 씨를 뿌리고 있다.

1990년 초 목회자들에 대한 조사에 따르면, 빈야드교회 교인 수의 중간 값은 150명으로 갈보리교회 138명보다 약간 많다. 빈야드교회 예산도 당연히 더 많다($ 91,000 대 $ 70,000). 그러나 보다 중요한 차이는 빈야드교회가 되기로 결심하여 하나님의 성회(Assemblies of God)와 같은 다른 교파 혹은 운동에서 '이적한' 교회 숫자에 있다. 갈보리교회의 13%에 비하여 빈야드교회는 35%가 다른 교파에서 옮겨왔다. 이렇게 많은 교회가 빈야드운동에 가담하게 된 것은, 웜버의 갱신 집회에 참석했던 다른 교파 목회자들이 교인들과 함께 교회 소속을 빈야드로 옮겼기 때문이다. 빈야드운동에는 갈보리교회처럼 많은 거대 규모의 교회를 가지고 있지 않은데, 그것이 부분적으로는 두 운동의 상대적인 연륜을 반영하는 차이일 수 있다; 대형 갈보리교회들은 대부분 빈야드가 하나의 운동으로 분명히 드러나기 이전인 1970년대에 시작했다. 빈야드교회가 신유를 강조하는 경향이 있었던 것에 비해, 갈보리교회는 성장에 대한 강조와 함께 복음주의를 중요시해 왔다.

빈야드는 이제 자체를 하나의 교단으로 생각하는 반면에, 갈보리교회는 교회들이 긴밀하게 맺어진 하나의 친교 집단으로 보기를 좋아한다. 빈야드를 하나의 교파로 선포하는 데 있어 웜버는 교파주의라는 관념에 대한, 많은 베이비 붐 세대 목회자들의 거의 병적일 정도의 반대를 극복해야만 했다. 교파라는 용어는 그들의 가치와 반대되는, 통제, 구조, 그리고 관료주의를 떠올리게 한다. 이 목회자들은 빈야드운동이 문화적으로 현대적이고 융통성이 있으며 지속적으로 쇄신하고 있기 때문에 그것에 가담했다. 1988년 목회자들의 회합에서 그 운동을 하나의 교파로 공식화하려는 듯이 보이자, 매우 존경받는 여러 지도자들이 그런 생각을 몰아내는 예언과 꿈에 대하여 보고했다. 웜버는 빈야드운동이 죽을지 모른다는 강한 느낌을 안고 이 모임을 떠났고, 다음 2~3년간 그는 미래를 위한 영적 탐구를 했다. 그는 이제 독립이라는 생각은 베이비 붐 세대의 미성숙성을 반영하는 것으로 해석하며, 따라서 관료주의적이라기보다는 관계지향적인 운동을 유지하면서도 지역 관리자들을 세우고, 보다 중앙집권적 보고체계를 만들려고 한다.[11]

교회성장 컨설턴트로서의 경험에 비추어 보면서 웜버는 자신의 도움으로 세운 베이비 붐 세대 교회가, 특히 1960년대 초 출산율이 감소되기 시작한 후에 태어난 세대인 '저 출산 세대' 에 어울리는 문화적 적합성을 잃어버릴 위험에 빠지지 않을까 두려워한다. 그의 견해에 따르면 교회는 항상 **메시지**(message), **모델**(model), 그리고 **시장**(market) 중에서 정교한 균형을 추구해야 한다. 웜버는 메시지는 같은 것이어야 한다고 믿는다; 그는 자신을 종교개혁의 강한 정신을 가지고 있는 복음주의자라고 확고하게 생각한다. 그러나 메시지를 구현하는 모델은 시장에 대하여 민감해야 한다고 주장한다. 주류 교파들에서의 예배가 아직도 17세기, 18세기 모델에 갇혀 있는 것과 마찬가지로, 1960년대 음악에 근거한 빈야드의 찬양 역시 젊은이들에게는 희망 없는 구식으로 들릴 수 있다. 이러한 잠재적인 구태에 대한 반응으로 빈야드교회는 다음 10년간 저 출산 세대 목회자들에 의해 인도되는 교회를 500개 개척할 목표를 세우고 있다.

비교

갈보리교회, 호프교회, 그리고 빈야드교회는 나름대로의 특징을 가지고 있다. 갈보리교회는 전통적인 교회에서 소외당하고, 근본적으로 감동받지 못하는 젊은이 세대를 찾아 나선 데 있어 선구자다. 대조적으로 호프교회는 '교과 안에 있는 운동' 으로 새로운 방향으로 나아가지만, 교회 설립자를 양육했던 공동체에 대한 충성심을 유지한다. 빈야드교회는 마음과 몸의 분리라는 전통적인 모델을 버리고, 새로운 방식의 예배를 탐구한다는 점에서 그 세 운동 가운데 아마도 가장 실험적일 것이다.

그러나 이 집단에는 결정적인 유사성이 있다. 세 교회 모두 전통적인 양식의 음악과 예배를 버렸다; 그들은 주류 교회로 들어올 때 불편하게 느끼는 사람들에 대하여 기발한 방식으로 다가간다. 그리고 세 집단 모두에서 개인들은 성스러움에 대한, 강력하고 삶을 변화시키는 경험을 한다. 교의를 배우는 것은 일상생활에서 성령을 발견하는 것보다 덜 중요하다.

주류 교회들은 쇠퇴하는 반면에, 이 새로운 패러다임 교회들은 성장한다. 왜냐하면 그들은 문화적으로 적절한 방식으로 회중에게 의미의 문제를 선포하기 때문이다. 그렉 로리는 설교할 때 10대가 그들의 삶에서 느끼는 공허함에 대하여 공감할 수 있게 말한다. 자크 나자리안은 많은 10대와 젊은 가족들이 느끼는 문화적 부패에 대한 두려움을 일깨워주고, 침례의 행위와 '새로운 삶'으로 들어가는 것으로 상징화된 분명한 방식으로 그러한 불안을 이기도록 설교한다. 존 윔버는 육체적으로, 영적으로 치유 받을 필요가 있는 사람들의 깊은 요구를 이해하고, 예수의 이름으로 '접촉하도록' 가르치는 의학적 모델을 통해 많은 개인들의 좌절에 응답한다.

이 모든 것이 교회 같아 보이지 않는 건물에서 이루어진다. 예배는 정장을 하지 않거나 혹은 전통적인 성직자 같아 보이지 않는 이들이 인도한다. 보통 사람들이 사역에 참여함으로써 성직자와 평신도 사이뿐만 아니라, 성과 속 사이의 경계가 사라진다. 때와 장소에 따라 서로 다른 접근 방법이 적절할 수 있다. 그러나 이 교회들의 목표가 되는 회중은 **종교**라는 말을 공허한 것으로 보는 사람들이다. 만일 메시지가 의미가 있으려면 그것은 새로운 형태로 구현될 필요가 있다.

3장

삶의 변화

회심의 과정

뉴욕 주 북부에 있는 갈보리교회 | 문화적 적합성 | 빛을 찾은 가톨릭교인 | 회심의 경험 |
회심 후의 삶의 방식 | 회심과 교회성장

3장

삶의 변화
회심의 과정

　1990년대 초 그렉 로리는-척 스미스와 코스타메사 갈보리교회의 지원을 받아- 여러 원형 극장과 운동 경기장에서 대중적인 '십자군 운동'을 시작했다. 여러 날 동안 지속되는 이 행사들은 수십만 명을 끌어 모았고, 수만 명의 회심자를 만들어 냈다. 나는 캘리포니아 오렌지카운티에 있는 태평양 원형 극장에서 열린 초기 '추수 십자군 집회'(Harvest Crusades : 그렉 로리가 이끄는 신앙 집회에 붙인 이름으로 복음을 모든 사람에게 전하자는 신앙운동이며, 이 행사는 교인들이 새롭게 결단할 뿐만 아니라 비신자들을 전도하여 회심하게 만드는 것을 목표로 한다. 옮긴이)의 하나에 참여했다. 집회를 광고하는 포스터, 자동차 스티커, 그리고 전단은 밝은 색조를 띠고 매우 현대적으로 디자인되었고, 많은 사람들이 입은 티셔츠에도 그것이 그려져 있었다. 혼잡한 주차장으로의 입장은 무료였다; 척 스미스는 "복음은 무료"라고 믿고 있으며, 주차비를 받지 않음으로 갈보리교회는 이 행사가 돈을 모으려는 것이 아님을 보여주었다.

　2장에서 기술한 월요일 저녁 성경공부 집회에 참석하는 사람들의 연령층과는 대조적으로 추수 십자군 집회에 참석한 사람들의 평균 연령은 20대 중반에서 30대 초반이었다. 그 집회의 첫날 밤 주차장을 가로 질러 걸으며 나는 야외 원형극장으로 들어가는 많은 젊은 가족들, 아이들을 동반하여 손에 손을 잡은 부모들을 보았다. 그러나 또한 많은 십대들, 젊은 쌍들, 그리고 심지어 백발이 성성한 노인들도 더러 있었다. 시작 15분 전 야외 원형극장은 이미 가득 찼고, 좌석 뒤에 있는 잔디 언덕도 사람들로 채워졌다. 분위기는 축제 같았고, 청중은 마돈나의 공연을 기다리는 열광적 지지자처럼 기대에 부풀어 있었다. 그 자리에 있는 사람들 대부분이 이미 '거듭난' 가족이었고 자신들의 기독교 신앙을 축하하기 위해 왔지만, 세속적인 이웃, 친구, 가족도 데리고 왔다.[1]

추수 십자군 집회는 분명히 공연 같은 느낌을 주었다. 검은 모자를 쓰고 통기타를 들고 있는 데니스 아가자니안(Dennis Agajanian)을 포함하여 잘 알려진 기독교 악단이 연주하기 위하여 그곳에 왔다. 연단에는 얼마의 엄선된 갈보리교회 목회자들도 앉아 있는데, 그들은 예수가 어떻게 그들의 삶을 변화시켰는지 '간증' 하기 위하여 온 것이다. 이 숙달된 연사들은 X세대와 베이비붐 세대 청중을 잘 알고 있었다. 또한 거기에는 십자군 집회를 위하여 훈련된 일단의 상담원들이 있었다. 그들은 십자군 집회가 끝날 때 '그리스도를 영접' 하기 위해 자리에서 일어날 수백 명의 사람들에게 일대일로 물음에 답하고 문서를 제공할 것이다. 행사의 모든 순서가 철저하게 준비된 것이었다. 운집한 만 명 이상의 사람들에게 현대 음악을 선사할 고성능 확성기가 준비되어 있었다. 청각 장애인을 위해 수화를 제공하는 특별석 구역이 있었고, 오렌지카운티에서 증가하는 소수민을 위하여 한국어, 스페인어 등의 동시통역이 이루어지게 했다.

애너하임 야구장에서 열린 십자군 집회의 마지막 날 밤에는 청중의 숫자가 늘어 거의 5만 명이나 되는 사람들이, 남가주에 있는 한 거대 규모의 갈보리교회 목사인 라울 라이스(Raul Reis)의 간증을 듣기 위해 모였다.

그의 아버지는 알코올 중독자였고 어머니를 학대했다. 그래서 라이스와 어머니는 멕시코로 도망갔다가 나중에 미국으로 돌아왔다. 10대에 그는 분노와 비참함으로 아버지를 죽일 생각에 사로잡혀 있었다. 10대 후반에는 많은 문제에 연루되어 베트남에 가든지 감옥에 가든지 선택해야 했다. 그는 베트남을 택했다; 12월 25일 그곳에 도착하여 26일 전투에 참여했다. 그는 자신의 분노를 베트남 사람들에게 분출했으나 - "나는 죽이는 데서 쾌락을 느꼈다"고 회상했다- 동료 30명이 죽는 것을 보았다. 10개월의 복무 후 정신 이상으로 베트남에서 그를 검사했던 정신과 의사를 죽이겠다고 위협했고, 결국 체포되어 캘리포니아 주 오클랜드에 있는 한 군인병원에 수감되었다.

그는 석방된 후 선교사의 딸인 샤론(Sharon)을 만났다; 그녀가 임신하자 그들은 결혼했다. 아버지처럼 배우자를 학대하는 똑같은 삶을 지속하다가, 어느 날 밤 그는 가족을 살해하고 자신은 자살하려는 마음을 먹었다. 그러나 그때 하나님이 그의 삶에 개입하셨다고 청중에게 말했다. 어떻게 자신의 삶을 끝낼까 궁리하다가 우연히 TV를 켜게 되었고, 마침 성경에 대하여 얘기하는 한 대머리 남자-그는 척 스미스였다-에 매료되었다. 라이스에 따르면 이것이 그가 그리스도의 사랑에 대하여 들은 첫 순간이었다: "24년간 증오의 삶을 살았던 내가 울기 시작했습니다. 나는 기도했습니다. '예수님, 만일 당신이 살아 계시다면 나의 삶으로 오십시오.'" 그러고 나서 그는 차를 몰아 스미스가 설교하고 있는 곳으로 가서 앞으로 나가 '그리스도에게 자신을 맡겼다'.

이 간증이 있은 후 여러 기독교 록 가수들의 간증이 뒤따랐다. 군중은 마음이 편해 보였고, 평범한 옷을 입은 연주자들에게 박수를 보내고 그들과 하나 됨을 표현했다. 비종교인들에게는 그것이, 예수를 받아들이는 것은 정장을 하거나 찬송가를 부를 것을 요구하는 것은 아님을 보여주는 것이었다. 사실상 많은 연주자들이 예수께 자신의 삶을 맡기기 전에는 세속적 음악가로 상당한 인정을 받았다. 그들의 가사가 변했다. 그러나 음악의 템포가 변한 것은 아니다.

마지막으로 척 스미스가 연단으로 나와 말했다. "여러분이 오늘밤 내린 결단은 여러분이 할 수 있는 가장 중요한 결단입니다. 왜냐하면 그것은 여러분의 삶을 넘어서는 것이기 때문입니다. 그것은 영원을 위한 결단입니다."

그렉 로리가 뒤이어 코스타메사에서 십대를 위한 월요일 밤 성경공부 시간에 했던 것처럼 "여러분은 오늘밤 하나님과 약속했습니다."라고 선포했다.

이어 죽은 다음에 어떤 일이 벌어질지에 대하여 생각하라고 말했다. 천국에 대하여 믿고 있는 사람들의 숫자에 대한 통계를 소개한 후 그는 "죽을 준비가 되어 있는 사람만이 참으로 살 준비가 되어 있는 사람입니다." 라는 빌리 그래함(Billy Graham)의 말을 인용했다. 요점을 강조하기 위하여 이 인용구가 전광판에 밝게 새겨졌다. 우디 알렌(Woody Allen)의 말("지옥은 개인적으로 나를 못살게 하는 모든 사람들이 나중에 갈 곳이다.")을 인용한 시사 주간지 뉴스위크지의 구절을 참조하면서, 그는 많은 군중의 주목을 끌며 그들로 하여금 지금 순간 너머의 미래를 생각하도록 만들었다. 농담을 멈춘 후 "자신을 하나님께로가 아니라 지옥으로 보내는 것에 대한 책임은 여러분에게 있습니다."라고 강조했다. "지상에서의 여러분의 마지막 호흡은 하늘나라에서의 여러분의 첫 호흡이 될 수 있습니다."라고 말했을 때, 사람들은 환호하며 박수를 쳤다.

사람들이 느끼는 공허감은 그들의 죄 때문이지만, 좋은 소식은 그리스도께서 이 죄를 대속하여 죽으셨고, 이에 따라 그를 받아들이는 사람은 누구나 용서받을 수 있다고 로리는 설명했다. 이 시점에서 로리는 하나님의 가족에 동참하기 원하는 사람은 앞으로 나오라고 초청했다. 몇 분 되지 않아 수천 명의 사람들이 일어나서 운동장으로 향했고, 그 잔디 운동장은 회심자들로 가득 찼다.

로리가 소개한 십자군 집회 통계에 따르면 약 20~30명 중 한 명 꼴로 구원 받기 위해 앞으로 나온다. 이 가운데 10% 정도가 그들이 결단한 신앙을 진지하게 추구한다. 이러한 통계에 대하여 십자군 집회를 주도하는 로리와 조력자들은 실망하지 않는다. 그럼에도 불구하고 로리는 부흥사로서가 아니라 목회자로서 소명을 받았다고 느낀다. 그리고 교회의 참된 성장은 '잘 양육된 사람이 전도하기' 때문에 이루어진다고 느낀다. 다시 말하면 그가 참으로 소명 받았다고 생각하는 것은 자신의 교회에서 매주일 성경을 가르치는 것이다. '건강한 신자'-성경을 잘 배운 사람-는 친구들에게 증거한다; 또한 건강한 신자의 삶의 질 때문에, 그리고 그가 표현하는 사랑 때문에 사람들은 기독교에 매력을 갖게 된다.

뉴욕 주 북부에 있는 갈보리교회

남가주에 있는 새로운 패러다임 교회에 대한 연구를 시작한 지 1년쯤 되었을 때, 나와 연구원들은 한 종교사회학 학회에서 우리가 발견한 것에 대한 예비조사 결과를 발표했다. 청중은 분명히 보고에 매료되었으나 현상의 범위에 대해서는 회의적이었다. 질의 시간에 동료 몇 명이 연구 결과는 엄밀하게 말하면 미국 서쪽 해안 지역에 한정된 현상일 뿐이 아니냐고 물었다. 결국 광적인 제의(cult), 이상한 종파(sect), 그리고 신종교운동의 온상은 캘리포니아, 특히 남가주(Southern California) 지역이어서 그렇다는 것이다.

학회가 끝난 후 나는 연구원 브렌다 브래셔에게 "동쪽 해안에 있는 대형 갈보리교회를 찾아봐요. 그곳을 찾아가 봅시다."라고 말했다. 그녀는 핑거(Finger) 호수 근처에 위치한 뉴욕 주 파밍턴(Farmington)에 있는, 매주일 3천 명 가량 출석하는 한 교회를 찾아냈다. 거기에는 파도타기 하는 사람도 없고, 그곳은 코스타메사 갈보리교회의 영향권 밖에 있을 것이다. 담임목사 빌 골라틴(Bil Gollatin)의 허락을 받아 브렌다와 나는 주말 예배를 관찰하고, 주중에는 스태프들과 교인들과 인터뷰하기 위하여 동쪽으로 날라 갔다.

렌트한 차로 로체스터(Rochester)를 출발하여 운전해 가면서 보았던 정경은 시골 풍경이었다. 인구학적 관점에서 볼 때 '거기서 갈보리교회 유형의 거대 교회를 발견할 것 같지는 않다.'고 생각했다. 토요일 오후 늦게 교회에 도착했다. 한 청소년 집회가 열리고 있었는데, 성전은 갈보리교회뿐만 아니라 주변 교회에서 모인 500명가량의 중학생들로 차 있었다. 초청 연사인 도슨 맥알리스터(Dawson McAllister)는 십대의 우상인 이십대 초반의 가수 토드 프록터(Todd Procter)를 데리고 왔다. 그들은 함께 아이들에게 삶의 공백에 대하여,

무엇인가 빠져 있다는 느낌에 대하여 말했다. 저녁 집회가 끝날 때 수십 명의 십대 초반 아이들이 앞으로 나와 예수께 자신을 드리겠다고 결단했다.

다음 날 아침 여러 주일 예배에 참석했는데, 예배는 갈보리교회 풍이었다: 음악, 빌 목사의 절제된 성경 메시지 전달, 그리고 편안한 분위기 등이 그것이다. 다음 며칠 동안 우리는 여러 사람들과 인터뷰했다. 나는 빌 골라틴의 이야기에서 시작하여 그들의 여러 이야기를 하려고 한다.

담임목사

빌 골라틴은 1937년 이리 호(Lake Erie) 근처에 있는 한 철강 생산 도시에서 태어났다. 부모는 열심히 일하는 사람들이었지만 둘 다 파티와 음주를 즐겼고, 아이로서의 가정생활은 시끄러웠다. 고등학교 때 빌의 목표는 전문 운동선수가 되는 것이었다. 학교에서 항상 -그가 2학년 되던 해 여름까지는- 대표 팀 선수로 뽑혔다. 그는 다음과 같이 회상했다. "그 해 여름 한 농장에서 아르바이트로 일하고 있었습니다. 그런데 건초더미를 올려놓는 기계에 다리가 끼어 다리가 부러지고 말았습니다. 발가락이 잘렸고 발이 으깨졌으며, 무릎에서 발목까지 일곱 군데가 파열되었습니다. 그것은 운동선수 생활에 종지부를 찍는 일이 되어 버렸습니다."

고등학교 때 A학점을 받아 빌은 대학에 진학했으나, 성취동기는 심하게 손상되었다. "나는 자신에 대한 어떤 분노를 느꼈습니다. 그리고 자주 싸웠습니다. 기숙사에서 한 녀석을 심하게 두들겨 팼고, 거의 실명하게 만들었습니다. 그가 변호사를 찾아가서 나를 고소하여 재판받게 하려 한다는 것을 알고 나는 학교를 그만 두고 해병대에 입대했습니다."라고 회상했다.

빌은 2년간의 해병대 복무를 마친 후에 가톨릭 신자이며 그 무렵 간호학교를 졸업한 로즈마리(Rosemary)와 결혼했다. 그들은 곧 아이를 가졌지만, 빌은 심하게 술을 마시고 스포츠를 좋아하는 패거리와 쏘다니기 시작했다. 그는 의류 가게 안에서 일하는 직업을 싫어했다. 파산 선고를 하고, 아내의 보석금으로 감옥에서 나온 후, 그는 이제 변해야 할 때라고 생각했다. 그래서 막 둘째 아이를 출산한 아내에게 오하이오 주에서 플로리다 주(새로운 디즈니 월드 건설 현장에서 일하기 위해)로 이사하자고 말했다. 그들의 폭스바겐 차에 이삿짐을 잔뜩 싣고 66번 도로에 접어들었을 때, 빌은 방향을 오른쪽으로 틀어 플로리다가 아닌 캘리포니아를 향했다. 아내의 항의에도 불구하고 히피 운동의 본고장이라고 들었던, 마약 문화를 대표하는 티모시 리어리(Timothy Leary)와 다른 히피 지도자들의 집결지인 라구나 비치(Laguna Beach)를 향해 운전했다.

빌은 공사장 일자리를 얻었다. 그러나 곧 마약에 빠져 들었다. 마리화나와 LSD(환각제)가 술보다 훨씬 낫다고 생각했다. "나는 세상에서 도피했습니다. 더 이상 신발도 신지 않았습니다. 주말에는 히피들이 모여 있는 곳으로 갔습니다." 그의 아내가 한 지역 병원에서 간호사로 일하며 가장 노릇을 하는 동안, 그는 긴 머리와 수염과 같은 히피 삶의 방식을 따랐다. "반항을 나타내려고 그랬던 것은 아닙니다. 그것이 나의 전부는 아니었습니다. 성공하고 돈을 벌어야 한다는 모든 압력에서 매우 자유롭다고 느꼈을 뿐입니다. 나에게는 모든 물질적인 것이 거짓일 뿐이었습니다." 라고 그는 말했다.

그러나 얼마의 친구들과 간 멕시코 여행의 끝 무렵에 일이 벌어졌다. 그들은 메스칼린(흥분제의 일종. 옮긴이), 마리화나, LSD를 즐기며 해변에서 일주일을 보냈다. 빌이 회상했다. "돌아오는 길에 친구들 중 하나가 내 승용차의 물건 담는 칸에 마리화나를 피우는 파이프를 놓았는데, 국경수비대가 우리를 세워 소지품을 조사했습니다. 그 차는 내 이름으로 등록되어 있었기 때문에, 나를 체포해서 샌디에이고에 있는 감옥에 쳐 넣었습니다. 그렇지만 친구들은 나를 두고 떠나가 버렸습니다." 실망스럽게도 "그들 중 누구도 나를 돕기 위한 일을 전혀 하지 않았습니다. 그 일은 나로 하여금 현실을 깨닫게 해 주었습니다. 왜냐하면 누구나 나에게 '형제'라고 했지만, 그것은 모두 거짓이었기 때문입니다." 500달러의 벌금을 물고 감옥에서 나와 집으로 돌아왔다. 모든 일에 있어 신실해 보였던 기독교인 직업 동료의 모습에 감동을 받았다고 빌은 회상한다: "나는 집에 머물며 성경을 읽고 애들을 돌보기 시작했습니다." 사실상 누구도 그를 개종시키지 않았다. 그는 개인적으로 탐구했지만, 그것은 어떤 비일상적인 신비적 경험으로 고조된 것이었다.

하루는 바다가 보이는 언덕 위 묘지로 올라갔다. 거기서 성경을 읽는 중에 그는 미국이 파멸될 것이라는 강한 느낌을 갖게 되었다: "묘지로 올라가 그곳 언덕에 앉아 있었습니다. 그런데 롱비치(Long Beach)를 바라보았을 때, 핵무기의 폭발에서 볼 수 있는 것 같은, 해안 전체가 부풀어 오르는 환상을 보게 되어 충격을 받았습니다. 무슨 말을 해야 할지 몰랐습니다. 누구에게 말을 해야 할지도 몰랐습니다." 그는 계속했다. "그것은 환상이었습니다. 나는 그것을 보았고 어떤 방식으로든 미국이 심판 받거나 파괴될 것임을 알았습니다. 그러나 누구에게 말해야 할지 몰랐습니다. 나에게 어떤 일이 벌어질지도 알지 못했습니다. 나는 성경을 배워본 적도 없었습니다. 여러분이 성경에 대하여 듣고, 성령에 대하여 알게 하는 교회에도 가 본 적이 없었습니다."

이러한 경험을 한 직후 빌은 예수가 그에게 나타나는 계시를 받았다. 자신이 경험했던 것을 설명하면서 예수가 틀림없이 실재하며 살아 계신 것으로 보였다고 간단히 말한다. 그는 기억하는 것을 말했다. "집으로 돌아와 로즈마리에게 말했습니다. '세상의 종말이 가까웠고, 예수님이 재림하실 것이오.' 나는 성경에 대해서는 아는 것이 별로 없었지만 -요한계시록 읽기를 끝냈고 마태복음을 읽기 시작했다- 그녀에게 말했습니다. '예수님이 재림하실 것이오. 여보, 내가 그것을 설명할 수는 없지만 그가 살아 계시다는 것을 알아요. 그는 주님이오.' … 그녀는 나를 바라보면서 '맙소사, 이번에는 미쳐 버렸군' 하고 생각했습니다."

며칠 후 빌은 아내에게 이끌려 정신병원에 입원하게 되었다. 그는 그때 그에게 다가오는 다른 환자에게 말했던 것을 생생하게 기억했다. "걱정 말아요. 우리는 곧 여기서 나가게 될 거요. **나는 예수요**." 종교적 집착 때문에 편

집중이 있는 정신분열증 환자(하나님에 대한 병적인 집착증을 가지고 있는)라는 진단을 받았다. 그러나 몇 주 후에 병원에서 퇴원했다. 얼마 되지 않아 하루는 그가 한 히치하이커(길가에 서서 손을 들어 지나가는 차를 얻어 타려는 사람. 옮긴이)를 차에 태워줬는데, 그는 빌에게 "예수님을 찬양하세요. 그리고 좋은 하루 되세요"라고 말하며 감사하다고 했다. 빌이 말을 이었다. "그의 말이 나를 움직였습니다. 그래서 나는 '멋있는 얘기처럼 들리는군요.' 하고 말했습니다. 이어서 '왜 당신은 그런 말을 합니까?' 라고 묻자, 그는 '네, 나는 기독교인입니다.' 라고 대답했습니다. 내가 물었습니다. '그래요? 어느 교회에 나가는데요?' 이렇게 물은 것은 그가 나와 비슷해 보였고, 따라서 교회 나가는 사람처럼 보이지 않는다고 생각했기 때문이지요. 그가 대답했습니다. '히피 교회에 나간답니다.' 내가 물었지요. '히피 교회라니요? 그것이 어디 있는데요?' 그가 대답했습니다. '그 교회는 갈보리라고 불리는 교회랍니다. 선플라워 가(街)에 있는 코스타메사 건너편에 있지요.' 그가 차에서 내려 골목길로 돌아간 후 나는 얼어붙는 것 같은 느낌을 받았습니다. 그리고 무슨 일인가 내 마음 가운데서 일어났습니다."

이러한 우연의 만남으로 빌은 신앙적 탐구를 하게 되었다: "결국 그 교회를 찾아갔고 안으로 걸어 들어갔습니다. '예수님에 대하여 누군가에게 말해야만 해' 라고 생각할 때 내가 만난 것은 척 스미스였습니다. 내가 말했습니다. '세상의 마지막이 가까이 오고 있어요. 모두가 나를 미쳤다고 하지만 나는 예수님이 살아 계신다는 것을 알아요. 나는 누군가에게 얘기를 해야만 해요.' 척(스미스)이 얼굴에 커다란 미소를 지으며 말했습니다. '나를 따라 오시오.' 나는 그 날의 남은 시간을 그의 사무실에서 그와 함께 보냈습니다."

다음 주일 빌은 갈보리교회에 나갔고, 설교하는 이가 자신과 대화를 나눴던 목사였음을 발견했다. 설교를 들으면서 그는 "드디어 나는 집에 돌아왔어. 평생 내가 찾던 것을 발견한 거야." 라고 조용히 자신에게 말하고 있음을 알았다. 빌에 따르면 그에게 감동을 준 것은 척 스미스의 카리스마가 아니라 단순히 그의 가르침이었다: "그것에는 간교함이나 속임수 같은 것이 없었습니다. 나는 알 수 있었지요. 그것을 설명할 수는 없지만, 알 수는 있습니다. 바로 그것이었습니다." 곧 빌은 자원하여 갈보리교회에서 목수, 수위, 잡역부 일을 했다. 교회가 현재 위치에 있는 땅을 사서 아스팔트 포장을 하고 대형 천막을 위한 기둥을 세우고 피크닉 식탁들 전체를 덮는 덮개 만드는 일을 도왔다.

로즈마리 골라틴은 남편의 회심에 대하여 약간 다른 기억을 하고 있다: "직장에서 동료에게 그에 대하여 이렇게 말한 적이 있지요. '원, 세상에. 처음에는 LSD, 다음에는 마리화나이더니 이제는 종교에 빠져 버린 거예요. 그를 도저히 이해할 수가 없어요. 전에는 마약이더니, 이제는 예수인 거예요.' 그것은 너무 기괴한 일이어서 저로서는 도무지 이해할 수가 없었지요. 그가 무엇을 하는지, 무슨 일이 벌어지는지 알 수 없었어요. 내가 보았던 것은 정서불안이었고, 그가 하려는 것은 또 하나의 일시적인 탐닉으로 보였어요. 그러나 내가 알게 된 하나의 사실은 하나님이 그를 변화시켰다는 것입니다. 분명한 변화가 있었다고 말할 수 있어요. 그는 일을 해야겠다고 생각하고, 착실해지려고 노력했으며, 더 이상 술을 마시려고 하지 않았어요. 그리스도를 만난 후에 삶에 대한 그의 모든 생각은 전적으로 달라졌습니다." 그러나 그의 종교적 변화가 미덥지 않아서 로즈마리는 2년이 지나서야 그녀 역시 갈보리교회에 나가기 시작했고 빌의 종교적 신앙에 동참하게 되었다.

아동 담당목사

마이크 사소(Mike Sasso)는 빌 골라틴이 목회하는 갈보리교회의 아동 담당목사다. 어린 아이들을 위한 주일저녁 프로그램을 방문했을 때 그를 만났다: 근육이 있고, 세상 물정을 잘 아는 것 같아 보이는 사람이 아이들을 들어서 무릎 위에 앉히고(이 가운데 부끄럼 타는 새로 온 아이는 그 시간 끝까지 그의 무릎 위에 앉아 있었다.) 그들에게 예수에 대하여 얘기하고 있었다. 왜 그는 주일 밤 술집에서 시끄럽게 떠들어 대지 않고 여기서 시간을 보내는가 생각했다. 또한 나는 생긴 것은 꼭 스키장을 막 벗어난 스키 건달 같은데, 노아와 동물들이 방주로 들어가는 것을 노래하는 곡을 놀랍도록 가볍게 연주하는 피아니스트에 대해서도 호기심을 가졌다.

빌 골라틴처럼 마이크 사소도 회심의 경험을 하기 전에는 마약 중독자였다. 그는 비교적 어린 나이에 마약에 빠져들게 되었다고 말했다: "보이스 카우트(소년단)에 있을 때 나쁜 친구들을 사귀게 되었습니다. 브롱스(Bronx) 소년단은 캠핑 같은 것을 하지 않습니다. 그래서 약을 먹기 시작했습니다. 그것은 대단한 것이었지요. 이웃에 있는 사람들도 그 짓을 하고 있었습니다. 나는 1960년대에 태어났고, 그때는 이런 일들이 흔했는데, 나도 그 일을 즐겼던 것입니다. 점점 더 그러한 생활방식에 빠져 들어갔습니다." 상습적으로 마리화나, 각성제, 진통제, 아편 등을 사용했지만, 이런 습관에도 불구하고 그는 고등학교를 마치고 체육 장학생으로 대학에 진학했다. 그러나 대학교 1학년 중반기에 축구선수 경력에 종지부를 찍는 심한 교통사고를 당했고, 두개골 파열의 상처를 회복하는 데 여러 주간을 보냈다. 잠시 동안 마약을 끊었지만, 대학으로 돌아오자 곧 다시 여러 가지 마약을 시작했고 그것을 팔기도 했다.

마이크는 네브래스카(Nebraska) 대학에 다닐 때 학비를 대기 위하여 건설현장에서 일하였다. 그는 교육과정의 요구 조건 때문에 의학부 예비전공을 바꾸었지만, 그의 습관에도 불구하고 그런대로 학교생활을 해 나갔다. 어느 날 저녁 자신의 아파트에서 쉬고 있을 때, 마이크는 문 두드리는 소리를 들었다. "한 남자-약간 머리가 벗어진-가 들어 왔습니다. 그는 들어와서 예수가 누군지 아느냐고 물었습니다. 그래서 내가 말했습니다. '알고말고요. 맥주 한 잔 할래요?' …그가 걸어 들어왔고-정말로 이상한 일이었다- 예수가 나의 삶 안으로 들어왔습니다. 그 전에 나는 이해하지 못했습니다. 복음에 대해서 아무것도 몰랐습니다. 내 기억으로는 아무도 예수에 대하여 얘기해 주지 않았습니다."

맥주를 정중히 사양하면서 방문객이 그에게 **정말로** 예수가 누구인지 아느냐고 물었다. 마이크가 응수했다. "물론이지요. 그러나 당신이 원하면 피울 수 있는 마리화나 담배가 재떨이에 있어요." 그 후 이 사람이 끈질기게 촉구하는 바람에 마이크는 가톨릭교회를 다녔던 어린 시절 기억을 되살려서 크리스마스 이야기를 털어 놓았다. 마이크가 이야기를 마치자 손님이 물었다. "그렇다면 당신은 그와 **관계**를 가지고 있습니까?" 마이크가 대답했다. "아니오, 누구라도 하나님은 나와 같은 사람과는 관계하지 않는다고 당신에게 말할 수 있을 것입니다." 당시의 느낌을 돌이켜보며 이렇게 회상했다: "나는 정말로 미칠 것 같았지요. 그는 내가 이런 이야기를 실토하게 할 권리가 없었던 거지요. 그를 문으로 데리고 갔을 때 그는 내가 두려움을 가지고 있느냐고 물었습니다: 만일 내가 죽는다면 어디로 갈 것인가? 이것이 내게는 적합하지 않은 물음 같았습니다. 나는 열아홉 살이었고, 죽을 계획을 가지고 있지도 않았습니다."

영생에 관한 얘기를 조금 더 주고받은 후에 마이크는 침입자를 내보내는 데 성공했다. 그는 이렇게 기억한다. "나는 그의 말에 질질 끌려 다녔고, 그래서 그를 쫓아낼 필요가 있었습니다. 그를 문 밖으로 몰아낼 때, 그는 작은 글씨로 빽빽하게 쓴 소책자 하나를 내게 주었습니다. 아무래도 좋았습니다. 왜냐하면 아직도 마약 기운이 조금 남아 있었기 때문입니다. 나는 그날 밤 전혀 잘 수가 없었습니다. 밤새도록 앉아 소책자를 읽었습니다. 그날 밤 어느 부분에서인가 읽기를 그쳤는데, 그것은 예수와의 인격적 관계에 대한 것이었습니다. 그리고 요한복음에 대하여 많은 것을 알게 되었습니다. 마침내 나는 기도했습니다. 울었고, 하나님이 나와 같은 사람에게도 하실 일이 있다는 것을 알았습니다. 그리고 오랫동안 잠을 잤습니다."

우리가 인터뷰했던 많은 사람들처럼 마이크는 회심 후에 즉시 열렬한 복음주의자가 되었다. 그는 이렇게 설명했다: "다음 날 일어나자 여자 친구에게 전화를 해서 일어난 어떤 일에 대하여 말해야 하기 때문에 오라고 말했습니다. 그녀에게 예수에 대하여 말했습니다. 그녀는 내가 정말 깊은 나락으로 빠진 것으로 생각했습니다. 나는 친구들을 불렀습니다. 그들을 소파에 앉게 한 다음 말했습니다. '나에게서 일어난 일을 들어 봐.' 물론 나 자신이 아직 잘 모르긴 했지만, 그들을 돌아보며 내가 생각하는 것을 이야기했습니다."

여러 주 후 마이크는 마약을 취급한 전력 때문에 체포되었다. 그는 이 '곤경'에서 벗어나게 해 달라고 기도했고 주님이 이에 응답하셨다; 그때 그는 혐의가 없어 석방되었다. 학교를 중퇴하자 그는 일자리를 얻지도 못했고 집도 없었다. 노숙하며 살아가는 동안에도 그는 새롭게 발견한 기독교에 대하여 사람들에게 알리기를 계속했다. 그러던 어느 날 어떤 사람이 그에게 와서 물었다: "당신이 기독교인이라면, 성경은 어디 있나요?" 이 물음이 그를 돌아보게 했다: "나는 성경이 없었습니다. 그래서 성경책을 하나 구하려고 기독교 서점으로 갔습니다. 성경책 값으로 이미 두 달 전에 닫힌 은행구좌의 수표를 써 주려고 했습니다. 서점 주인이 말했습니다. '우리는 수표를 받지 않아요.' 내가 말했습니다. '에이, 나는 조금 전에 예수를 만났다고요. 그리고 정말로 성경책을 갖고 싶다고요.' '이번만 특별히 수표를 받지요.' 그래서 나는 13달러 수표를 써 주고 성경책을 받았습니다. 서점 밖으로 나가 골목으로 갈 때 그가 뒤에서 나를 향해 소리를 질렀습니다. '돌아오시오. 돌아오시오!' 그래서 나는 '걸렸구나' 하고 생각했습니다. 그리고 되돌아갔습니다. 그러자 그는 나에게 그 수표를 되돌려주며 말했습니다. '예수님이 이것을 당신에게 돌려주라고 말씀하시는군요.'"

인터뷰했던 많은 사람들처럼 마이크도 신약성서에 빠져들었다. 그가 교회에 열심히 관계하지는 않았다; 오히려 회심 경험을 이해하려고 할 때, 완전히 도움이 된 것은 성경읽기를 통해서였다. 사실상 그는 몇 교회에 나가려고 했다. 그러나 그의 긴 머리와 '기묘한' 생김새 때문에, 교회에서 환영받지 못한다고 느꼈다.

일자리가 필요하여 개인 병원이 밀집해 있는 건물에서 관리인 자리를 얻으려고 신청했다. 그가 말했다. "안으로 들어갔을 때, 그들이 우리에게 거짓말 탐지기로 조사하려고 한다는 얘기를 들었습니다. 나는 생각했습니다. '아이고, 망했네. 여기서도 일자리 얻기는 틀렸군. 포기해야 할 것 같아.' 그러나 나는 포기하지 않고 시도해 보리라고 생각했습니다. 그날 아침에 읽은, 더이상 거짓을 말하지 말고 열심히 일하며 진실을 말하라는 에베소서의 성경 구절이 기억났습니다. 그래서 생각했습니다. '그래, 그렇게 할 거야.'"

마이크는 말을 이었다. "들어가서 앉았습니다. 그러자 루이지애나에서 왔다는, 목이 크고 붉은 사람이 거짓말 탐지기를 나에게 설치하고 모든 필요한 물음들을 물었습니다: 이름이 무엇인가, 차를 가지고 있는가, 마약을 한 적이 있는가, 체포된 적이 있는가, 고용주에게 무엇을 훔친 적이 있는가? 대부분의 내 대답은 '예' 였습니다. 질문들을 마친 후에 거짓말 탐지기를 떼어내고 왔다 갔다 하더니 나를 보며 말했습니다. '자, 말해 보시오. 지금도 그런 일들을 하시오?' 그러자 나는 그를 보며 말했습니다: '아니오, 나는 네 달 전 예수 그리스도를 만났습니다. 그래서 **지금까지** 그런 일을 하지 않고 있습니다.' 그가 다시 말했습니다. '이 물음들을 다시 한 번 물어보려고 하는데, 괜찮겠소?' '물론이지요.' 라고 대답했습니다. 앞에서 있었던 문답 전체가 다시 한 번 이루어졌는데, 그는 마지막으로 세 가지를 물었습니다: '예수 그리스도가 당신의 주님이십니까? 성경을 읽습니까?' 또 하나의 물음은 예수에 대한 것이었습니다. 그는 다시 거짓말 탐지기를 내게서 떼어 냈습니다. 나가면서 내가 물었습니다. '자, 어땠나요?' 그가 말했습니다. '아래층으로 내려가서 "이렇게 저렇게" 말하시오. 그러면 마루를 닦아 윤을 내는 도구를 줄 것입니다. 그리고 시간당 5달러 이상 받게 될 거요.'"

관리인

크리스 버튼(Chris Burton, 가명)은 14세에 마약을 시작했고, 그 습관은 그가 25세에 회심할 때까지 지속되었다. "가족은 나를 가족의 하나로 인정하지 않게 되었습니다."라고 그가 말했다. "내 상황 때문에 나는 더 이상 가족 모임에 초대받지 못했습니다. 나는 사실상 항상 정죄를 당했습니다. 집에 오면 무엇이 예상되겠습니까? 어떤 약물이든 그것을 팔에 주사 놓기 위해 욕실 바닥에 쭈그리고 앉아 시간을 보내든가, 아니면 마리화나를 피워대면서 집을 더럽히는 나를 발견했을 것입니다. 나는 아편 주사를 맞았고, LSD를 복용했으며, 어떤 때는 휘발유 냄새를 맡기까지 했습니다. 무엇이든 상관없었습니다. 내가 하는 일에 대해서는 양심의 가책도 없었습니다. 내가 한 일에 대하여 신경 쓰지도 않았습니다; 영원한 운명과 같은 일에는 관심이 없었습니다. 단순히 마약에 취하기를 원했고, 그것을 얻기 위해서는 무엇이라도 했습니다." 그가 세 가지 약물을 과다 복용했기 때문에 "부모님은 나의 사망보험을 들어 놓으셨습니다. 그들은 내가 이미 죽은 거나 마찬가지라고 생각하셨던 것입니다. 나는 25세의 나이에 체중이 43kg으로 줄어들었습니다."라고 말했다.

습관을 유지하기 위해 크리스는 마약을 팔기도 했다. 그는 한 부류의 의사들이 불법으로 처방한 마약류를 공급받았다. 그는 다음과 같이 설명했다. "그 일에 연루된 의사가 아마 여섯 명은 될 것입니다. 그리고 그들은 생활보호대상자를 취급했는데, 이것은 그들이 손쉽게 돈을 손에 넣을 수 있음을 의미합니다. 그들은 우리에게 많은 양의 조제 마약을 팔았습니다. 생활보호대상자를 위한 것이기 때문에 의사들은 모르핀 1회분을 7센트에 구입할 수 있는데, 그것을 우리에게 7달러에 팝니다. 즉 백 달러의 처방이 7백 달러의 처방이 되는 셈입니다. 우리는 1회용 모르핀을 7달러에 사가지고 거리에 나가서 35달러에 팔았습니다. 따라서 그것은 우리에게나 그 의사들에게 매우 이익이 남는 장사였던 셈입니다. 나는 그 의사들과 깊이 연루되었습니다. 나는 가장 심각한 환자로 위장되어 모르핀을 공급받았습니다."

그는 그가 수천 달러의 빚을 지고 있던 마약 중개상에게 생명의 위협을 받기도 했고, 결국은 감옥에 들어가게 되었다. 그가 하나님을 찾게 된 것은 감방 안에서였다. 그는 이렇게 회상했다. "감옥 안에 비치되어 있던 신약 성서를 집어 들었습니다. 그리고 그것을 읽기 시작했습니다. 내가 침례교인으로 자라긴 했지만, 결코 하나님에 대한 경험을 가진 적은 없었습니다. 나는 이렇게 말했습니다. '하나님, 당신이 살아 계시다면 나를 이곳에서 나가게 해 주십시오.' 단순히 하나님이 나를 감옥에서 나가게 해 달라는 것만을 요구한 것은 아니었습니다. 하나님이 이러한 삶에서 벗어나게 해 주기를 원했습니다. 나는 진심이었고, 그것이 진심이라는 것을 그분은 아셨습니다. 왜냐하면 그러한 갈급한 마음은 마치 내가 열려고 노력할 수 있거나, 혹은 내가 삶을 끝내기 전에 갈 수 있는 마지막 문과 같은 것이었기 때문입니다."

이러한 기도를 한 지 얼마 안 되어 그는 법정에 서게 되었다: "판사를 만나게 되었을 때, 교도관에게 얘기했던 것처럼 말했습니다. '아실지 모르겠지만 저는 정말로 새로운 생활을 하기 원합니다.' 물론 그것이 판사의 생각을 바꾸어 놓지는 못했지요- 그는 전에도 그런 말을 들었으니까요. 판사가 말했습니다. '당신은 마약중독 교정 프로그램 교육을 받는 것이 좋겠소.' '어쨌든 나는 감옥에 들어가는 것을 원하지 않습니다.' 그래서 감방에 앉아 기도하기 시작했습니다. '주님, 도와주십시오. 어떻게 해야 할지 모르겠습니다. 나는 길거리 생활로 되돌아가는 것을 원하지 않습니다.'" 그는 부모가 감옥으로 그를 방문하지 않을 것이라는 것을 알았다. 또한 소위 친구라는 작자들도 나타나지 않을 것이며, 심지어는 담배 한 갑이라도 가져다주지 않을 것임을 알았다. 그러나 어떤 전통 교단의 몇몇 기독교인들이 그를 방문했고, 석방되자 그들은 그를 갈보리교회 목사 빌 골라틴에게 보냈다. 빌과 로즈마리 골라틴은 크리스를 그들의 집으로 데려왔다.

"여러분은 내가 지내왔던 삶을 기억해야 합니다."라고 크리스가 말했다.

"그(빌 골라틴)는 내가 감옥에서 방금 나왔다는 것을 알고 있었습니다. 사실 나는 '교회 물건을 훔칠 수 있어. 그의 물건을 빼앗을 수 있어'라고 한때 생각했습니다. 그러나 내가 경험했던 그 사랑 때문에 그렇게 할 수 없었습니다. 나는 이 사람들에 대하여 그런 짓을 할 수 없었습니다. 그리고 그 당시 이번이 마지막 기회라고 정말로 믿었습니다; 하나님은 나에게 삶에서의 마지막 기회를 주고 계셨습니다. 그래서 미약하나마 내가 할 수 있는 일을 했습니다. 폐인이 되다시피 했기 때문에 마치 시체처럼 성경공부 시간에 나타났고, 빌이 하나님의 말씀을 평이하고 단순하게 가르치는 것을 들었습니다. 나는 문자 그대로 동시에 생각하고 말할 수 없었는데, 이것은 사실이었습니다. 약물을 과다 복용했었기 때문에 몸의 회로 얼마가 타 버렸다고 믿었습니다."

치유의 과정은 단 한 번에 이루어진 것이 아니었다: "나는 수위 일로 시작했습니다. 하나님이 내게 원하시는 일은 무엇이든지 기꺼이 하기로 했습니다. 만일 하나님이 내가 화장실 청소를 원하신다면 그것을 했을 것입니다. 왜냐하면 내가 해 왔던 것보다 더 많은 것이 삶에 있어야 했다는 의미에서 내 삶이 깨끗해졌기 때문입니다. 하나님은 사람들을 통해 그의 사랑에 대하여 눈을 뜨게 해 주셨습니다. 그리고 시간을 내어 하나님의 말씀을 읽는 데 많은 시간을 보냈습니다. 전에는 결코 경험해 보지 못했던 사랑의 현존을 경험했습니다. 그것은 말하자면 전에는 결코 경험해 보지 못했던, 고조된 느낌이었습니다. 그와 같은 경험은 다시없는 것이었습니다. 그것을 고조된 느낌으로 표현하는 것조차 적절하지 않습니다. 왜냐하면 그것은 마약으로서는 도저히 이룰 수 없는 성취감을 주는 어떤 것이었고, 거듭난 기독교인이 된 이래로 10년 동안 내 삶에서 지속되기 때문입니다.

청소년 집회

물론 모든 회심자들이 다 히피와 마약의 경험이 있었던 것은 아니다. 나는 이 세 가지 경우가 황폐해진 삶에서 극적인 회생을 잘 설명해 주기 때문에 이 사례들을 택했던 것이다. 그러나 많은 사람들이 그렇게 심하지는 않으나 이런 저런 문제에서의 구원을 추구하고 있다: 그 문제들이란 일반적인 스트레스, 실패의 느낌과 부적응성, 적절한 도덕적 표준에 대한 혼란, 그리고 때로는 단순히 무엇인가가 더 있어야 한다는 고뇌의 감정과 같은 것들이다. 이러한 문제들은 성인뿐만 아니라 아이들도 직면하는 것이며, 빌 골라틴의 교회는 문제아들을 돌보는 데 특별한 노력을 기울이고 있다.

빌 골라틴의 교회에서 열린 주말 중학생 집회 연사인 도슨 맥알리스터는 20권의 책을 펴낸 저자인데, 전국을 돌아다니며 정기적으로 청소년 대상으로 강연하고, 아이들이 그들의 문제에 대하여 전화하고 말하는 전국 단위의 라디오 쇼 프로그램을 진행해 왔다. 이번의 특별한 집회에 그는 금발이며 볼이 불그레한 20대 초반의 잘 생긴 연주자 -장발에다가 마약에 취한 듯하고 성적으로 매력이 있는 MTV의 스타와는 완전히 대조를 보이는- 인 토드 프록터를 대동했다. 프록터는 아직 음반으로 취입하지 않은 배경음악을 노래했는데, 돈을 들이지 않고 듣지만 인상적인 공연이 되게 만들었다.

내가 참석했던 토요일 저녁 집회는 집단의 지도자 중 한 사람이 꾸민 코미디 같은 수작으로 시작되었다. 그는 새 부리 모양의 챙을 가진 모자를 썼고, '망나니'라는 글을 새긴 스웨터를 입었는데, 아이들과 어떻게 의사소통하는지를 잘 알고 있는 것 같았다. 그는 기독교인이 되기 위하여 거룩한 체 할 필요는 없음을 지적하기 위하여 오히려 거룩하고 종교적인 일화를 사용했다. 이러한 분위기 띄우기에 이어서 토드 프록터가 여러 노래를 불렀는데, 중간 중간에 성경구절을 인용했다. 기독교인은 소심한 사람이 아님을 강조한 후에 그가 물었다. "여러분은 부끄럽습니까?" 아이들이 크게 외쳐댔다. "아니오." 그러자 프록터는 십대 초반의 아이들이 기독교인이라는 것에 대하여, '별나다'고 느낄지 모르는 일종의 불안감을 없애주기 위하여 "나는 부끄럽지 않아요."라는 노래를 불렀다. 다음에 그는 펩시콜라 광고 음악을 연주하며 노래했다. "예수님은 옳은 분이지요" 하자, 아이들이 "그래요" 하고 응답했다. 그러자 그는 예수가 '참된 분' 임을 엘비스 프레슬리 풍으로 노래했다.

도슨 맥알리스터가 단 위로 올라갔을 때, 나는 그가 설교대를 이용하지 않는다는 것을 알았다. 나중에 그는 설교대는 자신을 청중에게서 멀어지게 만들며, 아이들은 연사에 대하여 '나보다 거룩한' 설교자가 아니라 접촉할 수 있고 노출된 사람이라고 느낄 필요가 있다고 말해 주었다. 그는 또한 "당신은 당신이 그들을 두려워하고 있지 않다는 것을 그들에게 전달할 필요가 있습니다."라고 말했다. 오후에 그는 청바지와 운동복 티셔츠를 입고 있었지만, 지금은 십자가상의 예수 그림이 있는 스웨터를 입고 있었다.

맥알리스터가 이야기를 시작했다. "오늘밤 나는 여러분에게 그리스도를 위한 결단의 기회를 주려고 합니다. 여러분은 부활절의 장식용 계란처럼 실속이 없습니다. 여러분은 종교적이지만 잃은 것이 있습니다. 세례가 여러분을 기독교인으로 만들지 않습니다. 여러분은 그리스도와의 친밀한 관계가 필요합니다." 다음 20분 동안 그는 두 강도들 사이에서 십자가에 달려 돌아가신 예수에 대하여 설명했고, 예수 그리스도의 십자가는 응답을 요구한다고 말했다: "예수님은 그들의 죄 값을 치르셨습니다; 이제 여러분은 여러분의 삶을 그에게 드릴 필요가 있습니다."

그가 제시했던 예들로 미루어 볼 때, 맥알리스터는 문자 그대로의 지옥을 믿고 있음이 분명했으며, 학생들에게 지옥은 어두운 곳 -빛이 전혀 없는- 이라고 주저하지 않고 말했다. 맥알리스터에 따르면 천국 역시 실재하는 곳이며 -자유주의자들이 말하는 것처럼 단순히 희망의 상징이 아니라- 그곳을 정화하기 위하여 예수는 십자가 위에서 죽으심으로 세상의 죄를 대속하는 것이 필요했다. 그러나 맥알리스터의 근본적인 주장은 천국이나 지옥에 대한 관심이 아니었고, "여러분은 지금 살고 있는 방식에 지치고 싫증나고 있는가?" 하는 것이었다. 그리스도에게 여러분의 삶을 바치는 것이 대안의 길이 된다고 말했다.

이러한 선언과 함께 녹음된 음악이 배경음악으로 연주되기 시작했다; 성인 상담원들이 강당 뒤로 갔다; 그리고 맥알리스터가 기도했다. "주여, 그들에게 앞으로 나올 용기를 주소서." 이어 그는 청소년들에게 말했다: "여러분이 위 속에서 느끼는 것은 오늘 저녁 여러분이 먹은 것이 아닙니다. 그것은 성령입니다. 나오십시오. 지금 거기 앉아 있지 마십시오." 이에 응답하여 거의 50명의 아이들이 강당 앞으로 나왔다. 적어도 그들 중 ¾이 소녀였다. 음악이 계속 연주되었고, 맥알리스터는 "모두 나왔나요? 그렇지 않을 텐데요."라고 말하며 기다렸다. 4~5명의 아이들이, 그리고 다시 5~6명이 일어나 나왔다. 그것은 극적인 순간이었고, 맥알리스터는 "이들에게 박수를 칩시다. 그들은 오늘밤 옳은 결단을 내렸습니다."라고 말하며 끝을 맺었다. 그러자 모든 학생이 음악에 맞춰 손뼉을 치면서, 그리고 분명히 그들의 기독교를 자랑스럽게 느끼면서 "우리 하나님은 놀라우신 하나님이시다"라는 노래를 불렀다.

문화적 적합성

우리가 수행한 인터뷰들을 통해 볼 때 복음주의의 현대적 방식을 포함한 새로운 패러다임 교회들의 문화적 적합성이, 교회를 성장시키고 교인들의 회심 경험을 강화하는 데 중요한 역할을 한다는 것이 분명하다. 추수 십자군 운동에 대하여 말하며 그렉 로리는 이렇게 설명했다: "만일 그들(비신자들)이 내가 설교하는 메시지를 거부하려 한다면 그렇게 하게 하십시오. 그러나 그들이 메시지를 거부하게 할지언정 부차적인 모든 주변적인 것들에 대하여 거부하지는 않게 하십시오." 문화적으로 현대적인 것이 됨으로써 새로운 패러다임 교회들은 비신자들이 어떤 의복 방식이나 기독교와 관계된 의례 때문에 소외감을 느끼게 해서는 안 된다고 본다; 대신에 그들은 차라리 반대가 타협을 거부하는 가르침의 내용 때문이기를 바란다. 다시 말하면 문화적으로 최신의 예배가 의심의 여지없이 사람들로 하여금 새로운 패러다임 교회에 매력을 느끼게 하지만, 회심의 경험은 단순히 기독교의 **형식**(*form*)이 아니라 그 **메시지**(*message*)에 초점을 맞추고 있음을 강조하는 것이 마찬가지로 중요하다.

메시지와 **형식**을 잘못 이해하는 경향에 대한 다소 우스운 표현이 앞에서 언급했던 마약 중독자 크리스에 의해 묘사되었다: "내가 감옥에서 나왔을 때 나는 이렇게 생각했습니다. '자, 이제 나는 머리를 단정하게 자르고 몸도 깨끗이 씻어야지. 왜냐하면 내가 하나님을 기쁘시게 하기 원하기 때문이야.' 나는 당시 옛 삶의 방식에서 벗어나기 위해 무엇이든지 할 작정이었습니다. 머리를 자르고 잘 다듬었습니다. 옷도 잘 차려 입고 이곳에 와서 목사를 만났습니다. 그런데 나는 이 사람이 목사라고 믿어지지 않았습니다. 왜냐하면 그는 하와이 풍의 셔츠에 청바지를 입고 있었고 맨발이었기 때문입니다. 그래서 나는 목사, 설교자를 만나려고 계속 기다렸습니다."

크리스가 말을 이었다. "그리고 빌을 소개받았는데, 뭔가 달랐습니다. 뭔가 다른 것이 빌 때문만은 아니었습니다. 그것은 전에는 결코 경험해 보지 못한, 그러나 간절히 원했던 평화와 사랑이었습니다. 나는 그것을 원했던 것입니다. 그것을 다른 사람들에게도 줄 수 있을 만큼 그것이 삶의 일부가 되기를 원했습니다. 나는 사람들에게서 받는 것에 지쳤습니다. 이제 주기를 원했고, 그것을 원하고 있음을 알았습니다. 그는 결코 나와 함께 기도하지 않았습니다; 빌은 결코 나와 함께 기도하지 않았습니다. 그와 그의 아내 로즈마리는 그냥 나를 아들처럼 사랑했습니다. 나는 결코 그것을 잊을 수 없습니다. 그들이 나에게 해 준 것들이 있습니다: 내게 신발을 사 주었습니다; 나를 데리고 나가서 저녁을 사 주었습니다; 나를 위해 돈을 썼습니다. 나는 그런 일에 익숙하지 못했습니다. 내가 자라났던 환경에서는 만일 누가 그런 일을 해 준다면, 거기에는 무슨 꿍꿍이속이 있었습니다. 그러나 그들이 나를 사랑한다고, 그리고 예수가 나를 사랑한다고 말했다는 사실 이외에는 왜 이 사람들이 나에게 그런 일을 해 주는지 도무지 알 수 없었고, 그것을 결코 이해할 수 없었습니다."

줄여 말하면, 새로운 패러다임 교회의 핵심은 외형적 모양에서의 변화가 아니라, 내적인 변형이다. 우리가 인터뷰한 갈보리교회 교인은 이렇게 말했다: "나는 내가 원하는 방식으로 옷을 입고 교회에 나옵니다. 귀걸이를 한 짝만 하고 나온다 해도 아무도 상관하지 않습니다. 아무도 날 경멸하지 않습니다. 핑크빛 인디언 얼굴 모양이나 머리핀 모양의 귀걸이를 하는 사람들도 있는데, 그것은 그들이 밖에서 그냥 하던 대로입니다; 그들의 관심은 사람의 손을 내미는 데 있습니다." 비신자들에 대해서는 이렇게 하는 것이 좋다고 그는 말했다: "사람들을 있는 그대로 만나고, 그 다음에 그들을 보살피는 겁니다. 그리고 만일 그들의 삶에서 마약이나 알코올 중독 혹은 그 비슷한 것처럼 바뀌어야 할 필요가 있는 일이 있다면, 그 일을 하시는 것은 성령이지 우리가 아닙니다." 그의 최근 경험은 종교적으로 옛날에 배웠던 것과는 대조되는 것이라고 지적했다: "어린 소년이었을 때 나는 감독교회 소속이었는데, 교회에 들어가면 즉시 얼굴에 두려운 표정을 지어야 했습니다. 그것이 불편해서 어렸을 때 교회에 가고 싶지 않았습니다. 거기서 매우 위협적인 분위기를 느꼈습니다. 반면에 갈보리교회는 낯선 종교적 문화가 없는 '중립적 영역'(neutral territory) 같아 보입니다."

이러한 견해는 갈보리교회 교인들에게만 공통된 것이 아니다. 빈야드교회의 한 교인은 왜 직장 동료들을 교회로 초청하는지를 설명했다: "나는 일하면서 어울리고 막말을 하고 맥주를 마시는 것처럼 매우 편한 마음으로 사람들에게 이 교회에 나오라고 청합니다. 나는 그들이 다른 세계, 전적으로 다른 세계에 있다는 느낌을 갖지 않으리라는 것을 알기 때문에, 매우 편한 마음으로 우리 교회에 나오라고 합니다. 그들이 메시지를 들을 때는 다른 세계를 알게 되겠지만, 교회 안으로 들어오면 그들은 즉시 '내가 잘못 온 것 같지는 않아'라고 느낄 것입니다. 한편 나는 그들이 마음을 움직이는 메시지를 받아들이게 될 것이라는 사실을 알고 있습니다."

비슷한 견해가 다른 인터뷰에서도 그대로 드러났다. 호프교회를 처음 방문했을 때의 경험을 한 젊은이가 이렇게 말했다: "나는 멋있다고 생각했습니다. 이 교회에서는 사람들이 정장을 할 필요도 없고, 어떤 식으로 보일 필요도 없으며, 혹은 어떤 일을 말할 필요도 없다고 생각했습니다. 내가 진심으로 받아들여지고 있다고 느꼈으며, 따뜻한 분위기를 느꼈습니다. 그러나 당시 나는 예수를 따르기로 결단할 준비가 되어 있지 않았습니다. 그러나 정말로 긍정적인 경험을 가졌습니다. 그리고 그것이 나를 떠나지 않았습니다." 그는 말을 이었다. "나는 반바지를 입고 교회를 가고 목사님도 반바지를 입는 것이 가능하다고 생각해 본 적이 없었지만, 그것들은 가능한 일이었습니다. 그래서 나를 그런 식으로 끌어들인 것은 교회의 평상적이고 수용적인 분위기였다고 생각합니다."

평상적인 옷차림과 문화적으로 현대적인 음악 자체가 사람들을 예수를 따르게 만드는 작용을 하는 것은 아니다. 반복된 대화를 통해 알게 된 것은 새로운 패러다임 교회에서 만난 사람들은 서로를 보통의 동료나 친구와는 다르다고 느낀다는 사실이다. '**진실한**'이라는 용어는 인간 조건의 커다란 본성인, 자기 방어와 자기중심성이 없어 보이는 기독교인들을 설명하는 한 방식으로 흔히 표현되었다. 새로운 패러다임 교회 교인들은 자신을 '죄인'으로, 하나님의 은총이 필요하며 자족할 수 없는 사람으로 이해한다고들 말한다. 한 회심자는 그가 만난 사람들은 전에 만났던 사람들과는 전혀 다르다고 했다. 그는 이렇게 말했다. "이 사람들에게는 어떤 별다른 것이 있었습니다. 이들은 사랑을 공공연하게 표현하는 사람들이었습니다. 그러나 그것은 과시적인 방식으로 나타나는 것이 아니라 무조건적인 순수한 사랑이었습니다. 이제 나는 그것이 예수의 사랑이었음을 이해합니다." 인터뷰를 했던 다른 사람은 새로운 패러다임 기독교인들에 대한 첫 인상을 이런 식으로 설명했다: "나는 사람들이 진실하다고 느꼈습니다.… 어떤 교회에는 형식만 있습니다. 그 교회들에서 그것이 의도적이거나 의도적이 아닐 수 있습니다. 혹은 당신이 이런 종류의 사람 아니면 저런 종류의 사람으로 쉽게 분류됩니다. 이 교회에 왔을 때, 내가 본 것은 진실한 사람들이었습니다. 그들은 가식이 없었습니다. 그리고 그것은 참으로 신선한 것이었습니다. 거기에는 카드에 서명하거나, 일으켜 세우거나 하는 따위의 부담스러운 압력이 없었습니다. 지도자들은 있는 그대로의 모습으로 하나님을 만날 능력을 나에게 주었습니다. 달리 말하면 하나님은 내가 있는 바로 그곳에서 나를 만나셨습니다."

빛을 찾은 가톨릭교인

전에 가톨릭 신자였던 사람들과의 인터뷰를 통해 새로운 패러다임 교회의, 호소력이 있는 중요한 양상을 알게 되었다. 우리가 실시한 교인 대상 조사에 따르면 새로운 패러다임 교회 교인들의 28%가 가톨릭 신자로 자라났다. 인터뷰에서 이 옛 가톨릭 신자들 중 많은 사람은 자신들이 자라난 종교에 대하여 긍정적이었으며, 거기서 기독교 신앙의 근본적인 진리를 배웠다고 했다. 그러나 -가톨릭 카리스마 운동에 참여했던 사람들을 제외하고는- 아무도 하나님과의 '관계'를 발전시키지 못했다. 종교는 원칙적으로 미사에 참여하고 가정에서 어떤 의례를 준수하는 것에 있다고 말했다. 기도는 형식적이었다; 교리와 신조를 가르쳤으나 성경은 가르치지 않았다; 가톨릭 경험에서 없었던 것은 하나님과의 친밀함이었는데, 그들은 이것을 새로운 패러다임 교회에서 발견했다. 나아가서 때때로 어떤 사람은 이혼, 낙태, 혹은 교회 가르침과는 다른 위반 때문에 교회에서 배척 당하는 느낌을 받았다고 말했다. 이러한 행위들에 대하여 새로운 패러다임 교회가 눈감아 주는 것은 아니지만, 우리가 면접한 가톨릭 신자들은 호프교회, 갈보리교회, 혹은 빈야드교회에서 예배드리기 시작했을 때, 자신이 정죄당한다는 느낌을 받지 않았다고 진술했다.

하와이에서 새로 생겨 급성장하는 한 호프교회 목사인 존 호날드(John Honald)는 이러한 회심자들의 특징을 다소 극적인 형식으로 설명한다. 그는 하와이에 있는 가톨릭 교구 학교에서 자랐다. 성당의 복사(服事: altar boy)로서 뿐만 아니라 학급의 반장으로, 그리고 나중에는 교구 학교의 학생회장으로 봉사했다. 종교는 그 경험의 의미 있는 부분이었다. 그는 우리에게 말했다. "나는 많은 시간을 가톨릭 신부들과 보냈습니다. 이것이 가톨릭 학교에서 많은 시간을 보낼 때 거쳐 가야 하는, 그리고 신부가 될 생각을 하는 아이들에게 일종의 규범이라고 생각했습니다. 어린 시절부터 교회의 **장엄함**에 항상 놀랐고, 보다 나은 말로 표현하면 그것에 일종의 경외감을 가졌습니다." 해변에서 하루를 보낸 후 존은 성당으로 들어가곤 했다. "그곳으로 슬며시 들어간 나는 예수의 십자가를 바라보았습니다. 가톨릭교회에서는 하나님이 계신 거처 안에는 작은 초가 켜져 있다고 배웠기 때문에 항상 그것을 확인했습니다."

존이 고등학교 시절에는 신부가 될 것을 진지하게 고려했으나, "학교에서 여학생들을 좋아했기 때문에 신부의 꿈을 접었다!" 그는 다양한 수련회를 포함하여 성당과 관련된 활동들에 계속 참여했다. 그러나 그의 삶은 성당의 가르침과 일치하지 않았다. 고3 생활은 성공적이지 못했고 졸업 후 주교의 도움으로 캘리포니아에 있는 한 사립 가톨릭 학교인 산타클라라 대학으로 진학했다. 존은 대학에서의 2년에 대하여 이렇게 말했다. "나는 대학 대항 보트 경기 선수로 활동했고, 맥주를 많이 마셨으며, 수많은 여학생들과 놀아났습니다. 아마 2년간 세 과목만 학점을 받았던 것으로 생각됩니다." 그러나 거기서 그는 자신에게 주저하며 증언했던, '거듭난' 한 기독교인(실제로 혈통은 유대인)을 만났다.

존은 이렇게 말했다 : "나는 학교에서 쫓겨나게 되었음을 알았습니다. 그때는 새벽 1시였고, 캠퍼스를 거닐었습니다. 기숙사 계단을 걷고 있었습니다. 그(거듭난 친구)가 계단에서 나를 보더니 매우 극적으로 말했습니다. '하나님이 여기서 너를 만나라고 나에게 말씀하셨어. 나는 너와 하나님과의 관계에 대하여 얘기를 해야만 해.' 그래서 우리는 같이 내 방으로 들어갔습니다. 내가 '너는 내가 가지고 있지 못한, 예수와의 어떤 관계를 가지고 있군.' 하자 그는 말했습니다. '너는 그분을 초청해야 해. 그가 네 가슴 안으로 들어오도록 그에게 간청해야 해. 그리고 그를 너의 주, 너의 구세주로 받아들여야만 해.' 나는 그렇게 했습니다. 우리는 함께 기도했습니다. 내가 기억하는 것은 우리가 손을 맞잡고 있었다는 것, 누구와도 이러한 일을 경험한 적이 없었다는 것, 그러나 내가 주님을 받아들였을 때, 방에는 밝은 빛과 같은 어떤 것이 있었다는 것입니다. 나는 깨닫지 못했지만 성서는 말합니다. '많은 것이 주어진 사람에겐 많은 것이 요구된다.' 나는 돌이켜 보았습니다. '하나님이 나를 일으켜 세웠습니다. 왜냐하면 그는 나를 위한 계획을 가지고 계셨고, 나를 이곳으로 극적으로 인도하셨기 때문입니다.'"

하와이로 돌아왔을 때 존은 중생의 체험에 대하여 말하려고 주교를 찾아갔다: "그가 말했습니다. '글쎄, 자네에게 그런 일은 필요 없네. 성당으로 돌아오게.' 그들은 나에게 청소년 집단을 맡으라는 책임을 부여했습니다. 그러나 나는 여기서 고등학생들과 술을 마셨고, 그들 가운데 얼마를 데리고 나가 끔찍한 일을 저질렀습니다. 끔찍한 일이란 내가 그들과 성관계를 하고 별난 짓을 한 것이었습니다."

그러나 존의 양심이 그를 괴롭혔다. 그래서 이런 생각을 하게 되었다: '나는 이제 주님을 모시고 있다. 그러므로 이러한 믿을 수 없는 죄를 더 이상 지어서는 안 된다.' 얼마 후 본토에서 만났던 한 젊은 여성의 추천으로 호프교회 -하와이에서 불과 3주 전에 시작된 교회-에 나갔다. 랄프 무어는 존이 성경공부 모임을 시작했을 때, 즉각적으로 그의 잠재적인 지도력을 간파했다. 그 모임은 어떤 학교에 있는 나무 아래서 모였는데, 학기가 끝날 때는 45명으로 참석자가 늘어났다. 5개월 후 무어는 그를 데려다 독신자들을 대상으로 한, 교회 사역자로 삼았다.

전에는 가톨릭 신자였던 다른 사람들도 비슷한 이야기를 우리에게 들려주었다. 전형적으로 그들은 거듭난 기독교인이 된 누군가를 만났다. 흔히 그들은 성당에 나가기를 그만 두었지만, 거듭난 경험을 한 사람들이 예수와 관계성을 가지고 있다는 주장에 대하여는 매력을 느꼈다. 그 후 그들은 그들의 관심을 끌었던 예배나 모임에 참여했는데, 부분적으로는 예배가 전에 경험했던 것과는 사뭇 달랐기 때문이다. 어떤 사람은 이렇게 말했다. "가톨릭교회에서 우리는 예수가 하나님의 아들이라는 것, 그가 우리 죄를 대신해서 십자가에서 돌아가셨다는 것, 그가 우리에게 천국에 이르고 구원을 얻도록 하는 길을 열어 주셨다는 것 등 예수가 누구인지를 배웠습니다. 그러나 그가 누구인지를 아는 데 있어서, 가톨릭교회는 우리가 그를 알 수 있다는 것은 결코 가르치지 않았습니다." 옛 가톨릭 신자들이 위계서열적이고 의례지향적인 교회에서의 초기 경험과, 비공식적이고 영적으로 대중적인 새로운 패러다임 교회에서의 현재 경험 사이의 특징적인 차이로 지적하는 것은 하나님과의 이러한 '친밀한 관계성'이다.

회심의 경험

회심은 새로운 패러다임 교회 참여자들에게는 하나의 규범적인 경험이다. 교인들 대상의 우리 조사에서는 93%의 응답자가 '거듭남'을 경험했다는 확신을 가졌고, 5%는 그러한 경험이 있었던 것으로 생각한다고 했다. 나이에 따라서는 회심의 경험을 가장 많이 한 것은 16~20세 연령층이었고, 성인 중 절반 이상이 '거듭났다'고 말했다.[2] 인터뷰를 통해 회심 경험을 분석해 보면 여러 가지 형태가 보인다. 그러나 우리에게 제공된 조사 결과에서는 거듭남의 경험에 대한 수백 가지의 설명을 볼 수 있다.

새로운 삶에 대한 갈망

앞에서 들었던 예들이 말해 주듯이 회심은 결코 진공상태에서 일어나는 것이 아니다; 거기에는 항상 선행적인 요인들이 있다. 회심에 대한 심리학자들이나 사회학자들의 많은 분석에서는 회심 경험의 효력을 회심에 선행하는 **요구**(needs)로 설명하고-마치 그 사건의 근원이 모든 것을 설명해 줄 수 있을 것 같이- 있다.[3] 회심자들이 그들의 회심 경험을 설명할 때 문제가 되는 것은, 정확하게 새로운 삶에 대한 그들의 요구와 갈망이다. 회심자에게 '갈급하다는' 것은 회심에 대한 합리적 근거이지, 박탈 이론가들이 주장하는 것처럼 그것을 무시할 이유는 아니다.

실제로 회심자들은 회심 이전 삶에 대하여는 매우 분석적으로 설명하는 경향이 있다. 어떤 경우에는 일련의 사건들이 그들로 하여금 삶의 방식에 의문을 제기하게 했다. 예를 들어 한 사람은 부모의 이혼이 그에게 커다란 어려움을 주었다고 말했다. 부모가 이혼한 지 얼마 안 되어 어머니가 죽었다. 그 후 징집되어 베트남에 가게 되었는데, 그곳에서 대대원 중 여러 명이 전사했다. 군 복무중 여자 친구에게서 헤어지자는 편지를 받았다. 요약하면 그는 죽음의 문제로 충격을 받았고 관계 유지에 실패했으며 결국 불안정을 경험했다.

때로는 선행적인 요인들의 순서가 일상적인 것일 수 있으나, 그럼에도 불구하고 그것이 회심자에게는 똑같이 중요하다. 예를 들어 한 갈보리교회 교인은 우리에게 어떻게 그의 삶이 통제 불능인 것처럼 느껴졌는지 말했다: 그는 결혼했고 어린 아이들이 생겨났다. 그러나 매일 저녁 술을 마셨고, 주말에는 주기적으로 바람을 피웠으며, 무책임한 생활을 했다. 그는 "내면에서 나는 내가 정말 비열한 놈이라는 것을 알았지요."라고 말했다. 전환점은 그의 아내가 바람을 피웠을 때 생겨났다. 그는 그녀에게 폭행을 가했으며, 자신과 가족 전체를 죽여 버릴 생각까지 했다.

여러 사람들이 오락 삼아 마약을 하기 시작했고, 얼마 동안 그것을 즐겼다. 그러나 어떤 시점에서 그들은 마약을 하는 것이 그들의 삶을 파괴한다는 것을 깨닫고, 근본적인 변화를 겪게 되었다. 얼마의 사람들은 자신의 힘만으로는 할 수 없는 일을 하도록 돕는 마약 재활 프로그램에 참여했다. 그러나 다른 사람들은 단순히 그들이 어쩔 수 없고, 스스로는 할 수 없으며 도움이 필요함을 깨달았다.

그러나 보다 전형적인 경우는 직업, 배우자, 자녀들을 모두 가진 기능적인 사람들이지만 삶이 "공허하다"-내가 자주 들었던 용어다-고 느꼈다고 말하는 이들이었다. 모든 경우에 있어 개인의 배경이나 최근의 삶에서 문제라고 이야기하는 것들의 얼마를 다음과 같이 요약할 수 있다: 부모의 이혼, 낙태에 대한 죄책감, 사랑하는 사람의 죽음이나 치명적 질병, 갑자기 신뢰가 깨어져 버린 우정, 파경에 이른 결혼생활. 이것들은 현대인의 삶의 모습-우리의 표본에서만 독특하게 나타나는 것이 아닌-으로 비쳐질 수도 있다.

촉발 사건들

회심에 이르는 경로는 고독한 종교적 탐구에서 거대한 집단 십자군 운동에 이르기까지 다양하다. 마이크 사소에게는 그 촉발 사건(trigger event)이 전혀 낯선 어떤 사람(전도하는 데 실패했다고 느꼈을지도 모르는)의 우연한 방문이었다; 그러나 그 사람이 남겼던 쪽복음이 마이크의 삶에서 전환점이 되었다. 빌 골라틴과 앞에서 인용한 여러 다른 인물들은 스스로 성경을 읽기 시작했고, 나중에야 종교 공동체에 참여했다. 그러나 우리는 그들 중 종교적인 대안을 비교하는 논리적 과정을 통해 지속적으로 지성적 탐구를 하며 계시적 경험을 했던 사람들을 발견할 수는 없었다. 분명히 철학적으로 관계된 그러한 회심도 일어났지만-이들은 대부분 경험에 대하여 책을 출판하는 경향이 있다- 다른 세계 종교들에 대한 기독교의 우월성에 대하여 지성적으로 판단하는 사람은 우리가 인터뷰한 사람들 중에는 드물었다. 내가 말하는 것은 기독교적 상징들이 대부분의 미국 사람들에게는 축적된 경험의 일부이기 때문에, 삶의 방식을 바꾸려는 강한 열망이 있을 때 -적절한 촉발 사건을 수반하여- 사람들은 그들 존재의 의미를 해석하는 지침으로 손쉽게 기독교 이야기를 붙잡는다는 사실이다.

문화적 배경의 영향은 회심을 촉발하는 우연한 사건에서 보일 수 있다. 만일 누가 직장 동료에게 "마리화나를 피우고 싶니?"라고 물어보았을 때, 그가 "아니, 나는 예수에 취해 있어."라고 대답한다면 당황스러울 것이다. 만일 회심할 가능성이 있는 사람이 그러한 대답을 해석할 수 있는 기독교적 이해의 여지를 가지지 않았다면, 그 말이 회심을 촉발하는 결정적 동기가 되지는 않을 것이다.

어떤 사람들에게는 촉발 사건이 순간적인 만남이 아니라, 배우자나 부모와 같은 개인과의 지속적인 관계였다. 여러 사람들이 남편이나 아내가 중생의 체험을 했는데, 그들은 그것이 또 하나의 이상한 경험인지, 혹은 그에게 삶의 변화가 일어나는지 주목했다고 말했다. 변화된 형태의 행동이 지속되었다면 -특히 마약을 끊음- 그들은 배우자가 다니는 교회에 대하여 알아보려고 결심했다.

내가 인터뷰한 회심자들 중에는 우연히 교회에 갔다가 -아마 무엇인가를 찾으려고- 거기서 발견한 것에 대해 놀랐다고 말하는 사람들도 있었다. 한 사람은 '예수께 미친 사람들'과 논쟁하려고 손에 포도주병을 들고 성경공부 모임에 가곤 했다고 말했다. 그는 그들이 말하는 것에는 특별히 확신을 갖지 못했지만, '그들은 가르치는 대로 실제로 살아간다'는 사실에 감동을 받았다고 말했다. 어떤 사람은 전혀 기대하지 않고 한 오순절 계통의 교회를 방문했다고 말했다. 교회를 방문하는 동안 여러 사람들이 그를 껴안고 "당신을 사랑합니다."라고 말했다. 이러한 애정표현을 접한 것에 대하여 그는 이렇게 말했다. "그러한 애정표현은 내 부모님도 하지 않았던 것이었어요."

마지막으로, 여러 사람들이 회심 경험 전의 계시적 순간에 대하여 설명했다. 여러 어린 자녀를 두고도 혼외정사를 했던 한 여인은 바람을 피우다 임신한 것을 알고 낙태 수술을 받으며 갑자기 그녀의 삶이 근본적으로 바뀌어야 할 필요가 있음을 깨닫고, 집에 돌아와 최근에 회심했던 남편에게 교회에 같이 가 줄 수 있느냐고 물었다고 고백했다. 다른 회심자는 한 술집에서 벌어진 싸움에서 어떤 취객에게 얼굴을 얻어맞고는 갑자기, 색다른 세계를 보여주겠다며 그를 그곳으로 데리고 왔던 친구의 우정에 회의를 느끼게 되었다고 말했다.

이러한 촉발 사건들-그것이 낙태의 경험이든 우연히 교회를 방문하게 된 일이든 혹은 우연한 대화이든-은 만일 그 사람이 전에 이미 자신의 삶의 방식을 바꾸려는 생각을 갖지 않았다면, 회심을 유발하지 않았을 것이다. 인간적인 필요라는 동기 이외에도 그 사람은 회심 이전에, 기독교의 진리에 관한 지성적인 토론이라는 것 없이도 이미 기독교적 관념에 대하여 받아들일 준비가 되어 있었다. 결과적으로 회심은 흔히 사소한 것일 수도 있는 사건이나 경험에서 생겨났다.

전환점

회심에 대한 신학적 설명은 대개 중생의 체험은 순간적이라고 한다: 한순간 개인이 '죄인'임을 느끼고, 다음 순간 '구원받았다'고 느낀다는 것이다. 그러나 우리의 인터뷰 결과는 다소 다른 과정을 보여준다. 물론 얼마의 사람들은 경험의 극적인 순간에 대하여 말하지만, 대부분은 개인의 '의지'와 계획이 변화되는 오랜 과정에 대하여 지적한다.

그럼에도 불구하고 많은 회심자들이 성격의 변화과정이 시작된 '전환점'(turning point)에 대하여 말한다. 전형적으로 이것은 기도인데, 흔히 그것은 누가 가르쳐 준 것이 아니다. 기도 중에 그 사람은 그의 인생이 실패라고, 존재에 대한 스스로의 접근 방식이 쓸모없는 것이라고, 그리고 도움이 필요하다고 고백한다. 때로는 이 기도가 '죄인의 기도'와 같은 기도문 소책자를 이용하지만, 흔하게는 기도가 '아무 것도 없이 그냥 시작하는' 것이기도 하다. 이 기도는 도움을 간청하고, 실패를 인정하며, 자기중심의 삶이 아니라 하나님

중심의 삶을 살고자 하는 갈망을 말하는 것이다.

'고양된 상태로' 혹은 흥분된 상태로 기도했다는 여러 사람들은 즉각적으로 -그들의 견해에 따르면 다소 기적적으로- 마음이 편안해졌다고 진술했다. 예를 들면 한 사람은 이렇게 말했다. "내가 그것(죄인의 기도)을 하자 나는 곧 마약을 끊게 되었는데, 참 이상한 일이었습니다. 도대체 무슨 일이 일어난 것이었을까요? 나는 내 영혼이 들려져서 깨끗해졌음을 느꼈습니다. 그리고 계속 느꼈습니다. '세상에, 이런 일도 있구나.'" 그는 집에 돌아와 모든 마약을 변기에 버렸다; 그의 아내는 그가 '돌았다'고 생각했다고 한다.

다른 사람들은 구제와 안도감이 뒤섞인 느낌에 대한 반응으로 감정이 상당히 표출되었다고 -흔히 우는 방식으로- 말한다. 한 사람은 그것을 이렇게 표현했다: "나는 홀가분하다고, 육체적으로 홀가분하다고 느꼈습니다. 나는 울고 흐느꼈습니다.… 과거 죄의 짐이 내게서 떠나갔다는 것과 같은 느낌이었습니다." 전환점이 된 이 경험은 전형적으로 순화되는 순간(나중에는 용서라는 말로 표현되는)을 포함하는데, 그때 새로운 회심자들은 삶의 실패에서 해방되어 하나님께 자신을 굴복하는 것이 다른 미래를 가져올 것이라는 희망을 갖게 -때로는 환상을 보는 중에- 되었다.

회심을 다룬 어떤 문헌들에 따르면, 그 경험은 성격 변화의 어려운 과정 없이 세계관을 바꾸는 것과 같은, 다소 단순한 형태로 이루어진다.[4] 우리의 인터뷰 결과도 믿음의 변화는 회심의 한 양상일 뿐임을 보여준다. 참된 전환점은 자신의 의지를 포기하는 -개인적 지위와 쾌락을 추구하는 자기중심의 삶에서 하나님 중심으로 삶으로 돌아서는- 결단이다. 이 전환점에서 하나님께 자신을 맡기는 데 있어 개인에게 무엇이 관계되었는지는 분명하지 않았다. 실제로 그러한 경험을 한 후에 성경을 읽으려는, 거의 광적인 열망은 아마도 하나님 중심의 삶으로 인도한다는 것이 무엇을 의미하는지를 알려고 하는 시도로 가장 잘 이해할 수 있다. 요약하면 믿음과 이론은 심오한 종교적 경험에 선행하기보다는 뒤따르는 것 같아 보인다.

회심 후의 삶의 방식

우리가 보았듯이 회심경험을 촉발하는 회전축 역할을 하는 즉각적인 일들은 흔하지 않으며 우연적이다. 그러나 회심은 특수한 전환점 경험을 넘어서는 하나의 긴 과정이다. 이 회심 경험으로 시작된 성격 변화는 흔히 이런 저런 종교 공동체 안에서 이루어진다. 스스로 종교적 회심을 한 사람들은 흔히 그들의 경험을 이해할 수 있고, 그들이 편하게 느끼는 공동체를 찾아 이 교회에서 저 교회로 떠돌아다녔다고 말했다. 놀랄 일은 아니지만 이들은 흔히 주류 교회에 한두 번은 나가본 적이 있었다. 히피들과 마약 전력이 있던 사람들은 공식적이고 잘 차려 입은 환경에서는 환영받지 못한다는 느낌을 받았다고 진술했다. 보다 주류 사회의 삶의 방식을 가진 사람들은, 자유주의적인 주류 교회에서는 회심의 경험을 할 수 없음을 발견했다. 이 사람들이 자신을 받아들이고 자신의 경험을 인정하는 공동체를 처음 발견한 것은 흔히 성령강림운동의, 그리고 카리스마운동의 교회에서였다.

회심으로의 여정이 어떤 것이든 간에 다음 과정이 전형적으로 새로운 신자들에게 벌어진다. 성경이 세계를 보는 규범적인 장치가 된다. 새로운 회심자들은 흔히 성서적인 이야기나 사례에 깊이 빠져든다. 그리고 몇 개월 이내에 이 상징적 형태를 모든 일상적 경험과 결부시킨다. 대부분의 회심자들이 가정에서 하는 성경공부 모임에 참여하며, 그곳에서 비슷한 생각을 가진 사람들과의 새로운 우정이 흔히 그들의 회심 전 사회적 그물망을 보완하거나 대체한다.

이러한 종교문화 이식 경험의 중심에는 자기 지향적 삶에서 하나님 지향적 삶으로 초점을 바꾸는 급격한 변화가 있다. 이렇게 자신의 '가치 중심'의 초점을 다시 맞추는 것은 성령의 지시나 인도를 수용하는 것으로 가장 잘 이해된다. 어떤 경우든 회심자들 중 많은 이들이 자기-성취에 대한 심리학적 문헌에서 전형적으로 이해되는 것으로서의 '자아'(self)를 결정적으로 내세우지 않음을 보여준다. 대신 모델은 **봉사직**(*servanthood*)이라는 것이다. 실천적인 측면에서 보면 개인적인 훈련과 책임성(특히 가족에 대한)을 대단히 강조한다.

실제로 제자직(discipleship)과 책임(accountability)이라는 말을 이 운동에서는 자주 듣게 된다. 보다 성숙한 기독교인은 새로운 회심자를 **양육**하며, 영적 스승이나 가정 친교 집단의 **책임**은 현대 미국 사회의 개인주의적 윤리를 극복하게 하는 것이다. 회심 이전의 상태를 특징짓는 혼란과 공허의 느낌은, 회심 후 삶의 방식에 있어서의 질서와 규범적 요구로 대체된다. 멤버가 되는 자격에 대한 이러한 인상이 외부인들에게는 강압적인 것으로 보일지 몰라도, 실제적인 경험은 매우 다르다. 이 운동은 규율 지향적이라는 전형적인 근본주의 의미에서처럼 율법적인 것이 아니다. 그것은 자발성, 문화적 현대성, 그리고 조직 형태의 일상화에 도전하는 '영적 인도'를 지속적으로 강조한다.

회심에 대한 해석

서술한 것과 같은 회심 설명들을 회의적인 종교철학자뿐만 아니라 회심을 근본주의와 연관시키는 주류 교회 사람들이 -때로는 훨씬 더 철저하게- 자주 간과한다. 종교 진영 안팎에서의 이러한 비판의 공통된 가정은, 회심은 도피적이고 감정적으로 조종된 경험이라는 것이다.5) "거듭난다"는 것이 정치적으로나 지성적으로 정확한 개념이 아니라는 것이다. 회심에 관한 학구적인 문헌 중 많은 것이 회심을 문화적 긴장, 사회적 박탈감, 사회적 영향, 유아기 정신적 충격의 해소에 관한 이론들과 관계시키면서 개념을 설명한다. 회심 경험을 외부적, 사회적 혹은 문화적 요인들-특히 사회변동과 관계된 작용-이나 혹은 의미체계를 채택하거나 구성하려는 개인들의 '요구'라는 용어로 설명함으로써 그 경험의 진정성을 공격한다. 그러나 문헌들이 간과하는 것은 회심 경험에 대한 회심자 자신의 해석이다.

이미 지적했듯이 윌리엄 제임스는 많은 학자들의 환원론에 대한 가치 있는 반대 견해를 제공한다. 『종교 경험의 다양성』의 서두에서 그는 예를 들어 사도 바울이 다메섹 도상에서 본 환상을 간질병의 증상으로 환원시키는 '의학적 유물론'(medical materialism)의 경향을 반박한다.6) 제임스는 회심의 '근원'(roots)보다 그것의 '열매'(fruits)에 훨씬 더 관심을 가지고 있다. 내 생각으로는 제임스의 실용주의적 접근방법을 취함으로써 우리는 새로운 패러다임 교회의 많은 교인들이 회심과 결부시키는 그 '전환점'의 결과로 생산적인 삶을 산다는 점을 평가할 수 있다.

회심은 인간 경험에서 보다 심오한 어떤 것에 대한 탐구로서 생겨난다. '종교적 결단'을 인간 본성에서 근본적인 것으로 가정하든, 아니면 회심이 문제와 부적격성에 둘러싸인 유한한 인간 존재가 초자연적 존재를 추구하는 것을 반영하는 것이든, 회심에 대한 우리의 조사는 그것이 육체적 생존과 감각적인 성취를 넘어서는 어떤 것에 대한 탐구를 나타내는 것임을 알아냈다. 보다 극단적인 사례에서는 회심이 분명히 인간 의식의 높은 수준에서 생겨나는, 그래서 주의 깊은 탐구가 필요한 환상이나 경험을 수반한다.

우리가 인터뷰했던 이들 중 많은 사람들이, 회심을 경험한 결과로 하나님이나 예수와 '관계'를 가졌다고 했다. 예수나 하나님이 사람과 관계를 가질 수 있는 어떤 존재론적 실체로서 존재하는지의 여부는 여기에서 논의될 문제는 아니다; 그러나 빌 골라틴, 마이크 사소, 그리고 크리스 버튼과 같은 새로운 패러다임 기독교인들이 그들의 삶을 변화시켰던 누구 혹은 무엇과 친밀하고 기능적인 관계를 발전시켰다는 것은 의심의 여지가 없다. 그들이 예수 혹은 하나님이라고 부르는 존재가 그들 자신의 한 요소(그들이 심리적으로 투사하고, 그 후에 관계성을 확립한)일 가능성이 있다. 그리고 그들이 되풀이하여 '성령'이라고 부르는 것이 단순히 그들을 육체적 쾌락을 추구하는 것이 아니라 존재의 보다 높은 상태로 부르는 깊은 양심의 소리일 가능성도 있다. 그러나 중요한 것은 바로 그 경험이다. 그 용어가 기독교 전통에서 유래한 말(예를 들면, '거듭남'이나 '성령으로 충만함')로 표현되든, 혹은 희랍 신화에서 얻어다가 사회과학자들이 덧입힌 용어로 표현되든 이것은 중요한 일이 아니다.

회심과 교회성장

　회심 경험이 새로운 패러다임 교회의 성장에서 하나의 중요한 요인이기는 하지만, 그것에 대한 완전한 설명은 되지 못한다. 조사에서는 교인들의 37%가 갈보리교회, 빈야드교회, 혹은 호프교회에서 회심을 경험했다고 했다. 10명 중 6명은 다른 곳에서 회심 경험을 한 후 나중에 세 새로운 패러다임 교회 중 하나에 참여하게 되었는데, 이것은 아마도 그 교회들의 예배 형식과 교회 안의 공동체 생활에 끌렸기 때문일 것이다.

　회심이 어떤 의미를 가지든 새로운 패러다임 교회 안에서는 그것이, 개인이 하나님과 '인격적 관계'를 갖는 것을 나타낸다. 비록 회심이라는 용어가 대부분의 근본주의적이고 복음주의적인 교회에서는 규범적인 의미를 가지지만, 많은 자유주의적인 개신교와 가톨릭교회에서는 그것이 같은 정도로 강조되지는 않는다. 여기서 우리는 조사 대상 교인들 가운데 $1/4$ 이상이 가톨릭 출신이었고, 10% 이상이 자유주의 개신교 교단에서 자랐다는 점에 주목할 필요가 있다. 다른 13%는 젊었을 때 교회에 다니지 않았고, 따라서 아마도 회심이라는 것에 익숙하지 않았을 것이다. 대조적으로 $1/3$ 정도의 응답자만이 회심이란 용어에 친숙한 근본주의 혹은 복음주의 배경을 가지고 있었다.

　또한 우리의 조사는 회심을 경험하기 전에는 많은 사람들이 새로운 패러다임 교회 교인들이 가진 가치와 어울리지 않는 삶의 방식을 추구했음을 밝혀냈다. 예를 들면 응답자의 $1/4$이 과거에 마리화나 혹은 마약을 자주 상용했다고 말했다. 비슷한 숫자가 과거에 자주 과음했다고 말했다. 그리고 $1/3$이 과거에 혼외정사를 많이 했다고 말했다. 흥미롭게도 회심 전에는 새로운 패러다임 교회의 목회자들이 교인들보다 더 자주 그러한 행동을 했다고 말했다. 따라서 왜 이 목회자들이 삶을 바꾸고자 하는 사람들과 그렇게 잘 통할 수 있는지 이해할 만하다.

만일 회심처럼 개인적인 일에 시장적 분석을 적용해도 좋다면 여러 가지를 지적할 수 있겠다.[7] 첫째로, 교회가 회심의 효율성을 인정하지 않고, 회심의 동기를 부여하는 환경을 규칙적으로 제공하지 못한다면, 회심은 일어나지 않을 것이다. 이것은 자명한 일인 것처럼 보이겠지만, 주류 교회는 '거듭남'의 경험을 인정하지 않는 한, 회심을 통하여 성장하지 못할 것이다; 만일 그 교회가 성장한다면 그것은 대사회적인 프로그램의 매력, 훌륭한 공식 예배, 혹은 좋은 아이들 프로그램과 같은 다른 이유들 때문일 것이다. 많은 주류 교회와는 대조적으로 새로운 패러다임 교회는 매우 회심-지향적이다; 그들은 사람들이 느끼는 요구에 대한 대답을 가지고 있다고 믿으며, 이 확신은 매우 많은 목회자들이 약물 중독이나 다른 문제들의 전력을 가지고 있다는 사실로 강화될 것이다. 이 목회자들은 그러한 문제적인 삶의 방식을 가지고 있는 사람들의 필요를 직접적으로 이해할 수 있으며, 그들이 가진 문제에 대한 해결을 위해 매우 인간적인 수준에서 의사소통 할 수 있는 어휘를 가지고 있다.

둘째로, 사람들이 회심에 의해 촉발된 변화를 추구할 수 있는 종교 단체를 찾을 때, 그들은 자신들과 문화적으로 비슷한 공동체로 나가게 된다. 베이비붐 세대와 20대 세대는 아마도 예를 들어 음악에서도 분명히 드러나는 것처럼, 다른 시대의 특징을 보이는 매우 일상화되고 관료적인 종교를 찾지는 않을 것이다. 종교적 경제라는 입장에서 보면 갈보리교회, 빈야드교회, 호프교회, 그리고 비슷한 새로운 패러다임 교회들은, 문화적 변화에 느리게 적응해 왔던 전통적인 종교조직보다 많은 사람들에게 매력을 줄 것이다.

셋째로, 회심자들은 삶의 변화-실제로 그것이 그들이 찾는 것이라면-의 과제를 철저하게 수행하는 종교 제도에 대하여 지속적으로 충성할 것이다. 그러나 그들은 세계의 다른 영역에 있는 사회문제와 같은 사회적 주제를 추구하는 종교제도에 대해서는 충성심을 별로 갖지 못할 것이다. 새로운 패러다임 교회는 아무리 그들의 음악과 조직구조가 느슨하고 현대적이라 하더라도, '높은 요구'를 가지고 있는 제도다. 새로운 패러다임 교회는 삶을 바꾸려는 강한 도전을 진지하게 생각하는 사람들에게 가르치고 책임지는 구조를 제공한다.

요약하자면, 시장 용어를 사용해 볼 때, 새로운 패러다임 교회의 성장은 여러 요인들에 기인한다. 그 교회들은 전에는 소비자가 아니었던 사람(예를 들면 믿지 않는 사람이나 그 교회에 소속되지 않은 사람)에게 매력을 줌으로써 새로운 시장 고객을 확보해 왔다. 또한 그 교회들은 다른 종교 시장(예를 들면 가톨릭이나 자유주의 개신교)-결정적인 회심과 자기 변화 구조를(적어도 명시적으로는) 제공하지 않는 시장- 사람에게도 매력을 줄 수 있다. 나아가서 그 교회들은 예배와 조직 형태 등에서 문화적으로 시대에 뒤떨어지는 다른 회심지향 집단(예를 들면 성령강림운동의, 그리고 다양한 복음주의적이고 근본주의적인 교회들)의 교인에게도 매력을 줄 수 있다. 이러한 모든 고객을 위하여 그 교회들은 자기 변화의 지속적인 과정 중에서 매 주일 그들을 양육함으로써 그들에게 소비자로서의 충성심을 갖게 한다.

4장

합리성을 넘어
성스러움을 향한 민주적 접근

자력으로 성공한 작곡가 | 교회운동의 전달자 | 노래·가르침·기도 | 주를 찬미함 |
찬양 경험에 대한 해석 | 성령의 은사

4장

합리성을 넘어

성스러움을 향한 민주적 접근

　새로운 패러다임 교회 건물 중 첨탑을 가진 경우는 거의 없다. 그 교회들은 흔히 개조된 창고, 옛 식품가게, 쇼핑센터 구역에 세 들고 있는 상점, 빌린 학교 강당, 혹은 공공 회의실 등을 예배 장소로 이용한다. 예배 공간에는 상징물이 없다. 예외가 있다면 갈보리교회에서 발견되는 비둘기의 추상적 상징물이 있을 뿐이다. 채색된 유리 상징물, 종교적 성인들의 형상, 초, 그리고 성상(聖像)들은 모두 일상화(routinization) 과정을 겪어 온 교회의 산물들이다; 그러한 상징들은 현대적인 종교 경험과 대비되는 것으로 과거 종교 역사의 성스러운 순간을 보여준다.

　새로운 패러다임 교인들은 성스러움(the sacred)에 신학적 교육이나 훈련에 관계없이 모두가 접근하게 함으로써 그것을 민주화했다. 결과적으로 새로운 패러다임 목회자들은 조화 있게 편성된 의례 중 종교적 상징들을 내세울 필요가 없다. 오히려 그들은 성스러움의 잔치 식탁에서 함께 식사하기 위해 회중을 초대한다. 그 교회에는 위계질서라는 것이 없다. 사람들 중 유일한 구분은 다양한 기능으로 인한 봉사직의 구분이다; 그리하여 얼마는 목사로, 다른 이들은 집사, 장로 그리고 예언자로 부름 받으나, 모든 사람들이 하나님 앞에서 동등한 지위를 가졌다고 교인들은 믿는다.

　성스러움에 대한 이러한 민주화는 새로운 패러다임 교회에서 부르는 음악에서 가장 분명하게 드러난다. 음악은 대중적인 것으로, 삶의 변화를 경험한 보통 사람들이 만든다. 그리고 그것은 현대적이며 대중문화의 음악적 형식으로 만들어진다. 세속적인 것이든 종교적인 것이든 사회운동은 흔히 음악적 표현에서 급격한 변화를 수반해 왔다. 음악은 문화의 깊은 무의식적 구조를 반영하며, 결과적으로 사회변동 운동의 음악은 일상화된 구조와 부조화를 나타낸다. 운동 음악은 동시에 옛 규범과의 결별을 상징적으로 나타내며, 새로운 방식을 선택하는 사람들을 위한 응집의 근원을 제공한다.

자력으로 성공한 작곡가

음악 양식의 극적인 변화는 제2의 대각성운동 기간에 생겨났다. 1800~1830년 미국의 종교 역사를 분석하면서 역사가 나단 해치(Nathan Hatch)는 이렇게 말한다: "19세기에 접어들면서 권위 있는 찬송가에 무관심하고, 자력으로 성공한 일단의 작곡가들이 단순한 가사를 지어 그것을 감동적인 대중적 곡조에 붙였다." 이 노래들을 위한 음악은 "사랑, 전쟁, 향수, 해적 행위, 강도 행위 그리고 살인 등을 다루는 매우 다양한 세속적 곡조"에서 무차별적으로 빌려왔다고 말한다.[1]

당시 기성 교회들(예를 들면 감독교회, 장로교, 그리고 회중교)은 이러한 종교적 '소곡'(小曲)들을, 존경받는 종교에는 적합하지 않은 저속한 거리 음악으로 보았다. 그러나 물론 이러한 음악적 혁신은 그 시기에 급속히 성장하는 비주류교회 멤버들의 활기찬 종교적 경험을 표현하는 데 실패했던, 전통 찬송가의 따분하고 신학적으로 고민하는 가사에 대한 하나의 저항이었다.

감리교(영국에서 시작된)와 같은 운동은 설교를 통해서 만큼 노래를 통해서도 전파되었다.[2] 존 웨슬리(John Wesley)와 찰스(Charles) 웨슬리 형제가 쓴 찬송가들은 모든 사회계층이 사용하는 일상적 언어를 사용했다. 그리고 1805년까지 35판이나 출판된 그들의 찬송가는 새로운 종교적 가치를 전달하는

데 중요한 역할을 담당했다. 감리교 집회에서는 그 음악이 흔히 교회에서 부르는 찬송가보다 훨씬 더 감정을 표현했는데, 이것은 그 집회에 매력을 느끼는 사람들의 음악적 문화를 반영하는 것이었다. 가사 내용만 아니라면 그 노래들은 술집이나 바에서 부르는 것으로 쉽게 생각할 수도 있을 것이다. 해치가 말한다; "감리교 부흥운동은 즉흥적인 노래, 힘차게 소리 지르기, 자유로운 음악적 열정을, 활기찬 영적 공동체에서 자연스러운 것으로 받아들임으로써 음악에 대한 엘리트적인 엄격성을 없애버렸다.[3]

제2 대각성운동의 복음음악 표현은 조직화된 기성종교의 무기력증에 저항하는 방식의 하나로서 그 시대의 종교음악 전통과 결별하는 것이었다. 이 운동 안에서 개인들이 만든 새로운 음악은 사람들의 일상 경험과 연관시키려고 했다. 해치에 따르면 "성공적인 선율은 외우기 쉽고, 옮겨지기 쉬운 것 - 일하면서도 혹은 운동하면서도 콧노래를 부르거나 휘파람으로 불 수 있는 종류의 것-이었다.[4] 이런 의미에서 그들의 노래는 복잡한 가사와 멜로디를 가지고 있어 들판이나 거리에서 노래하기보다는 성가대가 연주하기에 보다 적합한 찬송가와는 매우 대조적이었다.

이 시기에 생겨난 음악은 대부분 신학자나 교육받은 성직자가 쓴 것이 아니었다. 대신 보통 사람들이 일상적으로 직면하는 문제들을 나타내는 음악을 썼다.[5] 기성 종교인들의 음악적 독점이, 성스러움에 대한 개인적 경험에 직접 의존했던 사람들에 의해 도전을 받았다. 아무리 이러한 노래들이 신학적으로 무장된 사람들에게는 천박해 보인다 하더라도, 그것들은 많은 새로운 회심자들이 경험했던, 성스러움과 일상생활 사이의 일상적 연관성을 반영했다.

비록 제2의 대각성운동이 종교적인 대중음악을 크게 꽃피게 했지만, 그것이 기독교 역사에서 유일한 것은 결코 아니다. 흔히 마르틴 루터의 말을 인용한다: 만일 음악이 신학의 몸종이라면 왜 악마가 모든 좋은 선율을 가져야 하는가?[6] 실제로 루터가 지은 찬송가 중 많은 것들이 저속한 말로 지어졌고,

술집 멜로디로 편곡되기도 했다. 종교개혁 시기에 이 노래들은 교회음악 전통과의 결정적인 결별을 나타냈다. 찰스 웨슬리의 찬송가가 그렇듯이 루터의 노래들도 오늘날에는 전통 종교를 나타내는 것이다. 그렇다면 종교 문화의 매 변화는 새로운 음악을 수반하며, 혁명을 만들어 내고 사회운동의 응집을 돕는 바로 그 노래들도 후에는 폐기되어야 할 기성문화 전통이 될 것이다.

교회운동의 전달자

1960년대 예수 운동이 교회적인 종교 전통과의 철저한 결별을 수반했던 것은 놀랄 일이 아니다. 예수를 발견한 히피들이 그들의 기타를 다시 조율했던 것은 아니다; 그들은 자신의 중생체험의 기쁨과 노력을 나타내는 가사를 쓰기 시작했을 뿐이다. 척 스미스와 같은 목회자의 비상한 재능은 그가 이 히피들을 받아들여 그들의 음악을 교회에서 연주하게 해 주었다는 점이다. 그들이 교회에서 샌들(혹은 맨발이라도)을 신는 것도 용납되었을 뿐만 아니라, 스미스는 이 젊은 회심자들에게 음악 무대를 마련하여 주일 밤 공연과 연주회를 할 수 있게 해 주었다. 청중이 좋아하는 악단은 다시 초청하여 연주하게 했다. 그리고 예수 운동이 확산되기 시작하자 스미스는 이 젊은 예술가들의 음악을 보급하기 위해 마라나타 뮤직(Maranatha Music)이라는 음반 회사를 설립했다.

아무리 척 스미스와 이 운동을 시작한 다른 이들의 성경 지향적인 가르침이 마약 문화에 친숙한 멤버들을 감동시켰다 하더라도, 수만 명의 젊은이들을 끌어 모았던 것은 음악이었다. 음악은 이것이 전과 같은 종교가 아님을 보여 주었다. 사람들은 취했고 -삶에, 사람에, 예수에- 이 메시지는 문화적으로 적절한 음악 안에서 전달되었다. 마셜 맥루한(Marshall McLuhan)의 "매체가 메시지다."라는 유명한 명제는 적어도 부분적으로는 사실이다. 사람들은 자신이 채색 유리창과 파이프 오르간을 가진 종교를 원하지 않고, 그 대신 기타를 치며 예수의 사랑을 노래하는 장발의 히피가 다른 메시지를 전해 준다는 것을 알았다.

처음부터 마라나타 뮤직에 관계했던 척 프롬(Chuck Fromm)에 따르면 가장 힘이 있고 지속적인 노래들은 내면의 깊은 경험을 한 비전문가들이 썼다. 그들 중에는 하나님에 대한 자신의 사랑을 공유하기 원하는 트럭 운전사, 전직 스트립 댄서, 그리고 가정주부도 있다. 그들이 "아버지, 내가 당신을 찬양합니다.", "당신을 먼저 찾습니다.", "당신의 이름을 영광스럽게 합니다."와 같은 노래들을 썼다. 그 운동이 발전하면서 노래는 보다 정교해졌다. 세속적 음반 회사들이 기독교 음악의 시장이 커지고 있음을 알아채고는 보다 재능이 있는 이들과 계약을 했다. 그러나 프롬의 견해에 따르면 청중과 정말로 의사소통이 되었던 사람은 매우 직접적이고 개인적 메시지를 가진 작곡가와 가수였다.

프롬은 마라나타 뮤직을 갈보리운동의 전달자로 묘사한다. 그들의 테이프와 음반은 전국으로, 그리고 전 세계로 보내졌다. 라디오 방송국들이 새로운 음악을 틀기 시작했고, 그것이 청취자를 가졌음을 발견했다. 프롬의 견해에 따르면 모든 사회운동은 자체의 '소리'를 가지며, 예수 운동은 기타와 문화적으로 최신 음률의 특징을 가진다. 젊은이들은 파이프 오르간을 연주하거나 성가대를 이끄는 예수가 아니라, 기타를 연주하는 예수를 연상할 수 있었다. 프롬은 음악의 활력에 따라 사회운동이 얼마나 힘찰 수 있는지 알 수 있다고 믿는다. 만일 한 운동(아니면 한 개체교회)에서 특징적인 소리가 결여되었다면, 그것은 의심의 여지없이 근본적인 수준에서 응집력이 결여된다고 주장한다.

빈야드교회의 핵심적 인물인 케빈 스프링거(Kevin Springer)는 새로운 종교운동의 출현에서 음악의 역할을 강조한 척 프롬의 생각을 뒷받침한다. "여러분이 빈야드교회의 예배음악을 이해하지 못한다면, 여러분은 그 교회를 이해하지 못하는 것입니다."라고 말한다. "아마도 그것(예배 음악)이 빈야드운동의 성장과 발전에서 일등공신일 것입니다. 치유, 책, 테이프보다 더 큰 공헌을 한 것, 그것은 바로 빈야드의 음악입니다. 이것은 사람들이 나에게 말하는 것에 근거한 내 경험입니다. 존 웜버가 사실상 훈련받은 것이 있다면 그것은 음악가로서일 것입니다. 그는 세계로 퍼져나가 다양한 전통을 가진 기독교인 모두를 감동시킬 만한 독특한 색깔의 음악을 발전시킨 사람입니다."

갈보리교회, 빈야드교회, 호프교회의 찬양 인도자들과 인터뷰한 결과 우리는 그들이 서로의 음악에 대하여 알고 있으며, 각자의 차이를 인정하고 있음을 발견했다. 예를 들어 빈야드 음악은 친근하고 예배 지향적으로 보인다; 갈보리 음악은 보다 경쾌하고 찬양 지향적이다. 같은 교회 안에서도 다양한 찬양 밴드를 반영하는, 전형적으로 구분된 양식이 있다. 예를 들면 오전 예배의 찬양 팀 연주는 음색에 있어 -통기타를 활용한- '감미로운' 형식인 반면에, 저녁 예배의 찬양 팀은 -전자기타를 활용한- 록 혹은 재즈 풍으로 연주하는 경향이 있다. 청소년 밴드(예를 들면 고등학생)는 거의 항상 '보다 강하게' 록 음악에 가까운 반면에, 성인 밴드는 1960년대 풍이다. 그리고 때로는 같은 음악이 지역에 따라 다르게 연주되기도 한다. 예를 들면 시카고의 빈야드교회 찬양 인도자는 남가주 캘리포니아 빈야드교회 음악이 그들 취향에는 너무 감미로워서 음악을 보다 강하고, 보다 도시적이며 다소 '무거운' 풍으로 편곡한다고 한다.

그러나 독특한 것은 이 집단들이 끊임없이 새로운 음악을 만든다는 점이다. 주일에 연주되는 음악의 대부분은 대체로 3, 4년 이상 된 것이 드물다. 분명히 이러한 지속적인 혁신이 음악을 신선하고 독특하게 유지시킨다. 많은 교회들은 자체의 소리를 발전시킨다. 왜냐하면 음악의 대부분을 그 교회 멤버들이 만들기 때문이다. 그리하여 우연히 그 음악을 듣는 사람도 교회 음악이 흑인 복음의 음조인지, 혹은 뉴 에이지 양식인지, 아니면 찬양 인도자로 영향을 미쳤던 제임스 테일러(James Taylor)와 같은 특별한 음악가의 흔적인지 알 수 있다.

문화적 유행에 대한 강조에도 불구하고 우리가 인터뷰했던 여러 사람들이 펑크록과 같은 음악 양식을 예배에 도입하는 데서 오는 어려움을 진술했다. 척 스미스와 존 웜버는 똑같이 지난 10년간의 음악을 특징짓는 선정성과 폭력성이 기독교적 가치와 조화를 이루지 못하며, 따라서 젊은 세대와의 사이에 다리를 놓느라고 애쓴다고 말했다. 1960년대 음악은 '메시지'를 전달하는 음악으로서 기독교 정서에 가까웠다. 반면에 MTV 양식의 음악은 기독교 윤리와 무관하게 시각적 표현(흔히 섹스와 폭력에 대한)에 크게 의존한다. 그럼에도 불구하고 인터뷰에서 목회자들은 1990년대의 X세대 문화를 이해하고 그것을 가능한 한 언제나 연관시키려는 열린 마음을 보여 주었다. 예를 들면 한 목회자는 10대 아들의 신앙은 근본주의적인데, 지옥불과 유황불에 대한 설교를 듣는 막간에 '슬램 댄싱'을 하는 바이커 제임스(Biker James)의 교회에 다닌다고 말해 주었다.

얼마의 새로운 패러다임 교회 목회자들은 그들의 음악이 현대적인 특징을 잃어버린다고 염려하기 시작했다. 기독교 밴드들은 너무 기독교 시장에만 지나치게 초점을 맞추지, 믿지 않는 젊은이들을 고려하지 않는다는 것이다. 지난 30년간 기독교 음악은 이미 판에 박힌 것이 되었고, 청중은 주로 믿는 기독교인에 머물고 있다. 덴버에 있는 톰 스팁(Tom Stipe) 같은 목회자에 따르면 이러한 한계는 위험한 것이다. 그래서 그는 세속적인 현장에서 연주하는 밴드를 만들어 내려고 노력한다. 기독교적 상상력이 많이 스며들지 않아 세속적인 클럽에서도 연주할 수 있는 메시지 지향적 음악의 역할이 있다고 믿는다. 그는 앨범들이 노골적인 기독교 노래로 한정되지 않은 아미 그랜트(Amy Grant)와 같은 기독교 음악가에게 동조한다. 기독교인들이 만든 가치 지향적 음악은, 교회가 점차 추수할 수 있다는 생각을 주입하는 데 있어 세속적인 시장 안에서의 분명한 역할을 가지고 있다. 새로운 패러다임 교회에 있는 얼마의 사람들이 세속적인 청중을 위하여 음악을 만드는 반면에, 요즈음 작곡되는 음악의 대부분은 교회의 찬양 순서에서 사용하려는 의도가 있다.

노래 · 가르침 · 기도

어느 빈야드교회에 들어가도 예배 형태는 비슷하다. 예배는 사람들을 하나님의 현존으로 들어오도록 초청하는 간단한 기도로 시작한다. 이어 30~40분 여러 가수와 작은 음악 밴드로 구성된 찬양 팀이 찬양을 부르면서 사람들을 인도한다. 가사는 단순하며, 모두가 볼 수 있도록 스크린이나 벽에 투사된다. 사람들의 손에는 찬송가나 기도서가 없다. 자세는 마음대로며, 영적인 갈망의 태도에 따라 자세가 변하기도 한다. 회중을 돌아보면 어떤 사람들은 팔을 올린 채 서 있고, 다른 이들은 앉아 있다. 어떤 얼굴에서는 눈물이 뺨을 타고 내리고, 다른 얼굴은 밝은 미소를 짓는다. 찬양 시간은 자신의 내면성을 발견하고, 하나님과의 관계를 경험하는 시간이다.

대략 예배 시간의 첫 $1/3$ 내지 $1/2$이 노래에 쓰인다. 다음에 밴드가 무대를 떠나갈 때 안내를 맡은 사람들이 조용히 헌금 바구니를 돌리는데, 여기에는 취주 음악도 없고 흔하게는 헌금에 대한 광고조차 없다. 베이비 붐 세대는 종교와 돈을 연관시키는 것을 싫어한다—그래서 헌금을 걷는 것은 거의 즉석에서 이루어진다. 다음 30~40분에 목사가 성경 구절에 대한 자신의 생각을 전달하는데, 흔히 회중의 관심을 끌기 위한 방법으로 개인적 경험을 말하기도 한다. 가르침의 양식은 딱딱하지 않고, 수사적이지도 않다(그들은 목사가 말씀 전하는 것을 '설교'(preaching)라기 보다는 '가르침'(teaching)으로 받아들이는 경향이 있다. 옮긴이). 이것은 목사와 교인들이 함께 보다 깊은 하나님과의 관계를 향해 나아가는 교회의 모습이다.

빈야드교회에서 가르침의 순서는 기도를 원하는 사람들을 앞으로 나오도록 초청하는 것으로 끝을 맺는다. 이것이 예배의 세 번째, 그리고 마지막 부분이다. 갈보리교회에는 사람들이 구원받도록 앞으로 나오라고 초청하는 극적인 순서가 있지만, 빈야드교회에는 '사역의 시간'(ministry time)이라는 매우 온화하고 돌보는 순서가 있다. '사역 팀'의 멤버인 교회 평신도 하나하나가 기도를 해 달라고 나오는 사람 하나하나를 맡는다. 평신도 사역자는 그 사람이 필요로 하는 것이 무엇인지를 조용하게 묻고는 자신의 손을 그 사람의 어깨에 얹는다(대체로 남자는 남자와, 여자는 여자와 짝을 이룬다). 큰 교회에서는 이러한 쌍이 수십 쌍 형성되는데, 처음에는 앞으로 나온 사람들에게서 시작하여 나중에는 더욱 많은 사람들이 서로를 위해 기도하게 되어 교회 안에 커다란 군집을 이룬다.

예배의 이 세 요소-찬양, 가르침, 기도-는 서로 맞물려 있다. 예배의 노래 혹은 찬양 순서는 개인에게 하나님과의 교제를 연장시키는 시간을 제공하는데, 이때 음악은 일상생활의 방어적 태도를 포기하는 의식 수준으로 들어가게 하는 촉발 수단이 된다. 성스러움과의 환각적인 결합의 느낌은 치유를 필요로 하는 감정이입과 흔히 혼합되어 있다. 전형적으로 세련되지 않고 충분히 이해되지 못한 이러한 느낌이, 예배에서 가르침이 진행되는 동안 모양을 갖추고 해석된다. 그러나 이 감정이 기도 가운데서, 그리고 인간적 접촉을 통해서 분명하게 다루어지는 것은 예배의 세 번째 부분, 즉 사역의 시간(빈야드교회의 경우에서) 동안이다. 어떤 교회에서는 그러한 사역의 시간이, 새로운 회심자들이 "그리스도를 받아들이기" 위해 앞으로 나오는 시간, 그들의 죄 때문에 예수가 십자가에서 돌아가셨다는 말로 그들의 과거를 규정하는 시간, 그리고 상담자가 성서적 가르침에 기초하여 새로운 삶의 방식을 중재하도록 돕는 시간이다.

주를 찬미함

새로운 패러다임 교회 교인들에 따르면 찬양의 목적은 하나님께 대한 사랑, 찬미, 감사를 표현하는 것이다. 빈야드교회 음악은 가사가 흔히 하나의 기도, 혹은 하나님과의 직접적인 의사소통의 형태를 띤다는 점에서 독특하다. 한 찬양인도자는 빈야드교회의 찬양 방법을 주류 교회와 비교하면서 이렇게 강조했다: "우리의 노래는 대부분 하나님에 **대하여**(*about* God) 노래하는 것이 아니라 하나님**께**(*to* God) 노래하는 것입니다." 실제로 빈야드교회 찬양에는 인격적이고 친근한 어떤 것이 있다. 무대 위에 있는 찬양 집단에 초점을 맞추는 것이 아니라, 찬양 팀은 단순히 하나님과의 대화를 위한 매개 수단이지 그 자체가 초점이 아니다.

찬양 인도자들을 인터뷰하면서 우리는 찬양과 관계된 계획을 설명해 달라고 요청했다. 그들은 많은 큰 교회들이 4~5개의 찬양 팀을 가졌으며, 상당한 에너지가 음악을 위해 쓰이지만, 찬양은 공연이 되어서는 안 된다고 강조했다. 예를 들어 한 빈야드교회 목회자는 이렇게 말했다. "찬양 인도자로서의 내 목표는 사람들을 예수께 향하게 하는 것이지만, 나 역시 그렇게 되기를 원합니다. 나는 찬양을 인도하는 것이 곧 찬양의 경험이라고 봅니다: 나는 하나님을 향해 가고, 사람들이 나와 함께 가도록 부탁하고 초청합니다." 한 갈보리 찬양 인도자도 같은 생각을 나타냈다: "나에게 핵심적인 일은 분명한 의도를 가지고 그곳으로 나간다는 것입니다. 나는 나를 보는 것을 원하지 않습니다." 다른 갈보리교회 찬양 인도자는 찬양의 목적은 사람들에게 사제직을 부여하는 것이라는 확신을 이렇게 요약했다: "우리는 하나님 앞에서 여러분의 대표가 되려고 이곳에 올라와 있는 것이 아닙니다. 여러분은 스스로 하나님과 교제할 수 있습니다." 몸짓을 하며 그가 선언했다. "여기서, 여러분은 하나님과 직접 교제할 수 있습니다."

빈야드교회에서 찬양은 하나님을 찬미하고 예배중 자신을 드리는 시간이다. 이 과정은 조급하게 이루어질 수 없다. 우리의 생각과 염려를 크게 지배하고 만들어 내는 일상적인 관심사에 대한 의식(意識)으로부터 벗어날 필요가 있으며, 그때에만 보다 깊은 관계가 이루어진다. 어떤 사람이 말하기를 처음에는 30~40분의 찬양 시간이 너무 길어 보였지만 나중에는 아주 좋아하게 되었다고 한다: "그것은 하나님이 나에게 가까이 와서 찬양하는 방법을 가르치는 것과 같은 것이었습니다. 그런 방식으로 얼마나 친근하게 느낄 수 있었는지요. 나는 그 노래들이 매우 단순하기 때문에 좋아합니다. 나는 노래를 잘 부르지 못하고, 노래 가사도 잘 기억하지 못합니다. 나에게 찬양 시간은 일종의 가르침의 시간이며, 그것에 친숙해지도록 배우는 시간입니다. 그 노래들에 빠지기 시작했고, [교회에 출석한 지] 얼마 되지 않아 '아니 벌써 끝났어?'라며 찬양이 끝날 때마다 아쉬워하게끔 되었습니다."

새로운 패러다임 교회에서는 찬양이 매우 자주 인간-하나님의 의사소통을 구조화하는 일상화와 의례를 넘어서는, 일종의 성스러운 사랑관계로 보일 수 있다. 주류교회와는 달리 새로운 패러다임 교회에서는 누구도 언제 무릎 꿇고, 언제 앉고, 언제 암송하거나 읽을지를 말하지 않는다. 찬양은 전형적인 의례에서 중심적 역할을 하는, 성경 읽기, 신조 암송하기, 헌금, 그리고 그 밖의 모든 번거로운 일 없이 진행된다. 한 갈보리교회 찬양 인도자가 말했다. "나의 목표는 누가 '가버렸는지,' 누가 주와 함께하는지, 누가 주를 찬미하는지, 보는 것입니다…. 내가 보기 원하는 것은 누가 '떠나갔는지,' 그리고 누가 주와 함께하는지, 누가 하나님과 영적으로 교제하는지, 누가 그러한 '관계'를 가지는지입니다."

많은 사람들이 찬양을 하면서 일상생활의 변명과 가식이 사라졌다고 말했다. 인간의 마음의 비밀을 아시는 하나님과 교제하면서, 찬양하지 않으면 덮여 버릴 것 같은 느낌과 감정을 드러내게 된다고 말했다. 때로는 다른 사람들에게 받은 깊은 상처를 떠올린다; 다른 때에는 합리화되고 억눌렸던 개인적 실패의 경험을 다시 생각한다. 이 기억과 느낌을 연상하고, 그것들을 하나님께 내놓고 치유 받는 것은 찬양의 중요한 부산물이다.

우리가 인터뷰를 통해 자주 들은 것은 찬양하는 가운데 그 무엇이 눈물과 매우 깊은 감정을 일깨운다고 하는 진술이었다. 전형적인 진술은 이런 것이었다: "빈야드교회에 나왔던 처음 세 달 동안 나는 찬양 시간에 울었습니다. 나는 지금도 때때로 웁니다." 다른 사람은 보다 강한 어조로 대답했다. "내가 처음에 왔을 때는 마치 댐이 터진 것처럼 자주 울곤 했답니다." 한 사람은 손님 하나를 예배에 초대한 경험을 말하였다. "처남(주류 복음주의 교회에 정상적으로 출석하는)이 몇 달 전 예배에 참석했습니다. 주일 밤에 와서 서 있었는데 찬양이 시작되었습니다. 그는 여전히 서 있었지만 -사실상 그는 매우 금욕주의적 삶을 사는 직장인이었다- 내가 고개를 돌려 그를 바라보았을 때, 그가 울고 있는 것을 알아챘습니다. 그가 말했습니다. '무슨 일인지 모르겠군. 내가 왜 이런 식으로 반응하는지 도무지 모르겠어.'"

우리가 빈야드교회 목회자 한 분에게 찬양 시간 동안에 흘리는 이러한 즉흥적 눈물에 대하여 물었을 때, 그는 다른 예를 들었다: "얼마 전에 교인 하나가 수년 전 처음으로 빈야드교회에 왔을 때를 말했습니다. 그는 코카인 중독자였고 삶은 난잡했습니다. 그런데 누군가가 그를 교회로 인도했고, 그는 찬양이 시작되면 15분이나 20분 후에는 거의 매번 걸어 나갔습니다. 그는 울기 위해 나갔으며 그것이 무엇을 뜻하는지조차 몰랐습니다. 그는 다시 걸어 들어왔고, **편안함**을 느꼈습니다." 그 목회자가 설명했다. "편안함은 단순히 음악을 말하는 것이 아닙니다. 그것은 또한 찬양 드리면서 사람들이 응답하는 방식, 즉 그것의 '단순성과 진실성'입니다." 그는 말을 이었다: "당신은 사람들 중에 이러한 놀랄 만한 진실성을 볼 수 있습니다. 주위를 돌아보면 당신은 어떤 감미로움을 볼 것입니다. 나는 그것이 일종의 마음 정서를 움직인다고 생각합니다."

눈물은 또한 치유하는 경험의 일부일 수 있다. 특별히 찬양의 생생한 순간을 회상하며 한 빈야드교회 교인이 말했다: "한번은 찬양 팀의 한 소녀가 주님을 찬양하는 노래를 부르기 시작했고, 얼마 되지 않아 주님은 나로 하여금 아버지를 생각나게 하셨습니다. 그리고 그 찬양을 들으며 아버지와의 관계에서 얻은 마음의 병이 치유되는 경험을 했습니다. 나는 계속 울었습니다. 매우 부끄러워 울지 않으려고 애썼지만 눈물이 계속 흘러 내렸습니다. 나는 흐느껴 울었습니다." 다른 응답자도 비슷한 느낌을 전했다: "하나님을 찬양할 때, 나는 자주 묻어버리거나 피하려고 했던 문제에 대한 어떤 대답을 경험합니다. 기도하면서 이 문제들을 주님께 맡길 때, 불안, 공포, 상처에서 해방되는 것을 자주 느낍니다." 또 다른 사람은 열린 찬양이 자신의 감정을 드러내준다고 말했다. 그녀는 "주님, 당신을 만나려고 여기 왔습니다."라고 자주 기도한다. 이러한 불안정한 상태에서 다양한 문제가 생겨나지만, 이에 그녀는 기도하면서 혹은 찬양하면서 문제들에 대한 대답을 얻는다.

방금 인용한 사람들 중 하나는 강력한 순간에 대하여 설명하면서 자신 있게 다음과 같이 주장했다. "그것은 단순히 감정적인 일이 아닙니다. 내가 말하는 것을 이해하시겠습니까? 그것은 감정적인 일과 대조되는 영적인 일입니다." 감정적인 경험과 영적인 경험의 차이를 강조하기 위하여 그는 그 둘을 이렇게 비교했다: "당신은 당신의 감정이 어떻게 당신 안에서 생겨나는지 압니다. 그것은 타오름, 휘젓기, 비통 등과 같은 것입니다. 그러나 이것(찬양)은 전적으로 다릅니다. 그것은 거의 평화, 즐거움, 그리고 슬픔이 모두 섞인 것과 같습니다. 비록 눈물이 얼굴을 따라 흘러내린다 해도 당신이 반드시 울 필요는 없습니다. 당신은 눈물이 솟아나는 것을 느낍니다. 그것이 그 경험을 설명할 수 있는 유일한 방식입니다. 이렇게 격렬하게 솟아나는 느낌이 바로 그것입니다."

물론 모두가 찬양 시간 동안 눈물을 흘리는 것은 아니지만, 많은 사람이 깊고 매우 복합적인 감정을 경험한다. 평신도 대상 조사에 따르면, 사람들은 찬양 시간에 즐거움, 평화, 사랑, 감사, 친밀감, 행복감, 그리고 기쁨을 느낀다고 응답했다. 그러나 비슷하게 자주 사람들은 파멸, 고통, 슬픔, 회개, 그리고 벌 받지 않고 저질렀던 자신의 예전 과오에 대해서도 말했다. 그것은 마치 즐거움의 가능성 -예수가 무조건적인 사랑과 용서를 해 주신다는 기독교적 이해를 가짐으로 가능한- 이 자신들의 삶의 이면으로 대개 숨기려고 했던 추함을 인정하게 했다. 여기서 찬양은 의도된 표출적 기능 -창조주 하나님을 찬양하고 영광 돌리는 것- 을 수행할 뿐만 아니라, 또한 깊은 개인적 수준에서 예배자의 무의식적 삶을 재조정하도록 작용하는, 똑같이 중요한 **잠재적**(*latent*) 기능을 수행한다.

평신도 조사에 따르면 찬양은 사람들을 새로운 패러다임 교회로 끌어들이는 하나의 요인임이 분명하다. 많은 사람들에게 매력을 주는 것은 현대적인 음악과 예배의 '편안한' 느낌일 수 있다. 그러나 많은 다른 곳에서도 문화적으로 현대적인 음악을 제공한다. 따라서 현대음악 자체가 사람들에게 신뢰를 주는 기초가 되는 것은 아니다. 오히려 새로운 패러다임 교회의 성장을 설명하는 것은 성스러움과의 깊은 만남 -신자의 용어로 표현하면 성령의 체험- 이다. 이렇게 말한다고 해서 내가 다른 찬양 방식을 과소평가하는 것은 아니다. 문화적인 현대성은 사람들의 배경에 따라 서로 다른 것을 의미할 수 있다. 어떤 사람들에게는 오르간과 성가대가 성스러움을 향하여 그들의 의식을 일깨우는 매체일 수 있다. 그러나 개인에게 영감을 주는 찬양 방식이 어떠한 것일지라도 종교적 찬양이 록 연주회나 동네 술집 혹은 나이트클럽 연주에서 경험하는 것과 다른 것은 거룩(예를 들면 성스러움, 경외, 하나님)의 경험이다.

찬양 경험에 대한 해석

인간의 의식(consciousness)을 연구했던 윌리엄 제임스와 여러 학자들의 이론이 찬양을 통해 생겨나는 현상을 정리하는 데 도움이 될 것이다. 제임스와 학자들이 제시하는 모형은 인간 의식이 많은 다른 수준들, 혹은 제임스가 의미의 '하위영역'(subuniverse)이라 부르는 것이다.[7] **일상**(*everyday*)의 의식상태

(양치질을 하거나 가사의 잡일을 하거나 혹은 사람들과 사회적으로 상호작용 하면서 경험하는)와 깊은 수면에서의 **꿈**(*dream*)의 상태 사이에는 차이가 있다. 나아가서 일상의 의식과 꿈의 상태는 모두 **과학적 성찰**, 좋은 소설이나 영화와 관계있는 **환상**의 세계, 혹은 **웃음**이나 **놀이**와 관련 있는 의식 상태와 같은, 의미의 하위영역들과도 구분된다. 제임스에 따르면 **종교**는 의미의 독특한 한 하위영역이며, 다른 것들과 마찬가지로 주관적으로 현실적인(적어도 우리가 하위영역 안에 있다면) 것이다. 하루의 일과 동안 혹은 단 몇 분 동안이라도 끊임없이 의식에 있어서 하나의 하위영역에서 다른 하위영역으로 움직이고 있다.

제임스는 다양한 자극들이 우리로 하여금 의식의 한 상태에서 다른 상태로 옮겨가도록 원인을 제공한다고 주장한다. 예를 들어 영화를 보는 동안 우리가 빠져 있는 환상의 세계는 누군가가 "불이야!" 하고 외치면 깨져 버린다. 그리고 한 과학 학회에서 지루한 강연이 진행되는 동안 꿈의 상태로 빠지는 것은 사람을 원자소립자에 대한 토론만큼 현실적인 세계로 옮겨가게 할 수 있다. 비슷한 논리로 빈야드교회의 찬양시간 동안 사람의 의식을 움직이는 데 음악이 강한 역할을 할 수 있다. 즉 음악이 사람들로 하여금 일상 실제의 세계(그리고 모든 긴장과 갈등)를 잠시 떠나서 거룩성, 정결, 그리고 포용적인 사랑의 실제를 경험하는, 다른 의식 상태로 들어가게 한다. 과학자가 책상에 앉아 연구를 하는 동안 과학적인 관념의 영역으로 들어가고 나오는 것처럼, 찬양 시간에 사람들은 이러한 종교적 하위영역으로 들어가고 나올 수 있다.[8]

제임스가 말하는 요점은 의식이란 많은 층, 혹은 수준을 가진다는 것이다. 사람이 항상 되돌아오는 기본적인 지점은 일상생활의 하위영역이다. 그럼에도 불구하고 그것에 주어진 우선권이 다른 영역들의 실재나 중요성을 약화시키지는 않는다: 그것들은 단순히 **다른** 실재들이며, 그것 하나하나가 자체의 내면적인 논리를 가진다. 그리하여 꿈꾸고 상상을 하고 놀이를 하고 예술 창조에 몰입하는 동안 경험하는 의식의 독특한 상태들은 분명히 기본적인 일상 의식과 마찬가지로 현실적이며 중요하다. 이 하위영역들 각각이 자체의 담론 방식과 인식 양태의 지배를 받으며, 한 영역에서 의미가 있는 것이 다른 영역에서는 불합리한 것으로 보일 수 있다. 실제로 바로 이러한 불일치가 성스러운 세계와 세속적인 세계 사이의 심각한 긴장을 야기한다. 예를 들어 일상 세계에서 폭력과 전쟁은 불가피하지만, 이것이 의미의 종교적 영역을 채우는 평화와 조화의 비전을 무가치한 것으로 만들지는 않는다. 종교적인 사람(기독교인이든 무슬림이든 힌두교도든 유대교인이든)은 성스러운 세계와 세속적인 세계의 서로 다른 '실재들'이 그 안에서 교차하는 —흔히 찬양하는 가운데서 결정적으로 보이는— '대조적인' 삶을 살고 있다.

전통적인 종교에서는 세속적인 영역에서 거룩한 영역으로 옮겨가는 것을 돕기 위하여 다양한 형태의 방법이 발전되어 왔다. 이 방법은 금식, 주문, 그리고 순례와 같은 다양한 수행을 포함한다. 전통적인 종교 의례 또한 거룩한 영역으로 옮겨가는 장치로서 일종의 상호작용하는 상징들의 조화를 이용한다. 교회 건축물, 채색된 유리, 상(像), 벽화, 향, 초, 그리고 모든 예전 활동들이 일상의 의식에서 종교적 의식으로의 전환을 이끌어 내는 데 있어 중요한 역할을 감당한다. 그러나 많은 베이비 붐 세대와 X세대에게는 종교적 의식을 유도하는 이 전통적인 방식이 더 이상 통하지 않는다. 왜냐하면 그것들은 거짓된, 혹은 죽은 기성종교의 인상을 주기 때문이다.

개혁을 지향하는 종교는 옛 상징들을 폐기하든가, 아니면 그것들을 소생시키려고 노력하든가 선택해야 한다. 새로운 패러다임 교회들은 주로 그것들을 폐기하는 방식을 취해 왔다. 그들은 매우 단순한 예배 형식을 택했다. 이 예배 장소의 커다란 공백을 채우는 데 있어 음악이 중심적인 장치다. 음악이 인간 의식의 매우 깊은 곳을 움직인다; 연주자와 청중 사이의 상호작용은 합리적이고 객관적으로 검증이 되는 '왼쪽 뇌'와 관계된 것이 아니라, 비합리적이며 '오른쪽 뇌'와 관계된 것이다. 그러나 종교적 의식을 일깨우는 음악은 문화적으로 독특하며 역사적으로 상대적이다. 베이비 붐 세대에게 음악은 그들 연령층의 악기와 선율을 활용하는 음악이어야 의미가 있다. 그레고리안 찬트(Gregorian chant)가 한 세기에서는 통해도 다른 세기에서는 통하지 않으며, 1990년대의 기독교 록 음악은 다음의 천년 시대에는 문화적으로 동조 받지 못할 수도 있다.

제임스에 따르면 종교라는 하위영역의 실재를 인정하지 않는 사람들은 단순히 그들의 지평을 인간적인 것에만 한정시키기로 선택한 사람들이다. 제임스의 책 『종교경험의 다양성』은 삶을 변화시키는 회심과, 세계관을 흔들어 놓는 신비적 비전을 포함하며, 사람들이 해 왔던 다양한 다른 경험들에 대한 증언이다. 종교 생활의 이러한 다양한 경험 중 '성령의 은사'(gifts of the spirit)는 새로운 패러다임 교회에서 흔히 보는 것이다.

성령의 은사

고린도전서에서 사도 바울은 1세기 기독교 교회에서 수행된 다양한 성령의 은사에 대하여 설명한다: "어떤 이에게는 성령으로 말미암아 **지혜의 말씀**을, 어떤 이에게는 같은 성령을 따라 **지식의 말씀**을, 다른 이에게는 같은 성령으로 **믿음**을, 어떤 이에게는 한 성령으로 **병 고치는 은사**를, 어떤 이에게는 **능력 행함**을, 어떤 이에게는 **예언함**을, 어떤 이에게는 **영을 분별함**을, 다른 이에게는 각종 **방언 말함**을, 어떤 이에게는 **방언 통역함**을 주시나니 이 모든 일은 같은 한 성령이 행하사 그 뜻대로 각 사람에게 나눠 주시느니라."[9] 성서를 문자적으로 해석하는 새로운 패러다임 교회 교인들은 얼마의 근본주의자들과는 달리 이 성령의 은사가 초대교회에서 그랬던 것처럼 지금도 적절한 것이라고 믿는다. 바울이 가르쳤던 것처럼 이 은사들이 품위 있고 질서 있게 수행된다면, 그것들은 기독교 공동체 생활에서 하나의 역할을 한다는 것이다.

방언의 은사는 여러 방식으로 표현된다. 처음 표현은 사도행전에 기록한 대로 소위 오순절에 나타났다: "홀연히 하늘로부터 급하고 강한 바람 같은 소리가 있어 저희 앉은 온 집에 가득하며 불의 혀 같이 갈라지는 것이 저희에게 보여 각 사람 위에 임하여 있더니 저희가 다 성령이 말하게 하심을 따라 다른 방언으로 말하기를 시작하니라. 그때에 경건한 유대인이 천하 각국으로부터 와서 예루살렘에 우거하더니 이 소리가 나매 큰 무리가 모여 각각 자기의 방언으로 제자들의 말하는 것을 듣고 소동하여 다 놀라 기이히 여겨 이르되 보라 이 말하는 사람이 다 갈릴리 사람이 아니냐?"10)

무아경에 빠져 말하는 현상이 초기 기독교 공동체나 현대의 성령강림운동이나 카리스마 운동에서만 나타나는 것은 아니다. 많은 다른 문화들에서도 사람들이 비일상적인 말을 하는 무아경지에 들어가는 일들이 있어 왔다. **글로솔라리아**(*glossolalia*)라는 용어는 이해할 수 없는 발성을 나타내는 데 사용하는 반면에, **제노글로시**(*xenoglossy*)는 말하는 사람조차 알 수 없는 언어로 말하는 것을 의미한다. 사도행전 2장에서 묘사하는 사건은 제노글로시 현상이다. 왜냐하면 참관자들이 자신은 알 수 없지만 기독교 공동체 멤버들은 알아들을 수 있는 각 국 언어로 말했기 때문이다. 대조적으로 비록 때때로 외부인이 그들 자신의 언어(예를 들면 중국어나 아프리카 방언)로 말하는 것을 들었다고 주장하지만, 전형적인 성령강림운동 예배에서 들리는(혹은 사적인 자리에서 말하는) '기도의 언어' 혹은 방언은 글로솔라리아다. 몽롱한 기억(*cryptomnesia*)은 듣기는 하지만, 결코 실제로 배운 적은 없는 언어를 무아 상태에서 회상하는 능력이다.11)

갈보리, 빈야드, 호프교회 교인 대상 조사 결과를 보면 41%가 자주 방언(아마도 글로솔라리아일 것)을 말한다고 했고, 13%는 몇 번 방언을 말해 보았다고 했으며, 4%가 한 번 그 경험을 해 보았다고 말했다. 빈야드교회 교인들이 갈보리교회나 호프교회 교인들보다, 방언이 그들 종교적 경험의 일부라고 응답한 경우가 훨씬 많았다. 이러한 차이는 교회 지도자들이 방언에 대하여 얼마나 강조하는지에 크게 달려 있다. 포스퀘어교단 배경을 가진 척 스미스와 랄프 무어는 방언의 적극적인 표현에 대하여 회의적이다. 무어는 회중에게 찬양의 시간에 손을 드는 것을 권장하지만, 방언을 말하는 것은 교회에 새로 나온 사람들에게 겁을 줄 수 있다고 말한다. 우리가 참석한 많은 빈야드 교회 예배에서도 찬양의 시간에 방언을 말하는 것을 자주 들었지만, 그 은사를 공공연히 수행하는 것은 치유 집회나 작은 집단 모임에서 주로 이루어진다. 실제로 세 교회 집단 모두 공중 예배의 정상적인 부분으로서가 아니라, 사적인 기도의 한 형태로서 방언을 강조한다. 방언을 공중 예배에서 말할 때는 해석이 있어야 한다는 바울의 가르침을 따르려고 한다.

새로운 패러다임 교회들이 성령의 은사를 받아들이지만, 미국 성령강림운동(1906년 로스앤젤레스에서 일어난 아주사 거리〈Azusa Street〉의 부흥운동으로 거슬러 올라가는)과 동일시하지는 않는다. 방언을 기독교인 경험에서 중심에 두는 TV 부흥사나 다른 부흥사와 거리를 둔다. 오히려 방언은 많은 은사들 중 하나로 보며, 유명한 고린도전서 13장에서 표현한 바와 같이 사랑의 은사 다음에 둔다: "내가 사람의 방언과 천사의 말을 할지라도 사랑이 없으면 소리 나는 구리와 울리는 꽹과리가 되고, 내가 예언하는 능이 있어 모든 비밀과 모든 지식을 알고 또 산을 옮길만한 모든 믿음이 있을지라도 사랑이 없으면 내가 아무것도 아니요."[12] 그럼에도 불구하고 언급된 다른 은사들과 함께 방언은 새로운 패러다임 교회에서는 많은 사람들에게 규범이 되고 있다. 물론 무아경과 '영에 사로잡힘'에 관한 문헌들이 충분히 지적하는 것처럼, 그것은 많은 비기독교 종교들에서도 마찬가지다.[13]

한 대형 갈보리교회 목사가 회심 후 접하게 된 이러한 성령의 은사에 대하여 우리에게 말해 주었다. 그는 한때 마약에 깊이 빠져 있다가 예수 운동의 초기 역사에서 중요한 인물인 로니 프리스비(Lonnie Frisbee)를 알게 되었다.[14] "로니가 설교를 하고 있었습니다. 나는 즉시 그의 수염과 긴 머리 때문에 친밀감을 갖게 되었습니다. 이 사람은 무언가 중요한 말을 할 것 같았습니다. 그래서 그의 말에 귀를 기울였습니다. 그는 우리가 받아야 할 필요가 있는 성령 세례에 대하여 말했습니다. 내가 말했습니다. '그래. 예수를 받아들이자. 그리고 그것이 필요할 것 같아. 좋았어.' 그래서 나는 단 위로 올라갔고, 그들은 나를 작은 방으로 데려가서 나를 위해 기도했습니다. 나는 결코 그 일을 잊을 수가 없습니다. 로니가 손을 얹었습니다. 나는 쓰러졌습니다. 그대로 바닥에 넘어졌습니다. 동시에 울고 웃기를 시작했습니다-이것은 믿을 수 없는 감정적 경험이었습니다. 나 자신을 통제할 수 없었습니다. 방언을 말하면서 거기에 그대로 누워 있었습니다. 마침내 로니가 말했습니다. '당신은 이제 일어날 수 있소.' 나는 정말로 스스로 감정적인 통제를 할 수 없었지만, 그렇게 있는 것이 좋았습니다. 그것은 마치 구원받은 느낌이었습니다."

이것은 갈보리운동의 처음 시기에 있었던 일이다. 그러나 이 목사에 따르면 척 스미스는 그러한 경험의 감정주의에는 불편한 느낌을 가졌다. 그는 스미스가 이렇게 말한 것을 기억했다: "이러한 감정적인 일에 빠지는 것은 이제 멈춥시다. 성서가 말하는 것을 찾아봅시다. 그러면 우리는 은사를 받게 될 것이오." 그러나 이 목사는 자신의 경험에 대하여 밝혔다: "말하자면 그것은 내 전 생애에서 성령 세례를 받은 참된 전환점이었습니다. 그 경험은 옛 자아를 무너뜨리고 나를 바로 세웠습니다. 말하자면 나는 그때부터 성령의 불이 붙었고, 그 후로도 그것이 멈추지 않았습니다."

이러한 강렬한 경험이 빈야드교회의 신유 집회에서는 흔한 것이다. 그러나 일부 빈야드교회뿐만 아니라 다른 운동들의 '후속' 모임들에서 그 경험을 전달함으로써 지속시키려는 분명한 노력이 있다. 어떤 때는 이 집회가 주일 저녁 예배 후에 열리며, 어떤 교회에서는 사람들이 성령 세례를 받도록 초청할 때 한 달에 한 번 정도 정규 저녁 예배 때 열리기도 한다. 회심을 한 사람들만이 이 모임을 요구하는데, 거기에 참여한 사람들은 성령이 자신에게 임하기를 청한다. 이 작은 집단 모임(가정 친교 모임을 포함하여)에서는 사람들이 처음으로 방언을 말하고 예언을 말하고, 또 어떤 사람은 기도의 결과로 육체적인 치유를 경험하는 일이 흔히 일어난다. 우리가 조사한 갈보리, 빈야드,

호프교회 교인들의 38%가 누군가에게 손을 얹고 그를 위해 기도한 일이 자주 있었다고 했다. 31%의 교인들이 그 교회의 다른 멤버가 그들을 위해 기도한 적이 있다고 했다. 그리고 응답자의 거의 절반이 기적적으로 치유 받은 적이 있다고 주장했다.15) 훨씬 높은 비율(65%)의 사람들이 감정적인 치유를 경험했다고 말했다. 개인적인 수준에서는 많은 사람들이 방언을 개인 기도의 한 형태로 활용한다. 호프교회의 한 목사는 방언의 사용에 대하여 열거한 후 방언으로 기도하는 수행에 대하여 설명했다: "방언의 은사가 나타나는 데는 세 가지 방식이 있습니다. 그 중 하나는 하나님께 말하고 하나님을 찬양하는 기도 언어의 형태로 나타납니다. 다른 두 가지 방식은 교회에서 일반적인 집회 가운데 나타납니다. 이 중 하나는 방언으로 표시하는 것인데, 이것에는 사도행전에서 여러 번 보이는 것처럼 해석이 뒤따르는 방식입니다. 세 번째는 누군가가 방언을 말하고 그것이 듣는 사람에게-역시 사도행전에 기술되어 있듯이 외국인들이 자신의 언어로 말했을 때 회중 가운데 있는 사람들에게- 이해되는 방식입니다." 나아가서 그는 "방언은 배운다고 되는 언어가 아닙니다. 당신이 그것을 말할 때 말하는 것을 이해하지 못합니다. 당신의 삶에서 주님의 사역에 영적으로 복종하는 순간에 그것이 이루어지며, 또 이루어져야 합니다."라고 말했다. 그는 계속 말했다. "방언으로 말하는 것은 기도의 능력을 확장하는 하나의 훌륭한 방법입니다. 왜냐하면 내가 영어로 기도한다면, 기도할 말이 다 떨어져도 너무 자주 기도를 끝내야 하겠다고 느끼지 않기 때문입니다. 나는 방언으로 기도를 계속할 수 있습니다. 내가 만들어 내는 방언으로 기도할 때, 내 기분을 끌어 올립니다."

사도행전, 고린도전서, 그리고 복음서의 일부를 잘 읽어보면, 성령에 사로잡히는 것은 기적적인 치유, 귀신을 쫓아냄, 환상을 봄, 꿈을 꿈, 예언을 함, 그리고 성령의 다른 역사들과 함께 초대교회 멤버들에게 하나의 정상적인 경험이었음을 보여준다. 환각적인 경험은 종교에 활력을 불어넣어 주는 근원이지만, 거기에는 항상 그것을 통제하려는 지속적인 싸움(특히 사제 계급에

의한)이 있다. 그리고 흔히 질서와 지성이 원초적인 종교적 경험, 혹은 신학자 루돌프 오토(Rudolf Otto)가 '신비스럽고 두려움'(*mysterium tremendum*)-인간의 언어로 설명할 수 없는 성스러움과의 경외로운 만남-이라 부르는 것을 억제한다.16) 종교의 본질은 자신의 밖에 있는 그 무엇에 의해 사로잡히는 것이며, 이것이 더 이상 일어나지 않을 때 예배는 판에 박힌 것이 되고, 지루하며, 인간의 선택적인 활동이 되어버린다.

정신분석학의 영향이 큰 미국 문화에서는 성스러움과의 이러한 비합리적 만남은 흔히 정신이상으로 보인다. 그러나 우리는 이러한 경험을 하는 사람이 심리적으로 건강하지 못하거나 역기능적이라는 증거를 발견하지 못했다.17) 오히려 반대의 경우, 즉 변화된 의식 상태를 경험하는 사람이, 합리적이고 경험적인 세계의 제한된 관점에 머문 사람보다 심리적으로 **더 건강할**(*healthier*) 수 있다는 주장이 있다.18) 이 문제에 대하여 명확한 의견을 감히 표명하지 않더라도, 이 운동 멤버들의 경험이 신약성서 사도행전에서 제시한 성령의 강림에 대한 설명과 매우 유사하다고 말할 수 있다; 나아가서 그들의 꿈과 환상은 구약성서에 나타난 많은 예들과 비슷하다. 이러한 선험적 경험들을 무시하기보다 우리는 모든 시기, 모든 시대, 그리고 모든 전통의 종교인들이 합리적인 생각, 보다 특별하게는 계몽주의 과학으로는 쉽게 이해할 수 없는 성스러움과의 신비적 만남을 가져 왔음을 인정해야 한다.

분명히 많은 사람들에게 예배와 찬양은 의식의 다른 상태로 들어가도록 돕는다.19) 방언으로 기도하는 사람은 일상생활이나 과학적 사고의 하위 영역과는 다른 의식의 영역으로 들어간다. 신적 음성을 듣거나 환상을 보는 사람도 마찬가지다. 신앙의 공동체 안에서 사람들이 이 경험의 근원에 이름을 붙이려고 하거나, 초기 기독교 공동체 사람들처럼 기독교인으로서의 경험을 예수의 승천 이후에 나타났다고 믿는 성령과 동일시하는 것은 놀랄 일이 아니다.

의심의 그림자를 넘어서

스티브(Steve)가 한 대형 광고회사의 책임자일 때, 6개월 전 한 갈보리교회에서 '거듭난' 체험을 한 후 심한 알코올 중독 증세를 치유 받고 있는 세일즈맨 짐(Jim, 가명)을 만났다. 스티브는 처음 짐을 만났을 때를 이렇게 말했다: "그는 사업상 일주일에 두세 번 내 사무실에 들렸는데, 그때마다 예수에 대하여 이야기했습니다. 그에게는 내가 만났던 다른 기독교인들과는 다른 무엇이 있었습니다. 그는 행복해 보였습니다! 항상 얼굴에 미소를 지었고, 거기에는 내가 본 적이 없었던 즐거움, 나는 결코 가져본 적이 없었던 즐거움이 있었습니다." 얼마동안 짐을 지켜본 후에 스티브는 이렇게 생각했다: '저 사람이 얻은 것, 그것을 나는 원해.' 그러나 스티브는 유대인이었다; 그는 예수가 예언자 중 하나였다고 생각했다. 그는 다음의 경험을 하기 전까지는 기독교인이 되리라고 진지하게 고려해 본 적이 결코 없었다.

스티브는 등이 늘 아팠는데, 어느 날 짐이 스티브의 사무실에 들렀을 때에는 상당한 고통을 느끼고 있었다. 짐은 스티브에게 주님이 자기에게 그를 찾아가 기도하라고 말씀하셔서 애너하임으로 운전해 왔다고 말했다. 스티브의 반응은 믿을 수 없다는 것이었다. "하나님이 당신에게 말씀하신다고요?" 짐이 대답했다. "그럼요, 그분은 그의 친구들에게 말씀하시지요." 다음에 짐은 자신이 스티브의 아픈 등이 낫도록 기도해도 괜찮은가를 물었다. 절망적 상태에 있었고, 그 기도가 나쁠 것은 없다고 느껴서 스티브는 동의했다. "그렇게 하시지요." 그 후의 일에 대하여 스티브는 이렇게 증언했다.

그가 내 사무실 한가운데로 의자 하나를 끌어다 놓고 나에게 신발을 벗으라고 말했습니다. 그래서 신발을 벗었습니다. 그러자 그가 말했습니다. "다리를 뻗으세요." 그리고 다시 말했습니다. "한쪽 다리가 다른 다리보다 긴 것이 보이지요?" 그리고 말을 이었습니다. "이제 내가 기도할게요. 하나님께 당신의 다리를 똑바로 펴지게 해 달라고 간청하려고 해요. 왜냐하면 당신의 엉덩이가 정상적인 형태가 아니기 때문이지요." 그래서 내가 말했습니다. "좋아요." 그러자 그는 내 사무실 문을 닫았고, 나는 신발을 벗고 의자에 앉았습니다. 양말은 신은 채로 있었고, 나는 눈을 감고 그냥 의자에 앉아 있었습니다. 그가 기도하기 시작했습니다. 그가 방언을 말하기 시작했습니다. 나는 지금까지 단 한 번 방언을 들어본 적이 있었습니다. 장모가 자신의 기도 생활을 보여주며 했던 것인데, 나는 그것이 무엇인지 몰랐습니다. 비록 내가 성경의 일부를 읽은 적이 있었지만, 당시 나는 성령이 무엇인지조차 알지 못했습니다.

그렇게 그는 방언을 말하기 시작했고, 다음에는 나에게 말했습니다. 나는 여전히 눈을 감고 있었습니다. "당신은 예수 그리스도가 하나님의 아들임을 믿습니까?" 마음속으로 내가 말했습니다. '하나님, 만일 예수 그리스도가 당신의 아들이라면, 당신은 의심의 그림자를 넘어서 나에게 그것을 입증해 주어야 합니다.' 그 순간 그(짐)가 내 오른쪽 다리의 발가락을 만졌습니다. 나는 의자 위에서 다리를 들어 올렸습니다. 그가 발가락을 만지자마자 뜨거운 그 무엇이 오른쪽 다리 위로 올라왔다가 왼쪽 다리로 내려갔고, 다시 내 몸통을 따라 올라와서 팔과 얼굴로 퍼졌습니다. 그것은 마치 용접용 화염 램프가 내 몸속을 관통하는 것 같았고, 내 피부 안쪽을 파고드는 것 같았습니다. 그 뜨거움이 너무 강렬하여 내가 죽는 것은 아닌지 생각했습니다. 나는 자신을 주체할 수 없다고 느꼈고, 내장이 온통 움직이는 것 같았습니다. 그것은 그렇게 강렬했습니다. 이어 갑자기 어떤 식으로도 설명할 수 없는, 전에는 한 번도 내게서 일어난 적이 없었던 일을 경험했습니다. 잠시 동안 나는 인간을 향한 하나님의 사랑을 느꼈습니다. 이 사랑이 내면에서 솟아났는데, 그것은 전에는 경험해 본 적이 결코 없었고, 또 다시 경험해 보지도 못했던 사랑이었습니다. 인간을 향한 이 사랑은 방 안에 있는 그 사람을 향한 것이 아니라 전 세계를 향한 것이었습니다. 나는 지구 위의 모든 사람들, 모든 인종, 중국인, 일본인, 흑인, 백인, 그리고 모두에 대한 환상을 보앉습니다. 얼마나 오랜 시간이 걸렸는지조차 알 수 없지만 그때 경험한 것은 사랑이었습니다. 나는 지구상의 모든 사람에 대하여 사랑하는 마음을 가지게 되었습니다. 그리고 그것은 파도처럼 내 몸에 임하기 시작했습니다. 그 파도는 점점 더 강해지고 더욱 강렬해져서 마침내 마음속으로 이렇게 말했습니다. '나는 죽을지도 몰라.' 나는 이 사랑을 다룰 수가 없었습니다. 나는 울기 시작했고 마음속으로 말했습니다. '하나님, 그만 하세요. 견딜 수 없어요.'

다음에 스티브는 의자에서 바닥으로 넘어졌다:

나는 바닥에 누워 있었고, 내 입에서 이런 말이 나왔습니다. "예수님, 당신을 사랑합니다. 예수님, 감사합니다." 그리고 마음에서 들려 왔습니다. "스티브, 잠깐만. 너는 네 입으로 무슨 말을 했는지 알고 있느냐?" 나는 내 입에서 무슨 말이 나왔는지 생각하려고 노력했습니다. 나는 매우 기뻤습니다. 인간에 대한 이러한 사랑의 사실 말고는 내가 왜 그렇게 기쁜지 알 수가 없었습니다. 짐이 바닥에서 일어나도록 나를 도와주었고, 나는 사무실의 소파에 누웠습니다. 내가 그를 바라보았지만 쉽게 입을 움직일 수는 없었습니다. 잠시 후 물어 보았습니다. "짐, 무슨 일이 일어났지요?" 그것은 마치 '내가 마약을 했던 것'과 같은 느낌이었지만, 거기에 마약은 없었습니다. 그리고 나는 생각해 냈습니다. '이것은 내가 지금껏 경험해 본 것 중 가장 최고조의 느낌이었다.'

짐이 "당신은 방금 거룩한 영으로 충만했습니다."라고 설명했을 때 스티브가 물었다. "거룩한 무엇이라고요?" 짐이 말했다. "스티브, 성령이요. 집에 돌아가서 요한의 책과 사도행전을 읽어봐요." 집에 돌아왔을 때를 스티브는 이렇게 말했다; "선반에서 매우 오랫동안 열어보지 않았던 성경을 꺼내 들었지요. 요한의 책과 사도행전을 읽었습니다. 그리고 말했지요. '오, 주여 2천 년 전에 그들에게 일어났던 일이 방금 나에게도 일어났다고요!'" 그의 등의 고통이 사라졌다.

스티브의 경험이 독특한 것은 아니다. 20대 중반의 신학교 학생이 우리에게 예배 중에 성령이 '맹렬하고 강렬하게' 임했다고 말한 적이 있다: "지금까지의 삶에서 결코 이런 것을 경험해 본적이 없었습니다. 나는 그 시점에 거기서 실제로 죽을 수도 있다고 생각했습니다." 이 경우에 그것은 마치 하나님이 그의 몸 안과 밖을 다스리는 것으로 느껴졌다: "나는 문자 그대로 산산조각 나서 죽는 줄 알았습니다." 그는 이 경험을 '하나님께 사로잡힌 것'으로 해석했다. 그리고 그는 그것을, 술에 취했다고 비난받았지만 실제로는 성령으로 충만했던 1세기 기독교인들에 대한 설명과 연관시켰다. 이 젊은이와 다른 사람들에게 일어난 성령 경험은 전 생애 동안 단 한 번 생겼지만, 잊을 수 없는 것으로서 하나님의 능력을 이해하는 데 중요한 준거점으로 작용했다.

다수의 사람들은 하나님이 말씀하시는 것을 들었다고 말했다. 여러 경우에 사람들이 음성을 들었으며, 한 경우에는 의사소통이 시각적이었다고 했다. 빈야드교회 교인이 말했다. "프린스턴 대학교 2학년 말이었습니다: 아침에 일어났을 때, 나는 환상 가운데 강렬한 인상을 주는 글자를 보았는데 그것은 '신학대학' 이란 글자였습니다 -이것은 말하기가 쑥스러운 것입니다. 왜냐하면 대부분의 사람들이 못 믿겠다는 듯이 바라보기 때문이지요. 나는 생각했습니다. '아, 하나님은 내가 신학대학에 가기를 원하시는구나.' 그것은 머리로 생각할 수 있는 것이 아니었습니다." 다른 사람들은 미래 계획에 대한 구체적 지시를 내리는, 매우 시각적인 꿈을 꾸었다고 했다. 실제로 우리는 새로운 패러다임 교회에서 목사는 흔히 자신이 이미 받았던 성령으로 인도되는 환상을 어떤 교인이 받아들이도록 기다린다는 얘기를 들었다.예를 들면 그 교인은 특정 목회 사역을 담당하든가 혹은 전임제 목회의 길로 들어가야 한다.

프로이트적인 설명에 따르면 꿈과 환상은 무의식적인 희망과 욕망의 표현으로 해석되며, 앞에서 인용된 예도 그러한 해석을 따라야 한다. 반면에 깨어 있는 상태뿐만 아니라 꿈 속에 성스러움이 찾아올 수 있다는 이해의 오랜 전통도 있다. 나는 현대 정신분석학적 이론으로 이러한 경험의 가면을 벗기기보다는 새로운 패러다임 기독교인의 종교적 경험과 옛 시대의 경험 사이의 지속성을 강조하려고 한다. 보다 구체적으로 무의식적 수준에서 어떤 일이 일어날 수 있다 해도, 하나님이 삶에서 살아 있는 현존이라고 확증하는 사람들에게는 이 꿈과 환상은 전환점이 되는 경험이다. 이 성스러운 만남을 선정적으로 표현하는 것이 아니라, 우리가 인터뷰했던 사람들은 놀라움에 사로잡힌 듯이 보였다; 실제로 내가 받은 인상은 그 경험의 예상하지 못했던 특질이 그것을 그렇게 강력한 것으로 만들었다는 것이다.

하나님인가 마약인가?

종교적 경험의 근원에 대하여 의심하는 것은 쉽게 환원론(reductionism)에 빠지게 하여, 그것을 마약의 효험 때문이라는 말로 설명함으로써 종교 경험의 본질을 부정하게 만든다. 종교적인 성스러운 만남(특히 마약 사용과 관계가 있는)을 해석하는 데 있어서의 딜레마가 당시 코카인에 심하게 중독되었던 갈보리운동의 첫 개종자 중 한 사람의 경험에서 강하게 제기된다. 다음의 설명은 마약이 유도한 경험이라고 해석할 수 있다. 그러나 그것이 영적인 만남을 무효로 만드는가? 윌리엄 제임스는 그렇지 않다고 강력하게 주장할 것이다.

그 사람이 회상했다. "나는 코로 마약을 흡입했습니다. 그리고 앉았습니다. 왜냐하면 그것이 황홀한 느낌을 줄 것임을 알았기 때문이지요. 쾌감을 느끼기 시작했어요. 그것은 목구멍을 조이는 것 같은 친숙한 느낌이며, 온몸이 짜릿해지는 경험이었습니다. 모든 것이 무너지기 시작했어요. 그리고 그 마약이 내가 전에 해 보았던 것보다 더욱 강하다는 것을 알았고, 그것은 내 몸을 더 빠르게 달아오르게 했습니다. 그리하여 나는 반쯤 황홀경에 빠진 자세로 무너졌고, 정신을 집중하기 위해 노래를 흥얼거리기 시작했습니다. 그래서 이성을 완전히 잃지는 않았습니다."

다음의 것은 많은 사례연구에서 기술되었던 것과 비슷한 것으로 분명히 죽음 가까이 이른 경험이었다:

> 어떤 일이 생겨났으며 나는 경련을 일으키기 시작했습니다. 입에서 거품이 나오기 시작했고, 심장이 정말로 거칠게 뛰기 시작했는데 더욱 더 세게 뛰었습니다. 그래서 몸을 구부려 토하려고 했으나 입에서 거품만 나왔습니다. 심장이 더욱 더 심하게 뛰었고 숨을 쉴 수가 없었습니다. 나는 헐떡거렸지만 친구들은 나를 위해 아무것도 할 수 없었습니다. 내가 기억했던 마지막 일은 뒹구는 것이었고, 숨을 쉴 수가 없어 생명이 내게서 떠나가는 것 같은, 그래서 심장이 곧 멎을 것 같은 느낌이었습니다. 그리고 나는 내가 죽었다는 사실, 혹은 내 몸의 기능이 멈춰버렸다는 사실(이것은 친구들에 의해 확인되었습니다)을 의식하고 있음을 기억합니다. 그들은 나를 회생시킬 수 없었다고, 내가 숨을 쉬게 할 수 없었다고, 맥박을 잡을 수 없었다고 말했습니다.

그리고 그는 자신이 느꼈던 일을 다음과 같이 설명했다: "나는 전적으로 의식이 있는 사람이지만 더 이상 내 감각을 느낄 수 없었습니다. 다시 말하면 더 이상 아무것도 볼 수 없었습니다. 사막도 사라졌고, 사람들도 사라졌습니다. 그러나 의식은 있었습니다. 내가 어느 것도 느낄 수 없었음을 기억합니다. 아무것도 들을 수 없었습니다. 아무것도 볼 수 없었습니다. 그러나 분명히 의식을 가지고 있었습니다. 어느 것도 볼 수 없었기 때문에 모든 것이 완전히 어두웠지만, 그것은 빛을 가리는 어두움 같은 것이 아니었습니다. 그것은 아무것도 없는 어두움이었습니다."

그러나 그는 의식이 분리된 이런 상태에서도 세상으로 돌아오기 원했음을 기억했다:

나는 우주의 에너지에 초점을 맞추기 위하여 주문을 외우고 노래를 하며 큰 소리로 외치기 시작했지만 소용이 없었습니다. 그래서 크리슈나, 붓다, 브라마와 같은 이름들을 부르기 시작했습니다. 그러나 그 비인격적인 부름이 효과가 없었기 때문에, 사람들의 이름을 외치기 시작했습니다. 아무 일도 일어나지 않았습니다. 마지막으로 외친 이름은 예수였습니다. 왜냐하면 예수는 내가 발견한 가장 낮은 수준의 영성이었기 때문입니다. 나는 기독교인이란 단지 정신 나간 얼간이 집단일 뿐이라고 생각했고, 나 자신이 기독교인들에 대해 좋은 경험을 가지지 않았기 때문입니다.

그러나 내가 나의 가장 깊은 마음에서 우러나오는 중에 예수의 이름을 외쳤을 때, 빛의 섬광들을 보기 시작했습니다. 그것들은 점점 더 밝아졌고, 내 주변에서 점점 더 많아졌습니다. 비록 내 눈으로 볼 수는 없었지만, 내 영혼을 비추는 것 같았습니다. 그리고 그것들은 점점 더 밝아졌고, 곧 모든 섬광들이 한 순간 하나의 거대한 밝은 빛이 되었으며, 이때 깨어났습니다. 말하자면 내가 내 몸으로 '돌아온 것입니다.' 그리고 나는 내가 누워 있는 것을 볼 수 있었고, 그 빛의 근원인 것 같아 보이는 한 사람을 바라보고 있었습니다. 그 빛을 바라보았고 잠시 동안 팔을 벌리고 있는 한 사람을 볼 수 있었습니다. 이 모든 빛은 그분으로부터 나오고 있었고, 바로 뒤에는 태양이 빛나고 있었습니다. 그러나 태양의 빛은 이 사람의 얼굴에서 나오는 빛과 비교해 보면 정말로 보잘 것 없었습니다.

나는 심한 공포를 느꼈던 것을 기억하는데, 그것은 내가 죽을 위험에 처해 있음을 알거나 혹은 그렇게 느꼈기 때문에 생기는 두려움이었습니다. 나의 모든 감각은 도망가라고 지시했습니다. 현기증이 나서 눈을 가렸습니다. 너무 두려워서 이 존재의 시야에서 벗어나려고 모래를 파서 숨으려는 자신을 발견했습니다. 비록 내가 등을 돌리고 눈을 감고 모래 구덩이에 머리를 파묻으려고 노력하지만, 나는 그가 아직도 나의 모든 것을 볼 수 있음을 알았습니다. 그는 나를 꿰뚫어 볼 수 있으며, 나의 모든 영혼은 이 존재 앞에서 벌거벗은 것 같았습니다. 이제 나는 내 삶 전체에서 내가 상당히 좋은 사람이었다고 항상 느꼈음을 기억합니다. 나는 상당히 도덕적인 사람입니다. 그 누구를 해치지도 않았습니다. 그런데 갑자기 그 모든 것이 나에게 아무 것도 아닌 것이 되었습니다. 그의 현존 앞에서 나는 나를 위로 받도록 느끼게 하는 그 무엇에도 의지할 수 없었습니다. 나는 숨을 수 없었고, 어느 곳으로도 갈 수 없었다는 것을 기억합니다.

나는 내가 어떤 것을 느꼈다는, 혹은 들었다는 것을 기억합니다. 아시다시피 그것은 너무 강렬하여, 일어난 일에 대하여 말할 수는 없습니다. 그러나 전 존재를 꿰뚫고 움직이는 이 소리를 느꼈고 들었습니다. 그가 했던 말을 기억합니다. "나는 알파와 오메가요, 처음과 마지막이다." 그것이 내가 기억하는 전부이며, 그 소리는 내 뒤로 서서히 사라지기 시작했습니다. 내가 뒤돌아섰을 때 거기에는 빛의 작은 흔적이 있었고, 태양이 빛났으며, 사막이 그대로 있고, 나는 홀로 있었습니다. 거기 앉아 중얼거렸습니다. "그것은 환영이었나?" 사실 그것은 내가 지금까지 경험했던 일 중에서 가장 믿기 어려운 일이었습니다. 그것은 환상 같은 것, 아니 환상이었을까요?

콘택트렌즈를 잃어버렸기 때문에 잘 볼 수 없는 상태로 그는 이틀을 더 거기에 앉아 있었다고 했다. 그 후 그는 차를 몰아 집으로 돌아왔고, 코카인을 얼마 들이마셨으며, 일상생활로 돌아갔다. 얼마 되지 않아 그는 갈보리교회 연주회에서 회심의 경험을 했다. 나는 그것이 부분적으로는 마약과 관계된 그의 환상이 예수에 대한 깨달음을 갖게 해 주었기 때문이 아닌가 생각한다.

비록 이러한 환상이 하나의 환영의 사례에 불과하다고 해석하고 싶어 하는 사람이 있겠지만, 윌리엄 제임스가 명명한 '의학적 유물론'은 지나치게 단순한 대답이다. 아이러니하게도 그것은 모든 경험은 물리적이며, 화학적 상관관계를 가졌다는 사실을 무시한다. 만일 전극(電極)을 그레고리안 찬트를 부르는 수도승의 삭발한 머리에 부착한다면, 초월적 명상(Transcendental Meditation : 명상을 통해 깨달음을 얻을 수 있다고 보는 제의(cult)의 한 형태. 옮긴이)에서 주문을 외우는 것이 어떤 작용을 하는지에 대한 연구에서 밝혀졌듯이, 그 전극은 수도승의 뇌파 활동의 변화를 측정할 것이다.[20] 종교적 경험을 무시하는 사람들은 -자유주의 종교가와 회의주의자를 포함하여- 흔히 다소 역설적이게도 마음, 몸, 영의 상호연관성을 인정하지 않으려 하면서도 그 경험을 영적인 것으로 보려고 한다.

미국 성령강림운동을 연구한 교회사가 로버트 M. 앤더슨(Robert M. Anderson)은 환각적 경험은 영을 강조하는 많은 운동(기독교적인 것이든 원시적인 것이든)에서 중심적인 것이라고 주장한다. 그러나 그는 종교적 경험이 보상적인 것으로서, 사람들이 경제적, 사회적 박탈감에 적응하도록 돕는다고 보는 경향이 있다.[21] 나는 이것에 동의하지 않는다. 기능적으로 종교는 심리적 보상으로 보일 수 있다. 그러나 그렇다면 미술, 오페라, 드라마, 춤을 포함하여 그렇게 해석될 수 없는 인간의 경험이란 별로 없다. 비록 맑스적이고, 정신분석학적인 관점이 가치 있는 것이긴 하지만, 그것이 지나치게 교조적으로 적용될 때는 냉소주의를 만들어 낸다. 나는 환각적인 종교적 경험이 단순한 보상보다는 힘을 불어넣어줄 수 있으며, 사람들에게 다른 방식으로는 결코 경험할 수 없는 곳으로 승화시켜 줄 수 있다고 믿는다. 내가 보기에 그것은 하나의 자연스러운 경험으로서, 그것을 사회적 박탈감이나 비정상적(정신 이상적) 기대성취라고 하면서 환원주의적으로 설명할 때 그 의미는 사라져 버린다.

빈야드교회에서의 신유

나는 내가 참석한 첫 빈야드교회 신유집회를 생생하게 기억한다. 그 집회는 애너하임 빈야드교회가 새로운 3천 석 규모의 강당으로 예배 장소를 옮긴 직후에 있었다. 주일 예배가 끝난 후에 있었던 '사역의 시간'을 목격한 적이 있었지만, 여러 날에 걸쳐 진행된 이 집회에서 내가 보았던 '성령의 증거'에 대해서는 받아들일 마음의 준비가 미처 되지 못했다. 사실상 첫날 저녁 집회가 끝난 후 나는 차로 돌아와 다시 한 번 일상생활의 세속성에 나 자신을 던져 보려고 록 앤드 롤 방송국 채널(한 번도 들어본 적이 없는)을 켰던 것을 기억한다. 나는 20세기 말 세계관의 기초를 흔들어 놓은 어떤 일을 목격했던 것이다.

첫 날 저녁 순서는 마헤쉬(Mahesh)가 인도했는데, 그는 인도에서 태어나 케냐에서 개종했으며 25세 학생 때 미국에 건너 왔다. 강당은 가득 찼고, 예배는 전형적인 빈야드교회 형식이었다: 처음에는 악단의 생음악으로 인도되는 여러 격렬한 노래들이 있었고, 다음은 30분간 강대상 양쪽에 대형 스크린에 투사된 가사를 따라 사람들이 노래하도록 매우 부드러운 음악이 연주되었다. 노래 가사는 하나님의 거룩하심과 긍휼을 강조했고, 약 ⅓ 정도의 사람들이 각기 다른 순간에 찬양의 표시로 팔을 들어 올리며 자발적으로 일어나곤 했다. 내 좌석 가까이에는 수백 마일이나 떨어져 있는 팔로알토(Palo Alto) 지역에서 온 집단이 있었고, 다른 이들도 이 집회에 참석하기 위하여 멀리서 찾아왔다.

찬양과 몇 가지 알림의 순서가 끝난 다음 팡파르 없이 마헤쉬를 소개했다. 그는 자신의 메시지 전체를 통해 하나님의 치유하시는 능력의 구체적인 예를 틈틈이 소개하면서 하나님의 뜻에 '완전히 복종'하라는 설교를 시작했다. 어떤 이야기는 매우 극적이었는데, 그 중 지진아들을 위한 기관에서 일할 때의 개인적 이야기가 있었다. 그곳에는 얼굴을 계속 벽에 부딪치는 한 어린 소년이 있었다. 마헤쉬는 14일간 금식하며 이 아이를 위하여 기도했는데, 아이는 즉시 귀신으로부터 구제되어 자학적인 행동을 멈췄다. 30분간 비슷하게 놀라운 이야기들을 한 후에 마헤쉬는 멈추고, 성령을 '성별하시는' 하나님께 감사하는 기도를 했다. 그리고 계속했다. "주여, 당신께 영광을 돌립니다. 지금 숨 쉬고 있는 것을…. 주 예수께서 여러분을 새롭게 하도록 합시다." 다음에 그는 회중 가운데서 구체적으로 육신의 병을 가지고 있는 사람들의 이름을 부르기 시작했다: "거룩한 손이 수술을 필요로 하는 허리를 만지고 있습니다." 그는 구체적으로 사람들의 이름과 질병들-예를 들면 암록 색 옷을 입고 있는, 피부 결핵을 앓고 있는 사람-을 열거했다. 이 시점에서 수십 명의 사람들이 기도를 청하기 위하여 앞으로 나왔고, 더 많은 이름이 불려졌다. 사람들이 앞으로 모였을 때 마헤쉬는 치유된 것을 보았던 사람의 이야기를 계속 말했고, 더 많은 사람들을 향해 나오라고 불렀다. 그가 불러낸 사람들 중에는 이런 이들이 있었다; 독서 장애 아이를 가지고 있는 여인, 심한 편두통을 앓고 있는 남자, 무릎 관절 수술이 필요한 사람, 에이즈에 걸린 사람, 기형 자궁을 가지고 있는 여인.

이 사람들을 위하여 기도하려고 단 아래로 내려가기 전에 그가 말했다. "성령이여, 이제 임하소서." 즉시 회중 가운데 누군가가 흐느꼈고, 이것은 강당 앞으로 모여든 다른 사람들의 눈물을 터뜨리게 하였다. 사람들이 기도를 받기 위하여 계속 앞으로 몰려 나왔고, 악단은 강단 뒤에서 조용히 음악을 연주하였다. 울음을 시작했던 사람이 울음을 멈췄으나 나는 다른 사람들이 흐느끼는 소리를 들었는데, 이 중 한 남자는 슬픔이 넘쳐나는 것 같았다. 사역팀의 멤버들이 기도를 돕기 위해 앞으로 나왔다. 왜냐하면 마헤쉬가 모든 사람을 위하여 개인적으로 기도할 수는 없었기 때문이다. 자주 마헤쉬가 누군가에게 손을 대는데, 그때마다 그 사람은 뒤로 넘어졌다. 그러면 넘어지는 사람은 이 일에 매우 익숙해 보이는 누군가가 뒤에서 받쳐주었다.

마헤쉬가 사람들을 위하여 기도하는 동안 존 윔버가 확성기 앞으로 나왔다. 그 역시 다양한 종류의 병자들을 불러냈다. 그러나 그가 상처 난 배꼽을 가진 누군가를 언급했을 때 아무도 응답하지 않았다. "당신이 거기 있다고 주님께서 분명히 말씀하셨습니다."라고 윔버가 말했다. 기다리면서 그가 웃겼다. "배꼽 때문에 일어서는 것이 부끄럽습니까?" 군중이 웃었다(윔버에 따르면, 후에 누군가가 치유 받았지만 당황하여 일어설 수 없었다고 인정했다). 윔버는 입 안에 하얀 반점이 있는 어떤 사람을 지적했다. 세 사람이 일어섰다. 그러자 그는 목구멍에 상처 난 사람에 대하여 말했고, 두 사람이 함께 일어났을 때 윔버는 농담을 했다. "당신 둘이서 무엇을 했습니까?" 거기에는 속과 성이 흥미롭게 섞여 있었고, 심한 고통에 대하여는 사역뿐만 아니라 쾌활함도 있었다.

내가 강단에서 눈을 돌리자 가까이 있는 한 사람이 본의 아니게 심하게 말을 더듬거리는 것을 보았다. 다른 사람들은 떨리는 손을 내밀었다. 그때 윔버가 말했다: "주님이 여기 계신 동안, 지금은 기도할 시간입니다. 그러니까 당신 옆에 있는 사람에게 가서 그들을 위해 기도하세요." 이 권면은 신유의 경험을 한 사람들의 숫자를 증가시켰다. 내 옆에 있던 한 쌍이 함께 기도하고 있었으며, 젊은 여인은 울고 있었다. 윔버가 말하려는 것은, 하나님이 여기 계시기 때문에 회중은 그의 능력을 힘입어야 한다는 것이었다. 그리하여 윔버는 "기도받기를 원하면 손을 드세요."라고 말함으로써 계속 사람들을 격려했다.

그곳은 치유를 위한 실험실 같았다. 거기서는 누구든지 그 일에 참여할 수 있었다—기도를 받든가 누군가를 위해 기도함으로써 사람들은 강당 안에서 자유롭게 움직였고, 나는 자제할 수 없을 정도로 소리 내어 우는 어떤 여자에게 용감하게 나아갔다. 작은 기도 모임이 그녀 주변에 형성되었는데, 모인 이들 중 한 여인이 여자에게 자신의 손을 뻗었다. 윔버는 이제 조용히 있었으나 가끔 이렇게 말했다. "권능이여, 임하소서. 성령이여, 오소서." 실험적인 개념을 강조하면서 그가 말했다: "하나님을 바라보고 기도하고 감사함으로 배우십시오. 주위를 돌아보고 하나님이 하시는 일을 보는 것은 좋은 일입니다."

그래서 나는 돌아보았다. 수십 명의 사람들이 강단 앞에 납작 엎드려 있었다. 일부는 떨고 있었고, 다른 이들은 울고 있었으며, 또 다른 이들은 조용히 있었다. 전형적으로 거기에는 이 개인들을 위해 기도함으로써 그들을 돌보는 사람들이 여럿 있었다. 마헤쉬 앞으로 사람들이 일렬로 모여 들었다. 그가 만지면 사람들은 무릎을 꿇었고 그들은 실신상태에 빠졌는데, 모두 이것을 분명히 성령에 사로잡힌 것으로 이해했다. 어떤 일이 일어났는지 확신할 수가 없어 거리를 유지했지만, 나는 예수(그리고 후에는 그의 제자들)가 병든 자들을 고치고 귀신들린 자들을 다스렸을 때 일어났음직한 일들에 대한 생생한 인상을 갖게 되었다.

밤 10시 반경 나는 탈진했고 혼란스러웠다. 그리고 온전한 정신을 지켜줄 어떤 해석적 근거가 절실히 필요했다. 그러나 이틀날 다시 그곳에 갔고, 그 집회에 참석한 사람들에게 '증언' 하는 설문 양식을 배포하도록 허락해 달라고 요청했다. 다음 몇 주 동안 이 설문지를 면밀히 검토했을 때, 내가 아직은 치유의 방법에 대해서는 확신할 수 없었지만 그들이 기록한 문제들의 실제-특히 사람들이 생활에서 겪는 감정적 고통-에 매우 강한 느낌을 갖게 되었다.

전형적인 증언 형태의 진술은 어렸을 때 성적으로 폭행을 당했으나, 그 집회 동안 다음과 같은 치유의 과정을 경험했다는 한 여인의 경우에서 볼 수 있다:

> 나는 수요일 밤 집회에서 존 윔버가 말씀을 전하였을 때 찬양하고 기도하고 있었습니다. 나는 그날 이전에는 어렸을 때 나를 성적으로 폭행하고 버렸던 아버지를 용서할 것인가 고민했으나, 결코 그 경험의 전체적인 고통을 느끼지 못했습니다. 나는 단지 분노와 씨름했을 뿐입니다.
>
> 그날 밤 존이 성령의 임재를 구했을 때, 나는 마치 무아경에 빠진 것 같았습니다. 눈은 감겨져 있었고 처음에 평화를 느꼈습니다. 매우 깊이 숨을 들여 마셨고, 성령이 나를 위로했습니다.
>
> 그러자 오른쪽 아랫배에서 심한 통증을 느꼈고, 그것은 지속되었습니다.

성령이 강하게 작용할 때에 매우 뜨겁게 느꼈고, 하나의 에너지와 같은 힘이 박동하고 있었습니다. 한 여자가 와서 나를 위해 기도하기 시작했습니다. 주님이 그녀에게 내 문제를 일러 주셨고, 그녀는 나에게 분노와 쓰라림을 버리라고 권면했습니다.

나는 매우 심하게 울었고, 그녀가 기도하면 할수록 성령이 더욱 강하게 작용했으며, 배의 고통이 사라지기 시작했습니다. 그녀는 나에게 고통을 예수께 맡기라고 말했습니다. 그래서 예수를 향해 손을 들어 올렸습니다. 그녀가 고통이 사라지도록 기도했을 때, 그 고통은 내 배로부터 위로 움직여 가슴으로, 그리고 손가락으로 옮겨져서 사라지기 시작했습니다.

그러자 나는 가슴 속에서 무엇인가가 부글부글 끓는 것을 느낄 수 있었고, 보다 크게 울고 소리 질렀습니다. 마침내 모든 고통에서 벗어났습니다. 그 다음에 그녀는 성령을 불러 나에게 채워 주셨고, 나는 마치 예수께서 나를 붙잡고 계신 것 같은 즐거움과 행복을 느꼈으며, 그는 그가 나의 아버지가 될 것이며 결코 떠나지 않을 것이라고 말했습니다.

나는 아직도 불같이 뜨거운 것을, 그리고 온몸이 짜릿한 것을 느낍니다. 짐이 나의 영혼에서 벗어난 것 같은 매우 신선한 느낌을 가졌습니다. 다리가 후들후들 떨려서 일어날 수 없었지만, 기분이 매우 좋았고 축복받았다고 느꼈습니다.

이 증언들에서 발견되는 흥미로운 사실의 하나는 열이 나고, 온몸이 짜릿하고, 전기에 감전된 것 같고, 가슴이 떨리고, 땀이 나고, 호흡이 가빠지는 것과 같은 특별한 신체적 느낌을 경험했다고 사람들이 매우 자주 언급한다는 점이다. 이 신체적 느낌은 즐거움, 평화, 축복, 그리고 정화(특히 과거 기억의)의 환각적 느낌과 조화를 이루는 것이었다.

증언의 내용을 읽으면서 나는 많은 사람이 어렸을 때, 신체적으로 혹은 성적으로 학대를 받았으나 집회 동안 분노와 고통의 경험에서 벗어나게 되었다는 것에 특별히 충격을 받았다. 또한 사람들은 제대로 양육 받지 못하고 자기 가치를 인정받지 못한 것에 대하여 갖는 부모를 향한 분노뿐만 아니라, 어렸을 때 신체적으로 버림받은(흔히 아버지에 의해) 것에 대한 느낌을 말했다. 많은 사람들이 매우 깊이 자리 잡은 기억(때로는 그 집회 기간의 어떤 순간까지 전적으로 억누르고 있었던)을 떠올릴 수 있었지만, 다음에는 과거의 고통에서 완전히 벗어나는 경험을 한 것으로 보인다.

비록 감정적으로 치유 받았다는 경우보다는 덜 증언하지만, 많은 사람들이 또한 집회에서 신체적 문제에서 구제받았다고 주장했다. 언급된 신체적 문제들은 빈도 순서로 볼 때 등의 상처, 목의 통증, 호흡 문제, 두통, 복통, 불임(不姙) 문제, 다리 통증 등을 포함한다. 나아가서 사람들의 특별한 '영적' 문제들도 치유되었다고 증언했는데, 그것들은 하나님에 대한 믿음의 부족에서 다른 교회에서 경험한 '악습' 과 '마귀' 의 공격에 이르기까지 다양하다.

또한 증언된 조사결과는 빈야드교회의 신유 집회에 참석했던, 혹은 적어도 우리가 설문지를 돌렸던 여러 교회 교인들의 인구학적 특징을 보여준다.[22] 절반에 약간 못 미치는 사람들이 빈야드교회 출신이며, 약 1/5은 비교파적 교회 출신이고, 30%는 침례교, 장로교, 성공회, 하나님의 성회, 그리고 감리교(빈도수의 순서)와 같은 교파 출신이었다. 유년기 종교 배경을 보면 가톨릭 출신이 가장 많았고, 다음은 침례교, 다양한 비교파 교회들, 감리교, 장로교, 루터교 순이었다.

많은 사람들이 이 집회에 참석하기 위해 멀리서 왔다: 거의 40%가 캘리포니아 밖에서 왔으며, 7%는 외국에서 왔다. 44%가 남성이며, 56%는 여성이었다; 88%가 백인이고 7%는 아시아인, 3%가 히스패닉이고, 1%가 흑인이었다; 71%가 기혼이며, 9%는 이혼을 했고, 2%가 사별했으며, 16%는 독신이었다. 평균 연령은 42세였다.

그 집회에 참석하기 전에 가졌던 종교적 경험에 관한 질문에 대하여 84%가 방언을 해 본 경험이 있다고 했으며, 86%는 감정적인 치유를 경험한 적이 있다고 했고, 74%는 신체적 치유를 경험해 보았다고 말했다. 그러나 45%는 전에 신유 집회에 참석해 본 적이 없었다고 했다.

거룩한 웃음

그 집회의 마지막 날 밤 나를 완전히 놀라게 한, 그러나 나중에 종교적 그리고 세속적 언론에서 크게 논쟁거리가 되었던 어떤 일이 벌어졌다. 비록 내가 그 음악에 대하여 분명히 감미로움과 힘을 느꼈지만 찬양의 시간은 늘 하던 대로였다. 윔버조차도 말씀을 전할 수 있도록 설교대가 강단 위로 올려질 때 그의 눈에서 눈물을 닦고 있었다. 그의 첫 말은 "그(예수)가 지금 오신다면 대단한 일이 아니겠습니까?"라는 것이었다.

윔버의 메시지는 성령의 '임재'에 대한 것이었고, 그는 "우리가 아니라 하나님이 주인이시다."라는 점을 계속해서 말했다. 하나님의 통치권을 강조하면서 윔버는 말했다. "우리는 진흙이고, 그는 토기장이입니다." 메시지의 중심 주제는, 치유하시는 것은 그 자신도 마헤쉬도, 혹은 집회의 다른 연사들이 아니라 하나님이라는 생각이었다. 우리를 정직하게 하기 위하여, 모든 것이 그의 손에 달려 있으며 우리가 하거나 통제할 수 있는 것은 아무것도 없음을 보여주기 위하여, 때때로 하나님은 자신을 나타내지 않을 수도 있다고 윔버는 말했다. 나아가서 윔버는 우리가 하나님의 행동에 대하여 합리적인 설명을 할 수 없다고 강조했다; 우리는 충성스러운 종이 될 수 있을 뿐이다. 많은 교회가 예수와 초대 교회의 수행을 무시하는 결정을 해 왔지만, 기독교인들은 병든 자를 치유하고 귀신을 쫓아내도록 -이 행위의 성공률은 고려하지 않고- 배우고 있다고 주장했다. 치유의 성공과 실패를 해석하려는 우리의 자연적인 경향을 말하면서, 윔버는 성령은 성공과 실패에 대하여 우리와 다른 기준을 가지고 있다고 했다. 그는 합리적인 생각은 성령의 사역을 평가할 수 없다고 말했다.

메시지를 끝냈을 때 윔버는 기도했다. 그런데 그때 즉흥적으로 한 사람이 웃기 시작했고, 다시 다른 사람, 또 다른 사람이 웃기 시작했다.[23] 나는 무슨 일이 벌어지는지 알 수가 없었다; 농담을 한 것도 아니었다. 몇 분 후 웃음이 계속되고 있을 때, 윔버는 해석적인 논평을 하며 이렇게 말했다. "그것은 하나님의 능력입니다." 이어서 성경을 인용했다. "술에 취하지 말고 성령에 취하라." 많은 남녀가 미친 듯이 웃는 것을 보기 위하여 나는 자리에서 일어나 강당 안을 걷기 시작했는데, 그들 중 얼마는 문자 그대로 바닥에 나뒹굴었다. 윔버는 이 장면을 보고만 있었지만, 가끔 "그대로 둡시다."라고 격려했다.

잠시 후 그는 그 집회의 여러 연사들에게 나와서 특별한 은사를 위하여 기도해 달라고 요청하면서 말했다. "이분들이 기도할 때에, 여러분은 성령을 받아 무엇이나 여러분이 원하는 것을 얻을 수 있기 바랍니다." 그러자 긍휼과 다양한 영적 '은사'를 구하는 기도들이 이어졌다. 나는 연사들 중 한 사람의 기도에 당혹감을 가졌다. "우리를 가슴의 사람들이 되게 하소서. 우리에게 성령의 은사를 받을 겸손을 주소서. 우리의 학위가 우리의 가슴에 방해가 된다면, 그것에 대하여 '아니오.'라고 말해 주소서." 나는 그가 나와 같은 사람을 염두에 둔 것이 아닌가 생각되었다. 그리고 몇몇 지도자들의 기도가 끝난 후에, 윔버는 축복의 기도와 함께 음식과 의복이 필요한 사람들, 이혼한 사람들, 아버지 없는 아이들을 기억하라는 기도로 끝을 맺었다.

회중 가운데 많은 젊은 사람들이 즉흥적으로 원을 만들었고, 손을 서로 잡고 강당 안에 만든 커다란 원 안에서 춤을 추었다. 악단이 연주하는 동안 유모차를 끌고 한 어머니가 동참했다. 약 20분간 사람들은 축제를 벌였고, 그 다음에 우리는 강당을 떠나 교통신호, 월세, 고용의 요구 조건이 있는 세속적인 세상으로 다시 돌아갔다.

5장

성경대로 살아감

사회사역, 정치, 신학

가난한 사람이 우리를 필요로 하는 것이 아니라 우리에게 가난한 사람이 필요하다 |
성 역할, 결혼, 자녀, 그리고 성(性) | 정신적 신념 | 경험적인 기독교 | 새로운 패러다임
목회자 대(對) 장로교 성직자 | 교리보다는 마음의 순수함 | 성경 읽기 | 결론적 의견

5장

성경대로 살아감

사회사역, 정치, 신학

　평생 민주당을 지지했고 자유주의 신학의 입장을 견지했던 나로서는 평신도들에 대한 조사 결과를 처음 보았을 때 다소 움찔했다. 응답자 3천 명 이상 중에 불과 8%만이 1992년 대통령 선거에서 민주당에 투표했다. 정치적 성향에 관한, 보다 넓은 의미의 물음에 대하여는 절반 이상이 '보수적' 혹은 '매우 보수적'이라고 했지만, 2%만이 자유주의 진영 범주에 들었다(나머지는 중간 입장). 나는 목회자 대상의 조사 결과에서는 절대 다수의 목회자가 "예수 그리스도를 따르는 자와 교회 멤버만이 구원받을 수 있다."고 말한 것을 발견하고 다소 당황했다. 이 견해는 서로 다른 종교 전통들의 다양성 중에서 발견되는 여러 통찰력을 인정하는 나 자신의 입장과 어울리지 않았다.

　반면에 그 결과를 좀 더 면밀히 검토하던 중에 '우측 성향'과 '좌측 성향'을 가진 사람들의 전형적 태도에 대한 일반적 설명이 맞지 않는 것을 발견했다. 예를 들면 새로운 패러다임 교회의 교인들은 압도적으로 동성애나 인공유산을 반대했지만, 인종차별에 대해서도 강하게 반대했다. 또한 시민의 자유에 관한 문제에는 상대적으로 자유주의적이었다. 그리고 세상의 임박한 종말과 그리스도의 재림에 대한 천년왕국적인 믿음을 가지고 있음에도 불구하고, 가난한 사람을 먹이고 재난 당한 사람에 기부하고 재소자를 돌보는 것과 같은 전향적인 활동들에 적극적으로 참여한다.

　조사 결과를 숙고한 끝에 나는 새로운 패러다임 교회의 교인들과 목회자들의 믿음을 이해하려면 세 가지 요인을 설명해야 한다는 확신이 생겼다. 첫째, 그들은 '역사적 실재론'(historical realism)(대부분의 자유주의 신학자들이 주장하는 상징적 실재론(symbolic realism)과 대조되는)의 입장을 고수한다. 그들은 성서가 하나님의 영감으로 이루어졌을 뿐만 아니라, 성서에 기술된 사건들은 문자적으로 실제 일어났던 것이라고 믿는다.[1] 성서에 대한 이러한 관점은 왜 그들이 이적(동정녀 탄생과 예수의 육체적 부활을 포함하여)을 믿는지, 왜 여자는 남편에 복종해야 한다는 바울의 말에 동조하는지, 왜 보수적인 성 윤리 의식을 가지고 있는지를 설명해 준다. 만일 어떤 것이 성서에 분명히 기록되었다면, 새로운 패러다임 목회자들은 그것을 복음으로 받아들인다.

둘째로, 새로운 패러다임 교회의 교인들과 목회자들은 인간의 이기심-혹은 옛 용어를 사용한다면 **죄**-을 모든 사회문제의 근본적 원인으로 본다. 그들은 사회 프로그램을 더 만든다고 거리가 완전해지거나 공립학교에서 마약의 위협이 사라지거나, 혹은 붕괴된 미국의 가정이 회복될 것이라고 생각하지 않는다. 훨씬 더 근본적인 변화, 즉 문제를 뿌리에서부터 해결하는 변화가 요구된다. 즉 사람들은 **자신**을 섬기는 것에서 **하나님**을 섬기도록 변화되어, '거듭날' 필요가 있는 것이다.

셋째로, 새로운 패러다임 교회 사람들은 그들에게 의미를 찾기 위해 씨름하게 하는 고민거리를 남겨 준 세계에서 질서를 찾는다. 우리가 실시한 조사에 따르면, 회중의 30%가 결손가정 출신이며, 비슷한 숫자가 부모의 알코올 혹은 약물 남용에 대하여 말한다. 나아가서 그들은 자신의 문제를 가지고 씨름해 왔다. 셋 중 하나는 이혼했거나 지금 별거중이다. 거의 절반이 적어도 한 번(11%는 '자주', 23%는 '몇 번') 전문 정신치료사를 찾아간 적이 있다고 말한다. 그리고 앞에서 보고한 것처럼 ¼은 회심 전에 자주 마약을 했다고 말했다.

현대 미국 사회에만 있는 현상은 아니지만, 삶에 가득 찬 고통과 좌절 때문에 새로운 패러다임 멤버들이, 진리 주장이 상대적으로 분명한 종교 전통에서 정착할 곳을 찾는 것은 매우 이해할 만하다. 이렇게 말한다고 해서 성서는 권위가 있고 과오가 없는 하나님의 말씀이라는 견해(개인적으로 이 견해에 동조하지 않지만)에 대한 신학적 혹은 철학적 논쟁이 쓸모없다는 것은 아니다. 특별히 그들의 경험을 고려해 볼 때, 새로운 패러다임 멤버들이 정부가 지원하는 사회 프로그램들이 우리 시대의 뿌리 깊은 문제들을 해결할 것으로는 생각하지 않는다는 것 역시 매우 이해할 만하다. 오늘날의 포스트모던 세계는 경쟁적인 이익 집단, 담론, 관점이 난무하는 곳이며, 따라서 변하지 않고 영원하며 신의 영감을 받는 어떤 것에 대한 열망은, 특히 그것을 즐겁고 문화적으로 현대적인 찬양의 형태로 경험할 수 있을 때에는, 의심의 여지없이 매력적인 것이다.

이 장에서 새로운 패러다임 기독교인들이 무엇을 믿는지, 그리고 그들이 이 믿음을 실천하는 방식은 무엇인지를 탐구하려고 한다. 이를 위해 먼저 새로운 패러다임 교회의 사회사역(social ministries)에 대한 기술로 시작할 것이다. 나는 이 교회에 있는 사람들의 **수행**(*practice*)이 그들이 가르치는 것의 **의미**(*meaning*)를 이해하는 중요한 방식이라고 확신한다. 또한 새로운 패러다임 멤버들과 목회자들의 정치적 신념뿐만 아니라, 그들의 성 역할, 결혼, 자녀 양육에 대하여 살펴볼 것이다. 마지막으로 새로운 패러다임 기독교인들의 구체적인 신학적 견해에 대하여 논할 것이다.

내가 보기에 새로운 패러다임 멤버들의 개인적인 종교적 경험과 믿음은 20세기 후반의 문화적 긴장과 연관되어 있다. 특히 새로운 패러다임 기독교인들의 보수적인 신학적 믿음은 도덕적 중심이 안정적이지 못한 세계에 대한 하나의 반응이다; 그리고 새로운 패러다임 기독교인들의 보수적인 정치적 견해는 아이러니하게도 그들이 젊은 시절에 배운 정부 제도를 향한 반문화적 태도(예를 들면, "정부는 거짓되고 위선적이기 때문에 정부는 작을수록 좋다"는 식의)를 반영한다. 다시 말하면 보수적인 종교적, 정치적 견해는 젊은 가족과 십대가 도덕적 질서와 의미를 추구하는 문화 안에서 형성된다.

가난한 사람이 우리를 필요로 하는 것이 아니라
우리에게 가난한 사람이 필요하다

흔히 자유주의 주류 교회만이 우리 사회에서 가난한 사람과 소유하지 못한 사람에게 봉사하는 반면, 보수적인 성령강림운동 교회는 기도하고 개인적 성화(거룩해짐)를 염려하는 데 바쁘다고 믿어 왔고 대개 이렇게 주장한다. 이 설명이 사실인지는 미래 역사가들이 밝힐 일이다. 그러나 오늘날 새로운 패러다임 교회들은 비교되는 어느 자유주의 교회들처럼 음식을 전달하고, 옷을 걷어 나누어 주고, 폭력 예방 프로그램을 운영하며, 건강 돌보는 일을 하느라 분주하다. 그들의 사회적 사역과 자유주의 교회 사역의 우선적인 차이는 전자가 어느 사회 문제든 그 궁극적인 해결책은 "변화되는 마음"이라고 믿는다는 점이다. 그래서 복음주의는 흔히 도움이 필요한 사람에 대한 사역을 포함하고 있다(비록 그것을 근본주의자가 수행하는 부차적 선교와 연관 짓는 교조적 방식은 아니라 하더라도).

전형적인 활동가 중 하나가 애너하임에 있는 빈야드교회의 몬트 휘태커(Monte Whittaker)로, 그는 이 교회의 '박애' 사역을 이끌어 가고 있다. 몬트와 그의 아내는 로스앤젤레스로 이사 오면서 1년에 백만 번 이상의 식사를 제공하는 프로그램을 조용하게 시작했다. 그들은 허름한 동네에서 살았고, 그의 아내는 거실 창문의 난간 뒤에서 새로 태어난 아들을 돌보곤 했다. 몬트에 따르면, 그의 아내는 왜 사람들이 길의 분리대 한가운데로 걸어다니는 경향이 있는지 의아해 했다. "그녀는 그들이 잔디 위로 걷기 때문이라는 것을 알았습니다. 그리고 그곳으로 걷는 이유는 그들이 신발을 신지 않았거나 신발에 구멍이 나 있어서 인도나 포장길을 걸으면 발바닥이 뜨겁기 때문이라는 것을 알았습니다. 그래서 그녀는 그들에게 신발과 담요를 주기 시작했고, 우리 집에 있는 물건들을 주게 되었습니다." 오래지 않아 몬트와 그의 아내는 집 없는 사람들이 모여 있는 공원으로 점심을 싸 가지고 가서 그들에게 나누어 주었다.

 어느 날 저녁 그들은 나누어 줄 저녁 도시락 36개를 가지고 그 공원으로 갔다. 그러나 비가 왔기 때문에 거기에는 사람들이 얼마 없었다. 그들은 약 12개의 도시락을 나누어 주고는 나머지 음식을 가지고 어떻게 하면 좋을지 하나님께 여쭤보기로 결심했다. 몬트는 이렇게 회상했다. "우리는 앉아 기도했습니다. 그러자 나는 주님이 임페리얼 하이웨이 근방에 있는, 내가 본 적이 있던 판잣집들로 그 남은 음식을 가지고 가라고 말씀하시는 것 같은 느낌을 받았습니다. 방문했던 첫 번째 가족은 오래 기다린 다음에야 문을 열어 주었습니다. 그 작은 방에 열두 명이 자고 있었고, 매트리스와 담요가 방에 꽉 차 있었습니다. 그래서 그들은 그 문을 열기 위하여 매트리스 하나를 들어야 했습니다. 우리는 가지고 있었던 도시락 대부분을 그들에게 주었고, 다음에는 옆집으로 갔습니다."

 그때 몬트에게 커다란 영향을 미친 일이 일어났다: "옆집 사람에게 우리가 가져온 무료 급식에 대하여 서투른 스페인어로 얘기했을 때, 그는 작은 봉투를 가지고 나왔는데 그 봉투에는 바닥에 1.3cm 정도 높이의 쌀이 담겨 있었습니다. 그리고 그는 나에게 스페인어로 말하기를, 나머지 절반은 가족의 식량으로 남겨놓을 수밖에 없기 때문에 나누어 줄 식량은 그것이 전부라면서 그것을 받아 달라고 했습니다." 즉시 몬트는 자신이 그에게 음식을 주기 원한다고 설명했다. 그러나 그 사람의 이러한 너그러운 행동이 몬트를 크게 움직여서 그와 빈야드교회의 몇 친구들은 그 공원에 정기적으로 먹을거리를 가져가기 시작했다. 얼마 안 되어 그들은 매주 수백 개의 도시락을 가져다 주게 되었다.

 몇 개의 점심 도시락으로 시작되었던 것이, 잉여 음식을 매우 싸게 구입하고 (주로 최근 이민자들에게) 음식 꾸러미를 계속 공급하는 하나의 커다란 나눔의 창고로 발전했다. 또한 예배 후에 따뜻한 음식을 사람들에게 제공하는, '양의 점심'(Lamb's Lunch)이라고 불리는 프로그램이 생겨났다. 몬트에 따르면 "가난한 사람들이 우리를 필요로 하기보다는 우리에게 가난한 사람들이 필요합니다. 우리는 '그 입장'이 되는 것을 배우기 위하여 가난한 사람들이 필요합니다." 그의 견해에 따르면 "하나님은 가난한 사람들에 대한 우리의 사역 때문에 우리에게 복을 주셨고, 그분(하나님)이 여기(빈야드교회)에서 하시는 많은 일이 그것 때문입니다."

한 빈야드 교인의 확신으로 자발적으로 생겨난 다른 프로그램은 재소자에 대한 사역이다. 잭 러셀(Jack Russell, 가명)은 감옥을 여러 번 드나든 전력이 있었다. 그래서 교도소를 방문하여 복음을 전하는 데 필요한 신분증을 받을 수 없을 것이라고 생각했다. 그러나 그가 신분증을 받았을 때, "하나님이 이루어 주신 것이 틀림없어."라고 말하고 즉시 작은 성경공부 모임을 시작했다. 그는 단순히 "이 방에 와서 나를 말똥말똥 쳐다보는, 여덟에서 열 명 가량의 사람들과 성경공부를 시작했습니다."라고 기억한다. "미동도 없었습니다. 나는 성경공부를 하려고 노력하였습니다. 이들이 기독교인인지 아닌지, 나를 증오하는지 좋아하는지도 알지 못했습니다." 매 화요일마다 그는 '내가 무엇을 하고 있지?'라고 생각하며 그곳으로 갔다. 그러나 두렵다고 느끼면서도, 그는 생각했다. '아십니까? 하나님은 지난해에 나를 참 많이 사랑하셨고 내 삶을 사랑하셨습니다. 그래서 나는 무엇인가 돌려 드리고 싶습니다. 비록 그들이 나를 빤히 쳐다보아 무안하게 하더라도 이 사람들을 사랑할 것입니다. 나는 그들을 계속 사랑할 것이고, 그들에게 하나님이 그들을 얼마나 사랑하는지를 계속 보여줄 것입니다.' 짧은 기간 안에 그의 성경공부 모임은 10명의 재소자에서 60명으로 늘어났고, 이제 그는 성경공부를 그만 두고 그들을 위하여 빈야드 형태의 예배를 드리기 시작했다.

작은 방에서 성경공부를 시작했을 때의 예배에 대하여 잭은 다음과 같이 회상한다: "나는 그들에게 상처를 받을 수 있었습니다. 그러나 바로 거기에 하나님께서 계셨고, 이 사람들은 활기를 얻기 시작했습니다. 그들은 내가 그들을 사랑한다는 것을 알았고, 내가 그들을 위해 거기에 있다는 것을 알았습니다. 나는 그들에게 쇼를 하려고, 혹은 누군가에게 보수를 받는 사역을 하려고 그곳에 간 것이 아니었습니다. 그들은 점차 내가 그들을 사랑하고, 하나님이 그들을 사랑한다는 메시지를 받아들이기 시작했습니다. 그렇게 하여 그들이 마음을 열게 되었다고 생각합니다."

많은 경우 잭은 그들이 노래하는 것을 멈추게 할 수 없었다. "나는 내가 사랑하고, 나를 자유롭게 하는 현대적 찬양을 도입하고 싶었습니다."라고 그는 설명한다. "여러분이 그곳(교도소)에 가 본 적이 있다면, 이 사람들이 〔대개〕 어느 것에도 감흥을 느끼지 못한다는 것을 이해할 것입니다. 〔그러나〕 그들의 노래는 벽을 통해 울리고, 신이 나게 되었습니다. 그들은 찬양하는 것을 부끄러워하지 않습니다. 만일 여러분이 약 6개월간 욕실에 갇혀 있다가 빈야드교회로 걸어 들어오게 된다면, 여러분 역시 날 것 같아 춤을 출 것입니다. 그렇게 그들은 찬양하는 것을 사랑하며, 일단 시작하면 멈추려고 하지 않습니다. 기타 반주가 없다 해도 그들은 노래를 시작할 것입니다. 그들은 찬양 멈추기를 원하지 않습니다."

잭은 그들이 자신을 믿지 않는다 하더라도 그들에게 희망을 주는 목회자가 되기를 원한다: "그 목회자는 그들이 원하는 목회자이에요. 비록 사회가 그들에게 '너희는 실패했고, 실수했으며, 쓰레기이고, 희망도 미래도 없고, 앞으로 20년간 갇혀 있어야 할 것이며, 살아남기 위해 패거리에 가담해야 할 것'이라고 말한다 해도 그들을 믿어 주는 목회자인 것입니다. 나는 '아닙니다. 여러분은 포기해서는 안 됩니다. 우리의 하나님은 위대하십니다. 20년이 걸린다 하더라도, 하나님께서 여러분의 삶을 위한 하나의 계획, 여러분의 삶을 위한 하나의 목적을 가지고 계신다고 믿습니다.'라고 말하는 목회자가 되기를 원합니다. 나는 그들이 나처럼 〔그리스도를 만나서〕 변화되기 원합니다."

이 교회는 여성 재소자를 위한 비슷한 프로그램을 후원한다. 이 사역 중의 하나는 임신한 재소자로서 나중에 아기를 완전히 빼앗겨 버릴까 두려워하는 여성에 초점을 맞추고 있다. '아기 커넥션'이라고 불리는 이 프로그램은 임신한 여성 재소자와 교회에서 파견한 자격증 있는 대리부모를 연결해 주는 것이다. 아기가 태어나면 대리부모는 아기를 데려와 돌보며, 일주일에 한 번씩 아기를 교도소로 데리고 가서 엄마와 아기가 유대관계를 맺게 도와준다. 그 여인이 출소하면 아기는 엄마 품으로 가게 되지만, 옛 대리부모는 그 엄마와 아기와 지속적인 관계를 유지한다. 아기 커넥션 프로그램은 어떤 여인의 경험에서 비롯되었다.(그녀는 이것을 영적인 관계라고 말한다)

임신한 여성을 위한 공식화된 사회사역의 다른 예로 '룻의 집'(the House of Ruth)이 있다. 이 프로그램은 갈보리교회의 목사 부인에 의해 시작되었다. 십대 때 그녀는 아이를 출산한 적이 있는데 아이는 입양되었고, 그녀는 그 아이와 계속 만날 수 없다는 사실에 큰 상처를 입었다. 따라서 이 프로그램의 목적은 여인들에게 낙태하지 말라고 말할 뿐만 아니라(이것도 하나의 동기이지만), 그 아이를 입양한 부모와 관계를 유지하고 생모를 그들 가족의 일부로 받아들이게 하는 것이다.

새로운 패러다임 교회의 다양한 사회사역 프로그램에 더하여, 개인도 이타적인 친절을 베푸는 많은 일을 수행한다. 예를 들면 동부에 있는 갈보리교회의 한 멤버인 김(Kim)과의 인터뷰에서 그녀는 한 십대 여학생이 지난 해 자신의 가족과 함께 살았다고 우연히 말했다. "그 애는 열다섯 살이었고 아기를 가졌지요."라고 김이 말했다: "우리는 그 애를 데리고 가서 분만하는 것을 도왔고, 출산 후에는 우리 집으로 데리고 와서 1년을 보내면서 산모에게 자택학습을 해 주었습니다." 왜 그렇게 그 여자애를 돌보았느냐고 묻자 김이 대답했다. "그것이 바로 주님이 우리에게 하라고 가르쳐 주신 일이지요. 다른 사람이 당신에게 해 주고 싶어 하는 것처럼 당신도 다른 사람들에게 해 주라고 하지 않았어요? 만일 누가 밖에서 다쳤다면 당신은 길가 의자에 앉아 구경만 하겠어요? 아니면 집으로 데리고 와서 돌봐 주겠어요?" 그리고 김은 그렇게 한 동기에 대한 또 다른 생각을 말했다: "그것(남을 돕는 것)은 **우리가** 이기적이 되지 않고 성장하는 데 도움을 주었습니다. 우리는 지금도 주님이 우리 마음에 일러 주신 것처럼, 보다 많은 아이들이 우리와 함께 살 수 있기를 바랍니다."

새로운 패러다임 교회가 행하는 사회사역은 성서적 이야기의 영향을 많이 받았다. 따라서 내가 인용한 프로그램들이 굶주린 사람을 먹이고, 헐벗은 사람을 입히고, 감옥에 갇힌 사람을 찾아가고, 어린 미혼모(오늘날의 '과부')를 돕는 일과 관계있는 것은 놀라운 일이 아니다.[2] 흔히 그들은 어려움에 처한 사람들에 대한 봉사를 통하여 예수와의 관계 안에서 새로운 삶을 발견하고, 결과적으로 비슷한 생각을 가진 기독교인들의 후원 공동체에 참여하게 된다. 그리하여 공동체와 이념은 둘 다 새로운 패러다임 교회가 어려운 사람들에게 제공하는 것의 부분이 된다.

이 프로그램들에 참여하는 사람들과의 인터뷰에서 그들이 새로운 사회정책을 옹호하여 사회를 변화시킬 수 있다는 이야기는 거의 듣지 못했다. 그들의 보수적인 정치적 견해는, 사회복지는 국가가 아니라 교회의 책임이라는 것이다. 나는 사적 수준의 역량으로 건강, 주거, 월 생활 보조금에 있어 가난한 사람들의 일상적 필요를 체계적으로 다루는 것은 부족하다고 생각한다. 그러나 이 사람들이 구체적인 방식으로 개인들에게 행하는 인간적 선행에 대하여 가볍게 볼 수는 없다.

성 역할, 결혼, 자녀, 그리고 성(性)

새로운 패러다임 기독교인들의 사회사역 중에 많은 것들이 개인에 초점이 맞춰져 있지만 그들은 사회적 변화에 보다 큰 비전을 가지고 있다. 그들의 특별한 표적은 가족이다. 그것은 가족에서부터 모든 다른 사회제도들이 변화될 수 있다고 믿기 때문이다. 가족은 가치를 형성하고 아이들을 성숙한 시민으로 만드는 곳이다. 그러나 새로운 패러다임 기독교인들은 불행하게도 사람들이 '죄 많은' 이기적 성향을 따르기 때문에 가족이 해체되어 왔다고 말한다. 이러한 경향에 맞서려고 그들은 자녀를 위하여 질서 잡힌 양육 환경을 마련하는 가족을 만들어 내는 것을 목표로 한다. 이러한 목표에서 성(gender), 결혼, 성적 관계와 연관된 많은 가치들이 생겨나고 있다.

새로운 패러다임 기독교인들은 성경을 문자적인 진리로 믿기 때문에 바울의 다음 진술을 규범으로 받아들인다: "아내들이여, 자기 남편에게 복종하기를 주께 하듯 하라. 이는 남편이 아내의 머리됨이 그리스도께서 교회의 머리됨과 같음이니 그가 친히 몸의 구주시니라. 그러나 교회가 그리스도에게 하듯 아내들도 범사에 그 남편에게 복종할지니라."[3] 자주 인용되는 바울의 에베소서 구절은 다음에 남편들에게 어떻게 아내를 대해야 하는지에 대한 가르침으로 정당화된다: "남편들아, 아내 사랑하기를 그리스도께서 교회를 사랑하시고 위하여 자신을 주심 같이 하라. … 이와 같이 남편들도 자기 아내 사랑하기를 제 몸 같이 할찌니 자기 아내를 사랑하는 자는 자기를 사랑하는 것이라."[4]

교인들과 목회자들을 인터뷰해 보면 남녀 모두 복종의 원리를 정당화나 변명 없이 받아들인다. 실제로 그들은 지배 구조의 분명한 체계에 대하여 고맙게 생각하는 듯했다. 그러나 그들은 또한 이 복종은 상대편에서의 책임을 의미한다고 강조했다. 나는 복종의 개념이 분명히 남용될 수 있다고 믿지만, 우리가 인터뷰한 여성들은 자주 복종은 권위적인 관계성을 의미하는 것이 아니라고 설명했다. 예를 들면 한 여성은 이렇게 말했다. "내가 서른여섯 살이 되고 우리가 주님을 영접할 때까지는 내가 대체로 가족을 이끌어 왔습니다. 나는 지금도 그렇게 하려고 합니다. 그러나 이제는 그(남편)에게 내 의견을 제시하고 많은 일에서 그를 설득하지만, 우리가 어떤 일을 할지 말지를 결단해야 할 때나 큰일일 경우에는 남편 릭(Rick)이 결정해요. 그러나 그는 정중하고 이제는 매우 친절해요. 항상 그래요. '무엇이 내게 가장 좋은 일이겠어요?'" 그녀는 더 나아가서 복종이 왜 그녀에게 유쾌한 일인지를 분명히 하기 위하여 이렇게 말했다. "그는 매우 다른 사람이 되었습니다. 그가 나를 바라보는 방식이나 나를 사랑하는 방식에 있어서 말입니다. 그가 내게 해 달라고 부탁하는 것을 하는 것이 쉬워요. 나는 그게 최선이라는 것을 알기 때문이지요. '오, 하나님. 내가 정말 이 일을 해야 하나요; 나는 정말 그것을 원하지 않아요.' 하는 것은 최선이 아닙니다. 그러나 하나님은 남편에게 복종해야 한다고 말씀하십니다. 그 일을 거부하는 것은 옳은 일이 아니지요."

다른 여성은 바울의 가르침에 대한 적절한 이해는 실제로 여성을 해방시키는 것이라고 주장했다: "당신은 아내가 아이를 돌보고 남편을 위해 요리하고 그의 모든 요구를 들어 주면서 부엌에만 있어야 한다는 말을 빈야드교회에서는 결코 들을 수 없을 것입니다. 사실상 남부와 중서부에서 우리가 행하는 많은 사역에 있어서 우리는 실제로 그 지역의 여성들에게 새로운 자유를 가져다 주고 있습니다. 그것이 그들이 알고 있었던 유일한 삶인데, 우리가 그것은 그들을 위한 삶이 아니라고 말해 주기 때문입니다. 그것은 주님이 의도하신 방식이 아닙니다. 그들은 자신의 정체성을 가져야 합니다. 그들은 하나의 인격이어야 합니다."

우리가 이 여성의 남편을 따로 만나서 바울의 가르침에 대한 견해를 말해 달라고 요청했을 때 그는 이렇게 대답했다: "나는 어떤 의미에서도 아내가 나보다 열등하다고 생각하지 않습니다. 나는 하나님이 남자와 여자를 동등하게 창조하셨다고 믿습니다. … 하나님이 원하시는 남자의 어떤 역할이 있을 것이고, 여자를 위한 역할도 있습니다." 그럼에도 불구하고 그의 아내는 결정에 대한 마지막 책임은 그에게 있다고 지적했다: "우리가 모든 결정에 대하여 토론하고 그것을 함께 만들어 가지만, 그가 우리 집안의 최고 결정자입니다."

어떤 여성들은 소위 "가부장적 거래"(patriarchal bargain)라고 불리는 이러한 남편과 아내의 관계에 대하여 매력을 느낀다: 그들은 남편이 '가장' 역할을 할 때에, 그가 보다 책임적이고 돌보는 배우자가 된다고 믿는다.[5] 나아가서 몇몇 여성들은 보다 전통적인 여성 역할, 즉 그들의 정체성을 전문적 직업과 연관시킬 필요가 없는 역할을 정당화하려고 한다.6) 다른 면에서 보면 성 역할에 대한 이러한 성서적 해석은 오늘날의 사회에서 남자들, 특히 남성 정체성에 대하여 자신이 없는 남자들에게도 매력을 줄 수 있다. 예를 들면 한 남자는 그의 동년배 중의 많은 수가 남성성이 무엇을 의미하는지에 대하여 혼란스러워한다고 말했다. 그는 지금은 "아버지 없는" 세대이며, 따라서 그와 많은 남성 친구들은 어떻게 남편이 되거나 아버지가 될 수 있는지 알지 못한다고 주장했다. 결과적으로 그는 가장에 대한 성서적 입장에 나타난 규범적인 표준에 찬성한다.7)

에베소서 본문이 새로운 패러다임 기독교인들이 성 역할에 대한 논의를 할 때 인용하는 유일한 본문은 아니다. 어떻게 예배할 것인지에 대하여 권면하는 구절에서 바울은 여자들에게 금이나 진주장식을 하지 말고 타당한 옷을 입으라고 말하며 이렇게 권고한다: "여자는 일절 순종함으로 종용히 배우라. 여자의 가르치는 것과 남자를 주관하는 것을 허락지 아니하노니 오직 종용할찌니라."8) 이 구절은 왜 새로운 패러다임 교회의 담임목사는 모두 남성인지를 설명할 때 인용된다. 그러나 이 말씀은 또한 많은 새로운 패러다임 교회에서 활발하게 이루어지는 여신도 집단의 여성 지도력을 정당화하는 것으로도 보인다. 여성에게는 여성들만 모이는 곳에서 권하고 가르치는 일이 허용되지만, 그들에게 설교하거나 남성의 지도력을 '빼앗는' 것은 허용되지 않는다.

그리하여 여성은 여성들만의 모임을 만들어 바울의 금지사항을 비켜 가는데, 어떤 모임에는 수천 명의 여성들이 참여한다.9) 아마도 이 집단에서 여성들은 '설교'를 하기보다는 '가르칠' 것이다. 그러나 가르침의 내용을 본다면, 남성 목회자가 말한 것과, 이러한 상황에서 여성이 제공한 '권고하는 말' 사이를 구분하기란 어려울 것이다. 나는 여성이 넓은 범위의 목회자 역할을 수행하는 일을 금하는 것에 동조하지 않지만, 내가 인터뷰했던 여성들이 이러한 금지에 대하여 거의 문제 제기를 하지 않는 것에 놀랐다. 나는 여성들만의 모임이 지도력의 기회를 충족시켜 주기 때문이라고 잠시 생각했다.10)

여성들은 이 모임에서 '가르칠' 뿐만 아니라 함께 찬양하고(때로는 남자들 모임보다 더 감정적으로), 작은 후원 집단에서 만나고 수련회도 가며 여성의 특별한 요구를 채우기 위한 활동을 조직하기도 한다. 이런 의미에서 여성들은 많은 경우 공식적으로 남성들에게 주어진 역할과 기능적으로 대등한 역할을 이 새로운 패러다임 교회 안에서 만들어 왔다. 솔직히 나는 적어도 남성도 책임을 함께 나눈다는 의미에서, 때때로 많은 주류 자유주의 교회에서 보았던 것보다 새로운 패러다임 교회가 많이 평등하다는 것을 발견하게 된다. 예를 들면 남성도(취학 전 아동과 취학 아동 대상의) 아이들 프로그램에 활발하게 참여한다. 또한 가정에서 많은 남자가 주류 교회 남자보다 아이 양육에 더 책임감을 가졌다.

우리가 실시한 조사에는 여성의 역할에 대한 태도를 측정하기 위한 여러 질문들이 있었다. 응답자의 70% 정도가 결혼한 여성들이(남편이 그녀를 부양할 능력이 있다 하더라도) 집 밖에 나가 돈을 버는 일에 찬성했다. 보다 정치적인 물음에서 응답자의 3/4이 "여성은 가정을 돌보아야 하고 나라 지키는 일은 남성에게 맡겨야 한다."는 문항에 동의하지 않았다. 또한 더 애매하기는 하지만 응답자의 대다수가 "남성이 여성보다 정서적으로 정치에 더 어울린다."는 내용에 동의하지 않았다.

성 평등에 대한 이러한 일반적인 자유주의적 정서에도 불구하고, 많은 새로운 패러다임 기독교 가족들은 선택할 수 있다면, 자녀가 초등학교를 졸업할 때까지는 어머니가 일하는 것보다는 집에 있어야 한다고 생각한다. 사실 갈보리교회 목회자 배우자의 58%와 빈야드교회 목회자 배우자의 48%가 밖에서 일을 하기보다는 '가사를 돌보고' 있었다. 자녀 양육은 미국 사회의 제도를 다시 일으켜 세우려는 노력에 있어 새로운 패러다임 기독교인들이 추구하는 매우 강한 가치다. 예를 들어 척 스미스는 아내 케이가 막내가 고등학교를 졸업하고 집을 떠나 대학에 갈 때까지 교회의 여성 프로그램을 인도하는 일에 나서지 않았다고 말했다. 다른 부부는 아이 엄마가 아이들을 위해 집에 있는 것을 원했기 때문에, 얌전하게 살았다고 우리에게 말해 주었다.

 자녀에 대한 헌신의 가장 극단적인 표시는 자택학습(home schooling)의 인기다. 우리가 조사한 바에 따르면 많은 부모가 학교 다닐 나이의 자녀를 집에서 가르치는데, 그것은 부모에게, 특히 어머니에게 매우 큰 희생이 요구되는 행동이다. 자택학습 동기의 일부는 자녀를 공립학교의 '세속적 가치'에서부터 보호하는 것일 수 있지만, 한편 더 중요한 이유는 자녀가 집에서 보다 나은 교육을 받을 수 있다는 생각인 것 같다. 자택학습을 하는 부모들 사이에는 활발한 그물망이 형성되어 있고 흔히 교회 시설을 모임의 장소로 활용한다. 학교를 운영하는 어떤 교회는 자택학습을 받는 아이들이 그 학교의 체육 프로그램에 참여하도록 허락한다.

 새로운 패러다임 교회의 자녀와 가족에 대한 이러한 신념은 결혼 상담과 심지어 결혼에 대한 결심에까지 이어진다. 목회자들은 결혼에 동의하는 데 엄격한 기준을 적용하며, 결혼을 위한 공식적인 준비를 요구한다. 예를 들면 새로운 패러다임 목회자들은 결혼할 두 사람이 그리스도와의 '관계성'을 가지고 있는 기독교인이 아니면 결혼식 주례를 하지 않는다. 결혼하지 않고 함께 사는 쌍이 있으면, 그들은 흔히 갈라서라는 권고를 받는다. 그 교회는 성서가 혼전 성관계를 금한다고 믿기 때문이다. 결혼하려고 하는 한 쌍 중 하나가 이혼했다면, 이혼의 배경에 대해 조사를 한다. 성서는 간음을 금하기 때문이다. 이혼한 부부에 대하여는 보통 화해할 것을 권유하며, 이것이 실패할 때에만 교회 안에서의 재혼을 허락한다. 결혼에 대한 성서적 조건이 모두 충족되면 그 쌍은 혼전 상담의 여러 프로그램을 거치게 되는데, 여기서는 결혼생활에서의 성관계에서 가정 재정의 운영에 이르기까지 다양한 문제를 다룬다.

 나는 새로운 패러다임 교회가 가족을 최우선으로 두는 정황을 가장 잘 이해할 수 있게 하는 부분이 낙태에 대한 정서라고 생각한다. 조사 결과, 평신도 응답자의 90% 이상이 단순히 아이를 가지고 싶지 않다는 이유로 기혼 여성이 낙태하는 것을 합법화하는 것에 반대하며, 목회자들은 이 견해에 거의 모두가 반대했다. 그러나 나는 성서에서는 단편적으로만 암시되는 이 견해가, 여성의 자궁에서 태아 조직을 추출하는 것에 대한 도덕적 혐오감보다는 가족의 생활과 가치에 대한 강한 신념에 근거한다고 믿는다.

또 다른 논쟁적인 문제인 동성애에 대해서는 평신도의 97%와, 거의 100%에 달하는 목회자들이 동성(同性)의 성관계는 항상 잘못된 것이라고 말했다. 이러한 강력한 반응은 의심할 여지없이 동성의 성관계를 금하는 다양한 성서적 구절들을 반영한 것이다. 그러나 격렬한 그 반응 또한 동성애가 전통적인 가족에 대하여, 그리고 함축적으로는 전통적인 성 역할에 위협이 된다는 생각과 관계가 있다고 나는 생각한다.[11]

정치적 신념

자신의 정치적 성향을 밝혀 달라고 했을 때 새로운 패러다임 기독교인들은 보수적이었지만, 목회자들은 평신도보다 훨씬 더 보수적이었다.[12] 보수적이라는 기준이 투표 행위로 구체화되면 평신도와 목회자 모두 공화당 후보를 선호하는 경향이 있지만, 목회자가 평신도보다 조금 더 공화당에 투표한다고 했다.

그럼에도 불구하고 우리가 한 조사는 목회자들과 평신도들이 정치적으로 같지는 않다는 것을 보여준다. 목회자들은 정치와 국가적인 일에 강한 관심을 가지는 반면에, $1/4$ 내지 $1/3$만이 사람들에게 어떻게 투표하라고 설득한다고 진술했다. 대신에 많은 목회자들이 그들의 우선적인 책임은 정치 구조를 바꾸려고 하기보다는 영적인 문제에 초점을 맞추는 데 있다고 생각한다. 그러나 목회자들은 인종주의를 포함한 도덕적 문제들에 대해서는 입장이 분명하다. 우리가 실시한 조사에 따르면 목회자들은 어떤 편견의 성향에 대하여도 강하게 반대했다. 예를 들면 목회자의 95%가 "내 가족의 구성원이 다른 인종의 친구를 저녁 식사를 위해 집으로 초대하고 싶어 하면 반대할 것이다."라는 진술에 강하게 반대했다. 목회자들은 "소수 인종과 백인 사이의 결혼을 금지하는 법이 있어야 한다."는 진술에 대해서도 비슷한 비율로 강하게 반대했다. 이러한 물음들에 대해서는 목회자들이 평신도들보다 인종주의에 반대하는 경향이 다소 더 강했다. 그러나 적어도 우리가 던진 질문에 관해서는 두 집단 모두 편견의 경향이 나타나지 않았다.

시민의 자유에 관한 문제들에 있어서는 목회자들이 평신도들보다 일관되게 더 진보적이다. 예를 들면 평신도의 70%에 비해 목회자의 90%가, 교회와 종교에 반대하는 사람에게도 대중 연설을 허용해야 한다는 데 동의했다. 그리고 80% 이상의 목회자가 종교에 적대적인 사람도 대학에서 가르칠 수 있게 허용해야 한다고 생각했지만, 평신도 중에는 이러한 견해에 동조하는 비율이 60%가 조금 못 되었다.

성(性)에 관한 모든 문제들에 대해서는 새로운 패러다임 목회자들과 평신도들 모두 보수적이다. 빈야드교회 목회자의 절반과 갈보리교회 목회자의 약 70%는 공립학교가 4학년에서 8학년까지의 아이들에게 성교육을 하는 것을 강하게 반대했다. 이 점에서는 그들이 평신도들보다 조금 더 보수적이었다. 앞에서 보았듯이 낙태와 동성애에 대하여는 목회자들 거의 모두가 반대하였다; 또한 99%가 혼외정사를 갖는 것은 '항상 잘못된 것'이라고 밝혔다.

이 조사 결과는 수십 차례 예배에 참석했던 나의 경험, 그리고 내가 읽은 수백 편의 문헌과 일치한다. 교회 지도자들은 보수적인 정치적 가치를 보여 주고 있으나, 이 가치에 대한 공적 표현에 있어서는 상당히 다른 태도를 나타내고 있다. 그리하여 척 스미스는 낙태, 포르노, 학교에서 드리는 기도, 그리고 다른 보수적인 주제들에 대한 정치 후보자들의 입장이 담긴 유권자 지침서를 나누어 주기도 하는 반면에,13) 다른 갈보리교회 목회자들은 기독교인들이 투표할 책임이 있다는 것 이상은 거의 말하지 않는다. 그리고 자크 나자리안은 낙태시술 병원 앞에서 실시하는 시위에 적극적으로 참여하는 반면에, 호프교회의 설립자 랄프 무어는 애너하임 빈야드교회의 담임 목사 칼 터틀이 그런 것처럼 매우 정치적인 활동에서 비켜 서 있다.

또한 새로운 패러다임 목회자들은 국제적인 문제에 대한 관심의 수준도 서로 다르다. 척 스미스는 「**예루살렘 포스트**」(*Jerusalem Post*) 지를 읽으며, 이스라엘의 강력한 지지자로서 미국의 반 이스라엘 정책에 대하여는 강단에서도 경고하고, (유대에서 쓰는) 가지 달린 촛대를 강단 위에 배치해 놓는데, 다른 갈보리교회 목회자들도 이를 그대로 따른다.14) 대조적으로 내가 걸프 전쟁 이전에 가까이 있는 빈야드교회를 방문했을 때, 나는 하나님께서 교만한 미국을 징벌하기 위하여 이 전쟁을 이용하시는지도 모른다는 예언자적 진술을 들었다.

그러나 적어도 내가 속한 자유주의 감독교회의 분위기와 비교해 보면, 대부분의 주일 설교에 정치적인 이야기는 별로 없다. 대신에 개인구원과 성서의 위대한 이야기를 배우는 것, 그리고 하나님을 찬양하는 것에 초점이 맞추어져 있다. 이러한 현실은 많은 자유주의교회 멤버들이, 진보적인 종교관을 가진 목회자의 설교에는 항상 '정치적 주제'가 스며들어 있다고 생각하는 것과는 반대된다. 이 주제가 어떤 보수적인 교회에서도 보일 수 있다. 특히 정치적으로 공작하는 조직에서 말이다. 그러나 낙태에 반대하는 경우를 제외하고는 대부분의 새로운 패러다임 교회에서는 이러한 모습이 나타나지 않는다. 포르노, 성교육, 그리고 동성애 문제에 대해서는 입장 표명을 자제하는 경향이 있다. 창조론 입장이 인정되지 않을 때에는, 때때로 진화론을 가르치는 것을 반대하는 소리도 나온다. 그러나 정치적 목소리가 강한 것은 아니다. 많은 새로운 패러다임 교회 멤버들은 자녀를 돌보고 사회 폭력에 대한 건설적인 대안을 내놓는 데 너무 바빠서 논쟁적인 정치에는 개입할 여유가 없어 보인다. '세속적 인본주의'(secular humanism)와 정치적 좌익에 대한 비난은 TV 부흥사, 라디오 설교자, 그리고 작은 교회의 근본주의 설교자에게서 나오는 경향이 있다.

경험적인 기독교

나는 실용주의적인 접근방법을 이용하여 신학적 입장을 해석한다: 실제적인 말에 초점을 맞추기보다는 그들이 권장하는 행위를 연구한다. 이런 이유에서 나는 신학적 판단은 이 책의 마지막에서 내리려고 한다.

이미 말했듯이 새로운 패러다임 기독교인들의 믿음은 전통적인 범주에 쉽게 어울리지는 않는다. 한편으로 그들은 복음주의적으로 보일 수 있다. 이 점에서 이 사람들은 그리스도의 신성, 성서의 영감설과 무오성, 예수의 육체적인 부활, 동정녀 탄생, 그리고 약속된 메시아로서의 그리스도의 재림을 믿는다. 소위 현대주의자와 보수적이고 정통적인 기독교인을 구분하기 위하여 20세기 초에 제시된 다양한 명제들의 관점에서 보면, 새로운 패러다임 기독교인들을 근본주의자로 이해할 수도 있다.

그러나 미국의 종교 경제 틀에서 보면 **복음주의**나 **근본주의**라는 명칭은 새로운 패러다임 교회와는 다른 하위문화를 나타낸다.[15] 복음주의는 전형적으로 보수적인 주류 교파들과 관계가 있고, 근본주의는 문화를 부정하는 반작용으로 본다. 대조적으로 새로운 패러다임 교회들은 음악과 조직 형태에 있어 문화적으로 적응하려고 하며, 대부분의 복음주의 교파들에서 볼 수 있는 공식적인 교회예배 형태와는 구분되는 예배를 드린다.

나아가서 새로운 패러다임 기독교인들은 '성령의 은사'를 받아들이는 데 있어 전형적인 복음주의자나 근본주의자와 다르다. 그들의 믿음이 성령강림 운동의 성격을 띠고 있기는 하지만, 지미 스와가르트(Jimmy Swaggart)나 오랄 로버츠(Oral Roberts)와 관련된 것과는 다른, '보다 유연한' 형태의 성령강림운동을 나타낸다는 결론에 이르게 한다. 새로운 패러다임 기독교인들은 TV 부흥사들을 잘난 체하며 탐욕스럽다고 여겨서 싫어한다; 그들의 생각에 성령은 자아를 꾸미기보다는 그것을 순화시킨다.

갈보리, 호프, 그리고 빈야드 운동의 멤버들은 바로 그들이 전통적인 범주에 맞지 않기 때문에 '새로운 패러다임'을 만든다. 예를 들면 많은 복음주의자들과 근본주의자들이 종교적 경험보다 교리를 강조한다. 대조적으로 새로운 패러다임 기독교인들은 **교리를 가볍게** 본다. 그들이 강조하는 것은 예정론을 믿는지 혹은 믿지 않는지, 그리스도가 '마지막 때'의 커다란 '재난' 이전에 오실 것이라고 믿는지 그 후에 오실 것이라고 믿는지가 아니라, 예수와의 관계성이다. 새로운 패러다임 기독교인들은, 교리는 인간적인 기원을 가지고 있다고 이해하며, 그것이 너무 자주 교회를 분열시킨다고 여긴다.

흔히 자유주의 주류 교파 멤버들은 새로운 패러다임 교회의 인기를 엄격한 믿음체계에 대한 확고한 신념 탓으로 돌림으로써 새로운 패러다임 교회의 성장과 매력을 잘못 이해한다. 그들은 새로운 패러다임 교회가 근본주의적인 반발의 형태이기 때문에 문화적 진보에 대해서는 할 말이 없다고 해석한다. 또한 그들은 비판 정신이 없는 근대 이전의 정신을 가졌다고 여긴다.

그러나 나는 이러한 해석이 틀렸다고 생각한다. 새로운 패러다임 교회들은 근본주의적이고, 복음주의적이며, 카리스마적인 교회의 표준적 성향과는 질적으로 다른 모습을 나타내고 있다. 근대 이전의 성향과는 아주 다르게, 새로운 패러다임 기독교인들은 어떤 점에서는 문화적 혁신자로 보일 수 있다. 그들은 보다 단순하고 덜 부패된 지난 시대를 회복하려는 희망을 가지고, 포스트모던 문화를 거부하기보다는 오히려 그것을 변형함으로써 그 문화의 비관주의에 대응하기 때문이다.

새로운 패러다임 기독교인들이 실제로 적용하는 포스트모던 세계관의 한 양상은 현대의 비판적 사고의 합리주의에 사로잡히기를 거부하는 것이다.

진리는 단순히 추론에 있어서의 인지적 실행이 아니다; 그것은 또한 경험에 근거한다. 새로운 패러다임 기독교인들은 모든 지식을 인식의 영역에 종속시키기보다는 마음과 몸 사이의 조화를 추구한다는 점에서 자유주의적인 기독교인들보다 한 발 더 앞서 있다. 찬양 중에나 종교적 경험(예를 들면 환상, 방언, 예언자적 진술, 그리고 그 밖의 환각적 상태)의 순간과 같은 비인지적인 경험도 앎을 위한 정당한 방식이다.

새로운 패러다임 기독교인들은 새로운 인식론의 선구자인데, 그 인식론은 종교에 대한 대부분의 현대 비평가들(예를 들면 흄, 프로이트, 맑스)이 주장하는 계몽주의적 이해의 한계를 넘어서고 있으며, 유물론적 세계관으로는 적절하게 채울 수 없는 어떤 여지를 만든다. 그들은 분리된 이성이 사물을 궁극적인 것으로 만드는 유일한 지침은 아니라고 주장한다. 그들은 찬양하는 중에, 또는 기도와 명상과 관계된 영적 훈련에서 종교적 지식을 발견할 수 있다고 믿는다. 즉 노래, 기도, 성경공부의 행위가 통찰력을 제공한다는 것이다. 그들은 이 순간들을 성령의 임재로 간주하는, 기독교 전통의 오랜 역사를 따른다. 이러한 차원을 깨닫는 것은 근본주의자처럼 비평 이전의 세계관으로 들어가는 것이 아니다. 오히려 이미 말했듯이 사회적으로 형성된 '합리적' 생각의 주도권을 거부하는 것이다.

새로운 패러다임 기독교인들의 확신은, 많은 복음주의자와 근본주의자가 교리적으로 소중히 간직하고 있는 확신과는 다른 것 같다. 새로운 패러다임 기독교인들이 어떻게 결론에 도달하는지에 그 차이가 있다. 그들의 방법은 신학적 명제로 시작하여 일단의 교리적 결론에 대한 동의로 끝나는 연역적인 방법이 아니다. 그 대신 그 과정은 훨씬 더 경험 지향적, 혹은 귀납적이다. 개인들은 전형적으로 예수께 그들의 삶을 맡기라는 초대(십자군 운동에서, 예배에서, 때로는 홀로)에 응답한다. 그리고 이것은 성경을 공부하고 인도해 달라고 기도하며 하나님의 뜻에 복종하고 성령의 지시에 따르는 사람들의 예배 공동체와 관련된 과정으로 시작한다.

놀랍게도 새로운 패러다임 목회자들과 평신도들은 주류 교파 멤버들보다도 더 교의(dogma)에 대하여 적대적인 것 같다. 새로운 패러다임 목회자들은 교의를 지나치게 강조하는 경향이 있는 주제별 설교를 하기보다는 성경의 구절 하나하나를 주석하는 설교를 한다. 여러 해 동안 이 교회 멤버들은 창세기에서 요한계시록까지 성경 전체를 통독하며, 하나님께서 어떻게 그의 백성과 관계하셨고, 하나님의 계획에 대하여 복종하는 과정 중에 어떻게 그의 자녀들이 씨름하는지에 대한 수백 가지 이야기들을 배운다.

대조적으로 주류 교파 목사들은 흔히 주제에 따른 설교를 하며 일반화된 진리에 초점을 맞춘다. 이런 면에서 그들의 설교는 막스 베버(Max Weber)가 매우 잘 설명한 일상화(routinization) 과정의 표현이라고 할 수 있다.[16] 예수와 그의 제자들 사이의 원초적 관계로 시작한 기독교의 발전에서, 처음에는 경전화된 거룩한 문서가 생겨났고, 다음에는 교리를 성문화하고 회의를 주관했던 사제와 신학자가 이 문서의 해석자와 함께 등장하게 되었다; 다음에는 이 교리들을 체계화하고 합리화하며 분석하는 신학교와 대학 교수가 생겼는데, 그들은 목회자와 사제와 평신도가 읽을 책을 썼다.

대조적으로 새로운 패러다임 목회자들은 '원시적'이어서 교인들이 기독교 전통의 기초가 되는 본래의 전승으로 돌아가도록 인도하려고 한다.[17] 성경 구절을 하나하나 가르치는 것은 교리적 정통주의를 만들어 내는 것을 막는 하나의 안전장치가 된다. 나아가서 새로운 패러다임 목회자들이 성경을 가르치고 본문에 대한 자신의 해석학, 혹은 해석 방식을 적용하는 한편, 평신도도 스스로 성서를 읽도록 권장한다. 그러나 교리 조항을 암기하거나 교리적 진리를 배우는 데 초점이 맞추어진 것은 아니다. 대신에 사람들이 자신의 경험과 유사한 이야기를 찾아보게 한다.

성경을 공부하는 이 과정은 나아가서 성경에 대한 명상을 통해 성령의 인도하심을 스스로 추구하게 하는 개인적 노력을 수반한다. 물론 이 과정에는 하나님이 이 이야기들을 통하여 매우 개인적인 방식으로 말씀하신다는 가정이 있다. 그리하여 본문이 어떤 교리를 뒷받침하는가 하는 것이 아니라, 그 말씀이 한 개인에게 어떤 의미를 가지고 있는가 하는 것에 초점이 맞추어져 있다.

어떤 의미에서는 최근 예수의 본래적인 가르침과 후대의 영향을 구분하려는 자유주의 학자들의 시도뿐만 아니라, 역사적 예수에 대한 탐구도 역시 포스트모던 세계관이 아니라 근대적인 세계관을 반영하는 한 형태의 역사적 실재론에 빠져들고 있다.[18] 새로운 패러다임 기독교인들에게 성경의 진리는, 진리의 핵심이 존재하는지를 보기 위하여, 서로 다른 개작(改作)된 이야기들의 요소를 파헤치는 지속적인 노력 중에서가 아니라, 그 전승과의 개인적인 만남 가운데서 계시된다. 실제로 새로운 패러다임 기독교인들의 해석학은 분석적 비평의 해석방법과는 거의 반대된다. 성서의 기적적이고 초자연적인 사건은 분리된 분석을 통해서가 아니라, 사람이 자신의 삶에서 비슷한 변화를 경험할 때 의미가 있다.

이 집단에 대하여 비판적이거나 냉소적인 사람들은 너무 자주 새로운 패러다임 교회 신자들을 방어적인 근본주의자와 똑같이 취급한다. 새로운 패러다임 교회 교인과 근본주의자가 실제로 많은 믿음을 공유하고 있다면, 기적적인 일을 합리적으로 설명하려고 하는 변증론자를 만나는 것이 예상될 것이다. 그러나 이런 사람은 가끔 발견될 수 있을 뿐이다. 보다 전형적으로 만나게 되는 사람들은 하나님께서 그들의 삶에서 무엇을 하고 계신지를 열심히 설명하려고 하는 사람들이다. 그들은 도덕적 실패와 씨름하는 일, 그들이 경험한 용서, 성령이 그들에게 삶의 과정을 바꾸라고 말씀하시는 이상한 방법, 하나님께서 그들의 필요를 채워 주시는 방법에 대하여 말한다. 가끔 그들은 치유와 환상에 대하여, 그리고 설명할 수는 없지만 하나님이 초자연적으로 역사하시는 결과라고 보는 '이상한' 일들에 대하여 설명한다.

줄여 말하면 새로운 패러다임 기독교인들의 인식론은 비판적인 계몽주의 세계관을 신봉하는 사람들의 그것과는 근본적으로 다르다. 새로운 패러다임 기독교인들의 관점에서 보면 기적적인 일은 '관념적 관찰자'(ideal observer)에게는 일어나지 않는다. 성령은 보편화할 수 있는 세속적 진리의 표준에는 적합하지 않기 때문이다. 그들은 유물론적 세계관에서 파멸적인 힘을 경험했고, 머리와 몸, 인식과 느낌을 조화시키는 앎의 새로운 방식에 자신을 열어 놓았다. 새로운 패러다임 기독교인들은 컴퓨터를 사용하고 테크놀로지를 있는 그대로 포용한다. 그러나 20세기 초의 합리주의 신학자들(여전히 기적을 믿으면서 전기를 사용할 수는 없을 것이라고 말한 루돌프 불트만(Rudolf Bultmann)과 같은)[19]의 계몽주의적 '근본주의'와는 대조적으로, 이 사람들은 바로 '근대적' 세계관의 한계를 넘어 있기 때문에 초자연적인 실재를 받아들인다.

보다 구체적으로 새로운 패러다임 기독교인들이 귀신을 쫓아내고 사람들을 고치는 예수, 바울, 1세기 기독교인들에 대하여 읽을 때, 그러한 일들 또한 틀림없이 그들이 수행해야 하는 과제라고 믿는다. 그들은 환상 가운데서 하나님을 보고 그의 말을 듣는 구약성서의 예언자들과 지혜자들에 대하여 읽으면, 오래지 않아 그들 역시 하나님과의 이러한 만남을 경험한다. 그들에게 성경은 하나의 선험적인 가정이라기보다는 경험에 기초한 실재의 성격을 띠고 있다. 아이러니하게도 경험을 강조함에 있어서 새로운 패러다임 기독교인들은, 안락의자에 앉아 사고하며 이론을 세우는 신학자들보다 참으로 경험적인 과학적 세계관과 더 가깝게 통할 수 있다.

새로운 패러다임 기독교인들은 '포스트모던적 원시주의자'(postmodern primitivists)로서 -만일 그러한 모순적인 어법이 사용될 수 있다면- 계몽주의 학자들이 부과했던 성(聖)과 속(俗) 사이의 장벽을 무너뜨리면서 그들의 세계를 다시 거룩하게 하는(resacralizing) 과업에 몰두한다.[20] 비판적이고 '근대적'인 의식에 사로잡혀 있는 사람들에게 하나님과 초자연은 한 영역의 일부이고 인간은 다른 일부이며, 그 둘은 서로 관계하는 일이 드물다. 반대로 새로운 패러다임 기독교인들은 지난 200년간 과학이 지배했던 사고를 절대시하는 것을 거부함에 있어 매우 포스트모던적이다. 그들에게 성스러움은 매일의 실재에서 활동하고 있다. 실제로 항상 하나님을 설명할 수 없는 영역으로 몰아내면서 성스러움에 대하여 방어적으로 말하는 것은 자유주의자들이다. 새로운 패러다임 기독교인들은 성과 속의 분리를 거부하면서 비평적 사고와 결별하고, 하나님을 일상의 경험 안으로 끌어들이는 인식론을 매우 편안하게 여긴다.

새로운 패러다임 목회자 대(對) 장로교 성직자

목회자 대상의 설문 조사에서 우리는 그들에게 신학적 입장을 밝힐 수 있다면 제시된 서술적 용어로 기록해 달라고 개방형 물음에 대한 대답을 요청했다.21) 하나의 공통된 응답은 그들이 그리스도가 선택 받은 자만을 위해 죽으셨는지 아니면 모든 사람들을 위해 죽으셨는지를 구분하는 **칼뱅주의자**(*Calvinist*)(하나님의 통치권을 강조하며 태초에 하나님에 의해 선택 받아 예정된 자만이 구원을 받을 수 있다고 보는 칼뱅의 신학적 입장. 옮긴이) 혹은 **알미니안**(*Arminian*)(인간의 자유로운 의지를 강조하며 그리스도의 속죄의 은총은 만인을 위한 것이라고 보는 알미니우스의 신학적 입장. 옮긴이)과 같은, 전통적인 개신교의 신학적 용어로 자신의 입장을 밝히지 않았다는 것이었다. 한 목회자는 "딱지 붙이는 것은 사양합니다."라고 썼다. 다른 목회자는 "나는 어느 진영에도 속해 있지 않아요. 나는 예수를 따르는 사람입니다."라고 선언했다. 또 다른 목회자는 "불행하게도 때때로 조직신학은 성서신학과 어울리지 않습니다."라고 설명했다.

목회자들이 **칼뱅주의**나 **알미니안**이라는 용어를 사용했을 경우에는, 흔히 두 단어를 같이 쓰면서 "두 견해가 모두 성서 전승에 나타나고 있으나, 어느 것도 교리로 간주되어서는 안 됩니다."고 말했다. 한 목회자는 이렇게 설명했다: "나는 하나님의 통치권에 대한 진리와 인간의 자유로운 의지에 대한 진리가 함께 긴장 관계 가운데서 주장될 필요가 있다고 생각합니다." 다른 목회자는 "하나님은 역설 가운데 존재하실 수 있다."고 하면서 자신은 칼뱅주의자이며 동시에 아르미니안이라고 말했다. 약 400명의 목회자들의 이러한 응답을 분석하면서 그들의 신학은 항상 세상에서의 하나님의 활동에 대한 성서적 전승에 종속되어 있으며, 많은 교파들을 이루게 한 신학적 교리들과는 정확하게 일치하지 않는다는 결론에 이르렀다.

대조적으로 새로운 패러다임 목회자들은 기독교의 진리와 관계된 표준화된 물음에 대한 선택적 대답에서는 매우 보수적인 방식으로 응답했다. 우리가 조사한 갈보리교회와 빈야드교회의 목회자 모두가 "세계의 모든 위대한 종교들은 똑같이 선하고 진실하다."라는 진술에는 동의하지 않았다. "모든 다른 종교들은 사람들이 궁극적 진리를 발견하게 돕는 똑같이 좋은 방법이다."라는 비슷한 진술에 대해서도 98%가 동의하지 않았다. 거의 비슷하게 강한 정서가 예수 그리스도를 '절대적인 진리', 혹은 사람들이 '구원' 받을 수 있는 유일한 길이라는 데 동의하는 것으로 나타났다. 새로운 패러다임 목회자들의 이러한 확신은, 예를 들면 주류 목회자의 태도를 잘 반영하고 있는 장로교 성직자들이 같은 물음에 대하여 보인 확신보다 더욱 강한 일관성을 보여주는 것으로 드러났다.[22] 특별히 장로교 성직자의 절반이 "예수 그리스도의 추종자와 그의 교회 멤버만이 구원 받을 수 있다."는 진술에 대하여 동의하지 않았지만, 새로운 패러다임 목회자 중에 동의하지 않는 사람은 거의 없었다. "인류를 위한 유일한 절대적 진리는 예수 그리스도다."라는 비슷한 진술에 대하여도 새로운 패러다임 성직자의 90% 이상이 강력하게 동의한 반면에, 장로교 성직자 중에서는 절반 이하만이 그러한 확신에 동의했다.

새로운 패러다임 목회자들은 제도적인 교회의 중요성과 관계된 물음에서는 제도적 종교의 중재보다는 진리에 대한 개인적 탐구를 훨씬 더 강조하는 경향이 있었다. 예를 들면, 장로교 성직자의 약 70%가 "개인은 교회의 도움 없이도 종교적 진리를 발견할 수 있다."는 진술에 동의하지 않았지만, 빈야드 목회자의 37%와 갈보리 목회자의 20%가 이에 동의하지 않았다. 이 통계에서 나타난 아이러니는 가장 빠르게 성장하는 운동, 즉 갈보리교회가 제도적 교회의 역할을 가장 덜 강조하는 경향이 있다는 사실이다.

비록 새로운 패러다임 목회자들이 교회에 의해 중재되지 않는 진리의 개인적 경험을 강조하고 있지만, 그들은 교회들의 모든 진리 선포가 다 똑같다고 믿지는 않는다. 갈보리 성직자의 90%와 빈야드 목회자의 절반이 "모든 교회에 하나님의 진리가 있는 것은 아니다; 많은 교회에 심각한 과오가 있다."는 진술에 대하여 강하게 동의하지만, 장로교 성직자 중 16%만이 그것에 강하게 동의했다.

어떤 교회에만 진리가 있다는 확신은 그리스도가 곧 재림하실 것이라는 신념과 함께, 새로운 패러다임 목회자들이 복음주의에 대해 갖는 긴급한 느낌과 분명히 연관되어 있다. 빈야드 목회자의 40%가 그리스도는 10년 내에, 혹은 그들이 살아 있는 동안 재림하실 것이라고 믿으며, 갈보리 목회자 경우에는 약 70%가 이러한 견해를 가지고 있다. 나아가서 장로교 목회자의 단지 19%와는 대조적으로, 빈야드 목회자와 갈보리 목회자의 90% 이상의 그리스도를 받아들이지 않은 사람은 심판 받을 것이라고 강하게 믿는다. 일반적으로 장로교 성직자는 새로운 패러다임 성직자보다 결정적으로 더 이 세상에 초점을 맞추고 있다. 즉 70% 이상의 장로교 성직자가 "이 세상의 삶에서 사람들의 우선적 목적은 다음 세상의 삶을 준비하는 것이다."라는 진술에 동의하지 않고 있으나, 대조적으로 그것에 동의하지 않는 비율은 빈야드 목회자의 경우는 27%이고, 갈보리 목회자의 경우는 14%다.

빈야드와 갈보리 목회자의 $2/3$ 이상이, "그리스도에 대하여 들어본 적이 없는 사람들에게 설교하지 않는다면, 그들은 영원히 정죄 받을 것"이라고 믿는다. 대조적으로 장로교 목회자 중의 15%만이 이 견해에 동조한다. 일반적으로 장로교 목회자들은 새로운 패러다임 목회자들보다, 믿지 않는 사람들에게 기독교를 주입하기보다는 다른 종교들을 존중해야 한다고 말하는 경우가 훨씬 더 많다.

주류 교파들의 많은 다른 성직자도 마찬가지라고 보지만 장로교 성직자는 그들이 전하는 메시지의 진리에 대하여 양면성을 보이는 반면에, 새로운 패러다임 목회자들은 그것에 대하여 확신이 있다. 그리하여 장로교 성직자가 새로운 패러다임 목회자보다 진리의 해석자요 중재자로서의 교회의 역할에 대하여 더 강조하는 경향이 있는 것은 아이러니해 보인다. 그러나 그들의 교회가 쇠퇴하고 있음에도 불구하고 장로교 목회자들은 빠르게 성장하는 새로운 패러다임 교회의 지도자들보다 복음주의를 덜 강조한다.

지적한 것처럼 새로운 패러다임 목회자들은, 불신자가 영원히 저주받을 것이고 진리에 이르는 유일한 길은 예수 그리스도를 통해서 가능하다고 믿으면서 그리스도의 임박한 재림에 대한 내적인 확신을 가지고 행동하는 경향이 있다. 그들은 세속적 문화와 첨예하게 대조되는, 강하고 경험에 기초한 믿음 구조를 소유하고 있다. 대조적으로 장로교 목회자들은 다원적인 문화와 경쟁적인 진리 주장들을 인정하고 있다. 어느 입장이 정확한 것인지 논의하는 것이 이 장의 의도는 아니지만, 여기서 내릴 수 있는 하나의 결론은 종교적으로 확신이 없는 것은 시장에서 매우 잘 견디지 못하게 하며, 사람들에게 자신의 '상품'을 팔 수 있는 동기를 부여하지도 못한다는 것이다.

교리보다는 마음의 순수함

새로운 패러다임 교회가 그리스도에 대하여 가진 믿음은 확고하지만, 교리에 대해서는 거부하는 태도를 가지고 있다. 이미 지적한 것처럼 우리가 연구한 세 운동 모두 정확한 신학적 교리를 고수하는 것이 아니라, 하나님과 개인의 관계성에 강조점이 맞추어져 있다. 한 갈보리교회의 부목사는 "자신의 신학은 가지고 있지만, 예수와의 사랑 안에 있지 않은 사람이 많이 있다."고 말했다. 한 빈야드교회 목사도 이러한 정서를 반영하며 마음의 순수함이 교리의 순수함보다 더 중요하다고 말했다. 다른 빈야드 목회자는 이 견해를 적절하게 표현했다: "사도들은 신학을 몰랐습니다. 그들은 단지 예수를 알았던 것입니다." 그러나 한 호프교회 목회자는 그의 표현대로 '신학적으로 무익한' 수고로 '파당적 노선'을 따르는 다른 교회의 많은 동료들과는 매우 대조적으로, 다양한 신학적 견해를 인정한다고 주장했다.

한 갈보리교회의 목회자는 척 스미스의 가르침에 대하여 논평하면서, 스미스의 다양하게 녹음된 성경공부 교재를 듣는 동안 스미스가 선택, 예정, 그리고 그리스도의 재림과 세상의 종말에 관한 견해처럼, 분란의 여지가 있는 교리적 주제들에 대하여 말하기를 얼마나 피하고 있는지를 알고 놀랐다고 말했다. "척의 이야기를 듣는 보통 사람들은 결코 그러한 주제들을 접하지 못할 것입니다." 갈보리교회의 성경공부 시간에 참여했던 경험을 회상하며 그는 강조했다: "여러분이 신학자가 될 필요는 없습니다. 그러나 여러분은 하나님의 사랑에 대하여 흥분하게 될 것이고, 주님을 섬기기 원하게 될 것입니다." 다시 말하면 새로운 패러다임 기독교는 우선적으로 인지적 동의의 문제가 아니다; 그것은 개인과 하나님 사이의 태도이며 관계성이다.

이런 의미에서 새로운 패러다임 교회는 교리적 정통주의가 '구원받는' 사람과 '버림받는' 사람을 구분하는 품질 증명이 되는, 구식의 근본주의와는 다르다. 척 스미스는 원(circle)이라는 은유를 사용하여, 근본주의자는 정확하게 누가 원 안에 있고 누가 원 밖에 있는지를 안다고 말했다. 반면에 여기에 있고 '친교를 가지고'(그 운동에 참여하는 다른 사람과의 관계성) 있으면 여러분은 갈보리라는 원 안에 있는 것이라고 그는 말했다. 그는 "우리는 그들(근본주의자)이 그리는 명확한 구분선이 있지 않습니다."라고 강조했다. 그것은 새로운 패러다임 교회들은 종파적이지 않고, 그들은 한 집단을 다른 집단과 구분하는 교리적 경계선을 만들지 않는다는 것을 의미한다.

많은 새로운 패러다임 기독교인들은 교파적인 다원주의에 대하여 관용적인 것이 기독교인의 성숙의 표시라고 지적한다. 한 목회자는 "나는 자주 교파들을 비판하곤 했습니다."라고 인정한 후에, 이제는 교파적 차이를 무엇보다 성향의 문제로 본다고 설명했다: "어떤 사람은 감독교회의 유형을 매우 좋아하며, 다른 사람은 이 교회 저 교회 떠돌아다니는 것을 좋아합니다." 척 스미스도 같은 견해를 보였다: "나는 교파들의 위치를 압니다. 모든 사람이 우리처럼 자유로운 방식으로 예배를 드리거나, 모두 엄격한 의례 중심의 예배를 드려야 한다고 생각하지 않습니다. 나는 의례의 중요성을 알고 있기에 의례가 필요한 사람이 있다는 것을 압니다. 성령강림운동의 교회 안에서 발견되는 극단적인 감정주의가 필요한 사람이 있다는 것도 압니다. 그래서 나는 그러한 감정주의에도 반대하지 않습니다." 그는 자신을 그가 예배에 대한 '격의 없는'(casual) 접근방법이라고 부르는 중간 입장을 취하고 있다고 본다. 그는 이렇게 말한다. "당신이 감정적이고 싶으면 하나님의 성회 교회로 가십시오. 의례적 예배를 원하면 장로교회로 가십시오. 하나님께서는 그 교회들을 이용하시고 그 교회들에 복 주시며, 나에게 나의 자리가 있는 것처럼 그 교회들도 그리스도의 지체로서 그들의 자리가 있습니다."

빈야드교회의 한 교인은 다른 기독교 전통들에 대한 개방성의 정신을 보다 구어체적인 방식으로 이렇게 표현했다. "빈야드교회가 주일에 주님께서 '야, 이것 참 좋은데, 고마워' 혹은 '고마워. … 난 이것이 좋아' 라고 말씀하실 유일한 장소는 아니겠지요. 나는 빈야드교회가 교회 시장을 좌우한다고는 결코 생각하지 않습니다. 단지 빈야드교회는 주님이 사용하시는 하나의 흐름이라고 생각합니다. 주님이 분명히 나의 삶에서 그 교회를 이용하신다고 해도 모든 사람이 그곳에 나가야 한다고 생각하지는 않습니다. 사실 내가 초청했던 많은 사람들이, 우리가 느꼈던 것과 같은 식으로 그 교회를 느끼지 않았습니다. 그래서 나는 그것이 내가 고맙게 생각하는 하나의 실제적인 문화적 존재 -사회학적 요인들과 관계된- 라고 생각합니다. 그들이 그것을 좋아할 필요는 없습니다. 그들은 그들이 편하게 느끼는 곳으로 가야 합니다."

이러한 태도의 좋은 예로서 최근 빈야드교회의 수장인 존 윔버는 포용적인 새로운 목회를 하기 위하여 시도해 왔다. 그래서 그는 복음주의자들보다 유럽의 영국국교 신도들에게 더 잘 알려져 있다. 그는 기꺼이 가톨릭 집단, 퀘이커의 모임, 그리고 성령강림운동 집회에 가서 설교한다. 그는 교파들을 갈라놓는 것보다는 일치에 관심이 있다.

다시 말하자면 새로운 패러다임 기독교인들은 교리보다는 개인적 확신에 대한 강조를 표현한다. 청년들에게 에큐메니컬하게 접근하는, 대표적인 갈보리교회 목회자 하나가 그 프로그램의 참여를 위하여 이러한 공식을 제공했다: "여러분이 예수 그리스도를 사랑한다면, 그분이 여러분의 주님이요 구세주이시라면, 그리고 여러분이 아이들을 사랑한다면 여러분 누구라도 좋습니다." 우리가 인터뷰했던 한 빈야드교회의 목회자가 이렇게 말했다. "나는 우리가 우리 아버지의 집에서(예를 들면 하나님의 나라를 위하여) 무엇을 해야 하는지 찾을 필요가 있지만, 다른 사람들에게는 관용적이어야 한다고 생각합니다. 분명히 신학적으로 잘못된 것이 있거나 혹은 성서적으로 잘못된 것이 있지 않는 한, 관용적이어야 하고 사람들에게 여지를 주어야 한다고 생각합니다. 나는 '혼자 옳은 사람'이 되어 하늘나라에 가기를 원하지 않습니다. 여러분은 '성경에 부합한 사람'으로 하늘나라에 가기를 원하십니까? 바로 그것이 아닙니까? 하나님, 우리를 도우소서!"

성경 읽기

새로운 패러다임 교회에서는 교리에 대한 동의를 중요시하지 않지만, 성경을 읽고 공부하는 일은 매우 중요하게 여긴다. 새로운 패러다임 기독교인들 3,500여 명을 대상으로 우리가 실시한 조사에서는 성경을 하루에 한 번 이상 읽는다고 대답한 $1/5$을 포함하여 전체의 $2/3$가 적어도 매일 성경을 읽는다고 말했다. 나머지 $1/4$은 성경을 일주일에 두세 번 읽는다고 말했다. 이렇게 새로운 패러다임 기독교인들은 성서적 이야기에 매우 정통하다. 그리고 그들은 교리적 원리 대신에 일상생활을 위한 지침을 자신의 경험에 대한 성서적 적용에서 추구한다.

새로운 패러다임 기독교인들에게 성경을 어떻게 보는지 물어본 결과, 우리는 그들이 매우 문자적인 견해를 가지고 있다는 것을 발견했다. 32%가 "성경은 하나님의 실제적인 말씀이며, 구구절절 문자적으로 받아들여야 한다."고 말했다. 다수(65%)는 다소 덜 근본주의적인 반응을 보여서 "성경은 하나님의 영감으로 이루어진 말씀"이고 "성경에는 오류가 없지만 어떤 구절들은 문자적으로보다는 상징적으로 이해해야 한다."는 진술에 동의했다. 대부분의 새로운 패러다임 목회자들은 두 번째 입장에 동의했다. 그러나 이 물음에 대하여 갈보리 목회자들이 빈야드 목회자들보다 약간 더 보수적이었다. 예측컨대 아마도 장로교 목회자들은 빈야드나 갈보리 목회자들보다 더 자유주의적일 것이다.

그러나 새로운 패러다임 기독교인들이 상대적으로 보수적인 입장임에도 불구하고, 성경을 율법적인 '규칙의 책'이라기보다는 성령이 그들에게 말씀하시는 하나의 도구로 본다. 새로운 패러다임 기독교인들에게 성경은 인간과 의사소통을 하는 하나님의 방식이며, 개인들이 삶에서 지도와 가르침을 받는 것은 성경을 묵상하는 가운데 이루어진다. 그들은 성경을 읽을 때에 그들의 행위를 변화시켜야 하는 일들에 대하여, 그들이 양육하고 돌보아야 하는 사람들에 대하여, 자신의 경력이나 하나님께 대한 봉사에 있어 취해야 하는 새로운 방향에 대하여 성령이 그들에게 말씀하신다고 주장한다. 새로운 패러다임 교회 교인들은 성경과 역동적인 관계에 있으며, 성경 본문과의 영적 충만한 상호작용은, 어떤 특별한 행위가 왜 옳고 그른지에 대한 입증 자료로 성경의 장과 절을 인용하는 능력의 근거가 된다.

새로운 패러다임 기독교인들은 자신이 지속적으로 겸손해지고 변화되고 있다고 믿는다. 또한 그들은 하나님의 말씀(성경)과의 일상적인 상호작용을 통해 방향을 지시받는다고 생각한다. 마약에 깊이 빠진 적이 있던 한 사람은 이렇게 설명했다: "내가 처음으로 거듭났을 때 갈등이 좀 있었습니다. 그러나 하나님의 말씀을 읽기 시작했을 때 많은 문제들이 사라지기 시작했습니다. 나는 말씀을 통해 하나님의 능력과, 어떻게 하나님의 말씀이 마음을 새롭게 하고 삶을 변화시키는지를 경험하기 시작했습니다. 그것(성경)이 나를 변화시킨 것은 합리적인 사고방식에 의한 것이 아니었습니다. 오로지 성경이 모든 것을 분명하게 해 주었습니다."

새로운 패러다임 기독교인들은 성경을 근본주의적인 규칙의 책으로 해석하는 것이 아니라, 격려하고 가르쳐 주는 것으로 본다. 개인들은 자주 어떤 특별한 구절이 그들에게 특별한 의미를 가지고 있다고 주장하며, 그것을 삶의 예시로 본다. 예를 들어 한 젊은 갈보리교회 목회자는 나에게 그가 목회를 시작하기 전에 어떻게 성령의 인도를 받았다고 느껴서 직장을 그만두고 대학을 나오게 되었는지 말해 주었다. 그는 결혼한 지 얼마 되지 않았고 저축한 예금도 거의 없었기 때문에, 그렇게 한 것은 어리석은 실수를 한 것인지도 모르겠다고 생각했다. 이러한 갈등을 겪는 동안 그는 구약의 소 예언자들 중 하나가 쓴 구절을 접했다: "이 말씀은 주님이 내게 주신 구절이었습니다. 바로 **하박국 3:17~18**이었지요: '비록 무화과나무가 소출이 없으며 밭에 식물이 없으며 외양간에 소가 없을지라도 나는 여호와를 인하여 즐거워하며 나의 구원의 하나님을 인하여 기뻐하리로다.' 이 구절을 타자로 쳐서 냉장고 문에 붙여 놓았습니다. 그리고 '주님, 제가 이 문을 열고 안이 비어 있을지라도 당신을 칭송하겠습니다. 저는 사슴처럼 뛸 것입니다.' 라고 말했어요. 그 후에 어떻게 되었는지 아세요? 4년 동안 하나님께서는 내가 필요한 것을 모두 채워 주셨습니다."

성서적 문자주의가 귀에 거슬리는 전형적인 이유는 교리적 교조주의를 조장하여 다른 신앙을 공격하는 것을 정당화하는 도구로 이용되기 때문이다. 그러나 새로운 패러다임 기독교인들이 교리를 중요하지 않게 보는 것은, 성경을 활용하는 방식이 다르다는 것을 나타낸다. 그들도 성경을 권위적인 것으로 보지만, 성경의 결론을 겸손하게 도출한다. 갈보리 교회 목회자와의 첫 만남을 회상하면서 한 사람이 말했다: "나는 그에게 영원한 안전과 은사의 상태에 대해 몇 가지 기본적인 질문을 했습니다. 그런데 그는 성경이 어떻게 말하는지 단지 성경 구절들만을 상세하게 제시해 준 첫 목회자였습니다. 그리고 그는 말했습니다: '그 문제에 대하여 확신할 수는 없지만 이것이 성경이 말해 주는 것입니다.' 그런데 그 대답은 교회의 교리적 입장이 아니었습니다."

한 목회자는 성경이 사람의 개인적 경험에 어떻게 적용되는가를 알 수 있는지에 대하여 설명하기 위하여, 안개 속에서 항구로 들어가면서 세 가지 다른 항해 신호를 배열하는 배에 대한 유추를 사용했다. 그의 견해에 따르면 어떤 길을 가는 데 있어 성경이 하나의 지침이 되지만, 그것은 특정 방향이 적절한 것인지를 알려주는 환경에 의해 확증되어야 하며, 결정에 대하여 깊은 평화의 느낌(그는 이것이 성령으로 마련된다고 믿는다)이 있어야 한다. "아무리 다른 사람들이 이상하게 여긴다 하더라도 내 영혼에 평화로운 느낌이 있다면, 즉 어떤 일에 대하여 평화를 얻고, 그것이 말씀에 부합하며 환경이 그 방향으로 가게 하고 있다면, 나는 그 길을 갈 것입니다."

새로운 패러다임 기독교인들이 성서적으로 문자주의자일 수 있지만 그것은 흔히 '비정통주의적' 방식을 수반하는 성경주의다. 한 빈야드 목회자가 자신의 회심 경험을 이렇게 회상하였다: "내가 성경을 읽을 때 나에게 그 말씀은 말하는 그대로를 뜻합니다. 성경이 '네 원수를 사랑하라'라고 말하면, 그것은 '네 원수를 사랑하라'는 의미입니다. '그에게 거저 주어라'라는 말씀을 보았다면, 그것은 그 말씀 그대로의 의미입니다. 교회가 오랫동안 그렇게 단순한 것을 걸러내려고 했던 여과장치나 확대경 같은 것들을, 나는 가지고 있지 않습니다." 다른 빈야드 목회자는 자신이 '서구 합리주의자'이며, 기적을 인정하는 데 커다란 어려움이 있다고 했다. 그러나 그는 (치유될 것을 믿고)

병든 사람을 위해 기도하지 않거나 귀신을 쫓아내지 않는 것에 대한 성서적 이유를 발견할 수 없었다. 그래서 그는 두 가지를 다 시도했다. 성경이 그렇게 해야 한다고 말하기 때문이다. 그런데 놀랍게도 그는 사람들이 고침을 받고 귀신이 나가는 것을 보게 되었다. 그는 말했다: "그것(초자연적인 일)을 믿는 것이 때로는 매우 어려운 일이지만, 나는 그 결과를 보게 됩니다. 이런 시간을 거치면서 일어나는 일들을 보면 더욱 더 믿게 됩니다. 나를 놀라게 하는 것은 내 믿음이 가장 약할 때에도 대부분 치유되는 것을 본다는 것입니다."

결론적 의견

새로운 패러다임 기독교인들의 신앙은 경험에 기초한다. 이 사람들은 성경 말씀을 따라 행할 때, 기도가 응답되고 병이 낫는 사람을 볼 때, 사람들이 도덕적으로 변화되는 것을 볼 때, 삶에서 성령의 '인도하심'을 경험할 때에 성경의 권위를 확증한다. 이들에게 이성은 하나님께서 세상에서 하시는 일을 해석할 때에 이차적으로 확증하는 역할을 한다. 그들 중에 추상적인 논쟁으로 하나님의 존재를 입증할 수 있다고 주장하는 사람은 거의 없다. 그들에게 확신을 갖게 하는 것은 하나님과의 '관계성'이라고 믿는다. 만일 하나의 가정이 있다면 그것은 어떻게 하나님이 인간과 관계하시는지를 이해하게 하는 전승들을 성경이 가지고 있다는 것이다. 그러나 성경이 일상생활에서 확증되기 때문에 그러한 가정마저도 경험적으로 입증된다.

여기서 던져야 할 한 가지 질문은 이러한 '포스트모던 원시주의'라는 특별한 표현이 왜 먹혀 들어가는가 하는 것이다. 대답은 복잡하다. 그리고 다음 장에서 논의할 조직 문제와 떼어서는 설명할 수 없다. 그러나 그 교회들에는 새로운 패러다임 교회 밖에 있는 사람들을 포함한 오늘날의 많은 사람들이 원시주의에 큰 매력을 느끼게 하는 무엇인가가 있는 것 같다. 예를 들면 우리는 중산층 사람들이 경험하는 많은 '대안적인 치유' 집단과 그 전략이 '원시적인' 방법으로 매력을 끄는 것을 본다. 뉴 에이지 종교들도 원시적 종교 상징과 기술을 자주 이용한다. 그리고 여성들의 다양한 영성 집단도 원시적인 의례와 신화적 과거에서 여성의 목소리를 회복하고 있다.

　이러한 사례들은 이성의 어떤 한계를 보여준다. 나아가서 그 예들이 최근의 전통을 넘어서 원시적인 과거로 돌아가는 것은 종교적 관료주의의 외피를, 진리를 담는 그릇으로서 신뢰하지 않는다는 것을 나타낸다: 사람들은 성스러움에 대한 원초적 경험으로 돌아오기를 추구한다. 그들은 현대적 세계관을 반영하는 재미없는 보편성-일반적인 정의에 대한 윤리적 촉구를 포함하여-에 싫증났다. 현대 존재의 병은 훨씬 더 강한 약을 필요로 하고 있다고 그들은 주장한다.

6장

사람을 위한 목회

포스트모던 조직

내가 가져보지 못한 가족 | 평신도에게 권한을 주다 | 분권화된 운동 | 돈에 대한 태도 |
성령의 역할 | 성령의 인도하심 | 전인적 봉사 | 포스트모던 종파 | 결론적 성찰

6장

사람을 위한 목회

포스트모던 조직

어느 더운 여름 저녁 7시경에 나는 약간 불안한 마음으로, 넓은 남가주 교외에 있는 한 전형적인 전원주택의 초인종을 눌렀다. 몇 달 동안 나는 다양한 갈보리, 호프, 빈야드 교회들의 주일예배에 참석해 왔다. 그러나 가정 성경공부라는 친밀한 자리에 참여하는 모험을 감행하기는 이번이 처음이었다. 보다 커다란 집단 모임에서는 내가 노트에 갈겨쓰든, 원할 때만 노래하든, 신유 행위를 관찰하기 위해 자리를 벗어나든, 그리고 현장 조사에 참여하는 도시 인류학자의 역할을 감당하든 아무도 개의치 않았다. 그러나 오늘 밤은 배경이 전혀 다르다는 것을 알고 있었다. 나는 더 이상 익명성을 유지할 수 없었다.

얼마 전 오늘밤 모임의 주빈(host)과 전화통화를 했을 때, 나는 단지 십여 명의 사람들이 참석하리라는 것을 알게 되었다. 그들은 성경을 공부하고 함께 기도하기 위하여 이곳에 모일 것이다. 나 자신을 소개해야 하리라는 것을 알았지만, 하나님께 즉흥적으로 기도하는 것이 아니라 작성한 기도문을 **읽는 것**이 더 편안한 자유주의적 감독교회 신자로서의 내 정체성 때문에 다소 불안했다. 또한 다른 사람들의 사생활 관찰자가 되는 어색함에 대한 두려움이 있었고, 참여자와 관찰자 사이의 경계를 분명하게 느꼈다.

그러나 짐(Jim)이 반갑게 맞아줘서 마음이 놓였다. 그는 나를 거실로 데리고 가서 친구들에게 남가주대학교의 사회학자가 왔다고 웃으며 말했다. "돈

(Don, Donald의 친근한 표현. 옮긴이)은 우리에 대하여 알아보려고 이곳에 왔어요." 내가 만나 본 모든 새로운 패러다임 목회자들에게서 찾을 수 있었던 열린 태도가 이 평신도들에게도 보이는 것 같았다. 나는 아이스티 한 잔을 받았다. 그리고 UCLA 팬이라는 한 사람에게 남가주 대학교(USC) 미식축구 팀인 트로얀(Trojans)의 지난 해 패배에 대하여 추궁을 받았다. 지금까지는 다 좋았다! 이러한 분위기는 어느 칵테일파티와도 비슷한 것이라고 느끼면서 편안해졌고, 사회학자라는 신분을 잠시 접어놓았다.

저녁 7시 20분경 누군가 기타를 조율하는 소리를 들었는데, 그것은 사람들을 거실로 모이게 하는 신호처럼 보였다. 나는 그 방의 한 구석에 있는 안락의자에 앉았는데, 관찰하기 좋은 자리였다. 사람들이 소파와 몇몇 간이 의자에 앉자, 나머지 사람들은 카펫이 깔려 있는 바닥에 편하게 앉았다. 메리(Mary)가 기타로 몇 곡을 연주했고, 이어서 조용히 말했다. "예수님, 감사와 찬양으로 주님 앞에 나아옵니다. 우리에게 주님을 섬길 수 있는 마음을 주시고 우리가 서로 함께하도록 인도해 주십시오. 그리고 돈(도날드)과 함께하게 해 주셔서 감사합니다. 그의 연구를 도와주소서. 예수님 이름으로 기도합니다. 아멘." 눈을 뜨고 헤아려 보니 부부 네 쌍과 혼자 온 사람 5명, 모두 13명이었다: 절반 정도가 더운 날씨에 어울리게 반바지를 입고 있었다. 평균연령은 30대 중반쯤 되어 보였지만, 혼자 온 여러 사람들은 20대 중반일 것 같았고 주빈인 짐과 그의 아내는 40세쯤 되어 보였다.

모두가 우리가 불렀던 노래를 알고 있었다. 선율과 반복적인 가사는 정규교회예배 시간에 들었던 노래들과 유사했다. 우리가 노래할 때에 한 사람이 잠시 동안 무릎을 꿇고 기도했으며, 하나님을 찬양하는 노래 대목에서는 여러 사람들이 자발적으로 손을 들어 올렸다. 이러한 신체적 행동은 그들에게 매우 자연스러운 것으로 보였다. 점차 편해진 나는 때때로 되풀이하여 부르는 노래를 함께 불렀을 뿐만 아니라 간단한 메모도 했다.

저녁 7시 45분경 메리는 조용히 마감을 했다. "예수님, 감사합니다. 주님의 위대하심에 감사드립니다. 주님을 찬양합니다." 잠시 침묵이 흐른 후에 짐(Jim)이 모두를 환영했다. 그는 다시 한 번 나를 소개하였고, 그 다음에 누가 함께 나눌 일이 있는지 물었다. 혼자 온 여자들 중의 하나가 자신을 위해 기도해 달라고 사람들에게 부탁했다. 그녀는 적당한 봉급으로 두 작은 아이를 돌보고 있는데, 아이들에 대한 인내가 필요하며 더 나은 보모를 찾기 원한다고 말했다. 30대 중반의 한 남자는 어떤 직장 동료에 대하여 관심을 가지고 있다고 말했다. 그는 친구를 교회 소프트볼 팀에 참여하도록 초대했는데, 친구가 예수를 사랑하는 사람들을 만날 수 있는 좋은 장소가 될 것이라고 생각했기 때문이라고 했다. 한 젊은 여자가 일어나서 미소를 지으며 이번 주는 그녀가 마약을 끊어 '깨끗해진 지' 1년이 되는 날이라고 말했다. 모두 박수를 쳤다. 그리고 여러 가지 기도 요청이 있었다: 병원에 입원한 노모를 위하여, 가출하여 그 날 아침까지 여러 날 동안 집에 돌아오지 않는 10대 딸을 위하여, 그리고 지금은 우크라이나 선교사로 가 있는 그들 모임의 전 멤버를 위하여.

다음에 짐은 사도행전 5장을 펼쳤고, 40분간 토론을 이끌었다. 모두 지난 주간 동안 그 본문을 읽었던 것이 분명했다. 짐이 서두에 몇 마디 이야기를 했으나 그의 역할은 교사라기보다는 일종의 조력자였다. 모임의 멤버들은 성경 말씀이 삶에 어떻게 적용되는지를 이야기했고, 초대 기독교 교회와 그들의 성장하는 교회 사이의 공통점이 무엇인지를 지적했다. 말은 없지만 그들은 1세기 기독교인들이 했던 일이 그들의 친교 가운데 구현되고 있다고 생각했다. 그리고 바울의 가르침을 교회의 치리와 일상생활에 관하여 권위적인 것으로 받아들였다.

나는 누가 말하는가를 주목하기 시작했고, 곧 여자들도 남자들과 똑같은 참여자인 것을 알았다(가정뿐만 아니라 교회 안에서도 남자와 여자에게 적합한 서로 다른 역할이 있다고 듣긴 했지만). 그 모임에서 성경공부 시간이 끝날 때까지 오직 한 사람만이 말을 하지 않은 것 같았다. 또한 그 집단의 상호작용은 경쟁적인 성격이 아니라는 것을 알았다; 사람들은 일상생활의 실제적인 문제에 대한 답을 찾는 것 같아 보였다; 토론에서 잘난 체하거나, 설교하거나 혹은 거만한 모습은 없었다.

그 다음에 짐은 내게 그들 모임의 끝에는 항상 작은 기도 모임이 있다고 설명하며, 원하면 나도 그 모임 하나에 참여하는 것을 환영한다고 말했다. 다소 어색하여 괜찮다면 이번에는 그냥 보기만 하겠다고 대답했는데 모두가 좋다고 하여 마음이 놓였다. 금방 사람들은 집 안 여기저기로 흩어졌다. 한 기도 소모임은 부엌 식탁에서, 다른 세 명은 거실에서 의자를 끌어당겨 모이는 것을 보았다. 그들은 몇 분간 조용히 이야기한 후에 대화하는 식으로 기도하기 시작했다. 한 순간 나는 그 싱글 맘(결혼하지 않은 채 혼자 아이를 키우는 여성. 옮긴이)이 조용하게 우는 것을 보았는데, 그녀의 기도 동반자 두 명이 손을 뻗어 한 사람은 그녀의 어깨에 팔을 두르고, 다른 사람은 그녀의 무릎 위에 손을 놓은 채 기도를 했다.

이제 시간은 거의 밤 10시가 되었고, 사람들이 부엌으로 모이기 시작했다. 커피 끓는 냄새를 맡고 이제 내 직업적 역할 뒤에 숨지 않아도 될 시간이라고 생각했다. 아까 그 UCLA 팬이 다가왔고, 우리는 곧 다음 해 대학들의 미식축구 순위에 대한 토론을 벌였다. 짐이 우리의 수다에 끼어들어 다음 주에도 나를 초대한다고, 아니면 언제든지 원하면 와도 좋다고 말했다. 앞으로 몇 주 동안 그들은 가까이 있는 해변에서 모임을 열 것이라고 했다. 아이들도 올 것이고, 원하면 나 역시 가족과 함께 와도 좋다고 했다.

내가 가져보지 못한 가족

새로운 패러다임 교회의 중심에는 짐의 집에서 모인 것과 같이 매주 모이는 소모임들이 있다. 교회에 따라 이 모임을 서로 다른 이름으로 부르는데,

친족 모임(Kinships), 미니교회(Minichurches), 가정 친교모임(Home Fellowships), 그리고 돌봄의 모임(Care Groups) 등 다양하다. 한 호프교회 교인은 이 주간 모임의 중요성에 대하여 평가하면서 "미니교회는 내가 결코 가져본 적이 없는 가족입니다."라고 말했다. 그녀는 그 모임에서 조건 없이 사랑받고 있다고 느낀다. 정상적으로 기능하는 가족의 저녁 식탁에서 이루어지는 것과 같은 식으로 미니교회에서 걱정과 관심을 함께 나눈다. 가족과 마찬가지로 미니교회는 그녀에게 감정적인 도움을 주고, 어려울 때에는 재정적인 도움까지 제공한다. 가정이 파괴되고 자족에 깊이 빠져 있는 윤리, 그리고 스트레스 많은 일로 특징지어지는 우리 사회에서, 그들이 개인과 영적 삶에 있어서 흔히 이 작은 모임을 커다란 회중 예배보다 더 중심에 놓는 것은 놀랄 일이 아니다.

가정 친교모임을 방문하여 관찰한 놀라운 일 중의 하나는 모든 멤버들 사이에 보이는 신체적 상호작용의 정도다. 옛날 확대가족 관계의 특징인 인간적 접촉의 따뜻함을, 가정 친교모임에서 경험되는 상호 돌봄에서 다시 찾을 수 있었다. 남자들도 서로 끌어안으며 기도 동반자들은 고통 중에 있는 사람을 어루만진다. 친밀하기는 하지만 단기간의 경험으로 그치는 집단 치유와는 달리, 친교 모임의 멤버들은 매 주일 서로서로 돕는다. 이 사람들은 수세기 동안 확대가족이 해 왔던 일을 한다: 서로의 짐을 나누며 위로하고 서로의 승리를 기뻐하며 서로 이해하려고 함으로써 서로 의지하고 있음을 깨닫는다. 그리하여 자율적이고 자족적인 현대 도시인들이 그렇게 자랑하는 분리의 관계를 불식시킨다. 또한 그들은 공유된 행위의 표준을 함께 나눈다.

가정 친교모임은 교회로부터 상당한 독립성이 있으나, 거기에는 또한 평신도 지도자에 의한, 잘 다듬어진 감독 체계가 있다. 가정모임의 관리자들은 목회 사역 스태프 한 사람과 정기적으로 집단 모임을 갖는다. 그러나 직접적인 감독은 평신도 '목자'가 하는데, 그는 이 집단에서 여섯 명 정도를 책임진다. 그의 역할은 소집단 모임 지도자들을 감시하는 것이 아니라, 그들에게 도움을 주고 정기적으로 그 모임을 방문하여 모임 멤버의 한 사람으로 앉아 있는 것이다. 성장하고 분할되는 가정 친교모임의 확장 체계에서 목표는 지속적으로 새로운 평신도 지도자를 '제자화'하는 것이다. 이 훈련은 가정모임 관리자, 지도자, 그리고 훈련원 사이의 멘토 관계를 통해 이루어지는데, 단순히 신앙의 인지적 지식의 성장이라기보다는 도덕적이고 영적인 성숙이 목표다.

조직적인 관점에서 보면 가정모임의 존재는, 성직자에게서 평신도 지도자에게로 상당히 많은 책임이 옮겨가는 것을 허용하는 것이다. 거대교회에서 평신도 지도자와 가정모임 집단이 이러한 책임을 감당하지 않는다면, 유급 목회자가 무척 많이 필요할 것이다. 그러나 경제적인 면보다는 새로운 패러다임 교회의 가정모임의 광범위한 그물망은 종교적 기능을 비전문화하여 사람들에게 사제직을 돌려주는 전략의 일부분이다. 일상화된 종교임을 나타내는 표시 중 하나는 전에는 보통 멤버가 수행했던 기능을, 특별히 인가받은 전문가에게 위임하는 것이다. 새로운 패러다임 기독교인들은 가정모임에서 이러한 역할을 다시 찾는다.

평신도에게 권한을 주다

가정 친교모임은 새로운 패러다임 교회를 특징짓는 매우 분권화된 사회 구조의 한 요소다. 거대교회에서조차도 조직적인 구조는 매우 수평적이며 관료적인 성향이 약하다. 새로운 패러다임 교회에서는 담임목사가 비전을 정하고 그 기관의 영적인 문화를 규정하지만, 그는 전형적으로 구체적인 프로그램을 감독함에 있어 개별 관리자들에게 상당한 자율성을 준다. 사역의 실제적인 일은 그 사람들이 해야 하며, 따라서 프로그램을 주도하고 운영하기보다는 평신도 지도자들을 양육하고 훈련시키는 것이 성직자의 과제라고 보는 정서가 강하다.

가정 친교모임뿐만 아니라 수십 가지 유형의 다른 사역들이 개 교인들의 수고를 통해 이루어진다. 새로운 모임을 시작하는 방법은 이렇다: 이웃의 집 없는 가족들에 대한 책임을 느끼는 사람이 있거나, 혹은 이혼한 사람들의 상처를 회복할 수 있는 프로그램이 필요하다고 생각하는 사람이 있으면, 이러한 관심을 담임목사나 다른 목회자에게 표현한다. 전형적으로 새로운 사역을 개척하려는 사람에 대하여는 커다란 격려가 뒤따른다. 목회자나 교회 스태프의 역할은 그 프로그램을 운영하는 것이 아니라 그 사람의 사역을 돕는 것이다. 일반적인 철학은 '그 사람들'이, 도움이 필요한 교인이나 공동체에 대하여 목회자보다 훨씬 더 잘 알고 있다는 것이다.

많은 경우 특별한 사역에 대한 평신도의 믿음은 개인의 사적 경험에서 생겨난다. 앞의 사례에서 보았던 것처럼, 10대 때 아기를 포기하고 입양시킨 한 여성이 미혼모를 입양부모와 연결시키는 프로그램을 시작했다; 교도소에서 복역한 일이 있어서 그때의 외로움과 고립감을 아는 사람이 교도소 방문 프로그램을 만들었다; 좌절을 맛본 운동선수는 교회 공동체에 참여하지 않는 사람들을 끌어들이기 위해 스포츠를 활용하는 것이 좋다는 것을 알았다. 이러한 요구 중의 많은 것들이 결코 목회자에게서는 일어나지 않았을 것이다. 그들은 개인적으로 이런 경험을 해 보지 못했을 것이기 때문이다. 새로운 패러다임 교회는 평신도 사역과 평신도 주도의 프로그램을 강조하는 제도적 문화를 만들어 냄으로써 다양한 집단의 복잡한 요구를 충족시킬 가능성을 높여 왔다.

평신도 사역에 대한 강조가 목회자에게서 지도력을 빼앗아 가는 것은 아니다. 많은 목회자가 매우 강한 몽상가이기 때문이다. 나아가서 그들에게는 프로그램에 대한 거부권이 있다. 그러나 그들의 우선적 역할은 개인의 영적 발전을 위하여 격려하고 확신을 갖게 하며 돕는 것이다. 성장하는 새로운 패러다임 교회에는 서로 다른 사역에 열정적인 수십 명의 사람이 있다. 때로는 수백 명의 사람도 있다. 목회자와 유급 스태프까지도 그러한 다양한 프로그램에 대한 강한 신념을 따라갈 수 없다.

새로운 패러다임 교회에서 주목할 만한 것은 다양한 집단과 프로그램이 있을 뿐만 아니라, 그것을 신속하게 시작할 수 있다는 점이다. 넓은 의미에서 이것은 조직의 평면 구조에 기인한다. 목회자와 평신도와의 인터뷰에서 나는 그들이 똑같이 위원회라는 것에 대하여 여러 가지 우스운 농담과 비평을 하는 것을 들었다. 위원회가 보장해서 되는 일은 아무것도 없다든지 혹은 위원회가 어떤 프로그램을 최종적으로 승인할 때가 되면 그 요구는 처음과 달라져 있고 프로그램은 낡은 것이 될 것이라고 말한다. 새로운 패러다임 교회는 위원회를 만드는 대신에, 지나치게 규제하지 않고 계획에 대한 열정을 손상시키지 않으면서 평신도에게 주도권을 부여하려고 노력하고, 비전을 가진 사람들에 대하여는 위험까지 감수하며, 그들에게 필요에 따라 목회자가 도움을 준다.

척 스미스는 갈보리교회의 설립자로서 새로운 패러다임 교회의 전형적인 지도력 형태를 보여준다. 그가 목회하는 코스타메사 교회에는 적어도 1만 5천 명이 출석하고 있지만, 스미스는 1년에 단 두 차례 스태프 회의를 소집하며, 그때에도 대개 모임이 있다는 사실을 잊어버려서 그 전날에 기억을 되살려 주어야 한다고 한 스태프 멤버가 말했다. 그는 스태프 멤버들에게 거의 완전한 자율성을 주며, 그의 책상에 올라온 계획에 대해서는 일반적으로 '예' 혹은 '아니오'라는 말을 할 뿐이다. 그의 견해에 따르면 사역은 스태프 멤버와 성령 사이에서 이루어지는 것이지, 스태프와 척 스미스 사이에서 이루어지는 것이 아니다. 그러나 스미스는 방문을 열어 놓고, 매 주일 그와 상담하기 원하는 사람을 수십 명(수백 명은 아니라 하더라도)씩 만난다. 대화는 기록하고 정책에 반영하는 식이 아니라 비공식적인 것이다.

때때로 목회자가 거부권을 행사하여 문제가 불가피하게 생겨나기도 한다. 그러나 이 골치 아픈 순간은 사람들의 신앙과 지도력 기술이 성숙해지는 기회가 된다. 모험을 하지 않으려고 평신도에게 주도권을 주지 않는 것은 잠재적인 골칫거리를 피할 수 있게 하지만, 내가 보기에는 또한 훨씬 덜 창조적이고 덜 예리한 사역이라는 결과를 초래한다. 흔히 보다 전통적인 조직 구조에서는 새로운 정책이 이런 저런 종류의 문제를 다루기 위하여 수립된다; 대조적으로 새로운 패러다임 목회자들은 문제를 관계적으로 다루는 것을 선호한다. 그들은 갈등이나 부적절한 것을 다루기 위하여 비인격적인 정책을 수립하는 것은 '성령의 인도를 받는' 형태의 사역을 부인하는 것으로 본다.

분권화된 사역에 대한 한 자극제는 컴퓨터, 탁상출판, 그리고 의사소통망의 활용성이다. 과거에는 교파들이 단일한 자료를 만들어 낼(부분적으로는 식자와 재생산 규모의 경제성 때문에) 본부가 필요했으며, 많은 다른 후원자들에 봉사할 목적으로 '포괄적인' 출판물을 만들어 내는 경향이 있었다. 오늘날 각 사역은 주문에 따라 맞춘, 자체의 자료를 만들어 낼 수 있다. 이것은 중간 생산자 없이, 프로그램에서 한두 과정이 생략된 마케팅과 직접적인 의사소통을 가능하게 한다.

그러나 분권화가 개별 계획에 있어서의 비조직화를 의미하는 것은 아니다. 수백 명의 자원 봉사자들로 가득한 새로운 패러다임 교회의 주일학교를 돌아보면, 혹은 수만 명의 사람들을 끌어 모으는 복음주의 십자군 운동에 참여해 보면, 1등급의 계획이란 무엇인지 분명해진다. 이 교회들의 역설은 탁월성이 기대되는 '협동적' 문화를 만드는 것은 지도자들이지만, 매우 능숙하게 고안해 내는 비전에 대해서는 스태프들과 교인들에게 상대적인 자율성을 주고 있다는 점이다. 조직 안에서 보면 일은 다소 혼란스러워 보일 수 있지만 -사람들이 많은 다른 수준의 비전을 가지고 있기 때문에- 위계서열적인 경계선은 그 일이 이루어지는 한, 중요하지 않다.

분권화된 운동

분권화 모델(decentralization model)은 개체교회 안에서뿐만 아니라 운동이나 교파적 수준에도 적용된다. 대부분의 주류 교파는 주일학교에 통일된 교육과정을 제공한다; 그들에게는 새로운 찬송에 대하여 결정하는 위원회가 있다; 새로운 선교를 시작하려면 잘 준비된 공청회와 연구보고 과정을 거쳐야 한다; 새로운 교회를 시작하려면 과정과 정책이 있어야 한다. 이러한 모든 규제가 성공적인 새로운 패러다임 운동에는 존재하지 않는다. 개체교회가 자체의 교육 보조물과 프로그램을 쓴다(예를 들면, 남가주 해변에 있는 공동체 아이들을 위한 자료는 뉴욕 주 북부에 사는 청소년에게는 적합하지 않을 수 있다). 마찬가지로 표준화된 찬송가가 있어야 할 이유는 무엇인가? 대부분의 새로운 패러다임 교회에서는 찬양 인도자가 자신의 음악을 쓰며, 그 교회에 다니는 노래 작사자의 도움을 받을 뿐만 아니라, 다른 교회와 다른 운동에서 들은 적이 있는 가장 좋은 곡을 활용한다. 사회사역 또한 자체의 노력으로 이루어지는데, 공동체에 따라서 다양하다. 그들은 교단적인 인가가 필요 없으며, 중앙집권화된 교단 기금에 의존하지도 않는다.

새로운 교회를 시작할 때도 똑같은 원리가 적용된다. 새로운 멤버가 계속 가담함으로써 가정 친교모임이 커진다면, 그리고 하나님께서 새로운 교회를 개척하라고 말씀하셨다고 믿는다면, 그렇게 하지 않을 이유가 무엇인가? 새로운 패러다임 목회자가 될 사람은 관료주의라는 여러 수준들 -첫째로는 신학대학을 다니고, 다음에는 목사 안수를 받으며, 그 다음에는 다양한 부목사 역할을 하면서 여러 해 동안 훈련을 받은 후에 점차적으로 담임목사로 임용되기 위한, 교단의 목회자 파송 작업을 거치는 것-이 무슨 의미가 있는가 하고 묻는다. 이때쯤이면 그는 중년이며 그의 비전은 녹슬어 버리고 -만일 그것이 아직 있다고 해도- 동료 성직자는 자신을 압도하는 동년배 집단이 되어 있다. 새로운 패러다임 운동의 형태는 목회로의 부름을 명예롭게 여기고, 개인이 자신의 가정 친교모임을 하나의 교회로 확장하게 허락하며, 심지어는 이 초기 교회를 키우기 위하여 가장 훌륭한 평신도 지도자 중의 얼마를 그 교회로 보내는 것이다.

새로운 교회가 시작되면서 관료적이며 과정을 중시하는 관리는 실용주의로 바뀐다. 자주 인용되는 갈보리교회의 설립자 척 스미스의 공리(公理)에 따르면 "하나님께서는 자격 있는 자를 부르시는 것이 아니라, 부르신 자에게 자격을 주신다." 다시 말하면, 만일 누가 참으로 사역에 대한 소명을 받고 가정 친교모임이 커진다면, 그 평신도의 목회 기술은 향상될 것이다. 어떤 시점에서는 그가 그 위치에서 해야 할 일 때문에, 세속적 직업을 그만 두어야 할 것이다. 그러나 그때쯤 교회는 그를 경제적으로 뒷받침할 만큼 충분히 커질 것이다. 반면에 만일 가정 친교모임이 자라지 **않는다면**, 그 지도자는 교회를 개척할 은사를 가진 것이 아니다; 그 대신 그는 개체교회에서 활동적인 평신도 자원봉사자로서의 '소명'을 발견할 것이다. 기존 교회 안에서 새로운 프로그램을 시작하는 원리도 마찬가지다. 새로운 패러다임 관점에 따르면, 평신도 지도자가 시작한 새로운 프로그램이 동료 자원자들에게 매력을 주지 못한다면, 그것은 하나님이 그 일에 함께하지 않으신다는 증거라는 것이다.

많은 새로운 패러다임 교회가 시행하는, 조직에 대한 철학은 급성장하는 기업의 그것과 유사하다. 분권화된 지도력과 함께 보다 많은 아이디어가 생겨날 수 있다. 이것들 모두가 취할 만한 것은 아니지만, 분권화된 조직적 구조는 지도력을 발휘하려는 의지뿐만 아니라 사람들의 창조적인 가능성을 열어 놓는다. '확실한' 성공의 대가는 제품 혁신의 가능성을 감소시킨다는 것이다. 새로운 패러다임 목회자들은 경영의 목표가 교회 '조직'의 큰 흐름이 방해받는 것을 피하는 것이라고 말한다. 창조적인 평신도 주도의 활동을 금하는 정책, 일정 잡는 것이 어렵고 합의를 이루어 내는 데 오랜 시간이 걸리는 위원회, 그리고 유급 목회자의 미시적인 경영과 같은 일들은 천천히 처리된다.

새로운 패러다임 운동 설립자들의 조직적인 천재성은 그들이 실패를 기꺼이 감수하면서 창조적인 평신도 지도자들에게 자율성을 준다는 점이다. 예를 들어 갈보리 운동에서 척 스미스는 매우 강한 신학적 지도력을 발휘해 왔지만, 그는 교회를 세워왔던 수백 명의 젊은 목회자에게 거의 완전한 조직적 자율성을 부여했다. 그는 보고서를 요구하지 않으며, 거대 규모의 교회를 세웠던 많은 '후진들'과 예속적인 관계 만들기를 거부한다. 그 대신에 일종의 위성 체계가 생겨났는데, 여기서 개별 목회자들의 책임은 관계적이며 그들은 척 스미스가 목회하는 모(母)교회가 아닌 출신 교회 담임목회자와 관계를 갖는다.

갈보리교회처럼 600개가 넘는 교회를 가진 운동의 일반적 경향은 새로운 목회자를 양성하기 위하여, 아니면 지도력을 중앙집권화하기 위하여 신학교를 세우는 일이다. 그러나 척 스미스는 큰 교회가 자체의 목사 훈련 프로그램을 만들어 교과과정을 작성하고 졸업 요건을 확립하는 데 있어, 교인과 직원의 창조적 에너지를 활용하도록 권장해 왔다. 이러한 접근방법은 개별 시장의 요구와 상황에 민감한 프로그램을 만들어 내게 한다. 또한 그것은 개체 교회와는 동떨어져 있는 전문적인 신학자와 신학교 교수 계층을 만들어 내지 않도록 한다. 서로 다른 교회에서의 훈련 프로그램 지도자들이 서로의 생각과 자료를 교환하기 위하여 접촉할 수는 있지만, 획일적인 교과과정을 만들려는 시도는 없다.

이 분권화는 교회 교인들에게 제공되는 자료에서도 발견된다. 이 교회 대부분에 서점이 있으며, 그 서점의 주요 구역에는 각 교회 목회자의 설교-척 스미스의 설교가 아니라-를 녹음한 카세트테이프가 있다. 이 방법의 조직적, 시장적 논리에는 의미가 있다: 목회자는 자신을 닮은 사람들(사회적 배경, 교육, 인종과 민족이란 용어로)에게 매력을 주는 경향이 있다. 각자 섬기는 특정 고객을 위하여 테이프, 책, 그리고 가르침 자료를 개별화하는 것을 테크놀로지가 가능하게 하는데 왜 동질화된 상품을 갖겠는가?

중앙집권적 관료주의는 획일성을 중요시한다. 그것은 당연히 감독과 관리자 계층을 고객과 꼭대기에 있는 지도자 사이에 놓는 위계서열적인 조직 구조를 만든다. 이 구조를 유지하는 데에는 획일적인 정책과 규약의 규칙적인 공급이 필요하다. 조직에서의 승진은 흔히 연장자 혹은 축적된 신용에 달려 있으며, 새로운 아이디어를 가진 지도자는 전형적으로 견제를 받는다. 그들이 주장하는 것은 지금 행하는 조직 구조에 위협이 되기 때문이다. 권위를 분권화함으로써 새로운 패러다임 교회와 운동은 일상화를 향하여 가는 이러한 운동을 비켜간다. 치리는 정책과 과정보다는 신뢰와 인격적인 관계성에 근거한다. 그리고 훈련은 공식화되고 중앙집권화된 교육 제도보다는 멘토 관계를 통하여 이루어진다.

돈에 대한 태도

목회에 대한 이러한 비관료적 방법은 새로운 패러다임 교회에서 돈을 모금하고 사용하는 방식에서 가장 분명하게 드러난다. 갈보리교회 목회자들은 "하나님께서 인도하시는 곳에서는 그가 마련해 주신다."는 척 스미스의 공리를 되풀이하여 인용했다. 결과적으로 그들은 기금을 마련하는 일에 거의 노력을 기울이지 않는다. 그들의 견해는 하나님께서 사역을 원하시면 사람들이 그것을 위해 헌금하게 하실 것이라는 것이다. 헌금 서약 프로그램이나 강단에서 압력을 넣는 호소를 통해 돈을 받는 것은 그들의 깊은 확신과는 모순된 것이다.

새로운 패러다임 교회에서 돈을 강조하지 않는 것은, 돈에 초점을 맞추면 사람들이 종교에서 "떨어져 나간다."는 계산에 기초하여 "감성을 추구하는" 교회의 일부 목회자들이 기금 마련에 소극적인 방법을 사용하는 것과 같은, 마케팅 기술이 아니다. 오히려 새로운 패러다임 목회자들은 하나님께서 제공자이며, 그들은 단지 청지기라고 순수하게 믿는다. 모이는 장소의 어딘가에 그들은 익명으로 헌금할 수 있는 헌금함을 놓았지만, 얼마나 헌금을 했는지는 헌금한 사람과 하나님 사이의 문제일 뿐이다; 헌금은 봉헌하라는 사회적 압력이나 목회자에게서 칭찬 받는 기능의 결과가 아니다.

많은 새로운 목회자들은 결코 누가 헌금을 하며, 각 교인들의 헌금 액수가 얼마나 되는지를 알지 못한다고 우리에게 말했다. 그것을 알게 되면 교인을 편애하는 결과를 가져올 수 있다는 것이다. 내가 인터뷰한 한 목회자가 이렇게 말했다. "실제로 우리는 목회자로서 기본적으로 헌금 문제에서 물러나 있습니다. 아시겠지만 목회자가 개인의 헌금에 관여하게 되면, 인간 본성에 따라 누가 재정적으로 어떻게 기여하는지 알게 될 때에 그들을 다르게 보는 경향이 있기 때문입니다."

정확한 기록은 계속 하지만(흔히 컴퓨터로) 목회자는 세무서가 요구할 때 그것을 제공할 수 있도록 회계사에게 그 일을 맡기며, 자신은 누가 헌금했으며 누가 가장 많이 했는지 알려고 하지 않는다. 헌금을 많이 했다고 표창하지도 않고, '헌금 작정서'를 교인들에게 돌리지도 않는다. 헌금 약속은 개인과 하나님 사이에서 이루어진다. 누가 보상받기를 원한다면, 교회는 그것을 하늘나라에서 받게 될 것이라고 가르친다. 한 갈보리 교인은 이렇게 설명했다. "교회에 헌금할 때에는, 우리가 헌금하기를 원하고 또 주님께 하는 것이기 때문에 하는 것입니다. 그렇지 않다면 돈을 지키는 편이 나을 것입니다. 하나님께서는 그것을 원치 않으십니다. 하나님께서는 가난하지 않습니다. 모든 것을 소유하고 계십니다. 따라서 **즐거운 마음으로** 헌금할 수 없다면, 그 돈은 주머니에 다시 넣는 편이 나을 것입니다."

목회자는(특히 목회 초년 시절의) '믿음으로 사는 것'을 배운다. 사례비 없이 겸손의 태도뿐만 아니라 하나님께 의지하는 정신을 발전시키며, 그 홀로 교회를 세우는 것이 아님을 깨닫는다. 어떤 목회자가 첫 목회 당시를 회상하며 이렇게 말했다. "내 집 문 앞에 식료품을 놓고 가는 사람들, 혹은 '주님이 이것을 당신에게 가져다주라고 우리에게 말씀하셨습니다.'라고 말하며 우리

집 문을 두드리는 사람들이 없었다면, 우리는 결코 견디지 못했을 것입니다."

물론 교회가 성장하고 발전하면 사례비가 정해지고 정기적으로 봉급을 준다. 이것은 일상화의 불가피한 과정이다. 그러나 몇몇 새로운 패러다임 교회에서는 능력 수준이나 서열이 아니라, 목회자의 필요에 근거하여 봉급을 정한다. 한 거대교회에서는 목회자가 미혼인지, 자녀가 몇 명인지, 배우자가 일하는지 등을 포함하여 기본적인 비용을 기록하는 양식을 작성한다고 들었다. 그리고 커다란 새로운 패러다임 교회의 여러 목회자는 봉급을 받지 않는다. 그 대신 자신이 지은 노래의 인세, 설교 테이프와 음악 CD의 수익, 그리고 강연료 등으로 살아간다.

이 교회들에 재정적인 비리가 있는지는 여러 해 동안의 내 연구과정에서 발견하지 못했다. 부분적으로 거기에는 돈이 개인적 성공의 척도가 아니라는 강한 제도적 정신이 있기 때문이라고 생각한다. 아버지는 봉급이 매우 많은 회사 임원이었고 그의 가족은 상당한 부가 있다는 한 젊은 목회자에게서 이러한 전형적인 입장에 대한 이야기를 들었다. 그는 "나도 아버지처럼 살라고 배웠습니다. 그러나 주님이 나를 그런 삶에서 벗어나게 하셨습니다. 부란 그 자체로는 나에게 절대적으로 아무것도 아닙니다."라고 말했다.

분명히 몇몇 큰 교회에는 상당한 예산이 있으며, 건물 유지, 집세, 시설, 스태프 임금, 공동체에 대한 봉사, 선교 지원, 주간 학교, 라디오 프로그램 등을 위하여 매 주일 수만 달러의 예산을 집행한다. 새로운 패러다임 교회들은 돈을 두려워하지 않는다; 그들은 화폐 이전의 사회로 돌아가려고 하지 않는다. 실제로 그들은 흔히 최신 음향장비, 컴퓨터 체계, 그리고 자체의 인쇄 능력을 가지고 있다. 또한 교회 내에 매력적인 책방이 있는데, 거기에는 성경과 주석책, 그리고 목회자의 설교 테이프뿐만 아니라 문화적인 최신 상품으로 가득 차 있다.

이 모든 활동을 유지하려면 정교한 회계 방법이 필요한데, 냉소주의자들은 이것을 "하나님을 파는 행위"라고 본다.[1] 분명히 예수 티셔츠, 스웨터, 모자, 자동차 범퍼 스티커, 그리고 음악 CD를 소리치며 파는 상업적 성격은, 성전에서 장사하는 사람을 내어 쫓으신 예수의 이야기를 연상하게 할 수 있다. 그러나 새로운 패러다임 지도자들은 이런 물건들이 기독교 밖에 있는 사람들에게 메시지를 전달하는 하나의 방법이라고 본다. 또한 이러한 옷을 입고 자동차 범퍼 스티커를 부착하는 것은 기독교 공동체에 대한 신자들의 소속감을 강화시키는 이점도 있다.

또한 나는 돈을 향한 태도가 이 단원의 처음 몇 문단에서 제시된 이상처럼 순수하지 않은 경우도 자주 있다는 것을 지적하고 싶다. 아직도 예배당 뒤 입구에 자유롭게 헌금할 수 있는 상자만을 놓은 얼마의 새로운 패러다임 교회가 있는 반면에, 대부분의 교회는 눈에 띄지는 않지만 헌금 바구니를 돌린다. 그러나 때로는 처음 온 사람은 돈을 넣지 말라고 특별히 알려주기도 한다. 또한 보다 일상화된 새로운 패러다임 교회들은 이따금 그들이 빌딩 프로그램을 시작할 때에는 헌금 서약을 요구하기도 한다. 그럼에도 불구하고 이 교회들과 내가 경험해 온 주류 교파 교회들 사이에는 헌금을 내는 태도에 있어 여전히 커다란 차이가 있다.

성령의 역할

새로운 패러다임 목회자들이 최근의 기업경영 연구에서 배웠다고 생각할 수 있지만, 보다 정확하게는 '선택적 친화성'(elective affinity)이라는 막스 베버의 관념에 가깝다고 할 수 있다. 그리고 그들은 자신의 조직 구조를 1세기의 성령에 관한 경험과 연관시킨다.[2] 이 목회자들이 믿는 예수는 떠돌아다니는 설교자였던 목수다. 그리고 그들이 지지하는 교회는 아직 제도화되지 않았던 교회다.

새로운 패러다임 기독교인들이 삶에서 전적으로 믿는 진리는 20세기의 해석과 합리화를 강조하는 것이 아니라 원래의 복음에 근거한 것이다. 그들이 1세기 교회의 단순한 예배에서 느끼는 매력은 성스러움에 대한 접근이 직업적인 성직자나 전문가에 의해 좌우되지 않았다는 점이다. 초기 기독교인들은 가정 교회에서 예배를 드렸는데, 거기에서는 교리가 거의 발달하지 않았고, 전문적인 사제가 정교하게 구성한 복잡한 의례도 아직 생겨나지 않았다. 새로운 패러다임 목회자들은 하나님과의 보다 직접적인 관계성을 추구했던 1세기 예수 추종자들과 자신을 동일시한다.

새로운 패러다임 교회에 참여하는 사람들은 1세기 예수 추종자들이 유대 '종교'를 비판했듯이, 기독교 '종교'에 대해서도 종종 비판적이다. 그들에게 종교는 사제 계급의 이익에 봉사하고, 사람들을 참된 힘의 근원에서 격리시키게 한 인간적 산물이다. 초기 예수 사람들-1세기이든 아니면 20세기 후반이든-은 제도를 반대하기 때문에, 예배를 드리려고 가정에서 만났고, 기성종교와 거리를 두었던 것은 놀랄 일이 아니다. 또한 새로운 패러다임 교회의 지도자들이 성령의 능력을 재발견했고, 그것의 영향을 초기 기독교인들과 매우 같은 방식으로 설명했던 것도 놀랄 일이 아니다. 성령으로 영감을 받은 경험은 불가피하게 인간의 제도와 관행을 거짓이라고 비난하며, 결과적으로 모든 '종교'를 상대화한다.

분권화되고 평신도 지향적인 교회의 힘을 이해하는 새로운 패러다임 목회자들이 생겨난 데에는 여러 가지 요인이 우연히 작용했다. 1960년대 반문화에 빠졌기 때문에, 이 새롭게 회심하여 목회자가 된 사람들은 사회 제도의 인위적이고, 흔히 자족적인 성격을 직관적으로 이해했다. 결과적으로 그들의 문화적 정향은 그들을 가톨릭, 개신교, 정교회와 같은 역사적인 교파 교회들에서 떠나게 만들었다. 그들은 자신의 교회를 세웠는데, 그들의 세계관이 융통성 있는 형식을 취하며 메시지를 전달하는 체계를 바꾸어 놓았기 때문에, 그 교회들은 급격히 성장했다. 요약하면 새로운 패러다임 목회자들은 그들이 설교하는 복음의 '종교적인' 장식을 절대화하는 것을 거부해 왔다. 예배 형식, 표현의 매체, 그리고 물리적 구조는 성스러운 것이 아니다; 그것들은 단지 사람들이 추구하는, 영으로 채워진 결합의 중심을 둘러싸고 있는 껍데기일 뿐이다.

종교에서든 기업에서든 시장 점유율이 떨어지는 조직은 전형적으로 지도자를 소비자 요구로부터 고립시키는 조직 구조 때문에 소비자의 요구에 늦게 반응한다. 종교의 역사에 있어서 급격한 성장은 흔히 위계서열적인 계층을 없애고, 성스러움에 도달하는 의례를 단순화하는 조직구조 개혁의 결과로 생겨났다. 사회학적 이론에 따르면 일상화와 관료주의화는 다른 조직에서와 마찬가지고 종교조직에서도 불가피하다. 그러나 이것이 증가하면 교인 증가율은 전형적으로 낮아진다; 점차적으로 전략적인 재구조화가 일어나지 않으면 그 조직은 죽어 버린다.

새로운 패러다임 교회의 빠른 성장에 관하여 그 지도자들이 종교를 포함한 관료화된 제도를 문화적으로 불신하는 것과, 하나님께 이르는 것은 인간이 만든 제도를 통해서라기보다는 성령을 통해서라는 신학적 확신 사이에는 적절한 일치점이 있는 것처럼 보인다. 구체적으로 새로운 패러다임 기독교인들은 일상생활에서의 방향은 특별히 성경을 공부하고 그 의미를 명상하며 고독의 순간에 삶에 대한 하나님의 뜻을 들으려고 할 때 성령으로부터 온다고 믿는다. 성직자의 가르침을 포함하여 하나님의 계시에 대한 모든 다른 주장은 이차적인 것이다.

분권화되고 평신도에게 힘을 실어주는 교회를 정당화하는 것은 바로 성령에 대한 이런 견해다. 그것은 위계서열적인 구조의 적합성에 직접 도전한다. 그것은 왜 다른 사람이 하나님과 개인 사이의 관계성의 권위를 빼앗아 가야 하는가의 물음을 강력하게 제기한다. 이 견해에서는 성령이 평신도로 하여금 프로그램을 확립하고 봉사 활동에 참여하도록 인도한다. 새로운 패러다임 교회 교인들은 왜 이 지시가 조직적 위계의 꼭대기에서부터 여과되어 내려와야 하는지(성령이 목회자들에게도 말씀하시지만) 그 이유가 없다고 믿는다. 이런 의미에서 새로운 패러다임 교회의 신학은 평신도가 목회에 참여함으로써 상대적으로 평등주의적으로 보이며, 이는 아래에서부터 위로 향하는 조직적 혁신을 초래한다.

언제 새로운 패러다임 종교가 '옛 패러다임' 종교가 되기 시작하는지에 대한 척도는, 언제 그 종교가 성령으로 인도받는 과정을 다른 것으로 대체하기 시작하는가, 언제 모든 회중을 위한 사역을 주장하기보다는 목회 사역을 전문 성직자에게 넘겨주는가 하는 것이다. 일상화를 향한 움직임은 항상 점진적인 것이다. 그러나 그것은 권위에 집중하고, 훈련을 표준화하며, 예배를 의례화하고, 하나님과 사람 사이에 중재자를 임명하려는 욕망에 따라 측정될 수 있다. 일상화에 대한 좋은 지표는 새로운 패러다임 교회에 대한 젊은 세대의 반응을 관찰하는 것이다. 불가피하게 베이비 붐 세대 교회 멤버들이 나이가 들었기 때문에, 교회에서는 머리가 희끗한 사람을 더 많이 볼 것이다. 그러나 일상화에 대한 참된 시험은 젊은 세대의 지도력이 분명히 있는지(혹은 그들이 X세대 교회의 새로운 운동을 시작하는지) 여부가 될 것이다. 그렇지 않다면 그것은 문화적이고 적절한 방식으로 최근의 요구를 충족시키는 과정을 지연시키는 제도적 구조가 만들어져 왔다는 것을 의미한다.

조직적인 변화에 더하여 건강한 새로운 패러다임 교회의 다른 표시는 스태프의 끊임없는 교체(이 일반화에서 담임목사는 제외된다)다. 새로운 회심자는 공동체를 찾아서, 그리고 어떤 사람은 지도력 역할을 찾아서 교회로 나온다. 그들이 훈련 받고 지도받을 때 이 교회 안에서 책임감이 커진다고 생각한다. 그러면 옛 스태프는 자리를 떠나 새로운 교회를 시작하고, 새로운 멤버가 그 빈자리를 채우게 기회를 준다.

새로운 패러다임 교회의 스태프에게 높은 임금과 좋은 혜택을 주는 것은 교체를 지연시킬 수 있다. 돈은 사람을 편안하고 안주하게 하기 때문이다. 문제는 정기적인 교체가 없이는 사람들이 그 조직 안으로 움직일 기회가 거의 없어 정신 상태와 수행 능력이 그 자리에서 굳어져 버린다는 점이다. 보다 중요하게는 그 조직에 새로 나온 사람들이 지도자 역할을 감당할 기회가 없게 되는데, 그 역할은 자발적 모임을 유지하는 하나의 핵심적 요소다. 조직은 지도자 위치에 있어 새로운 회심자뿐만 아니라 젊은 사람이 있음으로써 이득을 볼 수 있다. 그들은 불가피하게 세속 문화에 더 가깝고, 따라서 문화적 변화에 반응하기 위해 조직을 더 잘 변화시킬 수 있기 때문이다.

성령의 인도하심

막스 베버는 권위를 카리스마적, 전통적, 법적-합리적 유형으로 구분했다.3) 흥미롭게 새로운 패러다임 목회자들은 카리스마적이고 전통적인 형태의 권위에 마음이 끌린다: 하나님이 성령을 통하여 그들과 직접 의사를 소통하신다는 의미에서 카리스마적 권위이며, 성서적 전통이 현대의 삶과 실천에 규범으로 간주된다는 의미에서 전통적 권위다. 새로운 패러다임 교회에서 나타나지 않는 것은 교회법과 같은 법적-합리적 권위에 대한 호소다.

새로운 패러다임 목회자들의 카리스마적 지도력은 매우 독특한 형태의 카리스마다. 그러나 잘 생각해 보면, 그것은 광범위한 중산층에게 매력을 줄 수 있는 유일한 카리스마 유형일 것이다. 일부 TV 부흥사들의 과장된 꾸밈과는 달리 새로운 패러다임 목회자들은 겸손과 회개의 정신에 기초하여 회중과 관계를 맺으며 하나님의 뜻의 도구로서 봉사한다. 교인들이 '종의 마음'(servant's heart)이라고 흔히 부르는 방식으로 지도력을 발휘하며, 그들의 자아는 하나님과의 만남을 통하여 사라지는 것 같아 보인다. 이 지도자들의 카리스마는 투명성과 겸손에 있다. 나는 그들과 대화하는 중에 개인주의 윤리에 매여 있는 사람에게서 매우 자주 나타나는 자기 신뢰에 대한 주장보다는 순수한 겸손을 발견했다.

카리스마적 지도력에 대한 정의와 어울리게, 새로운 패러다임 목회자들은 권위주의적이고 심지어는 독재적인 경향이 있다. 그리하여 사회 조직의 분권화된 형태를 옹호함에도 불구하고, 목회자는 개별 프로그램에 대한 최종적 거부권을 가지고 있으며, 교회의 제도적 문화를 규정하는 비전을 결정한다. 이 권한이 수많은 파괴적 방법으로 사용될 수 있으나-가끔 이런 일이 벌어진다- 그것은 평신도뿐만 아니라 스스로의 책임에 대한 목회자의 확고한 믿음으로 조절된다.

담임목사는 전형적으로 그의 영적 멘토에 대하여 책임이 있다고 생각하는데, 그 멘토는 흔히 담임목사가 중요한 영적 형태를 배운 교회의 목회자다. 나아가서 담임목사 주변에는 영적으로 성숙하고 지혜로운 조언자들이 있다.[4] 전형적으로 이 자문 집단에는 여러 스태프만 아니라 교회의 몇 평신도들이 들어 있지만, 그 교회 밖에 있는 사람들도 포함될 수 있다.[5] 이 가운데 얼마에게는 흔히 기업이나 건축 경험과 같은 특별한 기술이 있다. 돈과 재산을 경영하는 것은 성장하는 교회로서는 불가피한 관심이기 때문이다. 이 자문위원회는 정기적으로 모임을 가지며, 문제에 대하여는 대개 다수결로 결정하기보다는 완전 합의를 도출한다. 그 모임은 지속될 수 있는 기구이며, 담임목사는 그 위원이 교체될 때 누구를 참여시킬 것인지에 있어 강한 역할을 행사한다. 이 교회는 교인들의 일반적인 투표에 따라 민주적으로 운영되지는 않는다.[6] 어떤 사람은 담임목사가 선언한 비전에 공헌하기 원하기 때문에 자문위원회에서 봉사하는 것에 동의한다.[7]

그러한 자문위원회의 목적은 주요 결정-특히 건축 계획과 다른 재정 문제에 관계된-에서 신뢰성을 확보하기 위한 것이다. 그러나 담임목사가 가족과 충분한 시간을 보내고 건강을 돌보도록 권장하며, 개인 문제가 있을 때 도움을 주는 것도 그 위원회의 기능이다. 모임에서는 결정을 위해 성령의 인도하심을 구한다. 결정에 대하여 이렇게 영적 힘에 의지하는 것은 개인적인 욕망이 회중의 복지보다 앞서는 것을 견제하려는 의도를 가지고 있다.

평신도 개인에게도 비슷한 책임 체계가 존재한다. 전형적으로 한 사람에게는 영적 지도를 받을 수 있는 멘토 한 명이 있다. 새로운 패러다임 교회에는 흔히 신앙의 연조가 짧은 사람을 '양육하는' 관행이 있다. 이 과정은 매우 비공식적이며, 한두 주일에 한 번 함께 아침 식사를 하고, 가끔 성경공부와 기도를 위해 만나며, 아니면 신앙의 길을 찾는 사람에게 자원으로 봉사할 수 있다. 이 관계의 초기 단계에서는 상호작용이 상대적으로 자주 있을 수 있다. 그러나 초보 신자의 영적인 여정이 상당히 진행된 후에도, 그들 사이의 관계는(대화는 다소 이따금씩 이루어질 수 있지만) 강하게 남아 있는 것이 보통이다.

목회자의 자문위원회에 해당되는 것이 평신도에게는 가정 친교모임이다. 이 모임에서 개인들은 그들의 문제와 기쁨을 함께 나누지만, 비공식적인 책임도 생겨난다. 그 모임의 멤버들은 어떤 개인이 정기적으로 기도와 성경공부를 하는 시간을 갖는지 점검할 수 있고, 누가 결혼에 문제가 있거나 개인훈련을 소홀히 하고 있음을 알게 되면, 그 개인을 만나 부드럽게 문제점을 지적할 수 있다. 이 상황에서의 책임은 권위적인 것이 아니지만, 매우 직접적인 것이다. 사람들은 일상적인 용어로 '그리스도처럼' 사는 것이 무엇을 의미하는지 토론한다. 그리고 성서적 예를 인용하는 것뿐만 아니라 어떻게 그 모임 멤버가 비슷한 문제나 유혹에 직면했는지에 대한 개인적 설명을 통하여 조언이 이루어진다. 멤버를 나무랄 때에는 성서적인 표준과 실패한 사람을 사랑하시고 용서하시는 하나님 사이에서 균형이 유지된다. 모든 멤버가 보다 커다란 기독교적 성숙을 향한 여정을 가고 있지만, 완전은 결코 성취될 수 없다는 것을 알고 있다; 따라서 새로운 패러다임 목회자와 지도자는 심판이 아닌, 하나님의 은총의 필요성을 확증하고 있다.

우리가 인터뷰했던 새로운 패러다임 지도자 중의 한 사람이 책임과 기독교인 양육의 한 예를 제시했다. 그는 아내에게 불성실했던 한 젊은 목회자에 대하여 언급했다. 그 목회자의 불륜은 교회에 상처를 주고 결혼을 파경으로 몰아갈 만큼 위협적인 것이었다. 그 문제를 다루는 관료적인 방식은 목회자의 자격을 정지시키고 대기발령하여 교회가 그 사태를 진정시킬 수 있기를 바라는 것이다. 그러나 이 패러다임 운동의 지도자 내외는 잘못된 길을 가는 목회자와 부부에게 전화를 걸어 자기들과 얼마동안 함께 시간을 보낼 수 있는지 물었다. 그 제안은 받아들여졌고, 몇 주 동안 두 부부는 같은 집에서 함께 살았다. 그 운동의 지도자는 이 기간 동안 교회를 목회해야 할 책임을 수행했지만, 일하지 않는 시간에 두 부부는 목회자의 부정과 관련된 문제적인 결혼 생활에 대하여 이야기했다. 그 결과 그들의 결혼 생활은 회복되었고, 그 목회자는 교인들의 신뢰에 대한 자신의 배신에 대하여 그들에게 용서를 구했으며, 잠시 세속적인 일을 한 후에 목회를 재개하기로 했다.

분명히 이 상황에서도 권위가 작용했지만, 그것은 관료적인 것이 아니라 관계적인 것이었다. 거기에는 해명을 요구하는 공식적인 청문회나 공식적인 징계가 없었고, 따라서 불명예를 최소화시켰다. 그 문제를 개인적 수준에서 직접적으로 다루었고, 결혼 불화가 수습되었으며, 교인들은 공개적인 회개와 복권의 의미를 배웠다. 그 목회자는 자신의 행동에 대해 책임을 졌으나, 그것은 그의 결혼 생활과 목회 모두를 살리는 정신 속에서 이루어졌다. 성숙한 가족이 빗나간 가족 멤버를 다루는 식으로 문제가 해결되었다.

새로운 패러다임 교회는 책임성과 관계된 모든 문제에 있어 자아실현과 자아성취를 최고의 가치로 여기는, 지배적인 대중 심리학 문화에 대한 반대 입장을 보여준다. 심리학의 치유적(therapeutic) 윤리에 따르면 공동체가 아니라 개인이 가치의 중심에 있다: 책임은 스스로 지는 것이다; 개인은 자신의 삶의 주인이다; 그리고 사회의 요구를 충족시키기 위하여 자신을 포기하는 것은 그릇된 삶을 나타낸다. 새로운 패러다임 기독교인이 참을 수 없는 것은 바로 이러한 윤리다. 새로운 패러다임 교회에서는 자아에 대한 찬양을 하나님에 대한 찬양으로 대체하며, 성령이 지시하는 삶으로 조정되는 공동체의 결속 가운데서 의미와 목적을 재발견한다.

새로운 패러다임 목회자는 전통적 형태의 정신 치유와 상담을 싫어한다.

이러한 반감은 이해할 만하다. 그 치유는 흔히 자아의 언어, 그리고 죄책감-다른 사람의 요구에 따라 살지 않는 것에 대한 죄책감-에서부터 해방하는 것과 관계되어 있기 때문이다. 대조적으로 새로운 패러다임 기독교인이 자신의 이웃과 공동체에 대한 책임감을 인정하고, 그 공동체 멤버에게 상처를 준 죄에 대한 적절한 반응으로서의 죄책 고백을 받아들이는 것을 본다. 새로운 패러다임 기독교인에게 개인적인 의미는 성경에서 계시된 것처럼 올바로 질서 잡힌 관계로 살아감으로써 성취된다; 자유는 거기에 있는 것이지, 개인의 행복에 대한 자기도취적 추구에 있는 것이 아니다.[8]

전인적 봉사

가정 친교모임이 새로운 패러다임 기독교인의 삶에서 중심적인 역할을 하지만, 거기에는 헤아릴 수 없이 많은 다른 프로그램(특히 큰 교회에서)이 있다. 오늘날 사람들에게는 많은 요구와 많은 관심이 있다. 교회가 의미의 중재자로서의 역할을 성취해야 한다면, 교회에 근거를 둔 프로그램은 이러한 다양성을 반영하는 것이 중요하다. 분명히 새로운 패러다임 교회는 멤버들의 다양한 요구에 봉사하고, 단순히 사람의 '영적' 요구라기보다는 '전인'(whole person)에 봉사하려고 한다. 이런 의미에서 새로운 패러다임 교회는 다양한 범위의 공적이고 사적인 제도에 대한, 서로 다른 전문화된 과제를 분담하는 현대 사회의 구획화(segmentation)를 거부한다. 그 대신에 새로운 패러다임 교회는 한 장소에서 충분한 종류의 봉사를 제공함으로써 부서진 개인의 여러 자아를 다시 결합시키려고 한다. 이 교회는 근대화와 세속화 과정에서 종교제도가 잃어버렸던 역할을 어느 정도 되찾고 있다. 교회가 봉사의 기능을 다시 회복하고 있는 것은 복지국가가 그 일을 교회에 이양하는 것에 어느 정도 기인한다. 이것은 이념적으로 보면 왜 새로운 패러다임 멤버들이 보수적인 정치를 선호하는가 하는 데 대한 하나의 설명이 된다.

거대교회에서 만든 소개 책자를 살펴보면 수많은 모임에서 다루는, 믿을 수 없을 정도로 다양한 문제가 열거되어 있다. 그 예를 들어 보면 다음과 같다: 세금 감면, 마약과 알코올에서 벗어나기, 이혼, 독신으로 자녀 양육하기, 장애 극복하기, 성적 폭행, 입양, 10대 이해하기, 취학 전부터 대학에 이르는 연령층에게 필요한 구체적인 일이 그것이다. 사회사역과 선교뿐만 아니라 스포츠와 오락 프로그램도 있다. 또한 이 모임의 일부는 소수의 핵심 멤버로 구성되어 있고, 다른 모임에는 수백 명의 참여자가 있다.

이러한 광범위한 프로그램을 운영하는 새로운 패러다임 교회는 자체를 하나의 거대한 공동체라고 본다. 어떤 교회에는 잘 발달된 초등학교와 중고등학교까지 있다. 새로운 패러다임 기독교인들에게 그 교회는 삶의 중심이다. 주일 아침과 저녁 예배에 출석하는 것 이외에도 교회 멤버는 수요일 가정 친교모임과 주일 교회 스포츠 리그에 참여할 수 있고, 교회가 후원하는 금요일 밤 영화를 볼 수 있으며, 교회가 조직한 모임과 주말 수련회에 갈 수 있고, 가족 경제에 관한 세미나에 참가할 수 있으며, 교회가 후원하는 고아원에서 일하기 위하여 외국에서 시간을 보낼 수도 있다. 그러나 많은 종파적 공동체와는 달리 새로운 패러다임 교회는 모임에서 경계를 허물고 비신자와 신입 교인을 프로그램에 초청하라고 권유한다. 이 프로그램은 '세상'과 격리시킨다는 결정적 편견이 있다. 그러나 실제로는 정반대의 철학이 작용한다: 이 프로그램은 비신자가 기독교로 들어오도록 매력을 주는 수단이며, 이 목표를 달성하기 위해 프로그램은 문화적으로 적절해야 한다.

세속 문화의 비슷한 대안과 경쟁하기 위해서 새로운 패러다임 교회는 프로그램 진행에서 독특한 강점이 있어야 한다고 지적되는데, 실제로도 그러한 강점이 있다. 금요일 밤에 상영되는 영화에서는 세속적인 영화에 침투되어 있는 폭력과 섹스가 배제되어 있다. 스포츠 행사는 경쟁적이지만, 끝나면 술집이 아니라 집에 모여 아이스크림을 먹는다. 가족 경제에 대한 세미나는 어떻게 세금을 감면받을 수 있는지, 그리고 동시에 어떻게 교회에 헌금을 바르게 할 수 있는지 소개한다. 남성 수련회에서는 가족의 가치를 확인하며, 결혼 상담은 용서하고 화해해야 할 필요성을 강조한다. 이러한 다양한 프로그램의 중심에는 사람은 자기만족이 아닌 하나의 목적을 위해 존재한다는 의식이 있다. 모든 것이 허용되는 것은 아니다; 진리는 의견의 문제가 아니다. 사람들이 새로운 패러다임 교회에 매력을 느끼는 것은 바로 이런 메시지(최근의 문화 프로그램으로 포장되어 있는)다.

포스트모던 종파

어떤 의미에서 새로운 패러다임 교회는 사회학자가 종파(sects)라고 부르는 것과 닮았다.[9] 종교 공동체의 한 유형으로서 종파는 전형적으로 멤버에게 지나치게 요구하고, 그 자격에 있어 상대적으로 배타적이며, 대개 도덕적 타락을 피하기 위해 세상과 자신을 분리하라고 요구한다. 나아가서 종파는 사회의 가난한 계층과 소유하지 못한 계층 가운데서 성행하는 경향이 있다. 이것은 부분적으로 그 멤버가 왜 세상적 쾌락에 빠져서는 안 되는지-그러한 것을 얻을 수 없기 때문에-에 대한 이유를 찾기 때문이다.

그러나 여러 연구에 따르면 종파 운동이 두 번째 혹은 세 번째 세대에 오면-처음 사람들의 자녀와 손 자녀의 세대- 종교적 엄격함은 약화되고, 결과적으로 그 성장률이 느려지게 된다. 전형적인 변화과정은 종파가 교파로 발전되며, 그 과정에서 주류 문화의 도덕과 규범에 동화되면서 점차 종교적 세계관과 국가의 정치적 가치 사이의 긴장이 해소된다는 것이다. 이러한 변형은 종파 멤버가 엄격한 종교적 윤리 덕분에 보다 부유하게 된 것의 한 결과다(부가 증대하면서 세상의 쾌락을 멀리 했던 동기가 감소된다).[10]

종파-교파 구조는 여러 가지 이유에서 새로운 패러다임 교회를 이해하는

데 유용하다. 첫째로, 이 교회도 세월이 흐르면 형식과 내용이 보다 교파적이게 될 것이다. 구체적으로 그 운동은 도덕적 요구에 있어서는 보다 '이성적이고', 신학적 입장에 있어서는 보다 '합리적'이게 될 것이다. 나아가서 조직적으로 더욱 복잡해져 성령에 이끌리는 영감보다는 규칙에 따라 사람들이 살게 될 것이다. 게다가 예배는 덜 친밀하고, 형식 지향적이게 될 것이다. (이 변화의 얼마가 다음 장에서 논의될 것이다.)

둘째로, 종파-교파 유형론은 어떻게 새로운 패러다임 교회가 종교적 진화의 역사적 형태와 다른가를 설명하는 방식으로서 유용하다. 새로운 패러다임 교회가 종교적 경험을 강조한다는 점에서 종파적 성격이 있지만, 그것은 학자들이 보통 종교적 종파에 대하여 생각하는 문화적 분리주의자는 아니다. 멤버에게 문화적 참여를 하지 말라고 하기보다는, 실제로 현대 문화의 여러 양상에 적응하면서 그것을 자신의 목적에 맞게 변형시킨다. 나아가서 이 교회는 멤버들에게 문화와 자신을 분리하라고 요구하지 않는다. 오히려 문화와의 관계는 세속 친구를 초청하여 그의 삶을 근본적으로 변화시키는 통로라고 본다. 그리고 새로운 패러다임 교회가 대부분의 교파 교회보다 조직적으로는 덜 복잡하지만, 그들은 이것을 첫 세대의 단순성 때문이라고 보지 않고, 정치적이든 경제적이든 삶의 모든 영역에서 제도화와 관료화는 피해야 한다는 인식-많은 베이비 붐 세대 사람이 공유하는- 때문이라고 본다.

최신 문화와 높은 도덕적, 영적 신념이 묘하게 섞여 있기 때문에 새로운 패러다임 교회를 '포스트모던 종파'(postmodern sects)라고 부를 수 있다고 생각한다. 앞 장에서 보았듯이 신학적으로 그들에게는 현대 세계관의 규범에 맞지 않는 부분이 많다. 그것은 조직적으로도 마찬가지다. 현대 조직은 대량 생산에 몰두하지만 새로운 패러다임 교회는 사람들의 맞춤 요구에 봉사하려고 한다.

세계적 대량 마케팅에서부터 지역 구성원의 소비자 요구에 초점을 맞추는 것으로 움직이는 것이 큰 경향인 것처럼, 획일성에서 전문화된 봉사로 바

뛰는 이러한 움직임은 포스트모던 기업 활동의 특징이다. 더욱 일반적으로 말하면, 새로운 패러다임 교회는 중앙집권화된 경영보다는 분권화, 융통성, 그리고 그물망을 강조하는 여러 포스트모던 경향에 부합한다.11)

새로운 패러다임 기독교인들을 종파적이게 하는 것은, 진리는 여럿이 아니라 하나이며, 권위는 단순히 물질적인 자기 이익에 근거한 사회적 산물이 아니라 의미 있는 범주라고 하는 주장이다. 그러나 그 교회가 멤버들에게 매우 도덕적인 표준을 부과함에도 불구하고, 새로운 패러다임 기독교인들은 결코 처신에 있어서 근엄하거나 삶을 부정하지 않는다; 정반대로 세속문화 속의 그 누구와 마찬가지로 즐겁고 떠들썩한 것을 좋아한다. 그리스도를 닮는 삶을 사는 것이 무엇을 의미하는지에 대한 정확한 인식이 있지만, 의복이나 외모를 소중하게 여기지는 않는다. 그들이 종파적 종교와 관계가 있는 도덕적이고 영적인 에너지를 활용하지만, 또한 포스트모던 문화의 많은 -물론 모두는 아니지만- 양상을 포용하는 새로운 형태의 기독교를 나타낸다고 본다.

결론적 성찰

20세기의 가장 영향력 있는 기업 이론가 중의 하나인 피터 드러커(Peter Drucker)는 그의 최근 책 『후기 자본주의 사회』(*Post-Capitalist Society*)에서 "오늘날의 모든 조직은 그 구조에 **변화의 경영**(*the management of change*)을 도입해야 한다."고 주장했다.12) 그는 이 원리를 기업 세계뿐만 아니라 정부, 교육, 그리고 비영리 자원 단체(교회도 여기 포함될 것이다)에도 적용한다. 드러커는 성공적인 조직은 "하고 있는 모든 것에 대하여 조직적으로 포기할 수 있어야 한다. 성공적인 조직은 몇 년마다 모든 과정, 모든 생산, 모든 진행, 모든 정책에 대하여 묻는 것을 배워야 한다: '이러한 것을 아직까지 하지 않았다면 우리가 지금 알고 있는 것이 무엇인지를 알기 위해 지금 그것을 해야 한다.'"

13)고 힘주어 말한다. 점점 더 조직은 성공적인 정책, 수행 혹은 생산품의 수명을 연장하려고 노력하기보다는 포기하도록 **계획**해야 할 것이라고 말한다.

새로운 패러다임 교회는 조직적 변화를 실험하고 있다. 그들은 1세기 기독교의 모델에 집착해 왔다. 그리고 그 모델은 현대의 기독교 교회 제도를 비판하는 강력한 준거점을 마련해 주었다. 그러나 새로운 패러다임 기독교인들이 단순히 비판자만은 아니었다. 그들은 또한 혁신하라는 드러커의 도전을 받아들였다. 내가 보기에 그들은 우리의 20세기 말 포스트모던 문화의 많은 위기를 알리는 한 형태의 인간 공동체를 만들어 왔으며, 또한 그들의 조직 구조에서 변화를 받아들이는 하나의 관점을 확립했다. 비전을 성령의 역할에 의존하면서, 사회적으로 구성된 교회 제도에서부터, 예측할 수 없는 방향으로 인도하시는 하나님의 현존으로 권위를 바꿨다. 그들을 잠재적인 혼돈, 예측 불가능성에서부터 '영이 인도하는 삶'으로 구원하는 것은, 변하지 않는 준거점인 성경에 대한 믿음, 그리고 모든 추진력과 관념은 찬양하는 공동체에 대한 지속적인 관계성에서 검증받아야 한다는 확신이다.

새로운 패러다임 기독교인들에게 하나님 이외에는 거룩한 것이 거의 없다. 그들은 절대성에 대한 모든 인간적 주장을 상대화하고, 도전적이고 기업가적인 실험을 허용하는 '개신교 원리'에 따라 산다. 그들은 또한 개신교의 또 다른 입장인 '만인사제직'(priesthood of all believers)을 확고하게 지키는데, 이 관념은 서로 다른 많은 주제와 문제를 다루도록 사람들을 배치하여 개인의 요구를 충족시킬 전문화된 프로그램의 다양성을 만들어 낸다.

다음 세기에는 피라미드 형태의 구조, 즉 권위가 윗사람에게 주어져 아랫사람들에게 대답과 정책이 전달되는 종교적 조직은 제대로 기능할 수 없을 것이다. 이 구조는 가난하고 힘이 없는 농노계층이 살았던 봉건 사회에서는 통했을지 몰라도, 정보 시대에서는 매우 역기능적이다. 이 시대가 요구하는 것은 많은 다양한 수준에서 사람들이 권력에 도달하는, 훨씬 더 민주화된 구조다. 새로운 패러다임 교회가 성장할 수 있었던 하나의 이유는, 조직 형태가 주류 교회의 피라미드 형태와 고착화된 형식을 갖추고 있기 때문이 아니라, 사람들이 성스러움을 보다 직접적으로 경험할 수 있게 하기 때문이다. 그러나 그들의 미래 성장은 변화의 경영에 대한 드러커의 충고를 따를 능력에 달려 있을 것이다.

드러커의 시나리오에서는 "후기 자본주의 사회는 분권화되어야 한다. 그 조직은 수행의 근접성, 시장에의 근접성, 테크놀로지에의 근접성, 사회·환경·인구 변화에 대한 근접성에 기초하여 빠른 결정을 내릴 수 있어야 하는데, 그것들은 모두 혁신의 기회로 이해되고 활용되어야 한다."[14] 드러커의 말이 맞는다면, 새로운 패러다임 교회는 미래를 위한 조직적인 시동장치를 가지고 있다고 나는 판단한다.

7장

새 집단 만들기
교회 개척과 성장

시장 | 성장의 수단 | 상품 | 새로운 교회의 설립 | 복음주의 윤리 | 라디오, 테이프, 그리고 음악 | 대안적인 주류 교회의 예배 | 소속 변경 | 결론

7장

새 집단 만들기
교회 개척과 성장

뉴멕시코 주의 알부퀘크(Albuquerque)라는 도시는 스킵 하이직(Skip Heitzig)이 교회를 시작하기에는 이상한 곳으로 보였을지 모른다. 그는 남가주 해변에서 파도타기를 하며 자랐다. 그가 처음 알부퀘크에 도착했을 때, 다른 나라에 온 것 같은 기분이었다. 3월이었지만 땅에는 눈이 있었고, 모든 것은 누렇게 보였다. 게다가 그는 사람들에게서 이곳은 갈보리교회를 시작하기에는 비옥한 토양이 아니라는 이야기를 들어 왔다. 인구의 다수는 가톨릭 신자였고, 그곳은 잠시 머무는 사람들로 차 있는 군사 도시였다. 그는 코스타메사에서 일어난 일이 되풀이될 것으로 기대하지 말라는 경고를 받아 왔다. 그러나 그것이 바로 그에게 매력을 준 도전이었다. 그는 볼모지에 교회를 개척하기 원했다. 그리고 (한 아파트씩 걸러서 성경공부 모임이 있는 것 같은) 오렌지카운티의 '기독교 디즈니랜드' 분위기와는 다른 그 자신의 무엇인가를 하고 싶었다.[1]

1981년 여름 알부퀘크에 도착한 스킵은 즉시 방사선 사진 기술자 일자리를 얻었고, 얼마 되지 않아 그는 레이크 아파트의 회의실에서 성경공부를 시작했다. 스킵과 그의 아내 레냐(Lenya) 이외에 다섯 사람이 첫 목요일 밤에 나타났는데, 이 중에는 기독교 라디오 방송국을 시작하려고 이사 온 좋은 친구 하나와, 스킵이 본 적이 없는 몇 사람이 포함되어 있었다. 그러나 몇 주 후 20명, 그리고 40명, 50명, 60명이 모였다. 그는 참석하는 사람들에게 이렇게 말했다. "이것은 교회가 아닙니다. 여러분에게는 각자 교회가 있습니다; 여러분은 여러분의 교회와 관계를 유지하십시오. 우리가 하려는 것은 여러분의 신앙 성장을 돕기 위해 성경공부 모임을 갖는 것입니다." 그는 모임에 나오는 사람들이 그 기독교인 모임을 하나의 교회로 만드는 것이 언제 적합한가를 결단해야 할 것이라고 생각했다. 그는 "양을 훔친다."(기성교회 교인을 빼돌린다는 뜻. 옮긴이)고 비난 받고 싶지 않았다. 그러나 점차 그 모임의 멤버들은 그에게 단순한 성경공부 이상을 원한다고 말하기 시작했다. 그래서 어느 목요일 저녁 그는 물었다. "주일 아침 예배를 시작하는 것에 대하여, 그리고 교회 조직으로 법인화하는 것에 대하여 여러분은 어떻게 생각하십니까?" 대답은 만장일치였다.

그러나 교회를 시작하려는 결심에 실망스러운 순간이 없었던 것은 아니다. 뉴멕시코에서 살기 시작한 지 6개월 후 스킵은 남가주의 온화한 기후가 그리워졌다. 실제로 크리스마스가 지난 후 그와 레나는 고향으로 돌아왔고, 스킵은 거기 머물고 싶다고 선언했다. 그러나 한 인터뷰에서 스킵은 성령이 그의 마음에 "너는 나에게 6개월을 빚지고 있다."고-그는 하나님께 1년간 섬기겠다고 했기 때문에- 말씀하시는 것을 들었다고 했다. 그래서 마지못해 그와 레나는 알부쿼크로 돌아왔고, 잠시 후 첫 교회를 시작할 모임 장소를 물색하기 시작했다.

어느 날 그는 길가에 있는 한 쇼핑센터에서 "극장을 세놓음"이라는 표지를 보았다. 다음 날 그곳 관리인에게 물었다. 그 관리인은 극장을 쓸 수 있는 유일한 시간은 주일 오후 1시 이전까지라고 말했다. 두 개의 상영관이 있었지만, 좌석 260개가 있는 큰 상영관만이 빌릴 수 있는 것이었다. 가격이 괜찮아서 스킵은 그것을 빌리기로 했다. 놀랍게도 첫 주에 175명이 나타났고, 2개월 이내에 그 장소는 성인만 275명으로 가득 찼다. 한편 아이들은 1마일이나 떨어져 있는 한 유치원에서 교회학교로 모였다.

1982년 2월 스킵과 교인들은 교회를 법인화했는데, 겨우 13달러로 서류를 작성했다. 여름 무렵 교인들이 극장에 차고 넘치게 되어 그들은 다른 쇼핑센터에 있는 한 창고를 찾아 거기서 1년을 보냈다. 다시 그들은 그곳을 확장하기 위해 벽을 허물었고, 다음에는 예배를 두 번으로 나누어 보게 되었으며, 아이들을 위해 길 건너편 공간에 세를 얻었다. 1983년이 끝날 무렵 주일 참석자는 평균 1,000명에 이르게 되었다. 스킵이 나에게 말했다. "그들이 어디에서부터 왔는지 나는 모릅니다. 입소문이 퍼져나갔나 봅니다. 우리는 선전하지 않았어요; 그냥 교회가 채워졌지요." 그래서 그들은 거리로 내려가 한 쇼핑센터에 있는 커다란 빈 가게로 옮겼고, 다음 몇 년 사이 교인은 수천 명으로 늘어났다. 건물 주인이 많은 사람이 모이는 것을 보고 집세를 크게 올리려고 하자, 스킵과 임원들은 매입할 시설을 찾기 시작했다.

어느 날 교인 하나가 스킵에게 좋은 건물을 찾았다고 말했다. 스킵이 그 건물을 보았을 때, 규모에 압도당했다. 그곳은 적자를 내고 있는 스포츠 시설이었는데, 라켓볼 코트, 인조잔디가 깔려 있는 정규 규격의 실내 축구장, 그리고 다른 운동 시설들이 있었다. 즉시 스킵은 축구장을 성전으로 바꾸고 핸드볼 코트를 주일학교 교실로 개조하는 상상을 했으나, 임원들은 그들의 능력을 넘어선 220만 달러의 가격을 생각했다. 그러나 스킵은 어떻게 이 건물이 그들의 필요를 충족시킬 수 있을 것인가에 대한 비전을 계속 가졌다. 마침내 그는 말했다. "그 시점에서는 우리가 시에서 가장 큰 모험을 하는 것이었기 때문에, 은행을 통하는 대신에 부동산 계약에 따라 이 건물을 샀습니다. 그들은 그것을 받아들였습니다. 우리는 그들과 협상을 하여, 결국 그것을 175만 달러에 매입했습니다."

1990년대 초 내가 그 교회를 방문했을 때 그곳은 성인만 거의 7천 명에 이르는 교회로 성장했다. 주일 오전에 세 번에 걸쳐 예배를 드렸고, 토요일 저녁에도 예배를 드릴 생각을 하고 있었다. 약 5백 명의 중고등학생이 출석했고, 최고 수준의 하드 록(hard rock, 강렬한 규칙적 비트를 가지고 앰프를 사용하는 록 음악. 옮긴이) 밴드가 청소년 예배에서 연주했다. 게다가 모든 것을 제공하는 내용을 담은 테이프를 한 달에 약 3천 개나 우송하든가 팔았다. 그들은 여러 개의 적당한 규모의 다른 교회들을 인근 도시들에 세웠는데, 그 중 하나는 산타페 근처에 있는 교회로 약 5백 명의 교인이 출석한다. 나아가서 우크라이나에도 교회를 세웠고, 우간다, 멕시코와 여러 다른 곳에 선교사를 보냈다. 또한 그들은 최근에 새로운 교회를 개척하는 데 관심을 가진 사람들을 훈련시키기 위하여 복음주의 학교(School of Evangelism)를 하나 세웠다.

스킵과 레냐를 방문했을 때, 나는 그들에게 교회의 성장 속도를 유지하기 위하여 어떻게 하느냐고 물었다. 그들의 대답은 매우 비슷했다. 레냐는 그들과 관계없이 교회가 성장했던 것 같다고 말했다. "나 자신도 당황할 정도였습니다. 그래서 계속 말했지요. '하나님, 그만해도 충분해요! 너무 많고 너무 빨라 감당할 수 없어요.'" 스킵도 야구 시합에 비유하며 비슷하게 말했다: "나는 구경꾼, 혹은 이 거대한 사건을 더그아웃(dugout, 야구 경기장에서 경기에 임하지 않는 선수들이 모여 앉아 있는 공간. 옮긴이)에서 관전하는 어떤 사람인 것처럼 느꼈습니다. 하나님을 기쁘시게 하기만 하면 그분이 모든 베이스(base)를 채워 주시고, 우리는 그저 모든 파울 볼들을 잡기만 합니다. 그것은 멈추지 않는 것 같고, 따라서 아직도 우리의 머리는 볼을 잡느라고 현기증이 날 정도입니다."

시장

어떻게 새로운 패러다임 집단이 알부퀘크와 같은 도시에 교회를 '세우는지' 이해하려면 그러한 일을 수행하기 위한 시장(market)을 이해하는 것이 중요하다. 앞에서 지적했듯이 시장 용어를 사용한다고 해서 새로운 패러다임 집단이 종교를 상품을 파는 기업으로 생각한다는 의미는 아니다. 그들은 성령의 '부르심'에 응답하고 있다고 믿으며, 새로운 교회를 시작하려는 노력은 구원의 메시지를 전하려는 '위대한 사명'(Great Commission)의 일부다. 돈이 아니라 개인적 의미가 동기인 것 같아 보인다. 나아가서 갈보리교회의 경우처럼 복음주의에 있어 가장 성공적인 인물들은, 교회성장 기법, 인구학적 연구, 그리고 다양한 '성장 방법' 지침서와 같은 것에 대해서는 매우 혐오스럽게 생각한다.2) 그들은 성장을 성령의 역사라고 본다. 그럼에도 불구하고 외부 분석가로서 나는 새로운 패러다임 교회의 성장에 영향을 미치는 시장적 힘을 보면 시사하는 바가 있다고 믿는다.

우리가 조사한 갈보리교회와 빈야드교회 담임목회자들의 진술에 따르면, 새로운 패러다임 교회 멤버들은 중산층이며 블루칼라(blue-collar, 작업복을 입는 직업의 임금 노동자 계층을 지칭하는 말. 옮긴이) 배경을 가진 사람이 지배적이라는 것을 암시한다. 그들은 교인 중의 매우 적은 비율만이 상류층으로 볼 수 있다고 말한다.(우리 표본의 15%가 연 8만 달러 이상의 수입을 가지고 있지만) 이러한 평가는 우리가 조사했던 새로운 패러다임 교회 멤버들의 면모에 부합하는 것이다.

목회자 조사와 평신도 조사 모두에서 밝혀진, 교인들의 교육 수준 역시 중산층에 해당했다. 대다수의 교인들이 고졸 혹은 대학 중퇴의 학력이며, 약 1/4은 대학 졸업자이고 1/10이 석사 학위자다.

목회자들은 남성과 여성이 거의 비슷한 비율로 나온다고 했는데, 이것은 우리가 실시한 평신도 대상 조사에 의해서도 확증되었다(우리 조사에서는 약간 많은 남성이 응답했다). 1993~1994년에 수행된 우리의 조사에 따르면, 성인 교인의 대부분이 25~45세 사이에 있으며, 가장 대표적인 연령층은 31~35세 사람들이다. 대부분의 새로운 패러다임 교회 멤버들은 적어도 아이 하나가 있는 부부지만, 대략 1/4은 독신이고 1/10이 약간 넘는 사람은 이혼했거나 별거 중이다. 멤버들의 절대 다수가 백인이다. 교회의 위치에 따라 히스패닉(스페인어를 쓰는 사람들로 멕시코 출신이 대다수이며 미국 인구의 14%를 차지하고 있다. 옮긴이)이 많이 있을 수 있다; 예를 들면 우리가 조사했던 캘리포니아 갈보리교회에는 히스패닉이 28%나 되는데, 이것은 그 지역의 인종 구성을 반영하는 것이다. 새로운 패러다임 교회에는 흑인이나 아시아계 미국인이 별로 없다. 물론 예외도 있다. 예를 들어 우리가 조사했던 하와이에 있는 호프교회에는 32%가 아시아계이고, 12%가 폴리네시아인(하와이 원주민 출신을 의미함. 옮긴이)이며 5%가 필리핀 출신이었다.

요약하면 새로운 패러다임 교회의 전형적인 멤버는, 대학 교육을 약간 받고 적어도 자녀 1명을 둔 중산층 수입의 백인이다. 어떤 사람이 나타나지 않는지, 즉 새로운 패러다임 교회에 참여하지 않는 사람이 누구인지 밝히는 것도 역시 중요하다: 그들은 교육을 많이 받은 사람, 수입이 많은 사람, 50세 이상의 사람, 소수 인종의 사람, 그리고 수입이 적은 사람(학생은 제외)이다.

성장의 수단

이론상으로 보면 새로운 패러다임 교회들이 멤버를 확보하는 데에는 세 가지 방법이 있다: (1) 그들은 교회 멤버인 부모에게서 출생한 사람일 수 있다, (2) 다른 교파나 교회에서 새로운 패러다임 교회로 수평이동한 사람일 수 있다, 그리고 (3) 그들은 회심의 결과로 참여한 사람일 수 있다. 이 중 어느 것이 교회성장에 있어 가장 중요한가 하는 것은 논쟁거리다. 하나의 입장은 복음주의 교회에서의 성장은 단순히 출산율이 주류 자유주의 교파 교회의 경우보다 높다는 사실에 기인한다고 주장한다. 다른 주장은 이 보수적인 교회에 가담하는 새로운 회심자는 별로 없으나, 그 대신 한 복음주의 교회에서 다른 복음주의 교회로의 '순환'(circulation)이 있다고 말한다.[3] 또 다른 주장은 보수적인 교회는 자녀가 성인이 되도록 교회에 머물게 하는 일을 더 잘한다는 것이다.[4] 다행스럽게도 평신도 대상의 우리 조사 결과는 이 이론적인 혼란을 해결하는 데 약간의 도움이 된다.[5]

새로운 패러다임 교회의 성장은 높은 출산율로 설명될 수 없다; 이 교회들은 역사가 너무 짧고 그 성장은 너무 빠르다. 그러나 새로운 패러다임 교인들의 종교적 배경을 알아보는 것은 유용하다. 47%가 개신교인으로, 이것은 놀랄 일이 아니다. 그러나 28%가 가톨릭 출신이었고, 13%는 교회에 소속된 적이 없었으며, 12%는 '기타'라고 했다. 다시 말하면 새로운 패러다임 교회에는 가톨릭 출신이 상당히 많았을 뿐만 아니라, 열 명 중 한 명 이상이 종교 없는 가정에서 자랐다. 나아가서 어린 시절에 한 달에 한 번 이하로 교회에 나갔던 사람들을 '교회에 안 나갔음'으로 분류한다면, 새로운 패러다임 멤버 중의 ¼ 이상이 이 부류에 속한다. 요약하면 새로운 패러다임 교회는 성인으로서 개신교 교회에 나갈 것으로 기대할 수 없었던 사람들에게 매력을 주는 것으로 보인다.

시장적 관점에서 보면 새로운 패러다임 교회에 가담하기 직전에 멤버들은 무엇을 하고 있었는지 아는 것이 중요하다. 누군가가 신입 교인을 끌어들일 때, 교회는 단순히 "다른 교회 교인을 뺏어오는 것"이 가능하기 때문이다. 우리가 실시한 조사에서 새로운 패러다임 교회에 나오기 1년 전에 사람들이 어느 종교에 속해 있었는지 물었다. 거의 30%가 아무 데에도 속해 있지 않았다고(어린 시절 아무 데에도 속하지 않았다는 비율 13%와는 대조적으로) 진술했다. 그들이 자신들의 취향에 맞는 교회를 만나지 못했다면, 이 사람들은 조직화된 종교를 완전히 포기했을 가능성이 매우 높아 보인다.

다른 교회에서 옮겨온 사람들에 관해서 우리는 그들이 주로 다른 보수적인 개신교 교회에서부터 왔는지, 아니면 자유주의 개신교와 가톨릭에서 온 사람도 많은지 관심이 있었다. 약 ⅔가 독립교회 혹은 보수적인 교파 교회에서부터 왔다. 그러나 17%는 자유주의 개신교 교회 멤버였고, 15%는 가톨릭 신자였다. 따라서 복음주의 진영 안에서의 '순환'이 있기는 하지만, 새로운 패러다임 교회는 또한 예상하지 못했던 시장에서부터도 교인을 끌어들인다.

나아가서 그 종교적 출신 배경이 어떤 것이든, 이 신입 멤버들 중 많은 사람이 새로운 패러다임 교회 안에서, 보다 깊은 종교 경험을 하고 있다. 우리

조사에서는 갈보리교회 응답자의 48%, 호프교회 응답자의 39%, 그리고 빈야드교회 응답자의 18%가 지금의 새로운 패러다임 교회에 다니면서 '거듭난' 경험을 했다고 보고했다. 그들이 이러한 회심 경험을 하지 않았다면, 많은 사람들이 어떤 특정 교회에 소속하기보다는 계속 "찾아다니는 사람"이 되었을 것이라고 생각한다.

상품

사람들이 새로운 패러다임 교회에 매력을 느끼고 있는 '상품'(product)은 무엇인가? 충분하지는 않으나 필요한 설명은 그 교회들이 심오한 방식으로 초월적 의미에 대한 요구를 다룬다는 것이다. 사람들은 세속문화가 그들에게 주는 것 이상의 어떤 것을 갈망하기 때문에 이 집단으로 몰려든다. 한 젊은 목회자가 나에게 말했듯이 오늘날 많은 아이들이 좌절하고 있고 자존심이 약하며 부모에게서 사랑받지 못한다고 느끼며, 결과적으로 분노한다. 신뢰할 수 있고, 중요성과 목적의 느낌을 주며, 옳고 그른 것을 규정해 주고, 위로하며, 미래에 대한 비전을 줄 수 있는 어떤 것, '어떤 사람'을 그들이 갈망하는 것은 놀랄 일이 아니다. 많은 성인들도 마찬가지다. 그들은 마약, 이혼, 실망스러운 자녀, 그리고 재정적 어려움 때문에 망가지고 있다고 느끼면서 치유받기 위해 새로운 패러다임 교회로 나온다.

스킵 하이직이 담임목사로 있는 교회의 목회자 중 하나는, 사람들은 스펀지 같아서 매 주일 제공되는 가르침을 빨아들인다고 말했다. 나도 그들을 보았다. 놀랍게도 스킵은 수천 명의 사람들 앞에서 성경을 무릎 위에 놓은 채 의자에 앉았고 -어떤 꾸밈도 없이- 단순히 주제가 되는 특별한 성경 구절에 대한 생각을 나누었다. 사람들은 자신의 성경을 펼쳐 놓고 구절에 밑줄을 치고 가장자리에 노트를 하며 공책에 쓴다. 새로운 패러다임 교회에 출석하는 사람들은 자신과 세계에 대한 이해를, 의미의 권위적인 준거틀-표면적으로는 성경이 이것을 위한 이야기를 그들에게 마련해 준다-에 맞추기 원하는 것 같아 보인다.

그러나 상품은 단순히 인지적인 것만이 아니다. 많은 사람들이 주류 교회에서 성경을 가르친다. 그러나 듣기를 원해 나타나는 사람은 수십 명을 넘지 않는다. 새로운 패러다임 교회에서는 더 많은 일들이 일어나며, 그것의 많은 부분은 메시지가 **어떻게** 전달되는가 하는 것과 관계가 있다. 스킵 하이직이 교회 일이나 가족과 함께 보내는 일을 하지 않을 때, 그는 할리 데이비드슨 오토바이를 타거나 인근 산에서 스키를 탄다. 그는 신학 훈련을 받은 전형적인 주류 교회의 목회자가 아니다. 청바지와 스웨터를 입고 의자에 앉아 성경을 가르칠 때, 그의 개인적인 카리스마는 메시지 전달을 돕는다. 그러나 카리스마가 충분한 설명이 되는 것은 아니다. 사람들을 사로잡는 것 같아 보이는 것은 단순히 그의 메시지의 문체라기보다는-비록 이것도 간과되어서는 안 되지만- 그가 가르치고 있는 메시지의 내용이다.

20세기 말 사람들은 삶에 있어 중요성의 느낌을 갈망한다. 아마도 이것은 항상 그랬을 것이다. 그리고 그것은 원주민의 의례에서 보았던 것을 설명하기 위하여 유명한 프랑스 사회학자 에밀 뒤르켐(Emile Durkheim)이 **집단 감격**(collective effervescence)이라는 용어에 집착했던 이유다.6) 이런 의미에서 새로운 패러다임 교회가 제공하는 '상품'은 자기 초월의 성격을 가지고 있다고 믿는다. 그러나 그것은 그 메시지가 자신의 소리가 아닌 어떤 것이라는 의미에서가 아니라, 매우 강력하게 변형적인 방식으로 사람을 무한한 존재와 다른 사람들과 관계시키는 하나의 현존을 예배 가운데서 만나게 된다는, 보다 심오한 개인적 의미에서 그렇다.

그러나 사람들이 삶에서 중요성의 의미를 필요로 한다면, 그들은 또한 공동체 안에서도 가치의 의미를 필요로 한다. 이것을 얻는 하나의 방법은 다른 사람들을 섬기는 일을 통해서 이루어진다. 그래서 알부퀘크 교회는 개인들에게 공동체 생활에서 역할을 감당하도록 여러 기회를 제공한다.7) 알부퀘크에서는 교인들이 교회학교에 나오는 2,500명의 자녀들을 가르치는 일에 참여한다. 그들은 가정에서 성경공부를 인도하고, 자선 프로그램에서 일하며, 그 밖의 많은 일을 한다. 이러한 활동을 하면서 그들은 자신이 이 세상을 보다 나은 세상으로 만드는 '비전'에 참여하고 있다고 본다. 다른 사람들을 도움으로써 그들은 적절한 경제적 성공 이상의 것을 성취하지 못하도록 막는 세상에서, 중요성의 느낌을 얻을 뿐만 아니라 자신을 치유하는 것 같다.

새로운 교회의 설립

새로운 패러다임 교회를 시작하는 과정은 주류 교회를 세우는 형태와 매우 다르다. 주요 차이는 앞 장에서 지적한 조직적 구조에서의 차이를 반영한다. 다음 몇 페이지에서 나는 앞의 예들에서 얻은 약간의 생각을 체계화하려고 한다.

소명 받음

전형적인 갈보리, 호프, 혹은 빈야드 목회자는 성년시절 초기 한때 강한 종교적 깨달음이나 회심의 경험을 하였다. 이 경험으로 상당 기간 성경공부를 인도했고, 그 다음에는 흔히 교회 안에서 무급 지도자 역할을 했다. 보통 몇 년간 봉사를 한 후 어느 시점에서 그는 하나님께서 전임으로 교회를 섬기도록 자신을 '부르고' 계신다고 느끼기 시작했다. 때로는 이 소명(calling)에는 환상이나 꿈이 수반되었고; 다른 때에는 그 부르심이라는 것이, 단순히 이곳은 성령이 그를 '인도하고' 계시는 곳이라는 확신이기도 했다.

전형적으로 그 개인은 목사에게 상담을 요청하고, 삶에서 '하나님이 역사하신다'고 생각했던 것을 설명한다. 교회에서 봉사하는 동안 그 사람이 지금까지 보여주었던 지도력과 행위에 따라 담임목사는 그에게 성직자로서의 소명에 대하여 더 생각할 것을 권장하거나 만류할 수 있다. 때로는 담임목사가 어떤 개인에게 목회의 '은사'를 발견하는 것-예를 들면 가정 친교모임이나 다른 프로그램에서 보여준 그의 지도력에서-에 대하여 말하고, 전임 목회를 생각해 보라고 제안하면서 소명을 실제로 권유할 수도 있다. 부르심에 대한 다른 경우에는 한 개인이 목회 사역-예를 들면 청소년 프로그램을 인도하는-에 참여하라고 요청을 받고, 다음에는 그가 전문적인 목회 훈련을 받아본 적이 없다 하더라도 교회 안에서 하나의 공식적인 역할을 맡도록 초청받는다.

종교적 소명으로 부름 받은 사람에 대한 목사안수는 전형적으로 간단하고 비의례적으로 이루어진다. 사람들을 전임 목회에로 부르시는 분은 하나님이라고 보며, 따라서 담임목사가 할 수 있는 유일한 일은 하나님이 하신 것을 인정하는 것이다. 코스타메사에 있는 갈보리교회의 한 목회자가 지적했듯이, 어떤 사람의 목사안수 서류가 갑자기 그 교회의 한 우편함에 나타날 수 있다. 그렉 로리의 교회에 있는 한 목회자는 그렉이 단순히 그를 사무실로 불러 한 장의 종이를 건네주며 "여기 당신의 목사안수 증명서가 있소."라고 말했다고 설명했다. 스킵 하이직의 교회 목회자들 중의 하나는 회상하기를, 그가 얼마 동안 고등학교 프로그램을 인도한 후에 스킵은 어느 날 즉흥적으로 몇몇 장로들과 목회자들을 함께 모아 그를 위해 기도했고, 스킵은 그의 목사안수 서류에 서명했다. 하나님께서 이미 택하셨다고 믿는 단계를 새로운 패러다임 지도자들이 인정하는, 안수의 이러한 과정은 대부분의 주류 교회의 공식화된 의례와 과정과는 명백하게 대조적이다.

목회학교

어떤 사람들은 목회에 대한 소명을 생각하면서 공식적인 교육과정에 들어가는데, 이 프로그램을 복음주의 학교, 목회자 공장(pastor factories), 목회 학교(ministry school) 등 다양한 이름으로 부른다. 보통 1년에서 2년 과정이다. 대개 아침 7시부터 점심 한두 시간 전까지 모이는데, 이것은 그들이 오후와 저녁에 일을 할 수 있게 하기 위해서다. 어떠한 새로운 패러다임 운동도 그 중심이 되는 단일한 신학교를 가지고 있지 않다; 그 대신 학생들은 개체교회 훈련 프로그램에 참여하는 동안 책임 있는 개체교회에서 멘토 훈련을 받는 것이 허용된다. 학생들은 목회자가 역할을 수행하는 것을 보고 따라 함으로써 많은 것을 배운다.

공식적인 신학교 훈련이 금지되어 있는 것은 아니지만, 그것이 교회를 목회하는 데 선행조건으로 보이지는 않는다. 실제로 거대교회의 많은 목회자들이 신학교에 가 본 적이 없거나, 목회훈련 프로그램 학교에 다녀 본 적이 없다. 그들은 모든 것을 멘토 관계와 시행착오를 통하여 배웠다. 호라이즌(Horizon) 기독교 훈련학교에서 수련목회 과정 프로그램의 책임을 맡은 사람은 이렇게 전수 방법을 설명하면서, 새로운 수련 목회자들이 문제 해결을 위하여 그에게 의지하기보다는 도움을 '예수께 청해야' 한다고 믿기 때문에, 그 과정의 첫 주 동안에는 그가 나타나지 않는다고 말했다. 척 스미스는 자신도 성경 대학에 다녔지만 신학교에 대하여 넌더리를 낸다. 갈보리교회 스태프의 한 사람은 스미스의 말을 인용하여 목회학 박사 학위를 추구하는, 성장하는 거대교회의 여러 목회자들에 대하여 이렇게 말했다. "그들이 교육을 많이 받는다면, 그들에게는 다루기 쉬운 정도의 규모로 교인이 모일 것이다."

목회를 하기 위한 과정으로 신학교를 다니는 것에 대하여 반대하는 중요한 이유는 동료 신학생들이 교인이라기보다는 그 사람의 또래 집단이 되며, 이것은 다리를 놓기 힘든 거리감을 만들기 때문이다. 나아가서 나중에 목회에 대한 소명을 받게 될 것이라고 생각하면서 신학교에 다니는 것은, 말 앞에 마차를 놓는 것과 마찬가지로 우선순위가 뒤바뀌게 되는 것이라고 여러 사람들이 말했다. 하나님은 먼저 사람에게 목회자가 되라고 부르신다; 그 다음에 전문적인 학위를 받는 것이 의미가 있을 것이다. 잘 알려진 복음주의 신학교에 다니고 있었던 호프교회의 한 멤버는 신학교 수업은 자신을 신앙보다는 더 큰 회의주의로 인도해 왔는데, 그는 구약성서의 처음 다섯 책의 저자가 여럿이라는 주장과 같은, 전에는 그에게 생겨난 적이 결코 없었던 문제들에 대하여 이제는 의아하게 생각하게 되었기 때문이라고 말하기까지 했다.

신학교나 목회훈련 학교에 다녀본 적이 없는 목회자들에게, 교육의 주요 형태는 개인적 공부와 교인에 대한 공개적 가르침이다. 많은 갈보리 목회자들이 수백 개에 달하는 척 스미스의 성경공부 테이프 모두를 적어도 한 번 이상 들었다. 이 테이프를 통하여 그들은 직접적인 멘토와의 관계 없이도 스미스의 영향을 크게 받아 왔다.

교회의 시작

새로운 교회를 시작하는 방식 중 하나는 스킵 하이직이 했던 방식이다. 그는 알부퀘크로 가라는 부르심을 받았다고 느껴 그곳에서 성경공부를 시작했다; 사람들이 모여들기 시작하자 그 모임에서부터 교회가 생겨났다. 그러나 스킵의 이야기는 쉬운 것처럼 들린다. 실제로는 많은 목회자들이 오랜 기간 시행착오를 거치며, 많은 이들이 실패한다. 이미 언급했듯이 갈보리교회에서는 강한 지도자-정말로 소명을 가지고 있는 지도자–는 견딜 것이고, 실패할 사람은 **실패하게 된다**는 믿음에서, 새로운 목회자에게는 최소한의 경제적 후원과 도움을 제공한다. 다시 말하면 보장된 봉급, 주택, 차 등을 목회자에게 제공하는 것은 인위적인 도움을 주는 것이다. 진짜 목회의 '은사를 받은' 목회자는 성공할 것이다; 그는 교인들의 요구를 채워주기 위하여 세속적인 일을 포기하도록 압력을 받으며, 그 대신에 교인들은 기꺼이 그에게 재정적인 도움을 주게 된다.

멘토는 젊은 목회자에게 감정적인 도움을 주고 현명한 충고를 해 줌으로써 그에게 중요한 역할을 담당한다. 예를 들면 척 스미스는 최근의 거대교회 목회자 중의 많은 이들이 교회를 시작한 지 6개월이나 1년 후에 그에게 전화를 해서 '고향' 코스타메사로 돌아오겠다고 말했다고 한다. 그들에게 스미스가 해 준 충고는 좀 더 견디라는 것과, 그들이 첫 해를 '경작하고' '심는' 일에 바쳤으니, 이제는 그 씨가 싹을 내도록 참으며 기다려야 한다는 것이었다. 실제로 많은 목회자들이 우리에게 첫 목회 몇 년이 얼마나 힘들었는지 말해 주었다. 그들은 처음에는 거의 성공하지 못했고, 때로는 갑자기 교회가 성장하게 되기 전까지 도시 이곳저곳으로 옮겨 다니기도 했다.

교회를 시작하는 또 다른 방식은 거대교회가 있는 도시 지역에서 많이 발견된다. 교회에서 멀리 떨어진 곳에서 나오는 사람들이 있다. 어느 시점에 이르면 담임목사, 스태프들, 혹은 멀리서 오는 평신도들이 모(母)교회의 지부(branch)를 동떨어진 공동체 혹은 도시에 개척해야 한다고 제안하기도 한다. 누군가가 이 새로운 교회 목회자로 임명되면 담임목사는 그 지역에서 나오는 사람들은 새로운 교회에 참여하도록 초청받았다고 회중에게 선언한다. 결과적으로 50명 혹은 100명의 사람들이 모(母)교회에 분리되어 새로운 공동체가 시작된다. 내가 듣기로는 어느 교회의 몇 부부가 한 목회자와 함께 새로운 지역으로 옮겨 가기를 자원하여 새로운 교회가 핵심 멤버들과 시작하는 경우도 있다.

이 두 번째 모델에서 놀라운 것은 담임목사가 기꺼이 50명 혹은 100명의 교인을 떼어 주고, 동시에 가장 유능한 부목사 혹은 평신도 지도자 중의 하나를 목회자로 보낸다는 사실이다. 대부분의 주류 교회 목사들은 교회 규모와 힘을 지키는 데 열심이기 때문에, 그러한 일(교인을 떼어 주고, 유능한 부목사를 보내 새로 교회를 시작하게 하는 일)은 권장하지 않을 것이다. 그러나 새로운 패러다임 목회자들은 다른 비전을 가지고 있는 것 같다. 그것은 모두 한 지붕 밑에 두려고 하기보다는 끊임없이 자회사를 만들어 내는 첨단기술 기업의 관점과 비슷하다. 그들은 떠나간 사람들로 생긴 빈 공간이 새로운 지도력으로 다시 채워질 것이라고 생각한다.

이 새로운 패러다임 운동의 조직적 구조는 여러 중심적 거점을 확보하면서, 같은 지역에, 그리고 경우에 따라서는 미국의 다른 지역이나 외국에 교회들을 개척하며 뻗어나가는 형태임을 보여준다. 우리가 보았던 것처럼 갈보리교회와 같은 운동에서는 전통적인 피라미드 형태의 조직 구조는 의미가 없다. 보다 나은 비유는 여러 개의 수레바퀴로 지탱되는 마차 같은 것으로, 각 수레바퀴(혹은 지(支) 교회의 그물망)는 마차(그 운동)의 기본적 틀과 관계되어 있다. 여러 지교회의 책임관계는 그 운동의 중앙 부서에 대한 것이 아니라 그 교회가 생겨난 모교회 목회자에 대한 것이다. 비유를 연장해 보면 이 수레바퀴 하나하나는 마차와의 관계를 유지하는 한, 갈보리 운동과의 관계에 남아 있는 것이다. 그러나 때로는 빈야드 운동이 그랬던 것처럼 수레바퀴가 마차에서부터 이탈하여 지교회와 함께 새로운 길을 갈 수도 있다.

모이는 장소

스킵 하이직이 늘어나는 교인 때문에 한 장소에서 다른 곳으로 옮길 때, 그는 전형적인 모임 장소를 선택했다. 새로운 패러다임 교회는 공식적인 종교의 모양과는 거리를 두려는 방편으로 전통적인 '교회 풍의'(churchy) 건물보다 상업적인 공간을 선호한다. 그러나 상업적인 공간에는 다른 이점들이 있다. 하나는 보통 새로 건축하는 것보다 경비가 적게 든다는 점이다. 새로운 패러다임 교회들은 흔히 창고, 식료품 가게, 길거리 점포, 그리고 입주자가 파산했거나 이주한 상가 건물을 얻는다. 또한 어떤 새로운 패러다임 교회가 빌린 공간에 교인이 넘쳐서 그곳을 비워 주기로 결정한다면, 혹은 그 교회가 실패한다면, 그 건물은 원래의 상업적인 용도로 되돌아갈 수 있다. 거룩해 보이는 장소는 교회로만 사용되는 경향이 있다.

새로운 패러다임 교회 운동의 초기 시절에는 모임 장소를 매입하는 것에 반대하는 결정적 편견이 있었다. 그 주장은 이것(모임 장소를 매입하는 것)은 교회의 유동성을 제한하며, 근저당(mortgage, 미국에서는 건물 등을 살 때 대부분 은행 빚을 내서 산 후 오랫동안 갚아 나간다. 옮긴이) 때문에 교인들에게 봉사할 목회자보다 건물에 더 많이 투자하게 될 것이라는 것이었다. 많은 커다란 새로운 패러다임 교회들이 아직도 이러한 철학을 고수한다. 그들은 학교 강당이나 극장을 세내거나 공간의 일부를 교실과 사무실로 만드는 것을 허락하는 단기간 임대를 한다. 이 교회의 일부는 건물 기금을 위해 돈을 모을 수 있다. 다수의 새로운 패러다임 지도자는 빚지는 것을 나쁘다고 생각한다. 그래서 그들은 사람이 외형적 구조에 정서적으로 너무 얽매여서는 안 된다고-하나님은 건물이 아니라 사람들의 삶 안에 계신다고- 강조한다.

우리가 연구했던 거대 규모의 교회들은 보다 큰 곳으로 옮겨올 때마다 곧 사람들로 가득 차게 되었다고 했다. 이 교회들이 새로운 장소를 매입했다면 사람들은 옮기는 것을 망설였을 것이고, 지금의 시설 위에 짓는 것은 경비가 매우 많이 들어갈 것이다. 그리하여 건물은 성장하는 교회에 심각한 압박이 되어 성장을 저해하고 비전을 제한할 수 있다. 반면에 스킵 하이직이 거대한 시설을 갖췄을 때에는, 모든 공간의 도전이 바로 목회에 대한 그의 비전을 증가시켰던 것 같았다.

척 스미스는 돈에 대하여 신중한 태도를 가지고 있으며, 코스타메사에 1만석 규모의 강당을 짓지 않기로 결정했지만, 그는 단기간의 융자나 융자보증이 필요한, 급격히 성장하는 다른 갈보리교회에 대해서는 많은 도움을 주었다. 그러나 그의 철학은 이 교회가 교인으로 가득 차서 터질 것 같아진 다음에야 단기간의 대부를 해 줌으로써 그들을 돕는 것이었다. 장기간의 도움은 그가 원하지 않는 의존성을 그들에게 갖게 만들 것이다. 나아가서 그가 지적하는 것처럼 아름다운 건물이 큰 교회를 만든다는 증거는 없다; 프로그램과 올바른 종류의 지도력이 성공적인 성장의 본질이다.

지도력

새로운 패러다임 목회자들의 다른 이력은 그들의 나이가 일반적으로 30대 후반에서 40대 중반까지라는 것을 보여준다; 그들은 고등학교 졸업자이거나 약간의 대학 학력을 가지고 있으며 결혼했다; 모두는 아니라 하더라도 많은 이들이 어느 정도 음악적 재능을 가지고 있다. 그들의 종교적 배경은 교인들과 비슷하다. 조사 대상자들이었던 갈보리 목회자들 중에서 ¼이 가톨릭 가정에서 자라났고, 약 ⅕은 어렸을 때 종교를 가지고 있지 않았다. 그리고 ¼은 교회에 거의 나가지 않았다고 말했다. 갈보리 목회자의 ⅓이 갈보리 교회에 나오기 전에는 종교를 갖지 않았다. 대조적으로 빈야드 목회자들은 복음주의 배경을 가지고 있고 어린 시절 교회에 나갔던 경우가 더 많았다.

그러나 인구학적 특성보다 더 중요한 것은 지도자로서의 그들의 경력이며, 여기서 하는 설명은 이 목회자들이 서로에 대하여 말하는 것뿐만 아니라 나의 주관적 관찰에 근거한다. 어느 거대교회의 목회자는 비슷한 교회들의 목회자의 특징을 '활동적'이고 '인습타파적'이며 '독립적'이라고 했다. 이러한 표현은 대부분의 성공적인 목회자에 대한 내 생각과 부합한다. 그들 중 많은 이들이 매우 창조적이며 모험을 감행하는 강력한 동인(動因)을 가지고 있다. 내가 보기에 그들 주변에는 자신과 똑같은 특징이 있는 부목사들이 있는데, 이들이 교회를 시작하면 역시 성공하는 경우가 많다.

아마도 이러한 특징들은 놀랄 일이 아닐 것이다. 5천 명에서 1만 명 교인의 조직을 만든 사람은 아마도 이러한 지도력의 특징들을 공유할 것이다. 그러나 왜 주류 교파들은 그와 같은 특질을 가진 지도자를 만들어 내지 못하는가? 한 가지 가능성은 그들의 선택과 사회화 과정이 잠재적인 지도력 능력을 가진 사람들을 제거하기 때문일 것이다. 지속적으로 높은 교육 수준이 지도력을 길들이고, 모험을 감행하고 흥행성 있는 혁신자가 아니라 생각하고 글쓰기를 잘 하는 사람으로 만들고 있다. 반대로 새로운 패러다임 교회의 젊은 지도자는─부분적으로는 교육 수준이 낮기 때문에─자신이 거대교회를 세우는 데 불리하게 작용할 가능성을 인식하지 않는다. 또 다른 가능성은 거대교회 지도자가 단순히 우연하게 적절한 시간에 적절한 장소에 있었기 때문에 그런 일이 일어날 수 있었다.

내가 인터뷰한 사람 중에 그 운동에 대하여 매우 우호적인 한 음반 제작자는 "태풍이 불면 어떤 돼지도 날아갈 수 있다."는 은유적인 비유로 그 현상에 대하여 말했다. 그는 1970년대와 1980년대 초에는 기독교에 대하여 대안적인 표현을 하는 어떤 일도 문화적으로 일어날 수 없었으며, 이 젊은 목회자들은 단지 이 문화적 소용돌이 가운데 있었다고 평가한다. 이런 의미에서 스킵 하이직이 하나님이 하시는 일에 대하여 자신은 하나의 방관자처럼 느낀다고 말하는 것은 옳은 것인지도 모른다. 하나님이든 문화이든—아마도 이 둘은 상호관계를 가지고 있을 것이다— 그 어떤 것이, 성경공부라는 단순한 그의 방식을 통해 상당한 문화적 반향을 일으키는 상황을 만들어 냈다.

이 지도자들의 출현에 대하여는 다른 가능한 설명이 있을 수 있다. 예를 들면, 나는 거대교회 지도자들 대부분이 높은 지능을 가졌다고 생각한다. 반면에 그들은 상대적으로 교육을 덜 받았고, 대부분 단체에서의 지도력 모델을 보여주는 가정에서 자라지 않았다. 따라서 그들은 본능적으로 교육과 사회적 지위의 결여가 성공하는 데 장애물이 되지 않는 영역으로 재능을 돌렸을 것이다. 그러나 결코 이러한 설명이 냉소적이거나 비하하려는 의도를 가진 것은 결코 아니다. 오히려 나는 이 사람들의 '소명'이 그들이 받은 은사를 매우 건설적으로 활용하는 것이라고 본다. 개신교의 최근 소생은 그들 없이는 일어날 수 없었기 때문이다.

이 새로운 패러다임 목회자들을 기업가라고 하는 것은 그들이 기독교의 역사에서 담당하는 역할에 대한 하나의 찬사다. 기업가는 일을 수행하는 전통적인 방식을 피하면서 신천지를 개척하며, 비판과 실패를 기꺼이 감내하며 모험을 감행하는 사람이다. 부정적인 면에서 보면 기업가는 다른 사람들에게서 이익을 취하고 조종과 착취의 전술을 사용하는 것과 관계되어 있다. 이런 의미에서 나는 새로운 패러다임 성직자가 권력을 남용하는 것을 보아 왔다. 그러나 내가 발견한 보다 일관적인 주제는 이들이 신실성과 신념을 가지고 있으며, 전인적으로 사람을 사랑하는 일에 헌신하는 지도자라는 것이다.

복음주의 윤리

　새로운 사업체는 이윤의 동기 때문에 확장된다. 그러나 새로운 패러다임 목회자 중에게서는 다른 동기를 찾아야 한다. 첫째, 목회자와 교인들은 궁극적 의미에 대한 개인적 굶주림을 채워 주는 기독교를 발견했기 때문에, 다른 사람을 회심시키고 개종시키기 원한다. 많은 새로운 패러다임 기독교인들이 설득력 있는 증언을 한다: 그들의 삶은 제대로 작동하지 않았으나-그들은 좌절하고 절망했고, 결혼은 파탄을 맞았으며, 자녀들과의 관계는 깨어졌고, 배우자나 다른 사람들을 학대했고, 약물에 찌들었다- 예수에 대한 믿음이 모든 것을 변화시켰다. 그들에게 일어났던 일이 다른 사람들도 변화시킬 수 있다고 확신하기 때문에, 그들은 감사하는 마음으로 전도한다.

　둘째로, 복음주의는 그들 이념의 일부분이다. 그들은 '복음'을 전하기 위한 위대한 사명이 있다고 믿으며, 그것이 그들이 하는 일이다. 이 설명은 단순한 것으로 들릴지 모른다. 그러나 그것은 그들이 성경을 많은 다른 영역에서도 심각하게 적용하는 방식과 부합하는 것이다. 예를 들어 호라이즌 교회가 내세우는 구호에 대하여 생각해 보자: "인도하라, 양육하라, 보내라." 이 구호는 사람들을 예수께 '인도하고'(win), 그들을 기독교인의 삶을 살도록 '양육하며'(disciple), 다른 이들에게 선교하도록 그들을 '보내라'(send)고 하는 신념을 반영한다.

　셋째로, 새로운 패러다임 목회자들은 자신의 삶을 헌신함으로써 보다 큰 주제에 헌신하는 위치에 있다. 자유주의 기독교인들이 사회정의 프로그램을 통하여 세상을 변형시키려고 하는 것처럼 이 새로운 패러다임 목회자들도 자신의 시민적 주제를 위해 일한다. 무엇이 잘못되었는지에 대한 분석에 차이가 있다. 새로운 패러다임 목회자들은 인간의 마음이 죄로 차 있고 타락했다고 진단한다. 그러므로 정치적인 역량을 통해 사회구조를 변화시키는 데 초점을 맞추기보다는 충분히 많은 사람들이 변화될 때 항구적인 변화가 생겨날 수 있다고 여긴다. 이런 관점에서 그들의 복음주의는 하나의 방어적인 몸짓으로서가 아니라, 보다 나은 세계를 건설하려는 비전의 반영으로 볼 수 있다.

새로운 패러다임 기독교인들의 선교 활동은 광범위하게 이루어진다. 공식적인 통계는 매년 3천 명의 10대가 코스타메사의 월요일 밤 집회에 나가 '거듭나고' 있다고 보고한다. 그렉 로리의 스태프는 1986~1991년까지 5년간 추수 기독교인 모임에서 1만 6천 명이 회심했다고 했다. 어림잡아 이러한 결단을 한 사람들 중에서 10%만이 개인적 행동에 지속적인 변화를 이루어 낼 것이다. 그러나 이렇게 적은 비율이라도 상당히 많은 사람들이 영향을 받은 것이다.

새로운 패러다임 교회의 복음주의 전략은 매우 혁신적이었다. 이 운동의 초기 역사에서부터 새롭고 잠재적인 많은 회심자들이 연주회에서 생겨났다. 그러나 최근에는 이 운동을 주도하는 사람들 중에서 많은 이들이 연주회 시대는 지나갔다고 느낀다. 그리고 몇몇 비판자들은 '길들여진 기독교인들'은 더 이상 감정을 흔드는 음악을 연주하지 않는다는 사실에 근거하여 그것의 비효과성을 비판한다. 아직도 제3장에서 설명한 십자군 운동이나 비신자들과 관계를 갖는 스포츠 사역과 비슷한 오락 활동의 활용과 같은 새로운 방법들이 생겨나고 있는 것 같다.

라디오, 테이프, 그리고 음악

만족하는 고객들의 입으로 전하는 광고가 새로운 패러다임 교회가 성장하는 우선적인 방법이지만, 다양한 매체도 부차적인 역할을 감당하고 있다. 예를 들면 갈보리교회가 후원하는 FM 방송국은 현대 기독교 음악(CCM)과 척 스미스, 라울 라이스, 마이크 매킨토시, 그렉 로리, 스킵 하이직, 그리고 다른 갈보리교회 목회자들의 성서적 가르침을 남가주 지역으로 내보낸다. 갈보리 교회에 이미 등록한 사람들은, 일하러 가고 올 때 한 시간 이상 그 방송을 듣거나, 혹은 여가 시간 동안에 휴대용 라디오를 들을 수 있다. 나아가서 상당히 많은 사람들이 라디오 다이얼을 켜서 성서적이지만 설교는 아닌 가르침뿐만 아니라, 현대적이지만 기독교적인 음악을 대함으로써, 처음으로 기독교의 이러한 대안적 형태에 대하여 배우고 있다. 남가주와 같은 지역의 새로운 패러다임 교회들은 실제로 자신의 라디오 방송국을 가지고 있다. 그러나 다른 지역에서는 방송사에 돈을 내고 상당 시간을 할애 받고 있으며, 성경공부 방송의 마지막에는 그 지역에 있는 새로운 교회의 위치를 알려 주는 방송을 한다. 우리에게 많은 사람들이 이러한 수단을 통해 지역에 있는 새로운 패러다임 교회에 대하여 처음 듣게 되었다고 말해 주었다.

또한 라디오는 미국 바깥 지역, 특히 공중파가 심하게 규제받지 않는 지역에서도 매우 효과적인 마케팅 수단이었다. 예를 들면 나는 휴대용 짐으로 우크라이나에서 FM 라디오 방송국 주파수를 완벽하게 잡아낸 어떤 선교사에 대한 이야기를 들었다.[8] 그는 어느 높은 아파트 건물에 자리를 잡고 창문 밖으로 전선줄을 내려 보내어 도시 전체에 기독교 라디오 방송을 전했다. 미국과 해외에서 수많은 사람들이 라디오 방송으로 새로운 패러다임 기독교와 접하게 되었다는 사례가 보고된다. 어떤 사람들은 '라디오를 통하여' 회심의 경험을 한 후에, 함께 예배드릴 사람들의 공동체를 찾아 나선다.

또 다른 마케팅 도구는 새로운 패러다임 목회자의 가르침을 담은 테이프를 배포하는 것이다. 이 중에 많은 것이 교인들이 구매하는 것이지만, 수많은 테이프가 그것을 요청하는 사람들에게 보내지는데, 이 중에는 지역에 새로운 패러다임 교회가 없는 사람들이 포함되어 있다. 그리하여 새로운 패러다임 교회가 그 도시에서 시작된다면, 그들은 그곳을 찾아가는 경향이 있다.

그러나 새로운 패러다임 교회에서 퍼지는 음악이 아마도 가장 침투력이 있고 분명한 마케팅 수단일 것이다. 기독교 음악과 책을 진열하는 상점은 미국 전역의 도시에 있으며, 이 상점 안에는 다양한 새로운 패러다임 운동에서 훈련 받은 음악가들의 대표적인 찬양 테이프와 음악이 있다. 이 테이프와 CD의 판매고는 연 수백만 달러에 달하며, 전통적인 교파 교회에 다니는 수많은 사람들도 주중에는 이 음악을 듣는다(그들이 주일에는 표준 찬송가를 계속 부른다 하더라도). 이 사람들이 이웃에 있는 교회가 이 음악을 정기적으로 부른다는 것을 발견한다면, 그들은 그것을 확인해 보려는 유혹을 받을 것이며 그 교회에 참여할 수 있다.

대안적인 주류 교회의 예배

새로운 패러다임 기독교의 영향은 '대안적인' 예배를 실험 중인 여러 주류 교회(가톨릭교회를 포함한)에서 가장 놀랍게 표현되고 있다. 전형적으로 예배를 토요일 밤에 드리며, 새로운 패러다임 예배를 모방하는 것 같다. 의복은 비공식적이고, 예배 음악은 현대적이다; 결정적으로 젊은 사람, 가족, 그리고 교회 밖에 있는 사람에게 매력을 주는 데 초점이 맞춰져 있다. 이러한 실험을 시도했던 많은 교회의 대안적 예배에 출석하는 숫자가 주일 아침 예배의 규모만큼 급격히 성장하고 있다. 나아가서 이 예배는 40세 이하의 사람에게만 매력을 주는 것이 아니다; 전통적인 일상에서부터 벗어나기 원하는 나이든 세대 멤버에게도 예배의 어떤 '신선한' 특징이 호소력 있는 것 같다.

급격히 성장하는 대안적 예배는 전형적으로 그들이 직접 쓴, 혹은 그들의 대중적 문화에 부합하는 음악을 연주하는 젊은 밴드, 그리고 청중의 경험을 이해하는 청년 지도 목사와 관계되어 있다. 이런 의미에서 대안적인 예배는 견실한 고등학교 청소년 프로그램(전형적으로 중요한 종교적 회심을 경험했고, 수용하고 있는 문화의 정신을 이해하는 카리스마적 지도자가 인도하는)에서부터 생겨날 때 가장 성공적이다.

최근 현상의 하나는 대안적인 종교가 아니라 주류 교파 안에서 일어나는 대안적 형태의 교회다. 캘리포니아 주 오렌지카운티에서 크게 성장하고 있는 새들백 커뮤니티교회(Saddleback Community Church)는 공식적으로는 남침례교 교파에 속해 있다. 그러나 이러한 귀속감은 그 교회 이름이나 교회 자체를 알리는 데 있어서 드러나지 않는다. 그들이 드리는 예배는 매우 현대적이며, 설교에서 성서적인 주제를 가르치고 있기는 하지만, '종교적' 색채 없이 청중의 요구에 부응하고 있다. 이 교회를 방문했을 때 그들은 여전히 커다란 옥외 천막 안에서 모이고 있었다. '무대' 주변에는 14개의 고충폭 확성기가 있었고, 이동식 건물들에는 50개의 임시 교회학교 교실이 있었다. 새로운 패러다임 교회들과 매우 비슷하게 그들도 주중에 수십 개의 작은 모임을 여는데, 이 중에는 돈의 경영에서부터 이혼의 상처와 회복에 이르는, 구체적인 요구를 다루는 수많은 프로그램이 포함되어 있다. 그렇다면 새로운 패러다임 교회의 '파급' 효과는 갈보리교회, 빈야드교회, 혹은 호프교회의 실제적 멤버들 너머로 멀리 미치고 있다. 새로운 패러다임 교회의 음악은 주류 기독교에 침투하기 시작했으며, 아무리 모방적이라 해도 예배 형식에 있어서의 다양한 실험은, 사람들이 예배 경험을 이해하는 방식을 변화시키고 있다.

소속 변경

몇몇 교회들은 새로운 패러다임 교회의 예배 형식과 조직 형태를 모방할 뿐만 아니라 우리가 연구했던 세 운동 중의 하나에 가담해 왔다. 담임 목회자들에 대해 우리가 조사한 바에 따르면 갈보리교회 목회자의 12%와 빈야드교회 목회자의 35%가 이런저런 식으로 그 교회들로 소속을 바꿨다. 전형적으로 그 교회들은 원래 독립교회였으나 어떤 시점에서 갈보리교회 혹은 빈야드교회로 귀속하기로 결정했다. 어떤 경우에는 갈보리교회가 빈야드교회로 소속을 바꾸거나 반대로 빈야드교회가 갈보리교회로 소속을 바꾸기도 했다. 빈야드교회에 소속하려는 결단은 대개 보다 가시적인 방식으로 성령의 은사를 강조하는 담임 목회자의 열망을 나타내는 것이었다. 이에 상응하여 빈야드교회에서 나와 갈보리교회에 소속하려고 결정한 교회들은 흔히 빈야드교회가 방언, 치유, 그리고 영적인 표시를 지나치게 강조하고 있다고 느꼈다. 나아가서 하나의 교파가 되려는 최근 빈야드교회의 결정이 이 교회의 원래 사명에서 벗어나는 것이었다고 느낀 몇몇 목회자들은, 갈보리교회가 일상화 과정을 겪으려는 경향이 적다고 보기 때문에 그 운동으로 옮겨갔다.

갈보리교회보다 빈야드교회로 소속을 변경하는 비율이 더 높은 이유 중의 하나는 존 윔버의 '갱신' 사역 때문이다. 여러 해 동안 그의 집회에는 여러 교파의 수천 명의 목회자들이 참여해 왔다. 이 집회 동안 목회자들은 자주 성령의 현현을 경험했고, 그것이 기독교에 대한 그들의 이해와 목회에 커다란 변화를 가져 왔다. 이 목회자들이 새로운 비전을 자신의 교회로 가져오면 때때로 교회 멤버들이 거부하지만, 많은 경우 그들도 그것을 포용한다. 윔버가 진술한 것의 의도는 결코 그의 갱신 사역을 통해 교회들을 훈련시키는 것은 아니었지만, 한 교회가 지속적으로 그의 교회에 소속할 열망을 표현하면 그것은 빈야드 진영으로 받아들여질 수 있다.

결론

여기서는 문화적 구조 속에서 종교에 대하여 결단을 내리는 것이 중요하다. 미국의 종교적 경제 안에서 엄청난 전환이 일어나고 있는 것은 놀랄 일이 아니다. 사람들은 삶의 많은 영역에서 전통의 제약을 덜 받고 있고, 전보다 자유롭게 개인적 선택을 표현할 수 있다고 느낀다. 이러한 의식의 변화에 대하여 비평가들은 개인주의를 '병리적인'(pathological) 것이라고 규정해 왔는데, 그것은 특히 사람들이 자기 성취를 향한 사적이고 때로는 자기도취적인 길을 추구할 때 그러하다. 보다 관대한 평가는 이 '새로운 자원주의'(自願主義, new voluntarism)(그들은 이렇게 부른다)는 인간의 정신을 해방시켜 표현, 창조성, 그리고 자기 결정의 보다 큰 자유로 이끈다는 것이다.

종교에 있어 이러한 변화의 의미는 종교적 '수평이동'(switching)이 증가할 것이라는 것이다. 많은 베이비 붐 세대와 그 자손은 단순히 전통 때문에 출생 때 소속되었던 교회에 왜 머물러야 하는지 물을 것이다. 종교에 대한 쇼핑이라는 말이 상업적인 것으로 들릴지 모른다. 그러나 개성(individuality)에 대한 이러한 표현의 결론은 사람들의 요구에 부응하지 못하는 교회는 실패할 것이고, 그들의 요구를 채워 주는 새로운 교회는 번영할 것이라는 것이다. 내게는 주류 교회들이 어려운 시기에 기울어가는 것이 놀랄 일이 아니다. 이 중의 많은 교회가 문화적으로 시대에 뒤떨어져 있어서 그들의 메시지를 전달하는 매체를 현대화하는 데 실패해 왔다.

8장

주류 교회는 살아남을 수 있는가?

역사에서부터 배우는 교훈

제3의 대각성운동 | 왜 새로운 패러다임 교회가 성장하는가? | 새로운 패러다임 종교와 현대 미국 문화 | 주류 교파에 주는 의미

8장

주류 교회는 살아남을 수 있는가?
역사에서부터 배우는 교훈

　20세기 후반 새로운 패러다임 교회의 성장은 기독교 역사에서 발견되며, 미국의 종교적 부흥의 여러 시기(특히 1800~1830년에 일어난 제2 대각성운동의 시기)에서 잘 나타나는 갱신과 종교적 변화의 한 형태와 부합한다. 나단 해치(Nathan Hatch)의 수상작 『미국 기독교의 민주화』(The Democratization of American Christianity)는 19세기 초의 종교에 대한 훌륭한 해석을 하고 있는데, 그것은 이 책에서 연구된 세 가지 새로운 패러다임 운동에서 나타나는 종교적 갱신의 형태와 많은 점에서 통한다.

　해치는 제2 대각성운동이 왜 그렇게 널리 퍼져서 그렇게 많은 미국인의 종교적 열정을 활기차게 만들었는지에 대하여 여러 요인을 제시한다. 중심적인 주장은 이 운동이 보다 교육받은 엘리트의 종교를 개선하려고 했던, 보통 사람들의 대중 운동이었다는 것이다. 감독교회와 회중교와 같은 기성종교는 길들여져 왔다. 성직자들이 문학적 인용으로 가득 차 있고 철학적 주장으로 멋있게 각색된 유식한 설교를 했지만, 그들은 보통 사람들의 일상적 경험은 고려하지 않았다. 나아가서 종교적 권위는 종교적 위계질서에 매여 있었고, 사람들이 하나님께 이르는 길은 유급 성직자에 의해 중재되었다. 교리적 해석은 성직자의 영역이었을 뿐만 아니라, 교회의 프로그램 진행은 사람들이 주도하고 조직하는 것이 아니라 유급 전문가의 관할 아래 있었다. 위에서 아래로 내려오는 이러한 조직 형태는 사람들에게 교육과 관료적 기술을 제공해 주었지만, 그것은 혁신을 지연시켰고, 제도적인 결정과 프로그램 수행에 평신도가 직접 참여함으로써 가질 수 있는 책임의식을 말살시켰다.

대조적으로 개혁적인 부흥운동은 보통 자의식이 강한 주변인들에 의해 주도되었다. 흔히 그들은 교육 수준이 높은 사람들이 아니었고, 이런 점에서 보통 사람들의 언어로 말했다. 그들은 전형적으로 정교한 신학적 논리, 복잡한 결정 과정, 그리고 의례화된 예배형식에 대하여 적대적이었다. 대신에 노트나 준비된 설교보다는 마음으로부터 설교하면서 사람들의 삶을 변화시키기 위하여 하나님의 능력에 대한 비전을 열정적으로 전달했다. 그들은 직접적인 종교적 경험의 적합성을 깨달았으며, 사람들이 영에 사로잡혀 말뿐만 아니라 몸으로 자신을 표현하는 것을 두려워하지 않았다. 나아가서 보다 정착된 종교 제도의 영역 경계를 무시하면서 복음을 전달할 기회를 용감하게 활용했다.[1]

이런 형태의 종교적 지도력은 직접적인 종교적 경험에 대한 보통 사람들의 탐구, 그리고 성스러움에 도달하는 길을 통제하려는 교육받은 성직자들의 시도에 대한 반감에 부합되는 것이다. 나단 해치는 19세기 초의 침례교, 감리교, 그리스도의 제자와 같은 종교 운동의 급격한 성장에 대하여 설명하면서 이렇게 주장한다: "점차적으로 단호한 보통 사람들은 지도자는 잘난 체하지 않고, 교리는 완전히 명백하며, 음악은 생동감 있고 부르기 쉬우며, 교회를 스스로 운영할 수 있기를 원했다."[2] 성스러움에 도달하는 길을 민주화함으로써, 기성 성직자를 인간의 분리된 질서로 구분하는 것을 거부함으로써, 보통 사람들은 종교적 믿음을 활력 있게 만들었다. 그들은 하나님께 직접 도달하고, 스스로 성서를 해석하며, 하나님의 부르심에 대한 개인적 비전에 반응하고, 행동할 기회를 잡음으로써 자기평가의 의미와 개인적인 능력을 경험했다.

제2 대각성운동 시기에 천막이나 야외에서 열린 부흥 집회에서 설교자들은, 흔히 종교적 덕목은 교육적 학위가 아니라 자신의 마음의 태도에 달려 있다고 지적하면서 제도적인 종교를 비판했다. 표준화된 종교적 형태를 버리려는 의도는 성령의 임재로 해석된 종교적 황홀경에 몰입하는 문을 열어 주었다. 사람들은 회개하면서 통제할 수 없을 정도로 소리 지르고 흐느끼고 울었다; 그러나 또한 즐거움에 소리 질렀고, 성령에 충만하여 '경련을 일으켰으며', 옛 성자들이 설명했던 것과 같은 경험을 하게 될 때 가장 높은 신비적 형태의 황홀경에 도달했다. 전통적인 종교적 공식의 관점에서 보면, 이 모든 일들은 혼란스러워 보였다. 여자, 아이, 자유를 얻은 흑인, 그리고 노예가 모두 성령에 '사로잡혔다' 고 증언했다. 민주화된 종교의 이러한 경험에서 전통적인 사회적 경계선은 무너져 버렸다. 이런 점에서 시(市) 관리들과 교육받은 엘리트들은 때때로 위협 받고 있다고 느껴서 그러한 성령운동을 격하시키려고 했던 것은 놀랄 일이 아니다. 부흥 운동을 시작했던 복음주의자들은 사람들에게 주도권을 잡으라고 격려했다.[3]

교육받고 세련된 계층에게는 이 부흥운동이 조잡한 초자연주의를 퍼뜨리는 것으로 보였는데, 그들은 그 운동이 너무 퍼져나가고 있다고 느꼈다. 사람들은 1세기나 있을 법한 '기사와 이적' 을 증언할 뿐만 아니라, 꿈과 환상을 통하여 하나님이 인도하신다고 주장했다. 기적과 성령의 육신적 현현이 기독교가 시작될 무렵에는 일어났을지 모른다. 그러나 이러한 경험은 교육받은 엘리트의 계몽주의 세계관에서 보면 말이 안 되는 것이었다. 그들에게는 실망스럽게도, 성경을 보통 사람들 손에 맡긴 것은 거침없는 종교적 활력과 일종의 독립성을 조장했는데, 그것은 성경에는 하나님과 활발한 만남을 가졌던 사람들에 대한 증거가 충분히 있기 때문이다. 요약하면 사람들은 자신의 종교적 충동을 신뢰하는 것을 배웠고, 그것이 안정된 계층에게는 위협이 되는 새로운 집단적 자신감을 초래했다.[4]

부흥운동에 대하여 해석했던 많은 이들이 종교적 원시주의의 이러한 표현이 감정적인 순화(카타르시스)에는 도움이 되지만, 정치적 개혁에는 별로 의미가 없는 것이라고 주장해 왔다.[5] 그러나 해치는 이 운동에 다른 의미를 부여한다. 성서적 문자주의는 성서를 해석해 주는 학식 있는 신학자에 의존할 필요가 없다는 점에서 보통 사람에게 힘을 실어준다고 그는 주장한다. 모르몬교, 성령강림운동, 성결운동, 그리고 여호와의 증인을 포함하여 많은 이러한 부흥운동이 민주주의에 공헌하는, 보다 일반적인 대중적 정서의 일부라고 생각한다.[6] 성경을 보통 사람의 손에 맡기는 것은, 정보와 가르침을 위해 다른 사람에 의존하기보다는 스스로 해석하게 함으로써 자신에게 능력을 부여한다. 해치에 따르면 이러한 종교적 정신은 쉽게 정치적 영역으로 옮겨가서, 보통 사람은 전문가의 가정교사 같은 해석에 의존하기보다는 스스로 사건을 해석할 수 있는 권리를 주장하게 된다.

해치는 근본주의자에게도 우호적이어서 그들이 성경을 문자적으로 읽는 것이 종교적 감성의 암흑기로 되돌아가려는 시도는 아니라고 주장한다.[7] 20세기 후반부의 근본주의의 힘은 대중적인 십자군 운동의 한 표현이며, "미국 문화의 핵심적 제도에서부터 권리를 빼앗기고 있다고 느끼는 사람들의 반란"[8]이라고 그는 생각한다. 그의 견해에 따르면 "신조가 아니라 성경"(no creed but the Bible)이라는 근본주의적 주장은 대중주의뿐만 아니라 개인주의에 대한 하나의 극단적 진술이다. 진취적인 예언자들이 가난을 유발하는 구조를 공격하는 동안, 20세기 초 성령강림운동, 나사렛 교단, 그리고 근본주의자와 같은 집단은 오클라호마 주의 초라한 농부, 디트로이트의 자동차 노동자, 노스캐롤라이나 주의 방직공장 종사자 가운데 교회를 세워 그들을 **북돋아 주었고**, 이 세상에서의 의미와 다음 세상에서의 구원의 길을 제공했다는 것이 해치의 생각이다.[9]

제3의 대각성운동

제2 대각성운동과 새로운 패러다임 교회의 출현 사이에는 공통점이 많다.

두 경우 모두 제도화된 종교를 거부한다. 새로운 패러다임 목회자들은 주류 교파가 참된 영성과 종교를 혼동한다고 보며 만인사제직을 회복하려고 한다. 모든 명문화된 교리, 교회 규칙, 그리고 과정뿐만 아니라, 교회 건물과 종교적 상징도 중요하지 않다. 목표는 개인과 하나님 사이의 직접적인 소통이다. 성경을 하나님의 계시의 도구로 보며, 개인은 설교와 성직자의 해석에 의존하기보다는 그것을 스스로 읽도록 초대된다. 새로운 패러다임 교회에 매력을 느끼는 사람들은, 세련된 신학이나 문화적으로 합리화된 가르침보다는 믿을 구체적인 어떤 것을 갈망한다. 그들에게는 원초적인 종교적 경험(예수와의 일상적 만남)이 종교의 핵심이다.

미국의 종교적 경제 안에서는 제2 대각성운동의 시기에서처럼 주류 기독교를 위한 여지가 항상 있을 것이다. 모두가 원초적 종교에 끌리지는 않을 것이다. 새로운 패러다임 교회가 일부 교육수준이 높은 사람들을 끌어들이고 있지만 그 멤버의 대부분은 고졸 학력, 그리고 일부가 대학교육을 약간 받은 수준이다. 이들은 주로 종교가 '바로 서서' 직접적인 요구를 채워주기 원하는 중간 계층, 그리고 노동자 계층의 사람들이다. 예배에서 선호되는 부분은, 생각이 아니라 마음을 향해 말하는 음악이다. 대조적으로 주류 종교는 항상 보다 꾸며진 것이다: 음악은 보다 전통적이고 예배 형식은 보다 차분하며 설교는 보다 수식적이다.

독일 사회학자 막스 베버의 이론에 따라 우리는 종교가 세월이 흐르면서 점차 일상화된다고 말할 수 있다. 추종자들이 종교를 세운 예언자의 가르침을 지배적인 세계관과 조화를 이루기 위하여 합리화하면, 세월이 지나면서 종교적 표현의 단순한 행위가 상징화라는 보다 추상적인 수준으로 바뀐다. 사제의 역할이 확정되고 성문서는 정경이 되며 성스러움에 대한 접근을 중재하는 규칙과 과정이 생겨난다. 이 과정에서 사람들은 성스러움이라고 하는 변형의 근원에서부터 점점 더 멀어지게 된다. 극단으로 치닫게 되면 종교 제도는 주로 습관을 통한 낮은 수준의 헌신으로 생존하는 관료주의의 껍질에 싸이게 된다. 그리고 그것은 제도적인 생활의 다른 영역과 통합되어 버린다.

개혁주의 운동이 생겨나는 것은 이러한 상황에 기인하는데, 그것은 흔히 많은 사람에게 보다 적합한 의미체계를 탐구하게 하는 사회-정치적 사건으로 자극을 받는다. 오랜 역사 속에서 종교적 '원시주의'는 호소력이 있어서 사람들이 껍데기 형태의 종교를 포기하고, 그것이 교리와 의례에 갇히기 전이었던 가장 초기의 표현을 추구하게 한다. 원시적인 형태에 적합한 종교 생활에는 전형적으로 지도자와 사람들 사이의 간격이 거의 없다. 신자들은 초자연의 영역에 직접 도달할 수 있다. 그러나 시간이 흐르면 보다 길들여진 형태의 종교는 점차 원시적 형태의 종교를 바람직하지 않고 주술적인 것으로 보게 된다.

이 모델을 새로운 패러다임 종교에 적용해 보면, 무엇보다 왜 성직자가 보통 사람들과 비슷한 옷을 입고 있는지, 왜 성서적 문자주의를 주장하는지(예를 들면, 권력에 대한 보다 권위적인 요구를 깎아내리는 방식으로), 그리고 왜 평신도 사역을 강조하는지 설명된다. 또한 그 모델은 왜 새로운 패러다임 교회가 점차 교파주의를 향해 불가피하게 변해 가는지를 이해하는 데 도움이 된다. 언젠가는 그들도 권위를 집중화하고, 획일적인 수행을 주장하며, 전에는 자발적이고 성령의 인도를 받았던 행동에 대하여 승인하는 관료층을 만들기 시작할 것이다. 실제로 새로운 패러다임 교회 안에서 이루어지는 최근의 논쟁 중에 많은 것이 일상화 과정에 저항할 것인지 그것을 수용할 것인지에 대한 것이다.

한 운동이 보다 일상화될수록 카리스마적인 지도력의 여지는 적어진다. 사람들은 봉사하기 위하여 '부르심'을 받는 것이 아니라, 잘 규정된 직책으로서 '임명된다.' 마음의 정결과 절대적인 헌신을 요구하는 신앙고백이, 신조에 집착하고 특별한 도덕적 규범을 준수하는, 덜 지나치게 요구하는 표현으로 바뀔 것이다. 종교는 삶의 중심이 아니라 여러 가지 중의 하나인 집단 멤버십이기 때문에 전도에 대한 열정 역시 식어 버린다.

제2 대각성운동과 같은 부흥운동은 종교 역사에서 갱신운동으로서 강력한 역할을 한다. 그것은 종교 진영 밖에 있는 사람들에게 매력을 주며, 일상적인 종교 경험을 넘어서는 성스러움과의 만남을 증진함으로써 교회 안에 있는 사람들의 신앙을 강화시킨다. 제도적인 유지보다는 비전을 강조하기 때문에 새로운 회심자들은 종교적 부름을 세상을 변화시키는 것으로 받아들인다. 그들은 그 동기에 대한 책임으로 초인간적인 행동을 하며, 그렇게 하여 그 운동에 활력을 불어 넣는다.(대표적인 예는 19세기 중반 감리교의 '순회 목사' 〈circuit riders〉의 영웅적인 믿음인데, 말을 타고 전국을 전도하러 다니는 고된 삶 때문에 그들 중의 절반이 30세 이전에 죽었다는 이야기가 전해진다.)[10]

왜 새로운 패러다임 교회가 성장하는가?

1960년대는 미국 문화에 있어 사람들이 종교적 선택을 하는 데 중요한 전기를 가진 중대한 시기였다. 이 시기의 정치적 사건들에 대하여 사람들이 어떻게 생각하든, 많은 사람이 전통과 관습적인 규범을 존경하지 않고 자율적인 결정을 내리는 경향뿐만 아니라 공공 제도를 향한 깊은 냉소주의를 갖게 되었다. 이러한 의식의 혁명과 함께 사람들은 더 이상 그들 부모의 종교적 전통을 따르도록 강요받지 않는다고 느꼈다. 따라서 교회에 나가는 것은 더 이상 의무의 문제가 아니게 되었다. 종교의 도덕적인 지시 중에 많은 것들이 그러했듯이 전통적인 종교적 수행(가톨릭의 고해와 같은)은 선택적인 것으로 보였다. 불신의 깊은 골이 모든 형태의 제도 종교에 쌓이게 되었다.

전후 세대의 종교적 태도에 대한 연구는, 많은 사람들이 '종교'와 '영성' (spirituality) 사이를 구분한다고 밝힌다.[11] 종교는 제도적이며 사람이 만든 것으로 이해한다; 그렇게 규정되면 그것은 많은 사람에게 주변적인 관심을 끄는 것에 불과하게 된다. 영성은 우주의 보다 큰 신비와 관계하려는 개인적인 시도를 나타낸다. 많은 비평가들이 1960년대는 개인주의라는 자기도취적 표현이 강조되었다고 주장해 왔지만, 이것은 단지 하나의 결과일 뿐이다. 또 다른 결과인 새로운 패러다임 교회는 반문화가 만들어 낸 많은 사회적 병리현상을 거부하면서 1960년대의 여러 가지 가치를 구현했다. 심미적인 취향과 제도적 생활에 대한 이해는 1960년대의 산물이었지만, 실제로 새로운 패러다임 교회에 가담한 많은 사람들이 반문화적 가치의 양상에 만족하지 못했기 때문에 새로운 가치를 실현했던 것이다.

베이비 붐 세대가 종교적으로 보이지 않는 교회에 나가고, 가정에서, 시민회관에서, 개조된 창고에서, 혹은 길가 건물에서 예배드리기를 선호했던 것은 놀랄 일이 아니다. 공적인 동조가 아니라 영성이 목표였기 때문에, '잘 차려입고' 교회 가는 것은 별로 덕이 되지 않았다. 권위를 불신했기 때문에, 목회자가 회중과 다르게 옷을 입었다면 의심의 눈초리를 받았다. 나아가서 목회자에게는 어떤 권위적인 위치에서 설교하기보다는 성경에 대한 묵상에서부터 나오는 깊은 생각을 나눌 것이 기대되었다.

가치에 있어서 이러한 문화적 전환이 이루어지면서 새로운 패러다임 교회의 예배는 매우 다른 식으로 발전했다. 인간이 만든 종교로 보였던 의례의 자리에는 상대적으로 단순한 의식이 생겨났다. 과거의 찬송가는 현대적 멜로디로 대체되었다. 규정되고 의례화된 순간이 아니라 하나님과의 만남으로 감동을 받을 때, 사람들은 자유롭게 손을 들어 올리거나 무릎을 꿇거나 혹은 엎드렸다. 성례전은 공식화된 구조에서 벗어나 훨씬 더 자발적으로 이루어졌다. 예를 들면 '성찬'을 포도주 한 잔과 빵 한 조각으로 축소하기보다는 애찬으로 마지막 만찬을 재현해 냈다. 머리 위에 상징적으로 물을 뿌리는 제도화된 교리와는 달리, 자연적 환경에서 거행되는 침례는 사람들이 요단강에서 받았던, 물에 담그는 형태와 별로 다르지 않았다.

조직적으로 그 사람들은 프로그램을 주도하고 조직하고 운영하는 역할을 되돌려 받았다. 효율성을 위하여 몇 스태프가 고용되기는 하지만, 교인은 '사역자'로, 목회자는 행정가로, 담임목사는 설교를 하는 특별한 은사를 가진 것으로 이해되었다. 그들이 종교를 제도화하려고 했다 해도, 베이비 붐 세대는 교회가 관료적이지 않으며 평신도에게 권한이 부여되기를 원했다. 사역에 특별한 학위나 신학적 자격증이 필요하지 않았다. 그것은 사역을 전문화하기 위해 기성교회가 만들어낸 것이었지만, 이 전문가에게 헌신적인 평신도보다 더욱 순수한 마음이나 성스러움에 대한 더욱 분명한 비전을 주는 것은 아니었다.

요약하자면 다음과 같다: 새로운 패러다임 교회는 1세기 기독교 모델에 호소함으로써 관료화된 종교의 많은 비효율성을 제거했다; 이 '정화된' 형태의 종교는 제도화된 종교를 거부한 베이비 붐 세대의 반문화적 세계관과 상응했다; 새로운 패러다임 교회는 관료적 성격이 약하고 평신도 지향적인 조직 구조를 가짐으로써 구성원의 요구에 민감하게 반응하는 프로그램을 개발했다; 새로운 패러다임 교회는 기성종교로부터 소외된 사람들에게 매력을 주는 예배 형태를 제공했는데, 그것은 그들 자신의 표현방식이었기 때문이다; 이 예배와 이에 상응하는 메시지는 성스러움의 경험에 직접 도달하는 길을 마련해 주었는데, 그것은 사람들의 가장 깊은 개인적 요구를 만족시킴으로써 삶을 변화시킬 가능성을 가졌다.

요점은 새로운 패러다임 교회가 현대 문화의 모든 가치에 동화되지 않고도 그 요소를 적절히 활용했다는 점이다. 이것은 하나의 강력한 조화이며, 따라서 모든 문화적 가치에 동화하지만 음악적, 조직적 혁신에 있어서는 문화에 뒤떨어져 있는 기성종교와는 반대적인 것이다. 기성종교가 문화적으로 앞서간다 하더라도, 그것은 전형적으로 지배적인 사회적 가치에 역류하는 것이기 때문에 신뢰를 얻는 데 실패하고 있다. 대조적으로 새로운 패러다임 교회는 도덕적, 영적으로 멤버들에게 요구한다. 이 교회는 주류 문화에 대한 하나의 분명하고 매력적인 대안을 마련해 주고 있다.

새로운 패러다임 종교와 현대 미국 문화

새로운 패러다임 교회는 인간의 어떤 요구에 응답하는가? 이것은 매우 중요한 질문이다. 아무리 종교가 현대적이고, 문화적으로 앞서가는 형태를 띠며, 심지어는 여흥이 있는 것이라 하더라도, 깊이 느껴지는 요구를 다루지 않는다면 그것은 잠재적 멤버의 신뢰를 유지할 수 없을 것이다. 나는 새로운 패러다임 교회가 미국 도시 사람이 직면한, 적어도 네 가지 요구를 다루고 있다고 생각한다.

첫째로, 미국 사회에는 인간적인 공동체성이 결여되어 있다. 많은 사람이 이혼으로 조각난 가족 출신이다; 그들은 확대가족의 그물망을 가지고 있지 않다. 교회는 그들이 공동체의 느낌을 경험할 수 있는 장소다. 작은 집단 모임과 예배의 특징인 따뜻한 포용성에서 보이듯이 새로운 패러다임 교회는 인간적 접촉이 환영받는 곳이다. 그 교회는 매주 사람들이 자신의 요구를 공유할 수 있고, 누군가가 그들을 돌볼 것이라는 것을 알 수 있는 장소다. 그러한 따뜻함이 미국 사회에는 드물다.

둘째로, 많은 사람이 미국은 살아가고 자녀를 키우기에는 험난한 장소라고 느낀다. 따라서 그들의 영적 요구뿐만 아니라 사회적 요구를 채워 주는 하나의 안전한 피난처인 교회로 돌아오는 것은 놀랄 일이 아니다. 누가 커다란 새로운 패러다임 교회의 오락 프로그램의 범위를 보게 된다면, 이것이 또 다른 헬스클럽이 아닌가 여길 것이다. 그러나 그것은 커다란 잘못이다. 그 교회가 제공하는 환경의 형태, 자신이 관계하고 있는 사람과의 공유된 가치 때문에, 사람들은 자녀를 그 교회로 데려오고 교회와 관련된 활동에 참여한다.

셋째로, 많은 사람이 구체적인 요구에 대한 도움을 찾는다: 그들은 최근에 키워야 할 여러 작은 아이를 데리고 이혼했고, 마약 문제가 있으며, 결혼 생활은 곤경에 빠져 있다. 개인적인 문제의 종류는 광범위하다. 또한 근본적으로 불행하다고 생각하며 소비사회가 제공하는 것보다 더 깊고 더 의미 있는 어떤 것을 찾는 사람들이 있다. 커다란 문제를 가진 사람에게는 강한 형태의 종교가 필요한데, 그것은 성서적 문자주의, 초자연주의, 그리고 많은 것을 요구하는 구조로 대표되는 새로운 패러다임 교회다.

넷째로, 미국의 많은 사람에게는 '희망 결핍증'(hope deficit)이 있는데, 새로운 패러다임 교회는 바로 그것에 대응하고 있다. 사람들에게는 특별한 문제에 대한 치유뿐만 아니라, 운명의 느낌, 삶이 목적과 의미를 가지고 있다는 확신도 필요하다. 새로운 패러다임 교회는 희망(때로는 보다 종말론적 용어로)과 즐거움을 투사하는 데 있어 특별히 효과적이다. 내용에 있어서는 이것이 '옛 시절의 종교'일 수 있다. 그러나 정신에 있어서는 소비문화가 제공하지 못하는, 황홀경에 대한 근본적인 요구를 다룬다. 실제로 새로운 패러다임 종교의 강점 중의 하나는 재미있다는 것이다! 이것이 매우 단순한 관찰처럼 보일지 모른다. 그러나 그것은 제2 대각성운동 시기의 야외집회에서 보였던 것과 비슷하다. 즉 야외집회 기간 동안에는 구원받은 사람 수만큼이나 많은 영혼이 잉태되었다는 것이다.[12](야외집회는 벌판이나 숲 속에 텐트를 쳐 놓고 일주일에서 열흘간 숙식하며 진행되는 부흥 집회였는데, 많은 젊은이에게는 예배를 드리는 것 이외에도 남녀가 가까이 지낼 수 있어서 영혼의 만족뿐만 아니라 다른 즐거움-예를 들면 성적인 관계-도 있었다는 사실을 일부 비평가들은 지적하고 있다. 옮긴이)

종교적 대안의 자유로운 시장 속에서 새로운 패러다임 교회는, 미국 사회에서 가장 절실하다고 생각하는 네 가지 요구, 즉 공동체, 안전, 삶의 변화, 그리고 희망을 제공하는 데 있어 다른 집단과 경쟁하고 있다. 많은 자력 집단과 공동체 집단이 이 요구의 얼마를 다루려고 시도하고 있다: 그래서 알코올 중독 치유집단에 가담하거나 자경단(自警團) 프로그램에 참가할 수 있다. 그러나 이 모든 요구를 다루는 프로그램, 기획, 집단의 모든 요소를 제공하는 데 있어서는 새로운 패러다임 교회가 독특하다. 이런 점에서 그 교회는 도시 환경에서부터 사람들을 물러나게 한다는 의미가 아니라, 많은 근본적인 요구를 철저하게 다룰 수 있는 대중사회 속의 소수 집단으로서 작은 마을 생활의 어떤 특징들을 재창조하고 있다.

주류 교파에 주는 의미

주류 교파들의 힘이 쇠퇴하고 있지만, 그것들이 멀지 않은 장래에 사라져 버릴 것이라고는 생각하지 않는다. 사실 나는 지난 10년간 놀랍게 성장해 오고 있는, 자유주의적 감독교회의 멤버다. 어떤 면에서 그것은 많은 새로운 패러다임 교회의 신학적 견해와는 이념적으로 반대 입장에 서 있다. 우리 교회는 하나의 교리로서 동성애자의 권리를 기독교 공동체의 일부로 강하게 인정해 왔으며, 낙태에 대해서도 강한 찬성의 입장을 견지해 왔다. 나아가 목사는 매 주일 어떤 신앙을 가지고 있든지 간에 모두 성만찬에 참여하는 것을 환영한다고 말한다. 요약하면 그 교회는 메시지에 있어 배타적이기보다는 포용적이다. 그리고 멤버들은 신앙을 경험하는 것뿐만 아니라, 그것에 대하여 생각하도록 권장된다.

내가 출석하는 교회-캘리포니아 주 패서디나에 있는 **모든 성인 감독교회**(All Saints Episcopal Church)(이하 **성인교회**로 부름. 옮긴이)-와 갈보리, 빈야드, 호프와 같은 새로운 패러다임 교회 사이에는 분명한 차이가 있지만, 어느 정도 구조적인 유사성도 있는데, 아마 이 유사성이 그들의 비슷한 성장을 설명해 줄 것이다. 예를 들면, 성인교회 성직자는 새로운 패러다임 성직자처럼 메시지의 진리에 대하여는 교조적이다. 즉 유일하게 규정된 '진리'는, 정의와 평화의 주제를 추구하는 것이 기독교인으로서의 책임이라는 것이다. 성인교회 성직자는, 가난한 자를 무시하고 자녀를 교육시키지 않으며 여성과 소수 인종의 경제적 기회를 부정하고 죄를 지은 사람을 정죄하는 사회의 악에 대하여 공격하는 설교를 권위 있게 한다.

소리는 새로운 패러다임 교회에서 듣는 것과는 매우 다르다 하더라도, 성인교회에서 부르는 찬양도 문화적으로 현대적이며 힘이 있다. 성인교회 멤버들은 전형적으로 중상층이며, 많은 사람이 고전적인 음악적 취향을 가지고 있고, 전자 기타와 드럼(이러한 악기들이 가끔 열리는 흑인 복음집회나 현대 기독교 음악 찬양집회에서는 사용될 수 있지만)보다는 파이프 오르간과 오케스트라 악기들을 더 선호한다. 사람들이 찬양 시간에 손을 들어 올리지는 않지만, 의례가 진행되는 동안 눈에서 흐르는 눈물을 닦는 사람을 보는 것이 흔한 일이다. 이들이 새로운 패러다임 기독교인들의 '거듭남'의 표현에는 거부감을 가지고 있지만, 종교적 경험이 성인교회에 없는 것은 결코 아니다. 예를 들어 교구 목사 에드 베이컨(Ed Bacon)은 매년 적어도 한 주간은 조용한 수양관에서, 한 달에 하루는 종일 사색과 명상으로 시간을 보낸다; 그리고 바쁜 일정에도 불구하고 매일 아침 적어도 한 시간씩 기도한다.

몇 년 전 성인교회에 대하여 실시한 조사에서, 얼마나 많은 멤버가 비-감독교회 출신인지를 보고 놀랐다: 그들 중에는 (이혼과 성에 대한 가톨릭교회의 가르침을 거부했던) 가톨릭 신자 출신, (하나님께 이르는 길에는 유일한 '하나의 길'만 있다는 것을 더 이상 믿지 않았던) 복음주의와 근본주의 신앙인 출신, (전에 다니던 교회에서 정죄 받았던) 동성애자 등이 많이 있었다. 이 교회 멤버들은 보다 다원주의적인 이념을 추구하는 사람들이었다. 그러나 그들은 자신이 사는 도시와 세계에서 화평케 하는 자, 사회정의의 옹호자가 되려는 사람에게 요구되는, 높은 수준의 헌신의 자세로 성인교회에 모여 들었다. 그들은 예배의 웅장함과 풍성함에 끌렸다. 물론 그들도 온전함을 찾으며, 의례의 신비와 신비주의 가운데 치유 받는 '상처받은' 사람들이었다.

내가 성장하는 교회 중 하나로 성인교회의 예를 인용한 것은 주류 교파의 자유주의적 성향에도 불구하고- 부분적으로는 미국의 종교적 경제 안에서는 한 집단이 반드시 다른 집단의 희생의 대가로 성장하는 것은 아니라는 사실을 강조하기 위해서다. 예를 들면 성인교회에 출석하는 사람이 갈보리교회에 매력을 느낄 가능성은 매우 낮다-그리고 그 반대도 마찬가지다. 오히려 성인교회와 갈보리교회는 종교 시장에서 서로 다른 소비자 진영에서 사람을 끌어들이는 것이다.

그럼에도 불구하고 나는 성인교회와 주류 교파 교회에 대하여 염려하고 있다. 이 감독교회가 분명히 건강함에도 불구하고, 최근 몇십 년 동안 감독교회에서부터 어떤 새로운 교회도 생겨나지 못했다. 교회의 규모에 비해 성인교회는 고등학생과 대학생이 매우 적다. 오히려 이 교회는 학생들이 보다 자유주의적인 이 종교 공동체로 들어오기 이전에 이미 그들을 신앙에 입문하게 했던 다른 종교집단의 덕을 보는 것 같다. 이것은 내가 보기에 21세기 종교적 지도력에 있어 성공적인 공식은 아닌 것 같아 보이는데, 특히 보다 보수적인 많은 교회의 특징인, 공격적인 복음주의와 비교해 보면 그러하다. 아직까지는 성인교회가 하나의 중요한 자리를 채우고 있다. 기독교 진영 안에서 미국인 중 얼마는 성인교회 같은 교회에 머물러 있기 때문이다.

그러나 불행하게도 나는 대부분의 자유주의 교회가 과녁을 놓치고 있다고 본다: 그들의 메시지는 모호하고 권위가 결여되어 있으며, 예배는 활기가 없다. 나아가서 사람들이 위원회 모임에 끊임없이 모이면서, 비전을 무디게 하는 조직 구조에서 헤어 나오지 못하고 있다. 어떤 공동체에서도 전통은 하나의 중요한 안정수단이지만, 그것은 또한 교회법과 함께 혁신을 방해하는 잠재력을 가지고 있다. 새로운 패러다임 기독교인들의 창조성과 혁신적 지도력을 생각할 때, 주류 교회가 근본적으로 자체를 재창조하지 않는다면 어떻게 새로운 패러다임 교회와 경쟁할 수 있을지 의심스럽다.

주류 교회가 지도력을 회복하려고 한다면, 새로운 패러다임 교회가 이미 터득했던 두 가지 일을 해야 한다: 첫째, 사역을 평신도에게 돌려주어야 한다. 이것은 훨씬 더 수평적인 조직 구조를 만드는 것을 의미한다; 둘째로, 그들은 사람들이 심오하고 삶을 변화시키는 방식으로 성스러움에 도달할 수 있게 하는 통로가 되어야 한다.[13] 여기서 주류 개신교를 갱신할 수 있는 상세한 설명을 할 수는 없다. 그러나 신학적 내용이 상당히 다를 수 있다는 것을 인정한다면, 새로운 패러다임 교회에서부터 얼마의 교훈을 얻을 수 있다고 생각한다.

조직적인 '재구조화'(restructuring)라는 용어로 몇 가지 아이디어(얼마는 단조로운 것이고, 얼마는 의도적으로 도발적인 것이지만)를 제시해 보겠다. 내가 보기에 교파적 기구를 최근에 축소하는 것-재정적인 긴급성 때문에 강요된-이 매우 좋은 하나의 단계인 것 같다. 요즈음 활력과 창조성의 중심지는 국가적 수준이 아니라 지역적 수준에 있으며 21세기에도 마찬가지일 것이다. 교회를 새롭게 만드는 진짜 혁신적인 생각은, 교단 본부의 임원에게서 나오는 것이 아니라, 개체교회와 공동체에서 사람들의 요구를 다루며 일선에서 일하는 이들에게서 나올 것이다. 따라서 나는 교파들이 조직 구조를 파격적으로 분권화함으로써-중앙 부서를 포기하고 그것을 개체교회, 특히 지도력을 발휘하는 주요 교회에 둠으로써- 잘 수행될 것이라고 믿는다.

또한 신학교를 전향적으로 재구조화하여, 보다 많은 신학적 교육이 개체교회에서 이루어지도록 허용해야 한다고 생각한다. 대학원 교육을 원하는 성직자는 주요 대학에 가서 철학, 교회사, 혹은 신학을 공부하게 하라. 대조적으로 신학교는 사람들이 개체교회에서 섬기는 동안 멘토 관계를 가지고 배우는 전문학교가 되어야 한다. 일상적인 수행과 연관되어 있지 않은 배움이 철학박사 학위를 추구하고 대학원 수준의 연구를 하는 이에게는 적합할지 모른다. 그러나 나는 그것이 목회적인 부르심에 응답한 사람에게도 적합하다고는 확신하지 못한다. 실제로 나는 대부분 신학교의 외형적 규모를 축소하고, 그 대신 커다란 주류 교회 안에 '평신도 학교'(lay institute) 만들기를 제안한다.

최근의 성직자 양성 방법은, 대단한 지도력을 가진 사람에게 매력을 주는 데 도움이 되지 않는다; 신학교는 21세기 교회를 이끌어 갈 사람들의 비전과 열정을 둔화시키기까지 할 수 있다. 특히 새로운 패러다임 교회 안에서 성직자 훈련을 하는 철저한 분권화는, 주류 교회에 대한 하나의 가능한 모델로 탐구되어야 한다. 예를 들면 새로운 목회자를 고용해야 할 때 평신도 중에서 선택할 수 있다. 왜 그런가? 그 사람은 그의 지도력을 입증해 왔으며, 그 조직의 비전과 문화를 충분히 이해하고 있기 때문이다. 그러한 전향적인 방식으로 성직자의 소명을 재구조화하는 것은, 보다 전통적으로 훈련받아 왔던 많은 목회자에게는 커다란 위협이 될 것이다. 그러나 주류 기독교의 조직적 구조를 단순히 어설프게 고치는 것은 별로 도움이 안 될 것이다.

나는 개체교회의 목회자가 요즈음 모이는 위원회 모임의 적어도 80%를 없애야 한다고 믿는다. 그렇게 함으로써 사람들이 작은 가정 친교모임에 참여할 여유를 갖게 될 것이다. 세계에서 가장 빠르게 성장하고 가장 큰 교회들은 세포(cell) 조직에 근거한다. 모든 교회 사역은 매 주일 만나고 함께 예배드리고 함께 공부하고 함께 기도하고, 이웃에 사는 사람을 향해 매우 창의적인 봉사를 하는 사람의 작은 집단에서부터 이루어진다. 목회적 돌봄, 복음주의, 그리고 세대 간의 상호작용이 모두 이 집단 안에서 이루어지는데, 평신도들이 이 모임을 인도하고 조직한다. 많은 주류 교회 기독교인 공동체의 최근 형태는 위원회 모임인데, 이것은 사람들이 추구하는 양육과 돌봄의 형태로는 매우 뒤떨어진 구조다.

자유주의적인 주류 교회 지도자가 근본적으로 다시 생각할 필요가 있는 두 번째 주제는 어떻게 성스러움의 경험을 생기게 할 수 있는가 하는 것이다. 새로운 패러다임 교회의 표현의 일부는 적절하지 않을 수 있다. 그러나 기독교 전통에서 성령이 의미하는 것이 무엇이든 그것을 주류 교회가 탐구할 필요가 분명히 있다. 개신교 주류 안에서도 다양한 영적 훈련의 고대적 전통의 가치를 재발견하려는 운동이 생겨나고 있는데, 그 훈련 방법에는 침묵의 수련, 영성 지도, 금식, 그리고 영혼과 정신을 탐구했던 성 이그나시우스(St. Ignatius), 성 베네딕트(St. Benedict), 그리고 그 밖의 다른 선구자 전통과 관련된 영적 수행이 포함되어 있다.[14] 나는 50회 생일을 기념하여 예수회(Jesuit) 수

양관에서 일주일간 머물며 빈야드 멤버들이 설명하는 것과 별로 다르지 않은(그들은 전적으로 다른 해석적 맥락에서 양육 받았지만) 육체적, 영적 경험을 한 적이 있다. 따라서 나는 카리스마적인 것이, 종교 경험이라는 시장의 한 '구석'만을 차지하고 있는 것은 아니라고 확신한다.

또한 나는 주류 교회가 예배에 있어 마음과 몸에 대한 이분법적 사고를 깨뜨리기 시작해야 한다고 믿는다. 이 일이 가능하려면 의례에 대한 어떤 근본적인 재구조화가 필요할 수 있다. 사람들은 올바른 형태의 음악, 그리고 광고와 인사말로 방해받지 않는 의례의 도움을 받아 인간 영혼의 깊은 곳으로 들어갈 수 있는 시간을 가져야 한다. 나는 매년 수십만 명의 젊은 사람들이 몰려드는 프랑스의 영적 순례 장소 떼제(Taiz'e)를 방문했을 때 커다란 감동을 받은 적이 있다. 떼제의 예배는 매우 단순하지만, 믿기 어려울 정도로 아름답다. 많은 주류 교회 예배가 엄두도 내지 못할 방식으로 성스러움에 이르게 해 주는 찬송과 노래를 활용하고 있다.

마지막으로 주류 교회는 젊은 사람의 새로운 세대와 통하는 예배 형식과 음악에 대한 실험을 시작할 필요가 있다. 문화적으로 최신의 형태이며, 10대와 20대의 음악적 재능을 활용하는, 토요일 혹은 주일 밤의 대안 예배로 이러한 실험을 시작할 수 있다. 성스러움의 경험으로 삶이 변화된 남녀 젊은이가 이 예배를 인도할 필요가 있다. 주류 교회의 미래는 다음 세대에게서 지도자를 키워낼 수 있는가에 달려 있다.

실제로 주류 교회가 생존하려면, 젊은 사람의 새로운 세대가 인도하는 새로운 교회를 만들어 낼 필요가 있다. 그렇게 함으로써 젊은이들(실제로는 성인)이 전적으로 다른 유형의 예배 공간에서 모일 수 있고, 그들 부모와 조부모와는 근본적으로 다른 방식으로 교회를 조직할 수 있을 것이다. 교회 건축 양식은 문화적, 기술적 혁명을 직접적으로 반영하고 있는데, '디지털 시대'의 교회는 주류 교파의 특징인 고딕 형태의 '교회적인' 구조에는 어울리지 않을 수 있다. 따라서 주류 교회 지도자는 X세대 젊은이가 행하는 급진적 실험에 대하여 열려 있어야 한다.

　마지막으로, 자유주의적인 주류 교인의 경험에 대하여 말하는, 새로운 세대의 신학이 정립될 필요가 있다. 이 신학은 이차적인 것이어서는 안 되며, 성스러움에 대한 주류 교인 자신의 만남에서 생겨나야 한다. 아무리 정제된 주류 신학이 최근의 것이라 하더라도, 아퀴나스(Aquinas), 칼뱅(Calvin), 웨슬리(Wesley)는 성스러움과의 직접적인 만남이라는 샘의 원천에서 글을 썼다. 사회 비평주의 혹은 최근의 철학사상 학파가 아니라, 종교적 경험이 정말로 순수한 신학의 기초다. 21세기의 자유주의 신학에는 세 개의 기준이 있어야 한다: 그것들은 이성, 전통, 그리고 종교적 경험이다. 마지막 요소인 종교적 경험이 없다면, 처음 두 가지인 이성과 전통은 인간의 영혼을 활기차게 하는 신학을 위해서는 매우 빈약한 근거가 될 것이다.

　주류 교회가 21세기에 생존할 수 있는가? 나는 주류 교회가 조직적인 개혁의 필요성, 그리고 삶을 변화시키는 성스러움과의 만남을 촉진하는 것의 중요성을 진지하게 받아들여 자체를 기꺼이 재창조할 수 있다면, 생존할 수 있으리라고 믿는다.

부록 1 교회의 지리적 분포

부록 2 평신도 조사

부록 3 목회자 조사

주

찾아보기

부록1

교회의 지리적 분포

1. 미국 내의 교회들(1996년, 봄)

주(州)	빈야드교회	갈보리교회
네브래스카	1	1
네바다	6	7
노스 다코타	0	0
노스 캐롤라이나	9	10
뉴 멕시코	3	12
뉴욕	9	18
뉴저지	2	11
뉴 햄프셔	1	1
델라웨어	0	0
로드아일랜드	1	1
루이지애나	11	0
매사추세츠	10	3
메릴랜드	2	1
메인	3	3
몬태나	5	7
미네소타	8	2
미시간	9	6
미시시피	3	0
미주리	9	8
버몬트	1	2
버지니아	10	9
사우스 다코타	1	0
사우스 캐롤라이나	2	4
아이다호	4	13
아이오와	4	1
아칸소	11	26
알래스카	1	2
애리조나	0	0
앨라배마	5	2
오레곤	14	25
오클라호마	3	5
오하이오	17	9
와이오밍	0	3
워싱턴	17	35
웨스트 버지니아	2	0
위스콘신	1	5
유타	2	4
인디애나	11	12

주(州)	빈야드교회	갈보리교회
일리노이	20	9
조지아	11	6
캔자스	6	8
캘리포니아	100	255
켄터키	4	6
코네티컷	4	5
콜로라도	18	15
테네시	3	5
텍사스	18	10
펜실베이니아	3	7
플로리다	21	26
하와이	0	14
계(50)	406	614

2. 미국 밖의 교회들(1996년, 봄)

국가	빈야드교회	갈보리교회
가나	0	1
괌	0	1
나미비아	2	0
남아프리카공화국	18	0
네덜란드	1	1
노르웨이	1	0
뉴질랜드	13	0
독일	3	3
러시아	5	13
레바논	3	0
루마니아	0	1
마카오	0	1
마케도니아	1	0
말라위	2	0
멕시코	7	7
벨로루시	0	1

국가	빈야드교회	갈보리교회
세르비아	0	2
스웨덴	6	0
스위스	2	2
스코틀랜드	1	1
스페인	1	0
아일랜드	1	1
오스트레일리아	13	7
오스트리아	2	2
우간다	0	1
우크라이나	0	5
인도	0	4
인도네시아	0	1
일본	4	6
잉글랜드	24	5
잠비아	2	0
짐바브웨	1	0
칠레	4	1
캐나다	49	3
케냐	1	0
코스타리카	2	1
콜롬비아	1	1
크로아티아	0	1
타이완	0	1
통가	0	1
트란스케이	1	0
트리니다드토바고	0	1
페루	0	1
프랑스	0	1
필리핀	2	11
헝가리	0	5
홍콩	0	1
기타 아프리카	0	2
계(48)	173	97

부록2

평신도 조사

	전체	갈보리	빈야드	호프*
■ 귀하의 성(性)은 무엇입니까?				
남성	48	61	44	43
여성	52	39	56	58
■ 귀하는 무슨 인종입니까?				
백인	75	64	88	67
흑인	2	2	1	3
히스패닉	13	29	6	6
아시안	7	2	4	15
기타	3	2	1	6
■ 귀하의 연령은 무엇입니까?				
20세 이하	4	3	4	5
21~25	7	6	7	8
26~30	16	14	13	20
31~35	19	19	19	20
36~40	18	18	17	18
41~45	12	12	13	11
46~50	8	7	10	6
51~55	6	5	7	4
56~60	5	6	5	4
61~65	3	3	2	3
66세 이상	4	6	3	2
■ 귀하의 결혼 상태는 어떠합니까?				
미혼	24	18	23	31
결혼했고 이혼한 적 없음	46	47	47	42
현재 기혼이지만 이혼한 적 있음	15	18	14	14
이혼 상태	12	13	11	10
별거 상태	2	2	2	1
사별	2	3	2	2
■ 가족 중에 계부모나 계자녀가 있습니까?				
예	13	15	12	12
아니오	87	85	88	88

* 다른 이야기가 없으면 숫자는 응답자의 백분율을 나타낸다.
  숫자는 반올림하였으므로, 어떤 경우에는 합이 100%가 아닐 수도 있다.

	전체	갈보리	빈야드	호프*
■ 귀하는 어느 수준까지 공식적으로 교육을 받았습니까?				
고교 졸업 미만	6	10	4	6
고교 졸업	14	24	9	11
대학을 약간 다님	42	46	42	37
대학 졸업	23	15	22	31
대학원 다님	6	2	9	7
대학원 졸업	9	3	15	9
■ 귀하의 고용 상태는 어떻습니까?				
전임제로 일함	61	56	63	64
시간제로 일함	13	13	11	15
비고용, 퇴직 당함, 일을 찾는 중	5	7	5	4
질병, 방학, 파업으로 잠정적으로 일하지 않음	2	3	2	2
은퇴	6	7	4	3
학교 재학	3	3	3	4
가사를 돌봄	11	12	12	8
■ 1992년 세금을 내기 이전 가족의 전체 수입은 어디에 속합니까?				
20,000달러 미만	16	18	17	14
20,000~39,999달러	30	35	29	27
40,000~59,999달러	25	26	24	27
60,000~79,999달러	14	13	14	15
80,000~99,999달러	6	5	6	7
100,000달러 이상	9	4	11	9
■ 귀하는 남가주 지역에서 얼마나 오래 살고 있습니까? (일부 호프교회 교인의 경우에는 하와이)				
1년 미만	1	1	2	1
1~2년	2	0	2	4
3~4년	4	1	4	6
5~9년	9	4	10	11
10~19년	14	10	17	16
20년 이상	70	85	65	62
■ 귀하가 남가주(하와이) 지역을 5년 내에 떠날 가능성은 얼마나 됩니까?				
분명히 떠날 것이다	6	4	5	9
아마도 떠날 것이다	9	8	8	12
떠날지도 모른다	28	26	28	31
떠나지 않을 것 같다	57	62	59	48

	전체	갈보리	빈야드	호프*
■ 귀하가 16세 때 살았던 곳은 어디에 가깝습니까?				
소도시(5만 명 미만)	26	20	28	30
중간도시(5만~25만 명)	42	51	43	35
대도시(25만 명 이상)	26	25	24	29
농촌은 아니지만 외진 곳	4	3	3	4
농촌	2	2	2	2
■ 집에서 갈보리 빈야드 호프 교회까지 오는 데 보통 얼마나 시간이 걸립니까?				
15분 미만	45	55	33	51
15~29분	38	41	36	36
30~44분	13	3	22	11
45~59분	3	1	7	2
1시간 이상	1	0	2	1
■ 귀하는 거듭난 적이 있었거나 거듭난 경험, 즉 자신을 예수 그리스도께 위탁하는 삶의 전환점이 있습니까?				
예, 확실히 있었습니다	93	92	95	91
예, 가졌던 것으로 생각합니다	5	6	4	6
아니오, 가졌던 것 같지 않습니다.	1	2	1	2
아니오, 확실히 갖지 않았습니다.	1	1	0	1
■ 몇 살 때 거듭나는 경험을 했습니까?				
5세 이전	2	1	4	1
5~9세	8	5	11	7
10~14세	13	10	15	12
15~19세	19	17	22	18
20~24세	16	17	15	18
25~29세	13	15	10	15
30~34세	10	12	9	10
35~39세	8	9	6	9
40세 이후	11	15	9	11
■ 귀하는 어떤 종교적 배경에서 자라났습니까?				
근본주의 개신교	21	16	25	20
복음주의 개신교	15	12	20	12
자유주의 개신교	11	5	11	15
로마 가톨릭	28	38	23	27
종교 없었음	13	16	12	12
기타	12	13	10	16

	전체	갈보리	빈야드	호프*
■ 귀하가 자랄 때 한 달에 얼마나 자주 교회에 출석했습니까?				
월 1회 미만	13	17	9	13
월 1회	8	7	5	11
월 2회	7	5	7	10
월 3회	8	7	8	10
월 4회	37	35	42	31
월 5회 이상	28	29	29	25
■ 갈보리 빈야드 호프 교회에 나오기 전에 귀하는 어떤 종교에 속해 있었습니까?				
근본주의 개신교	14	11	15	15
복음주의 개신교	27	14	41	23
자유주의 개신교	5	5	4	5
로마 가톨릭	11	19	6	9
종교 없음	29	38	18	34
기타	15	14	17	13
■ 지난 해 동안 한 달에 얼마나 자주 교회에 출석했습니까?				
월 1회 미만	22	34	13	24
월 1회	6	9	3	6
월 2회	5	5	4	7
월 3회	5	4	5	7
월 4회	34	26	35	40
4회 이상	28	22	41	17
■ 어린 시절 얼마나 자주 교회에 나갔습니까?				
월 1회 미만	24	24	21	27
월 1회 정도	5	6	4	4
월 2~3회	17	19	16	18
매주	54	51	60	51
■ 갈보리 빈야드 호프 교회에 얼마나 오랫동안 다니고 있습니까?				
1년 미만	13	14	14	11
1년	11	12	9	13
2년	9	10	7	11
3년	10	10	9	12
4년	8	7	8	8
5년	9	7	10	9
6~7년	14	9	17	14
8~9년	10	8	10	11

	전체	갈보리	빈야드	호프*
10~14년	14	19	16	8
15년 이상	4	6	1	4

■ 갈보리 빈야드 호프 교회의 주일 아침 예배에 얼마나 자주 출석합니까?

	전체	갈보리	빈야드	호프*
월 1회 미만	8	6	12	5
월 1회 정도	2	2	3	2
월 2~3 회	15	14	16	14
매주	75	78	69	80

■ 갈보리 빈야드 호프 교회의 저녁 예배에 얼마나 자주 출석합니까?

	전체	갈보리	빈야드	호프*
월 1회 미만	49	61	22	72
월 1회 정도	10	9	12	8
월 2~3회	16	13	25	9
매주	25	17	42	11

■ 갈보리 빈야드 호프 교회 이외에 하나 이상 다른 교회에도 정기적으로 출석합니까?

	전체	갈보리	빈야드	호프*
예, 거의 매 주	7	4	10	5
예, 한 달에 한두 번	6	5	7	7
아니오, 정기적으로 출석하는 유일한 교회는 갈보리 빈야드 호프 교회입니다.	87	90	84	88

■ 귀하가 결혼했다면 배우자는 얼마나 자주 갈보리 빈야드 호프 교회에 출석하십니까?

	전체	갈보리	빈야드	호프*
월 1회 미만	12	16	9	12
월 1회 정도	2	3	2	2
월 2~3회	14	12	15	14
매주	72	68	75	71

■ 1992년 한 해에 귀하의 가족은 갈보리 빈야드 호프 교회에 어느 정도 헌금했습니까?

	전체	갈보리	빈야드	호프*
500달러 미만	30	42	25	25
500~999달러	14	18	13	12
1,000~1,999달러	14	16	12	15
2,000~2,999달러	12	11	14	12
3,000~3,999달러	8	6	9	9
4,000~4,999달러	6	3	7	7
5,000~5,999달러	5	3	5	7
6,000~6,999달러	3	1	4	4
7,000~7,999달러	3	1	4	3
8,000달러 이상	6	1	8	8

	전체	갈보리	빈야드	호프*
■ 전체적으로 볼 때 갈보리 빈야드 호프 교회에 대하여 얼마나 만족합니까?				
매우 만족	70	71	65	74
만족	28	26	32	24
불만	2	2	2	1
매우 불만	1	2	1	1
■ 얼마나 자주 성경을 읽으십니까?				
하루 한 번 이상	11	12	12	8
매일	40	39	41	40
주 2~3회	34	33	34	35
월 2~3회	10	11	9	10
월 1회	2	2	2	2
월 1회 미만	3	4	2	3
읽지 않음	1	1	0	1
■ 다음의 진술들 중에 어느 것이 귀하가 성경에 대해 느끼는 것과 가장 가깝습니까?				
성경은 실제로 하나님의 말씀이며 자구(字句) 하나하나 문자적으로 받아들여야 한다.	32	44	24	29
성경은 하나님의 영감을 받은 말씀이다. 그것에는 과오가 없다. 그러나 어떤 구절들은 문자적으로 보다는 상징적으로 받아들여야 한다.	65	54	71	68
성경은 하나님의 영감을 받은 말씀이다. 그러나 그것은 역사적, 과학적 오류를 포함할 수 있다.	3	2	4	3
성경은 하나님의 영감을 받지 않았다. 그러나 그것은 하나님의 성품에 대한 인간의 가장 탁월한 이해를 나타낸다.	0	0	0	1
성경은 인간이 기록한 우화, 전설, 역사, 도덕적 교훈의 고서다.	0	0	0	0
■ 귀하의 가장 가까운 친구 세 명 중에 몇 명이 갈보리 빈야드 호프 교회에 정기적으로 출석하고 있습니까?				
없음	25	28	24	23
1명	20	21	19	21
2명	23	21	21	26
3명 모두	32	29	36	30
■ 이 세 친구 중에 몇 명이 헌신적인 기독교인이라고 생각합니까?				
없음	9	14	5	9
1명	16	21	10	19

	전체	갈보리	빈야드	호프*
2명	23	25	19	25
3명 모두	53	41	66	47

■ 나는 갈보리 빈야드 호프 교회에서 내가 알고 있는 사람들 중에 항상 자유롭게 접촉하거나 포옹할 수 있는 사람이 있다고 느낀다.

	전체	갈보리	빈야드	호프*
대부분의 사람들	60	57	60	64
절반 정도	14	11	15	16
몇몇 사람들	21	25	22	17
아무도 없다.	5	7	4	3

■ 다음에 종교적 경험에 대한 몇 가지 진술이 있습니다. 각각에 대하여 귀하가 그 경험을 해 보았는지, 그렇다면 얼마나 자주 경험해 보았는지 지적해 주십시오.

A. 주님으로부터의 환상

	전체	갈보리	빈야드	호프*
자주	8	4	15	4
몇 번	29	20	38	26
한 번	13	13	11	13
없음	50	63	35	57

B. 방언

	전체	갈보리	빈야드	호프*
자주	41	15	72	27
몇 번	13	13	11	14
한 번	4	6	3	4
없음	42	66	15	55

C. 지식의 말씀

	전체	갈보리	빈야드	호프*
자주	25	21	32	20
몇 번	43	41	46	40
한 번	6	6	5	8
없음	26	32	17	33

D. 갈보리 빈야드 호프 교회에서 다른 사람들이 손을 얹고 나를 위해 기도해 줌.

	전체	갈보리	빈야드	호프*
자주	31	9	56	19
몇 번	39	41	33	47
한 번	11	17	5	13
없음	19	34	6	22

E. 갈보리 빈야드 호프 교회에서 내가 다른 사람들을 위해 손을 얹고 기도해 줌.

	전체	갈보리	빈야드	호프*
자주	38	14	59	33

	전체	갈보리	빈야드	호프*
몇 번	38	43	28	47
한 번	6	9	3	6
없음	18	34	9	15
F. 기적적으로 치유 받음				
자주	7	4	11	6
한 번	18	12	24	14
두 번	19	19	20	17
없음	57	65	45	64

■ 나는 심리적 상담이 아닌 다른 방법으로 하나님께서 나의 감정을 치유하신 경험을 가지고 있다.

	전체	갈보리	빈야드	호프*
정말로 그랬다.	65	65	67	63
어느 정도 그랬다.	25	23	24	27
그렇지 않았다.	10	12	9	10

■ 다음의 대조적인 진술들 각각에 상응하는 것의 번호에 동그라미를 치십시오.

	전체	갈보리	빈야드	호프*
A. 1. 나는 신앙에 전혀 회의를 느끼지 않는다.	44	59	36	40
2.	39	29	44	43
3.	5	4	5	6
4.	9	7	11	9
5. 나는 신앙에 회의를 느낀다.	3	2	3	3
B. 1. 나는 항상 하나님과 가까이 있다고 느낀다.	25	39	17	22
2.	61	51	67	63
3.	10	7	11	12
4.	3	2	4	2
5. 나는 하나님과 가까이 있다고 느껴본 적이 없다.	1	1	0	1
C. 1. 나는 갈보리 빈야드 호프 교회에서 받고 있는 목회적 돌봄의 수준에 만족한다.	51	71	33	57
2.	29	19	36	29
3.	10	5	14	8
4.	7	3	12	4
5. 나는 갈보리 빈야드 호프 교회에서 받고 있는 목회적 돌봄의 수준에 불만스럽다.	3	2	6	1

	전체	갈보리	빈야드	호프*
D. 1. 나는 다른 교회보다 갈보리 빈야드 호프 교회에서 하나님을 더 경험하고 있다.	59	61	62	54
2.	21	16	22	22
3.	10	12	7	10
4.	6	5	5	7
5. 다른 교회에서의 하나님 경험은 갈보리 빈야드 호프 교회에서의 경험과 똑같다.	5	6	3	6
E. 1. 다른 교회 교인들과 비교해 보면 갈보리 빈야드 호프 교회 사람들은 기꺼이 그리스도를 위하여 모든 것을 희생하는 것 같다.	20	26	16	18
2	43	37	45	46
3.	31	32	32	30
4.	5	4	5	5
5. 다른 교회 교인들과 비교해 보면 갈보리 빈야드 호프 교회 교인들은 그리스도를 위하여 모든 것을 희생하는 데 주저하는 것 같다.	1	1	1	1
F. 1. 다른 교회 교인들과 비교해 보면 갈보리 빈야드 호프 교회 교인들은 다른 사람들을 그리스도께로 이끌려는 욕망이 있는 것 같다.	28	45	14	29
2.	42	36	45	49
3.	24	17	34	18
4.	4	1	7	3
5. 다른 교회 교인들과 비교해 보면 갈보리 빈야드 호프 교회 교인들은 비기독교인들과 신앙을 나누는 데 주저하는 것 같다.	1	1	1	0
G. 1. 갈보리 빈야드 호프 교회 사역에서는 남녀 역할 사이에 차이가 있어서는 안 된다.	20	18	18	23
2.	23	15	30	22
3.	18	15	19	19
4.	22	20	23	23
5. 갈보리 빈야드 호프 교회 사역에서는 남녀의 다른 역할을 구분해야 한다.	17	31	10	14

■ 귀하의 부모님은 이혼했습니까?

	전체	갈보리	빈야드	호프*
예	30	33	27	30
아니오	70	67	73	30

	전체	갈보리	빈야드	호프*

■ 부모님 중의 한 분 혹은 두 분 모두 알코올이나 마약에 빠진 적이 있습니까?

	전체	갈보리	빈야드	호프*
예	37	44	36	33
아니오	63	56	64	67

■ 과거에 다음의 경험을 얼마나 자주 해 보았습니까?

A. 마리화나를 피우거나 불법적인 마약 사용

	전체	갈보리	빈야드	호프*
자주	27	31	21	30
몇 번	21	21	18	25
한 번	10	10	11	9
없음	42	31	50	37

B. 알코올에 빠짐

	전체	갈보리	빈야드	호프*
자주	26	30	23	27
몇 번	31	30	29	33
한 번	5	5	6	5
없음	38	35	41	35

C. 동성애 활동

	전체	갈보리	빈야드	호프*
자주	1	1	2	1
몇 번	4	3	5	4
한 번	4	2	4	5
없음	91	93	90	90

D. 혼전 성관계

	전체	갈보리	빈야드	호프*
자주	37	39	31	43
몇 번	31	32	31	30
한 번	6	7	7	6
없음	26	22	32	21

E. 혼외정사

	전체	갈보리	빈야드	호프*
자주	4	5	4	3
몇 번	10	12	9	11
한 번	8	10	7	8
없음	78	73	80	79

F. 육체적으로나 성적으로 학대 받음

	전체	갈보리	빈야드	호프*
자주	9	8	11	8
몇 번	16	14	19	12

	전체	갈보리	빈야드	호프*
한 번	9	9	9	9
없음	66	67	61	71
G. 전문적인 정신치료 받음				
자주	11	7	15	9
몇 번	23	19	25	23
한 번	11	10	11	11
없음	56	63	49	58

■ 다음의 진술들에 대하여 동의하는 수준을 표시해 주십시오.

A. 기도는 나의 일상생활에서 중요한 부분이다.				
매우 동의함	87	89	87	83
다소 동의함	12	10	12	14
다소 동의하지 않음	1	1	1	1
매우 동의하지 않음	0	0	0	0
분명치 않음 / 모르겠음	1	0	0	1
B. 나는 정치와 국가의 일에 매우 관심이 있다.				
매우 동의함	28	29	24	33
다소 동의함	48	45	50	47
다소 동의하지 않음	15	15	17	12
매우 동의하지 않음	5	6	5	4
분명치 않음 / 모르겠음	4	6	4	4
C. 지역의 공립 초등학교에서 4학년~8학년 시기에 성교육을 실시해야 한다.				
매우 동의함	9	7	8	12
다소 동의함	18	15	18	21
다소 동의하지 않음	19	16	21	18
매우 동의하지 않음	45	52	43	40
분명치 않음 / 모르겠음	10	9	10	10
D. 가족 중 하나가 다른 인종의 친구를 집으로 저녁 식사에 초대하고 싶어 한다면 반대하겠다.				
매우 동의함	2	3	2	2
다소 동의함	2	3	1	1
다소 동의하지 않음	3	4	3	2
매우 동의하지 않음	92	87	94	94
분명치 않음 / 모르겠음	1	2	1	2

	전체	갈보리	빈야드	호프*
E. 소수 인종은 사람들이 그들을 원하지 않는 곳에 가서는 안 된다.				
매우 동의함	3	4	2	2
다소 동의함	8	11	7	8
다소 동의하지 않음	17	17	18	16
매우 동의하지 않음	63	59	64	64
분명치 않음 / 모르겠음	9	9	9	10
F. 소수 인종과 백인 사이의 결혼을 금지하는 법이 있어야 한다.				
매우 동의함	1	2	1	0
다소 동의함	1	3	1	1
다소 동의하지 않음	4	6	5	3
매우 동의하지 않음	90	85	91	94
분명치 않음 / 모르겠음	3	4	3	2
G. 여성은 가사를 돌보고, 나라 일은 남성에게 맡겨야 한다.				
매우 동의함	7	14	4	3
다소 동의함	16	22	13	14
다소 동의하지 않음	24	24	25	22
매우 동의하지 않음	51	37	57	59
분명치 않음 / 모르겠음	2	4	2	2
H. 남편이 경제적 여유가 있어도 기혼여성이 기업이나 산업체에서 돈 버는 것을 인정한다.				
매우 동의함	38	26	40	46
다소 동의함	30	31	31	29
다소 동의하지 않음	12	17	12	9
매우 동의하지 않음	13	19	11	10
분명치 않음 / 모르겠음	7	7	7	7
I. 대부분의 남성은 대부분의 여성보다 정서적으로 정치에 더 적합하다.				
매우 동의함	12	18	8	9
다소 동의함	28	30	30	25
다소 동의하지 않음	22	18	25	22
매우 동의하지 않음	27	22	26	33
분명치 않음 / 모르겠음	12	13	11	11
J. 임신한 기혼여성이 더 이상 자녀를 원하지 않는다면 낙태를 법적으로 허용해야 한다.				
매우 동의함	3	4	2	4
다소 동의함	3	3	2	5
다소 동의하지 않음	4	5	3	5

	전체	갈보리	빈야드	호프*
매우 동의하지 않음	87	84	91	84
분명치 않음 / 모르겠음	3	4	1	4

K. 어떤 이유에서 여성이 원한다면 그녀에게는 낙태할 법적 권리가 있어야 한다.

	전체	갈보리	빈야드	호프*
매우 동의함	3	4	2	4
다소 동의함	3	4	2	5
다소 동의하지 않음	4	6	3	4
매우 동의하지 않음	87	84	91	84
분명치 않음 / 모르겠음	3	3	1	4

■ 귀하는 어떤 정당을 선호합니까?

	전체	갈보리	빈야드	호프*
공화당	62	53	70	60
독립정당	5	6	4	6
민주당	16	24	11	13
선호 정당 없음	18	17	15	21

■ 귀하는 선거할 때 얼마나 자주 사람들에게 왜 어떤 정당 후보자에게 투표해야 하는지 설득하려고 합니까?

	전체	갈보리	빈야드	호프*
자주	16	20	10	19
가끔	33	34	27	38
별로 하지 않음	28	24	34	25
한 적 없음	23	21	29	19

■ 귀하의 정치 성향은 어디에 해당한다고 봅니까?

	전체	갈보리	빈야드	호프*
극단적 자유주의	0	0	0	0
자유주의	2	3	2	2
약간 자유주의	4	3	4	4
중도주의	10	11	10	9
정치에 관심 없음	7	10	7	5
약간 보수주의	16	13	19	14
보수주의	43	39	45	42
극단적 보수주의	9	9	6	13
모르겠음	10	12	7	10

■ 1992년 대통령 선거에서 누구에게 투표했습니까?

	전체	갈보리	빈야드	호프*
조지 부시	70	64	75	68
빌 클린턴	8	10	5	9
다른 후보	5	11	2	3
투표 안 함	18	15	18	20

	전체	갈보리	빈야드	호프*

■ 모든 교회와 종교에 대하여 적대적인 사람이

A. 귀하가 사는 도시에서 연설하는 것을 허용해야 한다.

	전체	갈보리	빈야드	호프*
예	67	53	73	73
아니오	19	29	15	15
모르겠음	14	17	12	12

B. 대학에서 가르치는 것을 허용해야 한다.

	전체	갈보리	빈야드	호프*
예	57	43	63	63
아니오	27	38	22	23
모르겠음	16	19	15	15

■ 귀하의 지역 사회에 사는 어떤 사람이 교회와 종교에 적대적인 책을 공공 도서관에 비치하지 말아야 한다고 주장한다면, 이 책을 제거하는 것에 대하여 찬성합니까?

	전체	갈보리	빈야드	호프*
찬성	32	42	29	27
찬성 안 함	50	41	54	54
모르겠음	18	17	18	20

■ 일반적인 주거에 대한 지역 사회 단위의 투표가 있다고 가정한다면, 다음의 두 가지 법 중에서 어느 쪽에 투표하겠습니까?

	전체	갈보리	빈야드	호프*
집 주인이 집을 소수 인종에게 팔기를 원하지 않는다면, 그가 누구에게 집을 팔 것인지 결정할 수 있게 하는 법	24	20	27	24
집 주인은 인종이나 피부색을 이유로 집을 파는 것을 거절할 수 없게 하는 법	68	71	64	68
모르겠음	8	9	8	8

■ 결혼한 사람이 배우자 이외의 사람과 성적 관계를 갖는 것에 대해 어떻게 생각합니까?

	전체	갈보리	빈야드	호프*
항상 옳지 않다	98	98	99	97
거의 항상 옳지 않다	1	1	1	2
모르겠다	0	0	0	0
경우에 따라서만 옳지 않다	0	0	0	0
전혀 나쁠 것이 없다	0	0	0	0

■ 같은 성(性)을 가진 두 성인의 성적 관계에 대해 어떻게 생각합니까?

	전체	갈보리	빈야드	호프*
항상 옳지 않다	97	97	98	95
거의 항상 옳지 않다	1	0	1	1
모르겠다	2	2	1	3

	전체	갈보리	빈야드	호프*
경우에 따라서만 옳지 않다	0	0	0	0
전혀 나쁠 것이 없다.	1	1	1	1

■ 성장기에 얼마나 자주 록음악 연주회에 가 보았습니까?

	전체	갈보리	빈야드	호프*
자주	16	17	14	17
몇 번	36	30	34	44
한 번	9	9	9	8
간 적 없음	40	45	43	30

■ 귀하는 다음의 일들이 기독교인에게 얼마나 중요하다고 믿습니까?

A. 자신의 일이나 직업에서의 성공

	전체	갈보리	빈야드	호프*
중요하지 않음	8	9	9	6
중요하지만 근본적인 것은 아님	67	67	71	64
중요하고 근본적인 것임	24	24	20	30

B. 이웃과 직장 동료에게 예수에 대하여 말하는 것

	전체	갈보리	빈야드	호프*
중요하지 않음	1	2	1	1
중요하지만 근본적인 것은 아님	18	14	20	18
중요하고 근본적인 것임	81	84	79	81

C. 지역 공동체 조직, 사업, 혹은 활동에 자원봉사하거나 기부하는 것

	전체	갈보리	빈야드	호프*
중요하지 않음	5	6	7	3
중요하지만 근본적인 것은 아님	56	55	59	53
중요하고 근본적인 것임	39	38	35	44

D. 정치적인 일에 자원봉사하거나 기부하는 것

	전체	갈보리	빈야드	호프*
중요하지 않음	33	37	36	26
중요하지만 근본적인 것은 아님	58	53	58	61
중요하고 근본적인 것임	10	10	7	13

E. 국가 선거에서 투표하는 것

	전체	갈보리	빈야드	호프*
중요하지 않음	3	4	4	2
중요하지만 근본적인 것은 아님	23	19	29	20
중요하고 근본적인 것임	74	77	67	78

부록3

목회자 조사

	갈보리*	빈야드*

교회와 공동체의 특징

■ 귀하가 목회하는 지역의 사회 계층 수준은 어떻다고 봅니까? †

상류 계층	1	1
중상 계층	6	8
중간 계층-화이트 컬러	22	32
중간 계층-노동 계층	50	44
중하 계층	19	13
하류 계층	2	2

■ 귀하가 목회하는 지역의 가장 가까운 범주는 무엇입니까? †

소도시(5만명 미만)	39	27
중간도시(5만~25만 명)	30	31
대도시(25만 명 이상)	18	23
중간도시 근교	3	4
대도시 근교	10	15

■ 귀하가 목회하는 지역의 인종적 구성은 대체로 어떻게 되어 있습니까? †

흑인	5	5
아시아인	5	3
백인	75	85
히스패닉	10	7
기타	5	1

■ 교회의 인종적 구성은 어떠합니까? †

흑인	2	2
아시아인	2	1
백인	90	95
히스패닉	8	4
기타	2	1

■ 보통 주일 아침 교회에 나오는 사람들의 연령대는 어떠합니까? †

12세 이하의 자녀들	26	25
13~17세의 청소년	8	8
18~22세의 청년	6	5
23~32세의 성인	20	25

* 다른 이야기가 없으면 숫자는 응답자의 백분율을 나타낸다. 숫자를 반올림했으므로, 어떤 경우에는 합이 100%가 아닐 수 있다.
† 각 응답 범주의 중간 값

	갈보리*	빈야드*
33~45세의 성인	28	25
46세 이상의 성인	9	6

■ 귀하의 교회에 출석하는 성인들의 특징에 대하여 표해 주십시오. †

A. 성

	갈보리*	빈야드*
남성	48	45
여성	52	55

B. 결혼 상태

	갈보리*	빈야드*
독신이며 결혼한 적 없음	10	19
결혼했고 이혼한 적 없음	50	50
현재 기혼이지만 이혼한 적 있음	20	15
이혼 상태	7	7
별거 상태	2	2
사별	2	1

C. 교육(최종 학력 수준)

	갈보리*	빈야드*
고교 졸업 미만	5	5
고교 졸업	40	25
대학을 약간 다님	25	25
대학 졸업	20	25
대학원 다녔거나 졸업함	5	5

D. 사회경제적 지위

	갈보리*	빈야드*
상류 중상 계층 전문직	5	5
중류층 화이트 컬러 전문직	20	27
중류층 블루 컬러 노동자	40	35
중하층 노동자	20	15
하류층 노동자	8	10

E. 무직

	갈보리*	빈야드*
현재 무직(일을 찾고 있음)	5	5

교회의 역사, 프로그램, 관리

■ 언제 이 교회가 창립되었습니까? †

	갈보리*	빈야드*
1942~1964	1	2

	갈보리*	빈야드*
1965~1980	23	8
1981~1989	53	65
1990~1992	23	25

■ 이 교회는 항상 갈보리 빈야드 교회 소속이었습니까?

예	88	65
아니오	12	35

■ 교회가 창립된 이래로 귀하 이외에 다른 담임 목회자가 얼마나 있었습니까?

없음	68	80
1명	21	14
2명	6	3
3명	2	2
4명 이상	2	1

■ 다음에 제시한 연도에 주일 아침예배 출석 인원은 보통 몇 명이었습니까?

1988	90	100
1989	97	120
1990	105	125
1991	138	150

■ 교회의 연 예산은 얼마입니까?

1992년(중간 값)	70,000달러	90,000달러

■ 귀하의 교회가 건축기금을 모으고 있다면, 얼마나 모였습니까?

〔중간값〕	10,000달러	5,000달러

■ 교회가 지금 모이는 곳의 시설 형태는 무엇입니까?

세 들어 있는 시설	75	81
시설 소유	25	19

담임 목회자 : 배경과 가치

■ 귀하의 성(性)은 무엇입니까?

남성	100	100
여성	0	0

	갈보리*	빈야드*
■ 귀하는 무슨 인종입니까?		
백인	94	97
히스패닉	5	2
아시안	1	1
흑인	1	0
■ 귀하의 나이는 어떻게 됩니까?		
20~24세	0	2
25~29세	3	0
30~34세	14	16
35~39세	32	27
40~44세	33	28
45~49세	11	17
50~54세	4	7
55세 이상	3	3
■ 귀하의 결혼 상태는 어떠합니까?		
미혼	1	1
결혼했고 이혼한 적 없음	83	91
현재 기혼이나 이혼한 적 있음	16	8
이혼 상태	1	0
별거 상태	0	0
사별	0	0
■ 가족 중에 계자녀가 있습니까?		
예	7	5
아니오	93	95
■ 귀하가 마친 최고 공교육 수준(신학교나 목회 관련 학교 제외)은 무엇입니까?		
고교 졸업 미만	1	0
고교 졸업	15	7
대학을 약간 다님	46	29
대학 졸업	24	38
대학원 다님	6	12
대학원 졸업	8	14
■ 귀하가 기혼이라면, 배우자의 교육 수준은 어떠합니까?		
고교 졸업 미만	5	1
고교 졸업	25	14

	갈보리*	빈야드*
대학을 약간 다님	44	44
대학 졸업	20	24
대학원 다님	4	9
대학원 졸업	2	8

■ 귀하가 기혼이라면, 배우자의 고용 상태는 어떠합니까?

	갈보리*	빈야드*
전임제로 일함	11	19
시간제로 일함	29	30
비고용, 퇴직 당함, 일을 찾고 있음	1	1
질병, 방학, 파업으로 잠재적으로 일하지 않음	1	1
은퇴	0	1
학교 재학	0	1
가사를 돌봄	58	48

■ 귀하가 16세 때 살았던 곳은 어떤 곳에 가깝습니까?

	갈보리*	빈야드*
소도시 (5만 명 미만)	25	27
중간 도시 (5만~25만 명)	33	30
대도시 (25만 명 이상)	21	24
농촌은 아니나 외진 곳	3	4
농촌	3	6
중간도시 근교	4	3
대도시 근교	11	6

■ 귀하는 어떤 종교적 배경에서 자라났습니까?

	갈보리*	빈야드*
근본주의 개신교	17	12
복음주의 개신교	15	37
자유주의 개신교	16	15
로마 가톨릭	26	17
종교 없었음	20	15
기타	6	4

■ 귀하는 자랄 때 주일 오전 예배에 얼마나 자주 출석했습니까?

	갈보리*	빈야드*
거의 안함	25	14
월 1회	5	3
월 2회	5	6
월 3회	8	11
월 4회	55	59
월 5회 이상	2	7

	갈보리*	빈야드*
■ 귀하가 기혼이라면, 배우자는 어떤 종교적 배경에서 자라났습니까?		
근본주의 개신교	18	13
복음주의 개신교	19	39
자유주의 개신교	15	20
로마 가톨릭	30	16
종교 없었음	13	11
기타	5	1
■ 귀하의 배우자는 자랄 때 주일 오전 예배에 얼마나 자주 출석했습니까?		
거의 안함	15	10
월 1회	13	7
월 2회	11	7
월 3회	5	10
월 4회	46	60
월 5회 이상	10	6
■ 귀하가 갈보리 빈야드 교회와 관계하기 전에는 어떤 종교적 배경을 가지고 있었습니까?		
근본주의 개신교	15	11
복음주의 개신교	37	69
자유주의 개신교	4	1
로마 가톨릭	7	2
종교 없었음	31	7
기타	6	10
■ 귀하가 갈보리 빈야드 교회와 관계하기 전에는 주일 오전 예배에 얼마나 자주 출석했습니까?		
거의 안함	28	1
월 1회	3	1
월 2회	4	1
월 3회	2	1
월 4회	45	86
월 5회 이상	18	10
■ 귀하는 몇 살 때 거듭나는 경험을 했습니까?		
6세 이전	2	5
6~10세	9	16
11~15세	13	16
16~20세	25	31
21~25세	25	14

	갈보리*	빈야드*
26~30세	18	13
31~35세	5	3
36세 이후	3	2

■ 어떤 기독교 집단 혹은 교회에서 이러한 거듭남의 경험을 했습니까?

	갈보리*	빈야드*
갈보리 빈야드 교회	27	2
다른 집단	73	98

■ 어린 시절 귀하의 가족과 관계된 다음의 사항에 대하여 답해 주십시오.
(숫자는 백분율이 아니라 응답자 수)

	갈보리*	빈야드*
어린 시절 얼마동안 나는 편부/모 가정에서 살았다.	55	24
부모님이 이혼하셨다.	46	23
부모님 중의 한 분 혹은 두 분 모두 알코올이나 마약을 하셨다.	70	41
나는 사랑이 넘치고 교육적인 가정환경에서 자랐다	124	119
부모님 중의 한 분 혹은 두 분 모두 거의 매주일 교회에 나가셨다.	103	119
부모님 중의 한 분이 목회자이셨다.	12	19

■ 다음 각각의 진술들에 대하여 귀하가 동의하는 수준이 무엇인지 지적해 주십시오.

A. 기도는 나의 일상생활에서 중요한 부분이다.

	갈보리*	빈야드*
매우 동의함	96	93
다소 동의함	4	7
다소 동의하지 않음	0	0
매우 동의하지 않음	0	0
분명치 않음 / 모르겠음	0	0

B. 나는 정치와 국가의 일에 매우 관심이 있다.

	갈보리*	빈야드*
매우 동의함	33	25
다소 동의함	61	62
다소 동의하지 않음	5	12
매우 동의하지 않음	0	0
분명치 않음 / 모르겠음	1	1

C. 이 지역의 공립 초등학교에서는 4학년~8학년 사이에 성교육을 실시해야 한다.

	갈보리*	빈야드*
매우 동의함	1	1
다소 동의함	7	17
다소 동의하지 않음	21	27
매우 동의하지 않음	68	49
분명치 않음 / 모르겠음	3	6

	갈보리*	빈야드*

D. 내 가족 중의 하나가 다른 인종의 친구를 집으로 저녁식사에 초대하고 싶어 한다면 반대하겠다.

매우 동의함	1	3
다소 동의함	1	0
다소 동의하지 않음	1	2
매우 동의하지 않음	96	94
분명치 않음 / 모르겠음	1	1

E. 소수 인종은 사람들이 그들을 원하지 않는 곳에는 가서는 안된다.

매우 동의함	1	1
다소 동의함	9	11
다소 동의하지 않음	24	29
매우 동의하지 않음	53	53
분명치 않음 / 모르겠음	13	6

F. 소수 인종과 백인 사이의 결혼을 금지하는 법이 있어야 한다.

매우 동의함	1	1
다소 동의함	0	0
다소 동의하지 않음	2	5
매우 동의하지 않음	96	94
분명치 않음 / 모르겠음	1	1

G. 여성은 가사를 돌보고, 나라 일은 남성에게 맡겨야 한다.

매우 동의함	10	1
다소 동의함	23	15
다소 동의하지 않음	33	35
매우 동의하지 않음	30	48
분명치 않음 / 모르겠음	4	1

H. 남편이 경제적 여유가 있어도 기혼여성이 기업이나 산업체에서 돈 버는 것에 동의한다.

매우 동의함	11	34
다소 동의함	45	49
다소 동의하지 않음	23	9
매우 동의하지 않음	12	4
분명치 않음 / 모르겠음	9	4

I. 대부분의 남성은 대부분의 여성보다 정서적으로 정치에 더 적합하다.

매우 동의함	15	8
다소 동의함	37	39

	갈보리*	빈야드*
다소 동의하지 않음	22	20
매우 동의하지 않음	13	23
분명치 않음 / 모르겠음	13	10

J. 임신한 기혼여성이 더 이상 자녀를 원하지 않는다면 낙태를 법적으로 허용해야 한다.

	갈보리*	빈야드*
매우 동의함	1	0
다소 동의함	0	0
다소 동의하지 않음	1	1
매우 동의하지 않음	99	98
분명치 않음 / 모르겠음	0	1

K. 어떤 이유에서라도 여성이 원한다면 낙태할 법적 권리가 있어야 한다.

	갈보리*	빈야드*
매우 동의함	1	0
다소 동의함	0	0
다소 동의하지 않음	0	1
매우 동의하지 않음	99	98
분명치 않음 / 모르겠음	0	1

■ 귀하는 정치적으로 어떤 정당을 선호합니까?

	갈보리*	빈야드*
공화당	82	72
독립 정당	4	7
민주당	2	2
선호 정당 없음	12	19

■ 선거할 때 귀하는 얼마나 자주 사람들에게 왜 어떤 정당 후보자에게 투표해야 하는지 설득하려고 합니까?

	갈보리*	빈야드*
자주	9	3
가끔	28	23
별로 하지 않음	28	46
한 적 없음	35	28

■ 귀하의 정치 성향은 어디에 해당합니까?

	갈보리*	빈야드*
극단적 자유주의	0	0
자유주의	0	0
약간 자유주의	0	3
중도주의	1	7
정치에 관심 없음	1	1
약간 보수주의	13	24
보수주의	72	61

	갈보리*	빈야드*
극단적 보수주의	11	2
모르겠음	2	2

■ 1992년 대통령 선거에서 누구에게 투표했습니까?

	갈보리*	빈야드*
조지 부시	93	87
빌 클린턴	0	1
다른 후보	1	1
투표 안함	7	11

■ 모든 교회와 종교에 대하여 적대적인 사람이

A. 귀하의 도시에서 연설하는 것을 허용해야 한다.

	갈보리*	빈야드*
예	89	91
아니오	9	4
모르겠음	2	5

B. 대학에서 가르치는 것을 허용해야 한다.

	갈보리*	빈야드*
예	82	84
아니오	14	10
모르겠음	4	6

■ 귀하의 지역 사회에 사는 어떤 사람이 교회와 종교에 적대적인 책을 공공 도서관에 비치하지 말아야 한다고 주장한다면 이 책을 제거하는 것에 대하여 찬성합니까?

	갈보리*	빈야드*
찬성	21	16
찬성 안함	59	70
모르겠음	20	14

■ 일반적인 주거에 대한 지역 사회 단위의 투표가 있다고 가정한다면, 다음의 두 가지 법 중에서 어느 쪽에 투표하겠습니까?

	갈보리*	빈야드*
집 주인이 집을 소수 인종에게 팔기를 원하지 않는다면, 그가 누구에게 집을 팔 것인지 결정할 수 있게 하는 법	33	26
집 주인은 인종이나 피부색을 이유로 집을 파는 것을 거절할 수 없게 하는 법	60	65
모르겠음	7	9

■ 결혼한 사람이 배우자 이외의 사람과 성적 관계를 갖는 것에 대해 어떻게 생각합니까?

	갈보리*	빈야드*
항상 옳지 않다	99	99
거의 항상 옳지 않다	1	0
모르겠다	0	1

	갈보리*	빈야드*
경우에 따라서만 옳지 않다	0	0
전혀 나쁠 것이 없다	0	0

■ 동성의 두 성인 사이의 성적 관계에 대한 귀하의 생각은 무엇입니까?

	갈보리*	빈야드*
항상 옳지 않다	100	100
거의 항상 옳지 않다	0	0
모르겠다	0	0
경우에 따라서만 옳지 않다	0	0
전혀 나쁠 것이 없다	0	0

■ 성장을 하면서 얼마나 자주 록음악 연주회에 가 보셨습니까?

	갈보리*	빈야드*
자주	30	21
몇 번	45	46
한 번	6	4
간 적 없음	19	29

■ 일반적인 사람과 비교해 볼 때 귀하의 음악적 기술 / 재능을 어떻게 평가합니까?

	갈보리*	빈야드*
매우 낮음	17	10
다소 낮음	11	9
평균	33	34
다소 높음	31	36
매우 높음	8	11

■ 귀하가 음악적 재능을 가지고 있다면, 얼마나 자주 예배 시간에 노래하거나 연주합니까?

	갈보리*	빈야드*
한 적 없음	31	32
가끔	29	24
상당히 자주	8	10
자주	31	34

■ 기독교인이 되기 전에 다음의 경험들을 얼마나 자주 했습니까?

A. 마리화나를 피우거나 불법적인 마약 사용

	갈보리*	빈야드*
자주	44	27
몇 번	26	20
한 번	4	6
없음	26	47

B. 알코올에 빠짐

	갈보리*	빈야드*
자주	49	38

	갈보리*	빈야드*
몇 번	30	32
한 번	1	2
없음	20	28
C. 동성애 활동		
자주	0	1
몇 번	3	2
한 번	2	1
없음	95	96
D. 혼전 성관계		
자주	42	27
몇 번	28	31
한 번	6	5
없음	24	37
E. 혼외정사		
자 주	6	1
몇 번	10	5
한 번	3	2
없 음	81	92
F. 육체적으로나 성적으로 학대 받음		
자주	1	1
몇 번	8	13
한 번	5	9
없음	86	77

담임 목회자 : 지도력과 종교적 견해

■ 목회자가 된 지 얼마나 되었습니까?

5년 이하	34	24
6~10년	30	35
11~15년	24	23
16~20년	9	10
21~25년	3	3
26년 이상	0	5

	갈보리*	빈야드*
■ 이 교회에서 얼마나 오랫동안 목회자로 있었습니까?		
1년	18	12
2년	15	16
3년	11	13
4년	12	10
5년	7	12
6년	5	10
7년	1	10
8년	6	5
9년	3	2
10년	10	3
11년 이상	13	7
■ 안수를 받았습니까?		
예	4	11
아니오	96	89
■ 이 교회 이외의 교회에서 목회자로 있었습니까?		
아니오	53	27
예	47	73
■ 이 교회에서 목회하는 것 외에 다른 직장을 가지고 있습니까?		
아니오	64	73
예	36	27
■ 귀하는 목회자가 됨으로써 경력의 변화가 필요했습니까?		
아니오	36	43
예	64	57
■ 다음의 진술들에 대하여 귀하는 얼마나 동의하십니까?		
A. 모든 종교들이 사람이 궁극적 진리를 찾도록 돕는 똑같이 좋은 길이다.		
매우 동의함	0	2
동의함	0	0
동의도 부동의도 안함	1	0
부동의함	4	10
매우 부동의함	96	88

	갈보리*	빈야드*

B. 모든 교회에 하나님의 진리가 있는 것은 아니다; 많은 교회들에 심각한 과오가 있다.

	갈보리*	빈야드*
매우 동의함	90	53
동의함	9	37
동의도 부동의도 안함	1	6
부동의함	0	3
매우 부동의함	0	1

C. 인류를 위한 유일한 절대 진리는 예수 그리스도다.

	갈보리*	빈야드*
매우 동의함	99	94
동의함	1	6
동의도 부동의도 안함	0	0
부동의함	0	0
매우 부동의함	1	1

D. 세계의 모든 위대한 종교들은 똑같이 선하고 참되다.

	갈보리*	빈야드*
매우 동의함	0	0
동의함	0	0
동의도 부동의도 안함	0	0
부동의함	1	7
매우 부동의함	99	93

E. 예수 그리스도의 추종자이며 그의 교회 멤버인 사람들만 구원받을 수 있다.

	갈보리*	빈야드*
매우 동의함	95	86
동의함	5	10
동의도 부동의도 안함	1	2
부동의함	0	2
매우 부동의함	0	0

F. 이 세상에서의 삶의 우선적 목적은 다음 세상에서의 삶을 준비하는 것이다.

	갈보리*	빈야드*
매우 동의함	47	23
동의함	30	34
동의도 부동의도 안함	9	16
부동의함	8	16
매우 부동의함	6	11

G. 이 세상에서의 삶에서 염려하는 것처럼 죽음 이후의 삶에 대하여 염려하는 것은 중요하지 않다.

	갈보리*	빈야드*
매우 동의함	4	6
동의함	10	24

	갈보리*	빈야드*
동의도 부동의도 안함	9	14
부동의함	24	31
매우 부동의함	53	25

H. 일부는 보상받고 다른 일부는 벌 받을, 죽음 이후의 하나님의 심판에 대하여 믿는다.

	갈보리*	빈야드*
매우 동의함	96	90
동의함	4	9
동의도 부동의도 안함	0	0
부동의함	0	0
매우 부동의함	0	1

I. 오늘날 사람들은 종교에 대하여 스스로 생각해야지 어느 한 교회의 가르침을 받아들여서는 안 된다.

	갈보리*	빈야드*
매우 동의함	15	9
동의함	22	26
동의도 부동의도 안함	18	19
부동의함	18	29
매우 부동의함	27	17

J. 개인은 교회의 도움 없이도 종교적 진리를 발견할 수 있다.

	갈보리*	빈야드*
매우 동의함	22	7
동의함	49	43
동의도 부동의도 안함	10	13
부동의함	13	26
매우 부동의함	7	11

K. 어느 교회나 혹은 교회 가르침에 상관없이 종교적 관념은 개인의 탐구의 결과이어야 한다.

	갈보리*	빈야드*
매우 동의함	2	1
동의함	11	7
동의도 부동의도 안함	15	12
부동의함	42	52
매우 부동의함	30	28

L. 하나님의 진리를 알기 위해서는 성직자의 가르침을 따르는 것이 중요하다.

	갈보리*	빈야드*
매우 동의함	6	4
동의함	17	36
동의도 부동의도 안함	30	34
부동의함	31	22

	갈보리*	빈야드*
매우 부동의함	16	5

M. 하나님의 진리는 교회에 주어졌으며, 모든 사람은 교회의 가르침을 따라야 한다.

	갈보리*	빈야드*
매우 동의함	8	3
동의함	13	28
동의도 부동의도 안함	26	31
부동의함	34	29
매우 부동의함	19	9

■ 아래에 그리스도에 대하여 들어본 적이 없는 나라의 사람들을 향한 태도를 보여주는 진술들이 있습니다. 각 항목에 대한 동의 여부를 표해 주십시오.

A. 나는 우리가 그들에게 그리스도를 설교하지 않는다면, 그들은 영원히 저주받을 것이라고 믿는다.

	갈보리*	빈야드*
매우 동의함	30	33
동의함	32	39
동의도 부동의도 안함	15	14
부동의함	15	12
매우 부동의함	8	2

B. 나는 그들이 저주받을 것이라고 믿지 않지만, 그들과 그리스도의 사랑을 나눌 의지를 가지고 있다.

	갈보리*	빈야드*
매우 동의함	16	15
동의함	9	10
동의도 부동의도 안함	16	12
부동의함	33	41
매우 부동의함	26	22

C. 그리스도에 대하여 들어본 적이 없는 사람들이 이 나라에는 너무 많기 때문에 우리는 그들에 대하여 염려해서는 안 된다고 나는 믿는다.

	갈보리*	빈야드*
매우 동의함	0	1
동의함	0	1
동의도 부동의도 안함	4	2
부동의함	27	34
매우 부동의함	69	62

D. 우리는 그들의 종교들을 존중해야 하며 그들에게 기독교를 강요하려는 시도를 멈춰야 한다고 생각한다.

	갈보리*	빈야드*
매우 동의함	0	2

	갈보리*	빈야드*
동의함	0	0
동의도 부동의도 안함	0	1
부동의함	13	21
매우 부동의함	87	76

■ 하나님의 모습을 그려보는 서로 다른 방식이 많이 있습니다. 우리는 귀하가 생각하는 하나님의 모습이 어떤 것에 가장 가까운지 알고자 합니다. 다음의 각 항목에서 두 가지 대조적인 인상 사이에 하나님의 모습이 어떨 것이라고 생각하는지 적절한 번호에 표시해 주십시오.

	갈보리*	빈야드*
A. 1. 어머니	0	0
2.	0	0
3.	0	0
4.	3	7
5.	4	13
6.	8	31
7. 아버지	85	49
B. 1. 주인	61	36
2.	9	18
3.	8	12
4.	16	24
5.	1	7
6.	1	2
7. 배우자	4	1
C. 1. 심판자	20	5
2.	1	1
3.	5	5
4.	53	45
5.	7	20
6.	6	19
7. 연인	8	5
D. 1. 친구	6	2
2.	1	4
3.	3	5
4.	65	59
5.	9	18

	갈보리*	빈야드*
6.	4	6
7. 왕	12	6

■ 다음의 진술들 중에서 어느 것이 귀하가 성경에 대해 느끼는 것에 가장 가깝습니까?

	갈보리*	빈야드*
성경은 실제로 하나님의 말씀이며 자구(字句) 하나하나 문자적으로 받아들여야 한다.	35	9
성경은 하나님의 영감을 받은 말씀이다. 그것에는 과오가 없다. 그러나 어떤 구절들은 문자적으로 보다는 상징적으로 받아들여야 한다.	64	84
성경은 하나님의 영감을 받은 말씀이다. 그러나 그것은 역사적, 과학적 오류를 포함할 수 있다.	1	7
성경은 하나님의 영감을 받지 않았다. 그러나 그것은 하나님의 성품에 대한 인간의 가장 탁월한 이해를 나타낸다.	0	0
성경은 인간이 기록한 우화, 전설, 역사, 도덕적 교훈의 고서다.	0	0

■ 그리스도의 재림에 대한 귀하의 생각은 무엇입니까?

	갈보리*	빈야드*
나는 그리스도가 10년 이내에 오실 것이라고 믿는다.	18	1
나는 내가 죽기 전에 오실 것이라고 믿는다.	54	39
그리스도가 오실 시간에 대하여 생각하는 것은 우리의 몫이 아니다.	28	60

서론 · 얻은 자와 잃은 자

1) 나는 종교사회학 분야에서 "새로운 패러다임"에 관한 글을 쓴 이론가들에게 지성적인 빚을 지고 있다. R. Stephen Warner의 중요한 평가 논문을 보라. "Work in Progress toward a New Paradigm for the Sociological Study of Religion in the United States," *American Journal of Sociology* 98 (1993): 1044-93; Roger Finke and Rodney Stark, "Religious Economies and Sacred Canopies: Religious Mobilization in American Cities," *American Sociological Review* 53 (1988): 41-49; Roger Finke and Rodney Stark, "How the Upstart Sects Won America: 1776-1850," *Journal for the Scientific Study of Religion* 28 (1989): 27-44; Roger Finke and Rodney Stark, "Evaluating the Evidence: Religious Economies and Sacred Canopies," *American Sociological Review* 54 (1989): 1054-56; 그리고 Roger Finke and Rodney Stark, *The Churching of America, 1776-1990: Winners and Losers in Our Religious Economy* (New Brunswick, N. J.: Rutgers University Press, 1992). 그밖에도 Laurence R. Iannaccone의 중요한 논문들을 보라. "A Formal Model of Church and Sect," *American Journal of Sociology* 94 (suppl. 1986): 241-68; Laurence R. Iannaccone, "The Consequences of Religious Market Structure," *Rationality and Society* 3 (1991): 156-77; Laurence R. Iannaccone, "Why Strict Churches Are Strong," *American Journal of Sociology* 99 (1994): 1180-1211.

2) 이 운동을 대표하는 종교 지도자들을 소집한 첫 번째 시도는 풀러 신학교(Fuller Theological Seminary) 교수인 C. Peter Wagner가 소집하여 1996년 5월 21-23일 캘리포니아 패서디나에서 모인 후기교파 교회(Postdenominational Church)에 대한 전국 단위의 심포지엄이었다.

3) 캘리포니아 패서디나에서 1996년 5월 21-23일에 열린 후기교파 교회에 대한 전국 단위 심포지엄에서 발표된 C. Peter Wagner의 논문 "The New Apostolic Reformation: A Search for a Name"을 보라.

4) James Davison Hunter, *Culture Wars: The Struggle to Define America* (New York: Basic Books, 1991).

5) Roger Finke and Laurence R. Iannaccone, "Supply-Side Explanations for Religious Change," in *Religion in the Nineties*, edited by Wade Clark Roof, *Annals of American Academy of Political and Social Science* 527 (1993): 30.

6) 이 책의 관점을 특별하게 알려주는 미국 종교사에 대한 설명으로는 Nathan O. Hatch, *The Democratization of American Christianity* (New Haven: Yale University Press, 1989)와

Jon Butler, *Awash in a Sea of Faith: Christianizing the American People* (Cambridge: Harvard University Press, 1990)을 보라.

7) Finke and Stark, *Churching of America*, p. 17.

8) 많은 이론가들이 열거될 수 있겠지만 가장 중요한 인물들은 Max Weber, Emile Durkheim, Sigmund Freud 등이며, 그들 이전 인물로는 Karl Marx가 있다.

9) 세속화에 대한 이러한 견해는 많은 20세기 이론가들의 저작에 계속 나타났는데, 그 중에는 Peter L. Berger, *Sacred Canopy: Elements of a Sociological Theory of Religion* (Garden City, N. Y.: Doubleday, 1967)과 Thomas Luckmann, *The Invisible Religion: The Problem of Religion in Modern Society* (New York: Macmillan, 1967)가 포함되어 있다.

10) 세속화 가설은 Andrew Greeley의 영향력 있는 책 *Unsecular Man* (New York: Schocken Books, 1972)에서 도전받았지만, 이것은 비판적 논평의 시작에 불과했다. 예를 들면 Phillip E. Hammond에 의해 편집된 책 *The Sacred in a Secular Age: Toward Revision in the Scientific Study of Religion* (Berkeley: University of California Press, 1985)을 보라.

11) 이 책의 가정은 국가가 뒷받침하고 규제하는 종교적 독점보다는 개방적인 종교 시장을 가진 나라들의 종교성이 더 높다는 것이다. 종교적 다원주의는 광범위한 범위에서 사람들의 종교적 요구가 충족될 가능성을 높이고 있으며, 종교 제공자들 사이의 경쟁이 특별한 시장 요구를 나타내는 사람들의 영적 필요가 제공될 가능성을 높이고 있다.

12) *Religion in America: Will the Vitality of the Church Be the Surprise of the 21st Century?* (Princeton, N. J.: Princeton Religious Research Center, 1996)에서 보고된 갤럽(Gallup) 여론조사 자료를 보라.

13) Dean M. Kelley의 고전 *Why Conservative Churches Are Growing* (San Francisco: Harper and Row, 1972) 뿐만 아니라 David A. Roozen and C. Kirk Hadaway, eds., *Church Growth and Denominational Growth* (Nashville: Abingdon Press, 1993)를 보라.

14) Wade Clark Roof and William McKinney, *American Mainline Religion: Its Changing Shape and Future* (New Brunswick, N. J.: Rutgers University Press, 1987).

15) David A. Roozen의 탁월한 개요 논문 "Denominations Grow as Individuals Join Congregations," in Roozen and Hadaway, *Church and Denominational Growth*, pp. 15-45.

16) 사회학자 Rodney Stark의 계산에 따르면 세계적으로 모르몬의 성장률은 10년 평균 30 퍼센트에 이르고 있다.

17) Dean R. Hoge and David A. Roozen, *Technical Appendix to Understanding Church Growth and Decline, 1950-1978* (Hartford: Hartford Connecticut Foundation, 1979).

18) 박탈감 주제에 대한 예로는 Robert M. Anderson, *Vision of the Disinherited: The Making of American Pentecostalism* (Peabody, Mass.: Hendrickson Publishers, 1979), pp. 235 이하를 보라.

19) Harvey Cox의 유명한 책 *Fire from Heaven: The Rise of Pentecostal Spirituality and the Reshaping of Religion in the Twenty-first Century* (Reading, Mass.: Addison-Wesley, 1995) 뿐만 아니라 David Stoll, *Is Latin America Turning Protestant? The Politics of Evangelical Growth* (Berkeley: University of California Press, 1990)를 보라.

20) Cox는 성령강림 교회들은 1년에 2천만 명

의 새 신자를 얻을 정도로 성장하고 있으며, 오늘날 전 세계적으로 성령강림 교회들의 교인 수는 4억 1천만 명에 이른다고 추산하고 있다(Cox, *Fire from Heaven*, p. xv).
21) Wade Clark Roof, *A Generation of Seekers: Baby Boomers and the Quest for a Spiritual Style* (San Francisco: HarperSanFrancisco, 1993).
22) 예를 들면 Helen Rose Fuchs Ebaugh의 탁월한 연구인 *Women in the Vanishing Cloister: Organizational Decline in Catholic Religious Orders in the United States* (New Brunswick, N. J.: Rutgers University Press, 1993)를 보라.
23) "Special Report: Catholicism in America at the Crossroad," in *Emerging Trends*, Princeton Religious Research Center, vol. 15, no. 8, October 1993, pp. 1-5.
24) Jack Wertheimer, "Recent Trends in American Judaism," in *American Jewish Year Book, 1989*, ed. David Singer and Ruth R. Seldin (Philadelphia: Jewish Publication Society, 1990), pp. 63-84.
25) Donald E. Miller, *The Case for Liberal Christianity* (San Francisco: Harper and Row, 1981).
26) Donald E. Miller and Lorna Touryan Miller, *Survivors: An Oral History of the American Genocide* (Berkeley: University of California Press, 1993), 그리고 Barry Jay Selter and Donald E. Miller, *Homeless Families: The Struggle for Dignity* (Urbana: University of Illinois Press, 1993)를 보라..
27) 이 연구에서 나를 도왔던 여러 다른 사람들 가운데는 Mike McKenzie, David Tripp, Wendy Kohlhase, 그리고 Perry Glanzer가 있다.
28) 평신도 조사에서는 3,581명이 응답했고, 그 운동의 담임 목회자들 가운데서는 397명이 설문지 답안을 보내주었으며, 치유에 관한 증언 조사에는 888명이 응답했다.

1장. 미국 개신교의 새 얼굴

1) 1960년대의 영적인 열풍에 대한 훌륭한 설명으로는 Robert S. Ellwood, *The Sixties Spiritual Awakening: American Religion Moving from Modern to Postmodern* (New Brunswick, N. J.: Rutgers University Press, 1994)을 보라.
2) Lyle E. Schaller는 미국에 4,000 개의 개신교 거대교회가 있다고 추산하고 있는데, 이 가운데 많은 것들이 새로운 패러다임 교회의 범주에 속하는 것이다. 그의 책 *The New Reformation: Tomorrow Arrived Yesterday* (Nashville: Abingdon Press, 1995), p. 13을 보라.
3) 평신도 조사(부록 2를 보라)에서는 응답자의 60 퍼센트가 그들 교회의 대부분 사람들과 자유롭게 접촉하거나 포용한다고 응답했다.
4) 조사 응답자 가운데 51 퍼센트가 성경을 적어도 하루 한 번씩 읽는다고 말했다.
5) 조사 응답자 가운데 61 퍼센트가 기혼이었다; 다른 14 퍼센트는 이혼했거나 별거 중이었다. 대부분 자녀가 있었다. 성인의 사분지 일이 30세 이하였고, 삼분지 이가 40세 이하였다.
6) 우리가 조사한 갈보리교회 목회자의 82 퍼센트, 빈야드교회 목회자의 73 퍼센트가 45세 미만이었다(부록 3을 보라).
7) 이 교회들의 목회자 가운데 많은 이들이 음악적 재능을 가지고 있다: 갈보리 목회자의 39 퍼센트, 빈야드 목회자의 44 퍼센트가 예배 중에 자주 노래하거나 연주한다고 했다.

8) 남성 대명사가 목회자들의 활동을 설명하는데 사용되고 있는데, 이것은 이 운동들에서는 여성 담임 목회자는 거의 없기 때문이다(제6장에서 논의될 주제).
9) 빈야드교회에서는 응답자의 59 퍼센트가 다른 사람들에게 손을 얹고 그들을 위해 "자주" 기도한다고 진술했다.
10) Robert Wuthnow, *Sharing the Journey: Support Groups and America's New Quest for Community* (New York: Free Press, 1994)를 보라.
11) 평신도 조사에 따르면 응답자의 30 퍼센트가 부모가 이혼한 가정 출신이었다; 37 퍼센트는 그들 부모의 하나 혹은 둘 모두 알코올이나 마약에 빠진 적이 있다고 말했다.
12) 평신도 조사의 응답자들은 그들이 다녔던 다른 교회보다는 새로운 패러다임 교회에서 하나님을 더욱 경험하고 있다는 것을 강하게 확신했다.
13) Robert Wuthnow, *The Restructuring of American Religion: Society and Faith Since World War II* (Princeton, N. J.: Princeton University Press, 1988)를 보라.
14) 이러한 주제를 뒷받침하는 많은 책들이 1960년대와 1970년대에 출판되었다. 예를 들면, Paul van Buren, *The Secular Meaning of Gospel* (New York: Macmillan, 1963); Thomas J. J. Altizer, *The Gospel of Christian Atheism* (Philadelphia: Westminster, 1966); 그리고 Richard L. Rubenstein, *After Auschwitz: Radical Theology and Contemporary Judaism* (Indianapolis: Bobbs-Merrill, 1966)을 보라.
15) 이러한 물음들은 Dean M. Kelley가 그의 책 *Why Conservative Churches Are Growing* (San Francisco: Harper and Row, 1972)에서 주류 교회들의 쇠퇴에 대하여 논의했던 것의 기초가 되고 있다.
16) 전후 세대의 태도와 가치에 대해서는 많은 연구들이 이루어졌다. 예를 들면, Paul C. Light, *Baby Boomers* (New York: Norton, 1988), 그리고 Landon Y. Jones, *Great Expectations: America and the Baby Boom Generation* (New York: Ballantine Books, 1980)을 보라.
17) Dean R. Hoge, Benton Johnson, and Donald A. Luidens, *Vanishing Boundaries: The Religion of Mainline Protestant Baby Boomers* (Louisville: Westminster/Knox Press, 1994).
18) 기업 전략에 관한 Michael E. Porter의 고전적인 책이 종교 제도에 관한 경제적 분석에 직접 적용되고 있다. *Competitive Strategy: Techniques for Analyzing Industries and Competitions* (New York: Free Press, 1980).
19) 앞에서 밝혔듯이 이 "사도적 회중"의 태동을 정리하려는 첫 노력 가운데 하나는 1996년 5월 21-23일에 캘리포니아 패서디나에서 풀러 신학교 교수인 C. Peter Wagner에 의해 조직된 후기교파 교회에 대한 전국 심포지엄에서였다.
20) Bill Hybels가 담임자인 일리노이주 사우드 배링턴(South Barrington)에 있는 윌로우 크릭 커뮤니티교회(Willow Creek Community Church)가 "감성을 추구하는" 교회의 전형적인 예가 될 것이다. Rick Warren이 담임자인 캘리포니아주 오렌지 카운티(Orange County)에 있는 새들백 커뮤니티교회(Saddleback Community Church)는 서해안에 있는 비슷하게 대표적인 교회다. 두 교회는 다른 교회 지도자들에게 그들의 비전을 보급하는 광범위한 프로그램들을 가지고 있다.
21) 다음을 보라. Philip Rieff, *The Triumph of*

the Therapeutic: Uses of Faith after Freud (New York: Harper and Row, 1966); Robert N. Bellah, Richard Madsen, William M. Sullivan, Ann Swidler, and Steven M. Tipton, *Habits of Heart: Individualism and Commitment in American Life* (Berkeley: University of California Press, 1985); Christopher Lasch, *The Culture of Narcissism* (New York: Norton, 1979); Todd Gitlin, *The Sixties; Years of Hope, Years of Rage* (New York: Bantam Books, 1987); Jack Whalen and Richard Flacks, *Beyond the Barricades: The Sixties Generation Grows Up* (Philadelphia: Temple University Press, 1989).

22) 평신도 조사 응답자의 45 퍼센트가 적어도 한 번은 전문적인 정신치료를 받은 적이 있다고 했다; 34 퍼센트는 "자주" 혹은 "몇 번" 치료를 받은 적이 있다고 응답했다.

23) 정신치료 문화적 가치를 거부한 학자 가운데 하나는 Daniel Yankelovich였다. *New Rules: Searching for Self-Fulfillment in a World Turned Upside Down* (New York: Random House, 1981).

24) 이 주제의 발전에 대하여는 Bellah et al., *Habits of Heart*를 보라.

25) 예를 들면, Jean-Francois Lyotard, *The Postmodern Condition: A Report on Knowledge*, trans. Geoff Bennington and Brian Massumi (Mineapolis: University of Minnesota Press, 1984).

26) Sigmund Freud, *Future of Illusion* (New York: Norton, 1961).

27) 합리성에 대한 Freud적인 낙관주의는 Erich Fromm과 같은 이론가들에게서 지속되었는데, 그는 *Psychoanalysis and Religion* (New Haven: Yale University Press, 1950)에서 "권위주의적인"(authoritarian) 종교(초자연적인 신이 예배의 초점이 되었던)와 "인간주의적"(humanistic) 종교(인간의 가장 높은 힘을 종교적 예배의 대상으로 만드는 것을 강조하는) 사이를 구분했다.

28) William James, *The Varieties of Religious Experience: A Study in Human Nature* (New York: Collier Books, 1961).

29) Max Weber에 관한 문헌은 매우 많다. 초기의 문헌들로는 다음과 같은 것들이 있다. Weber, *The Sociology of Religion* (Boston: Beacon Press, 1963); *From Max Weber: Essays in Sociology*, trans. and ed. by H. H. Gerth and C. Wright Mills (New York: Oxford University Press, 1946); S. N. Eisenstadt, ed., *Max Weber on Charisma and Institution Building* (Chicago: University of Chicago Press, 1968).

30) 종교의 순수한 형태로서의 원래의 "사도적" 시대에 대한 설명으로는 Richard T. Hughes에 의해 편집된 두 책 *The Primitive Church in the Modern World* (Urbana: University of Illinois Press, 1995)와 *The American Quest for the Primitive Church* (Urbana: University of Illinois Press, 1988)를 보라.

2장. 히피, 해변 침례, 병 고침

1) 다른 설명이 없으면 이 장에서의 모든 인용문은 이 종교 지도자들과의 인터뷰를 통해 이루어진 것이다. 얼마의 보다 큰 갈보리교회들의 역사에 대하여는 Chuck Smith and Tal Brooke, *Harvest* (Old Tappen, N. J.: Chosen Books, 1987)를 보라. 코스타메사에 있는 갈보리 교회에 대하여 잘 알려진 설명으로는 Randal Balmer, *Mine Eyes Have Seen the Glory: A Journey into the Evangelical Subculture of America* (New York: Oxford

University Press, 1989), pp. 12-30을, 그리고 Sonni Efron의 흥미로운 논문 "Modest Pastor Sees Costa Mesa Flock Grow from 25 to 12,000," *Los Angeles Times* 109 (12 October 1990): A34를 보라.
2) Chuck Smith, "The History of Calvary Chapel" (n.p.: The Word for Today〔Calvary ministry〕, 1981), p. 3.
3) Ibid.
4) 우리의 연구에는 갈보리교회라는 이름은 사용하지 않지만 갈보리교회로부터 영적으로 영향을 받았다고 주장하는 얼마의 교회들도 포함되어 있다.
5) Chuck Smith, *The Philosophy of Ministry of Calvary Chapel* (n.p.: Logos Media Group, 1992), p. 9.
6) Hayford는 캘리포니아 밴 누이스(Van Nuys)에 있는 크고 매우 대표적인 포스퀘어 교회인 도상교회(the Church on the Way)의 최근 담임 목사이다.
7) Ralph Moore and Dan Beach, *Let Go of the Ring: The Story of Hope Chapel* (Honolulu: Antioch Press, 1987), p. 81.
8) Ibid., p. 129.
9) 빈야드 운동의 역사와 사회학적 분석으로는 다음을 보라. Robin D. Perrin, "Signs and Wonders: The Growth of the Vineyard Christian Fellowship" (Ph.D. dissertation, Washington State University, 1989); Robin D. Perrin and Armand L. Mauss, "American Religion in the Post-Aquarian Age: Values and Demographic Factors in Church Growth and Decline, *Journal for the Scientific Study of Religion* 28 (1989): 75-89; Robin D. Perrin and Armand L. Mauss, "Strictly Speaking...: Kelley's Quandary and the Vineyard Christian Fellowship," *Journal for the Scientific Study of Religion* 32, no. 2 (June 1993): 125-35; Nikolaus Kimla, "The Historical and Empirical: Social and Practical Theological Aspects of the Vineyard Movement" (dissertation, Evangelische Theologie, Universitat Wien, 1994); Russell Chandler, "Vineyard Fellowship Finds Groundswell of Followers," *Los Angeles Times* 109 (5 October 1990): A1.
10) Smith가 왜 카리스마적인 표현에 대하여 보다 보수적인 견해를 가졌는지에 대하여 설명하면서 Gulliksen은 이렇게 말한다: "Chuck은 그가 자라났던 포스퀘어 교회들 가운데 얼마에서 너무 많은 사이비를 보았기 때문에 그러한 가짜에 대한 두려움에서 집회 때 은사를 표출하는 것을 달갑지 않게 생각했는데, 그것은 정당한 일이다."
11) 냉소적인 비판자들은 빈야드교회가 최근에 토론토 공항 빈야드교회(Toronto Airport Vineyard)와 결별한 것을 초기 그 운동의 특징이었던 관계적인 친교의 정신을 위배하는 관료주의적 통제의 한 표현이라고 설명했다.

3장. 삶의 변화

1) 이 장에서 나는 사회적 그물망이 회심에 있어 하나의 중요한 역할을 한다는 John Lofland와 Rodney Stark의 이론을 입증하고 있다. 그러나 또한 이념적인 영향력이나 회심자의 박탈감의 상태도 분석에서 무시되어서는 안 된다고 믿고 있다. 상호 연관된 이 세 요소들에 대한 논의로는 다음을 보라. Rodney Stark and William Sims Bainbridge, *The Future of Religion: Secularization, Revival and Cult Transformation* (Berkeley: University of California Press, 1985), pp. 307-24.
2) 27 퍼센트가 21세에서 30세 사이의 나이에 회심 경험을 했다; 그리고 16 퍼센트는 31세

에서 40세 사이에, 10 퍼센트는 40세 이후에 그 경험을 했다.

3) 회심에 대해서는 많은 문헌들이 있다. 훌륭한 도서목록으로는 Lewis R. Rambo, *Understanding Religious Conversion* (New Haven: Yale University Press, 1993)을 보라. 그 밖의 좋은 자료로 다음과 같은 것들이 있다. H. Newton Malony and Samuel Southard, eds., *Handbook of Religious Conversion* (Birmingham: Religious Education Press, 1992); David A. Snow, "The Sociology of Conversion," *Annual Review of Sociology* 10 (1984): 167-90; 그리고 John Lofland and Norman Skonovd, "Conversion Motifs," *Journal for the Scientific Study of Religion* 20 (1981): 373-85.

4) Peter L. Berger가 특히 이러한 입장을 취하고 있는데, 이것은 *The Sacred Canopy: Elements of a Sociological Theory of Religion* (Garden City, N. Y.: Doubleday, 1967)과 같은 책들에서 보이고 있다.

5) Eric Hoffer, *The True Believer: Thoughts on the Nature of Mass Movements* (New York: New American Library, 1951)를 보라.

6) William James, *The Varieties of Religious Experience: A Study in Human Nature* (New York: Collier Books, 1961), p. 29.

7) 여기서의 가정은 모든 사회에서, 그리고 인간 역사의 모든 시점에서 많은 사람들이 "구원받을" 혹은 그들의 현재 삶의 방식에서 전환될 필요를 경험하고 있다는 것이다. 이들은 삶의 방식에 좌절하고 있고 그의 존재가 문제적인 사람들이다. 그렇다면 문제는 왜 어떤 교회들은 회심자들에게 매력을 줌으로 성장을 경험하고 다른 교회들은 그렇지 못한가 하는 것이다.

4장. 합리성을 넘어

1) Nathan Hatch, *The Democratization of American Christianity* (New Haven: Yale University Press, 1989), p. 146.

2) Ibid., p. 150.

3) Ibid., p. 151.

4) Ibid., p. 152.

5) Hatch는 이렇게 말한다: "일단의 사람들이 마음의 상처로 우는 것을, 기쁨으로 소리 지르는 것을, 그리고 복음의 좋은 소식을 선포하는 것을 돕기 위하여 보통 사람들이 영적인 대중가요들을 만들었다" (ibid., pp. 160-61).

6) 이 인용 또한 John Wesley, Charles Wesley, 그리고 William Booth에게서 따온 것이다. 그러나 가장 잘 진술된 구절은 E. W. Broome이 쓴 19세기 영국의 설교가 Rowland Hill 목사의 전기에 나타나고 있다: "그는 왜 악마가 모든 좋은 음색을 가져야 하는지 그 이유를 알지 못했다."

7) William James, *Principles of Psychology*, vol. 2 (New York: Henry, 1890). chap. 21.

8) William James의 이론에 대한 자세한 설명으로는 Donald E. Miller, "Worship and Moral Reflection: A Phenomenological Perspective," *Anglican Theological Review* 62 (1980): 307-20을 보라.

9) 고린도전서 12:8-11. 다른 설명이 없으면 모든 성경 구절들은 성경의 킹 제임스 역 (King James Version)에서 따온 것이다.

10) 사도행전 2:2-7.

11) 이 용어들과 카리스마적 전통에 대한 논의로는 Robert Mapes Anderson, *Vision of the Disinherited: The Making of American Pentecostalism* (Peabody, Mass.: Hendrickson, 1979), pp. 10-27.

12) 고린도전서 13:1-2.
13) 예를 들면 다음을 보라. Vincent Crapanzano and Vivian Garrison, eds., *Case Studies in Spirit Possession* (New York: Wiley, 1977); Clarke Garrett, *Spirit Possession and Popular Religion: From the Camisards to the Shakers* (Baltimore: Johns Hopkins University Press, 1987); I. M. Lewis, *Ecstatic Religion: A Study of Shamanism and Spirit Possession* (New York: Routledge, 1989); Felicitas D. Goodman, Jeannette H. Henney, and Ester Pressel, *Trance, Healing and Hallucination: Three Field Studies in Religious Experience* (New York: Wiley, 1974).
14) David Di Sabatino가 Lonnie Frisbee의 생애에 대한 광범위한 연구를 했다.
15) 응답자의 7 퍼센트가 자주 치유 받았다고 말했다; 18 퍼센트는 몇 번, 그리고 19 퍼센트는 한 번 치유 받은 일이 있었다고 했다.
16) Rudolf Otto, *The Idea of the Holy: An Inquiry into the Non-rational Factor in the Idea of the Divine and Its Relation to the Rational* (New York: Oxford University Press, 1973).
17) 방언을 말하는 것과 다양한 형태의 정신분열적 행위 사이에 얼마의 피상적인 공통점이 있기는 하지만, 중요한 차이들이 또한 있다. 예를 들면 방언을 말하는 사람들은 이 행위를 의지에 따라 멈출 수 있는 것 같지만, 정신분열증 행위는 의지를 가지고 통제할 수 없는 것으로 보인다.
18) 기도, 명상, 그리고 요가 실습과 같은 다양한 영적 훈련을 수행하는 사람들은 그들이 보다 중심을 잡게 되며, 결과적으로 더 건강하고 더 생산적이게 된다고 보고하고 있다. Allen E. Bergin, "Religiosity and Mental Health: A Critical Reevaluation and Meta-analysis," *Professional Psychology: Research and Practice* 14 (1983): 170-84를 보라. 건강과 종교 주제에 대한 광범위한 논의로는 David R. Kinsley, *Health, Healing, and Religion: A Cross-Cultural Perspective* (Upper Saddle River, N. J.: Prentice-Hall, 1996)를 보라.
19) Gilbert Rouget, *Music and Trance: A Theory of the Relations between Music and Possession* (Chicago: University of Chicago Press, 1985).
20) 예를 들면 Michael C. Dillbeck and David W. Orme-Johnson, "Physiological Differences between Transcendental Meditation and Rest," *American Psychologist* 42, no. 9 (September 1987): 879 (3)을 보라.
21) 예를 들면, *Vision of the Disinherited*에서 Robert Mapes Anderson은 다음과 같이 말하고 있다: "예배란 적극적인 감정적 표현, 그리고 강경증과 무아경, 시각적, 청각적 환각증, 손뼉을 침, 발을 구름, 깡충깡충 뜀, 뛰어 다님, 기어감, 넘어짐, 구름, 소리 지름 등에 빠지면서 몸의 어떤 부분에서 느낌을 상실하는 것과 같은 광범위한 비정상적인 현상의 특징을 지니고 있다. 이상하고 흔하지 않은 어휘들, 신비스럽고 모호하고 비지성적인 말이 흔히 '경외' 혹은 신적 현존의 증거로 간주되어 왔다. 그러한 언어 장애는 울고 한숨짓고 신음하고 말을 더듬고 소리 지르고 환성을 지르고 완전히 침묵하고 계속 떠들어 대는 일을 포함하는 생리 역기능의 일반적 부류의 한 유형에 불과하다" (pp. 10-11).
22) 우리는 애너하임 빈야드교회에서의 두 신유 집회에서 888명으로부터 조사에 대한 응답을 받았다. 추가로 우리는 영국에서의 두 신유 집회에 설문 조사서를 배포했으나, 이것을 인용된 통계에 포함시키지 않았다.

23) Stephen Hunt, "The Toronto Blessing: A Rumor of Angels?" *Journal of Contemporary Religion* 10 (1995): 257-71을 보라. 내부자의 관점에 대해서는 Guy Chevreau, *Catch the Fire: The Toronto Blessing, an Experience of Renewal and Revival* (London: Pickering, 1994). 많은 논문들이 종교적 정기 간행물과 신문에 게재되었다. 예를 들면 Rae Corelli, "Going to the Mat for God: Tales of Ecstasy Draw Hundreds to a Toronto Church," *Maclean's* 108 (13 March 1996): 56ff.; Gen Preston, "The Toronto Wave: Holy Laughter is Contagious," *Christian Century* 111 (16 November 1994): 1068 ff. Margaret Poloma (Sociology Department, University of Akron)가 최근에 거룩한 웃음에 대한 책을 쓰고 있다.

5장. 성경대로 살아감

1) Robert Bellah, *Beyond Belief: Essays on Religion in a Post-traditional World* (Berkeley: University of California Press, 1991).
2) 마태복음 25:34-36을 보라.
3) 에베소서 5:22-24.
4) 에베소서 5:25, 28.
5) Judith Stacey, *Brave New Families: Stories of Domestic Upheaval in Late Twentieth Century America* (New York: Basic Books, 1990), pp. 113-46.
6) Lynn Davidman, *Tradition in a Rootless World: Women Turn to Orthodox Judaism* (Berkeley: University of California Press, 1991).
7) 콜로라도 스프링스에 본부가 있는 전국 단위의 조직인 Promise Keepers가 이 주제들 가운데 많은 것을 반영하고 있다.
8) 디모데전서 2:11-12.
9) 여성들만의 집단 가운데 많은 것이 담임 목회자의 부인에 의해 인도되고 있다.
10) Brenda Brasher, *Godly Women* (New Brunswick, N. J.: Rutgers University Press, 근간).
11) 빈야드교회가 후원하는, 동성애 경향의 사람들을 "치유하는" 프로그램인 사막의 시내 사역(Desert Stream Ministries)의 한 멤버는 그녀의 동성애가 어린 시절 어머니와 "결속되지" 못했다는 사실에 근거하고 있다고 말했다. 그녀의 견해에 따르면, 게이와 레즈비언들은 어린 시절에 "상처를 입었고," 회복의 유일한 길은 자신에게 상처를 준 사람을 용서하고, 동성의 사람들로부터의 인정(성적인 매력의 근거로 보고 있는)을 추구하기보다는 그 사람들과의 강한 관계를 다시 확립하는 것이다.
12) 갈보리 목회자들은 빈야드 목회자들보다 "극단적으로 보수적"이라고 스스로 밝히는 경향이 있었다.
13) Judi Wilgoren, "Church Surveys Candidates for Voters Guide," *Los Angeles Times* 113 (29 September 1994): A3을 보라.
14) Chuck Smith는 자주 이스라엘을 여행하며, 거기서 성지여행을 하는 기독교인들뿐만 아니라 다양한 정부 관리들을 만난다. 그는 요단강에서 세례를 베푸는 구조를 만들었다.
15) George M. Marsden은 다음의 진술에서 **근본주의**와 **복음주의**라는 용어들과 관계된 혼동을 지적하고 있다: "근본주의자는 어떤 것에 대하여 분노하고 있는 복음주의자다. 그것은 단순하고 매우 정확한 것처럼 보인다. Jerry Falwell은 그것을 기자들이 흔히 인용하는 근본주의에 대한 손쉬운 정의로 채택해 왔다. 같은 입장에 대한 보다 정확한 진술은 미국 근본주의자는 교회 내의 자유주의 신학에 대하여, 그리고 '세속적

인본주의'와 관계된 것들과 같은 문화적인 가치 혹은 규범에 대하여 호전적으로 적대적인 복음주의자이다... 근본주의자는 단순한 종교적 보수주의자가 아니라 그들은 기꺼이 맞서서 싸울 보수주의자다" (*Understanding Fundamentalism and Evangelicalism*〔Grand Rapids, Mich.: Eerdmans, 1991〕, p. 1).

16) 카리스마의 일상화에 대한 Weber의 견해를 잘 표현하는 것으로는 Bryan Wilson, *The Noble Savages: The Primitive Origins of Charisma and Its Contemporary Survival* (Berkeley: University of California Press, 1975)을 보라.

17) "원시주의"에 대하여는 Richard T. Hughes, ed., *The American Quest for the Primitive Church* (Urbana: University of Illinois Press, 1988)와 *The Primitive Church in the Modern World* (Urbana: University of Illinois Press, 1995)를 보라.

18) 예를 들면, Marcus J. Borg, *Meeting Jesus Again for the First Time: The Historical Jesus and the Heart of Contemporary Faith* (San Francisco: HarperSanFrancisco, 1994), 그리고 John Dominic Crossan, *The Historical Jesus: The Life of a Mediterranean Jewish Peasant* (San Francisco: HarperSanFrancisco, 1991)를 보라.

19) Rudolf Bultmann, *Jesus Christ and Mythology* (New York: Scribner's Sons, 1958).

20) 성속의 구분은 *The Elementary Forms of the Religious Life* (New York: Free Press, 1965)의 저자 Emile Durkheim에서 *The Sacred and the Profane* (San Diego: Harcourt Brace Jovanovich, 1987)의 저자 Mircea Eliade에 이르는 많은 학자들에게서 제시되고 있다. 이 구분에 대한 최근의 페미니즘적 비판서로 Victoria Lee Erickson, *Where Silence Speaks: Feminism, Social Theory, and Religion* (Minneapolis: Fortress Press, 1993)이 있다.

21) 호프교회 목회자들의 응답률은 너무 낮아 여기서의 일반화에는 포함시키지 않았다. 따라서 새로운 패러다임 목회자들의 태도에 대한 모든 통계는 갈보리교회와 빈야드교회 담임 목회자들 대상의 것이다.

22) 장로교 목회자들과 관련된 모든 인용은 "The Presbyterian Panel: 1991-1993 Background Report (Louisville, Ky.: Research Services, Presbyterian Church-USA)에 근거한 것이다.

6장. 사람을 위한 목회

1) R. Laurence Moore, *Selling God: American Religion in the Market-place* (New York: Oxford University Press, 1994)를 보라. 새로운 패러다임 교회들에서는 이윤이 생기면-예를 들어 책방에서-그것은 선교 활동이나 프로그램 수행 기금으로 사용된다.

2) Max Weber, *The Protestant Ethic and the Spirit of Capitalism* (New York: Scribner's, 1958).

3) S. N. Eisenstadt, *Max Weber on Charisma and Institution Building* (Chicago: University of Chicago Press, 1968).

4) 디모데전서 3:1-3이 교회 지도자 위치에 있는 사람들의 표준을 마련하는 데 흔히 인용되고 있다.

5) 대부분의 교회들은 두 조언 집단을 가지고 있다: 하나는 재정적인 결정을 하는 위원회이고, 다른 하나는 사역을 하는 장로들과 집사들이다. 신실성이 위원회 멤버들의 가장 중요한 성격 특징으로 여겨진다. 장로들과 집사들은 전형적으로 작은 집단 사역에 관계하여 지도력의 능력을 검증받은 사람들이다.

6) 위원회가 아니라 담임 목회자가 마지막 권

위를 가지고 있다는 것이 목회자 조사에서 거듭 밝혀지고 있다. 반면에 담임 목회자는 위원회의 조언을 구하기 때문에, 그리고 다수결이 아니라 합의가 규범이기 때문에 목회자의 결정에 대해서는 공식적인 점검이 있는 셈이다.

7) 목회자 조사에서의 물음에 대한 개방식 응답에 따르면 어떤 위원회들은 그 운영 책임에 있어 남자들만이 아니라 셋 혹은 네 부부로 구성되어 있다.

8) Karl Menninger, *Whatever Became of Sin?* (New York: Hawthorn Books, 1973).

9) Laurence R. Iannaccone, "A Formal Model of Church and Sect," *American Journal of Sociology* 94 (suppl. 1986): 241-68을 보라. 교회-종파-신비주의 유형론의 고전적인 공식은 Ernst Troeltsch의 *The Social Teaching of the Christian Churches*, 2 vols. (New York: Harper and Row, 1960)에 나와 있다. 보다 현대적인 분석으로는 Bryan R. Wilson, *Religious Sects* (New York: McGraw-Hill, 1970), 그리고 그가 편집한 책 *Patterns of Sectarianism: Organization and Ideology in Social and Religious Movements* (London: Heine-mann, 1966)를 보라.

10) H. Richard Niebuhr의 고전 *The Social Sources of Denominationalism* (Cleveland: Meridian Books, 1963)을 보라.

11) 포스트모던 조직구조에 대한 논의로는 Nancy T. Ammerman, "SBC Moderates and the Making of a Postmodern Denomination," *Christian Century*, 22-29 September 1998, pp. 896-98을 보라.

12) Peter Drucker, *Post-Capitalist Society* (New York: HarperBusiness, 1993), p. 59.

13) Ibid.

14) Ibid., p. 60

7장. 새 집단 만들기

1) 나는 알부퀘크 갈보리교회의 역사에 대해서는 세 자료를 활용했다: Skip Heitzig와 Lenya Heitzig와의 인터뷰, 그 교회의 역사에 대하여 1992년 1월에 기록된 비디오테이프, 그리고 Chuck Smith와 Tal Brooke의 *Harvest* (Old Tappan, N. J.: Chosen Books, 1987, pp. 131-44) 제9장 ("Skip Heitzig: Calvary Chapel Enters the Southwest").

2) 교회 '개척'과 '교회 성장'을 다룬 많은 출판물들이 있다. 또한 많은 조언 전문가들이 어떤 유형의 교회들이 어떤 지역에서 성공할 수 있는지, 그리고 어떤 유형의 프로그램이 특정 동네 사람들의 요구를 가장 잘 충족시킬 수 있는지를 제시하는 인구학적 연구를 수행하고 있다.

3) 다음을 보라. Reginald W. Bibby and Merlin B. Brinkerhoff, "The Circulation of the Saints: A Study of People Who Join Conservative Churches," *Journal for the Scientific Study of Religion* 12 (1973): 273-83; 그리고 "Circulation of the Saints Revisited: A Longitudinal Look at Conservative Church Growth," *Journal for the Scientific Study of Religion* 22 (1983): 253-62.

4) 젊은이들을 확보하는데 있어서의 주류 개신교의 실패와 근본주의 교회의 상대적인 성공을 설명하는 이론들에 대한 훌륭한 논의로는 Dean R. Hoge, Benton Johnson, 그리고 Donald A. Luidens의 *Vanishing Boundaries: The Religion of Mainline Protestant Baby Boomers* (Louisville, Ky.: Westminster/Knox Press, 1994), pp. 1-19, 95-102를 보라.

5) 빈야드교회 응답에는 Robin D. Perrin이 수행한 1987-1988년 조사 결과가 포함되어 있

는데, 그 조사는 14개의 다른 교회에서 수거한 약 1천 명의 빈야드교회 멤버들의 응답에 기초하고 있다. 이것에 대한 정보는 Robin Perrin, Paul Kennedy, 그리고 Donald E. Miller, "Examining the Sources of Conservative Church Growth: Where Are the New Evangelical Movements Getting Their Numbers" *Journal for the Scientific Study of Religion* (근간)에서 정리되어 있다.

6) Emile Durkheim, *The Elementary Forms of the Religious Life* (New York: Free Press, 1965).

7) 공동체 서비스, 개인적 의미, 그리고 영성의 상호 연관된 역할에 대하여 잘 설명된 견해는 Michael Lerner, *The Politics of Meaning: Restoring Hope and Possibility in an Age of Cynicism* (Reading, Mass.: Addison-Wesley, 1996)에 나타나고 있다.

8) 이런 종류의 정교한 라디오 장비는 1만 달러 이하로 구입할 수 있다.

8장. 주류 교회는 살아남을 수 있는가?

1) Nathan Hatch, *The Democratization of American Christianity* (New Haven,: Yale University Press, 1989), pp. 4-5를 보라.

2) Ibid., p. 9

3) Hatch는 이 점에 대하여 다음과 같이 잘 지적하고 있다: "모임을 인도했던 사람들은 하나님의 능력이 회중들을 감동시킬 수 있도록 적극적인 시도를 했습니다; 그들은 나이, 성, 혹은 인종에 관계없이 사람들의 솔직한 증언을 권장했습니다; 사적인 엑스터시를 함께 나누었습니다; 공공연한 신체적 표현과 감정적 발산이 있었습니다; 설교에 대한 크고 즉흥적인 응답이 있었습니다; 찰스 웨슬리 풍의 음악을 얼어붙게 할 것 같은 대중음악을 사용했습니다" (ibid., p. 50).

4) Hatch에 따르면 "이 모든 운동들은 종교적 운명을 자신의 손에 맡기게 함으로, 스스로 생각함으로, 중앙집권화된 권위와 다른 계급으로서의 성직자 지위에 대하여 반대함으로써 보통 사람들의 생각에 도전했습니다" (ibid., p. 58).

5) Robert M. Anderson, *Vision of the Disinherited: The Making of American Pentecostalism* (Peabody, Mass.: Hendrickson, 1991).

6) Hatch, *American Christianity*, p. 212.

7) Hatch는 이렇게 말한다. "성서의 고등비평에 대한 근본주의자들의 공통된 불평은 그것이 오로지 학자들만이 설교할 수 있다고 가정함으로 하나님의 말씀을 보통 사람들에게서 빼앗아 갔다는 것입니다" (ibid., p. 215).

8) Ibid., p. 218.

9) Ibid., p. 216.

10) Ibid., p. 87.

11) Wade Clark Roof, *A Generation of Seekers: Baby Boomers and the Quest for a Spiritual Style* (San Francisco: HarperSanFrancisco, 1993)을 보라.

12) Roger Finke and Rodney Stark, *The Churching of America, 1776-1990: Winners and Losers in Our Religious Economy* (New Brunswick, N. J.: Rutgers University Press, 1992), p. 96.

13) Max Weber는 조직 이론에 대한 나의 견해의 토대가 되고 있으며, William James는 종교적 경험을 강조하는 데 있어 나의 준거가 되고 있다.

14) 영성에 대한 깊은 문화적 욕구를 잘 보여주는 것은 Thomas Moore의 최근 책들, 특히 *Care of the Soul: A Guide for Cultivating Depth and Sacredness in Everyday Life* (New York: Harper-Collins, 1992)이다.

찾아보기

가난한 사람들, -에 대한 사역, 169-172
가정 친교모임(home fellowship). 작은 집단 모임을 보라.
가족 역할, 174-180, 204
가톨릭, 22, 67, 109-112, 240
갈보리교회 운동, 54-58; 편입, 256-257; -과 성령의 은사, 64, 81, 143, 144, 321n10; -과 추수 십자군 운동, 75, 86-87; 역사, 40, 58-63; 조직구조, 61, 62-63, 81-83, 209, 213; 라디오 프로그램, 253-254; 종교적 신앙, 64-65; 예배, 54-56, 57-58, 62-65; -과 빈야드교회, 77, 78-80; 찬양 음악, 65, 129, 130-133. 또한 새로운 패러다임 교회를 보라.
감독교회(Episcopalians), 77, 271-273. 또한 주류 교파를 보라.
감리교(Methodists), 18, 127-128, 261, 266. 또한 주류 교파를 보라.
감성지향 교회(seeker-sensitive churches), 16-17, 41, 214, 319n20
개인적 탐구, 21
개인주의, 43, 53, 119, 258
개혁주의 유대인, 22
갱신 집회, 82
걸프 전쟁, 182
결혼, 179
경제적 유비, 192; 교회개척, 237-238, 251; 회심 과정, 121-123, 322n7(3장); 최근의 종교 변화, 18, 38-39, 53, 317n5; 조직구조, 211, 212; 프로그램, 226-227

계몽주의 사상, 45-46, 185, 188, 320n27
관료주의. 반 제도주의를 보라.
관계적 친교(relational fellowship), 61, 63-64, 321n11
교도소 사역, 171-173
교파주의(denominationalism). 또한 반 제도주의; 조직구조를 보라.
교회개척, 63, 72-73, 243-251; 사례연구, 234-237; -과 지도력 유형, 71, 242, 250-251; 모임 장소, 248-249; -과 돈, 63, 246, 249; -과 조직구조, 211, 247-248, 목회자 소명, 243-244; -과 목회자 훈련, 244-246; -의 과정, 35, 246-248. 또한 교회성장을 보라.
교회성장, 31, 40-41, 61-62, 70-71; -과 편입, 82, 256-257; -과 회심 과정, 121-123; -과 인간적 요구, 36-37, 241-243, 269-271; -과 인구학, 237-239, 326n2; -과 복음주의, 252-253; -과 개인주의, 258; -의 수단, 239-241; -과 조직구조, 211-213, 218-220, 247-248, 258; -과 라디오, 253-255; -과 종교적 경험, 37, 47-48. 또한 교회개척을 보라.
그렉 로리(Greg Laurie), 54-56, 80, 84, 244; -와 복음주의, 252-253; -와 추수 십자군 운동, 86-87, 88-90, 105
그리스도의 제자(Disciples of Christ), 261
근본주의(fundamentalism), 44, 64, 119, 142, 169; -와 새로운 패러다임 종교 신앙, 183, 184, 188, 193, 324n15; -와 대중주의, 263, 327n7

나다니엘 밴 클리브(Nathaniel M. Van Cleave), 68
나단 해치(Nathan Hatch), 127, 128, 260, 261, 263, 322n5, 327n3, 327nn4, 7
나사렛파(Nazarenes), 263
낙태, 173, 180, 182, 271
남성운동(men's movement), 36
남 침례교(Southern Baptists), 18
뉴본 커넥션(Newborn Connection), 172
뉴 에이지 종교(New Age religions), 200
다원주의(pluralism), 189-191, 192, 193-195, 317n11; 교파적-, 281-282; -와 주류 교파, 271-273
대각성운동(Great Awakening). 제2 대각성운동을 보라.
대중 심리학, 43, 224
대중주의(populism), 126-127, 260-263, 327n7(8장)
데이비드 윌커슨(David Wilkerson), 69
데이비드 흄(David Hume), 185
도덕적 가치. 종교 신앙을 보라.
도슨 맥알리스터(Dawson McAllister), 90, 103-105
돈, 214-217, 220; -과 교회개척, 62-63, 246, 249; 헌금, 33, 75, 133
동성애, 180, 182, 271, 324n11
동양 종교, 21
딕 하인(Dick Hine), 78-79
라디오, 253-255
라울 라이스(Raul Reis), 80, 87-88, 253
라일 샬러(Lyle Schaller), 318n2
랄프 무어(Ralph Moore), 40, 68-73, 111, 144, 182
로니 프리스비(Lonnie Frisbee), 144
로드니 스타크(Rodney Stark), 18
로마 가톨릭. 가톨릭을 보라.
로버트 메입스 앤더슨(Robert Mapes Anderson), 156, 323n21

로버트 벨라(Robert Bellah), 43
로울랜드 힐(Rowland Hill), 322n6
로저 핑크(Roger Finke), 18
로즈마리 골라틴(Rosemary Gollatin), 91, 95, 101
루돌프 불트만(Rudolf Bultmann), 188
루돌프 오토(Rudolf Otto), 147
룻의 집(House of Ruth), 173
릭 워렌(Rick Warren), 319n20
마라나타 음악, 129
마르틴 루터(Martin Luther), 128. 또한 종교개혁을 보라.
마셜 맥루한(Marshall McLuhan), 129
마약의 사용: -과 회심 과정, 72, 91-93, 96, 97, 100-102, 113-114, 121; -과 종교적 경험, 152-156
마이크 매킨토시(Mike McIntosh), 80, 253
마이크 사소(Mike Sasso), 95-99, 114
마케팅. 경제적 유비; 복음주의를 보라.
막스 베버(Max Weber), 48-49, 186, 217, 264, 317n8, 327n13
만남의 장소, 32, 126, 248-249
맑스적 관점, 155-156, 185, 317n8, 323n21
모르몬교(Mormons), 20, 263, 317n16
목회자, 39; 책임성, 213, 222-225; 소명, 212, 243-244; 인구학, 33, 176-177, 250, 318nn6, 24-25; -와 평신도 운동, 36, 207-208, 209-210; -와 돈, 215-216; 음악적 성향, 318n7; 정치적 가치, 180-183, 324nn12, 33-34; 회심 전 삶의 방식, 121, 122; 종교 신앙, 125-192; -와 작은 집단 모임, 71-72, 훈련, 63, 211-212, 244-246, 274-275. 또한 지도력 유형; 조직 구조를 보라.
몬트 휘태커(Monte Whittaker), 169-171
무슬림(Muslims), 22
문화적 적합성, 32, 42-44; -과 저출산 세대, 83, 132; -과 회심 과정, 105-109, 122; -의

중요성, 38-39; -과 예배 음악, 38, 126-127, 141-142
미국 성령강림운동, 144
『미국 문명의 민주화』(Democratization of American Civilization)(Hatch), 260
미니교회(minichurches), 71. 또한 작은 집단 모임을 보라.
민주화. 반 제도주의; 평신도 참여; 종교적 경험을 보라.
바울(Paul), 142, 143, 174-177
반 기성가치. 반 제도주의를 보라.
반문화(counterculture), 21, 30-31, 42-44, 83, 218; -와 종교 신앙, 168, 266-268. 또한 반 제도주의; 마약의 사용; 예수 운동을 보라.
반 제도주의(anti-institutionalism), 16, 55-56, 58-59, 83, 190, 200; -와 주류 교파, 38; -와 1960년대 반문화, 21, 42, 43, 168, 218, 266-268; -와 조직구조, 83, 217-218, 227-228; -와 제2 대각성운동, 261-262, 327n4
반 합리주의(anti-rationalism), 45-46, 188-189, 200; -와 회심 과정, 116-117; -와 조직구조, 220-221; 정신분석학적 관점, 46, 185, 319n20, 320n27. 또한 성령의 은사; 종교적 경험을 보라.
방언, 31, 45, 77, 323n17; 성경 구절, 142, 143, 144, 146; -과 치유, 148-151. 또한 성령의 은사를 보라.
베이비 붐 세대 가치, 38, 39, 83, 224, 257-258, 266-268. 또한 문화적 적합성; 최근의 종교 변화; 1960년대 반문화를 보라.
보수주의 교회, 20, 182
복음주의(evangelism), 69-70, 191-192, 252-253, 324-325n15
복음주의 교회, 20-21, 79, 183
복장, 32, 106-109, 265
복지국가 이행, 225

브렌다 브래셔(Brenda Brasher), 90
비인지적 경험(noncognitive experience). 종교적 경험을 보라.
빈야드교회, 74-83; 편입, 80-82, 256-257; -와 성령의 은사, 77, 80, 81, 143, 145; 신유 집회, 156-164; 역사, 40, 77-82; 조직 구조, 77, 82-83, 257, 321n11; 예배, 74-76, 130-131, 133-134, 156-164. 또한 새로운 패러다임 교회를 보라.
빌 골라틴(Bil Gollatin), 90, 91-95, 102-103, 106, 114
빌리 그래함(Billy Graham), 89
빌 하이벨스(Bill Hybels), 319n20
사도적 그물망, 17, 41, 319n19
사역(ministry), 34, 75-76, 134, 319n9
사회적 그물망, 118, 321n1
사회적 사역, 169-174
새들백 커뮤니티 교회(Saddleback Community Church), 17, 256, 319n20
새로운 패러다임 교회(new paradigm churches): 정의, 16-17, 18, 41-42; 대각성운동 모델, 263-266; 역사, 58-66, 68-71; -의 영향, 41-42, 255-256; 인기, 31, 40-41, 61-62, 70, 318n2; -가운데서의 유사성, 83-84. 또한 갈보리교회 운동; 호프교회 운동; 빈야드교회 운동을 보라.
선택적 친화성(elective affinity), 217
설교: 성경강해, 33-34, 64-65, 69, 89, 186; 갈보리교회 운동, 54-56, 64-65; -와 치유, 156-158, 163-164; 주류 교파, 186; 빈야드교회 운동, 75. 또한 예배를 보라.
성(sexuality), 180, 181, 182, 324n11
성결운동(holiness movement), 263
성경공부, 195-199, 318n4; -의 중심성, 33, 64; 연속 강해, 33-34, 64-65, 69, 89, 186; -와 회심 과정, 99, 101, 114, 118; -와

인간적 요구, 241-242; -와 성 역할, 175; -와 성령의 은사, 142; -와 대각성 운동 모델, 262-263, 265; -와 역사적 실재론, 166-167, 186-187; -와 종교적 신앙, 167, 195-199. 또한 작은 집단 모임을 보라.

성령, 217-221. 또한 성령의 은사를 보라.

성령강림 교회(pentecostal churches), 38, 118, 143, 263; -의 성장, 317-318n20

성령의 은사, 45, 142-152; 성경 구절, 142, 144, 146; -와 갈보리교회 운동, 64, 81, 144-145, 321n10; -와 교회편입, 257; -와 의식의 전환, 147; -와 치유, 146, 148-151, 323n15; -와 호프교회 운동, 73, 143-144; -와 예수 운동, 30-31, 144-145; -와 인도, 151; 맑스적인 관점, 155-156, 323n21; -의 긍정적 영향, 147, 323n17; 정신분석학적 관점, 147, 152, 156, 323n17; -와 빈야드교회, 77, 80, 81, 143, 145; -와 예배 음악, 147

성 역할, 174-179, 180, 204-205

세례 의식, 66-68

세미나, 211-212, 244-246, 274

소속변경, 68, 81, 256-257

소수인, 87, 238-239

소집단 모임, 33-36, 57-58, 202-207; -과 책임성, 43, 223; -과 인간적 요구, 36, 206-207, 319n11; -과 성령의 은사, 143, 144-146; -과 평신도 참여, 71-72, 206-207; -과 주류 교파, 274-276; -과 조직구조, 206-207; 여성, 36-37, 176-179, 324n9

스킵 하이직(Skip Heitzig), 234-237, 241, 246, 248, 249, 251, 253

시민자유, 181

시장 유비(market analogies). 또한 경제적 유비를 보라.

신비주의(mysticism), 58, 93. 또한 종교적 경험을 보라.

신체적 애정, 33, 206, 318n3; -과 목회, 76, 134, 319n9

신학. 종교 신앙을 보라.

아미 그랜트(Amy Grant), 132

아주사 가 부흥(Azusa Street revivals), 144

알미니안 신앙, 189

양의 점심(Lamb's Lunch), 170-171

앵글리칸, 81

에드 베이컨(Ed Bacon)

에리히 프롬(Erich Fromm), 320n27

에밀 뒤르켕(Emile Durkheim), 242, 317n8

에이미 셈플 맥퍼슨(Aimee Semple McPherson), 68

엑스 세대(X generation), 83, 132

엘아이에프이 성경대학(L.I.F.E Bible College), 68

여성: 교회 역할, 176-179, 204-205, 326n7; 가족 역할, 174-176, 178, 179; -을 위한 프로그램, 36-37, 172-173, 176-179, 324n9

여호와의 증인(Jehovah's Witness), 263

역사적 실재론(historical realism), 167, 186-188

예배, 32-34; 갈보리교회 운동, 54-56, 57-58, 63-66; 치유, 156-163; 호프교회 운동, 66-68; 주류 교파, 135-136, 186, 275-277; -와 종교적 경험, 271-272, 276; 빈야드교회 운동, 74-76, 130-131, 133-134, 156-163. 또한 성령의 은사; 설교; 예배 음악을 보라.

예배 음악, 18-19, 33, 34, 54-55; -과 교회성장, 254-255; -와 의식의 전환, 139-141; -과 현대적 양식, 131-133; -과 문화적 적합성, 38, 126-127, 140-142; -과 성령의 은사, 147; 추수 십자군운동, 87, 89; -과 예수 운동, 65, 129-130; -과 주류 교파, 135, 276-277; 목회자 참여,

331

318n7; -과 하나님과의 관계, 74-75, 135-137; -과 제2 대각성운동, 127-129
예수 교회(Jesus Chapels), 77
예수와의 관계성. 하나님을 보라.
예수 운동(Jesus movement), 60-61, 77; -과 성령의 은사, 30-31, 144-145; -과 예배음악, 65, 129-130
오덴 퐁(Oden Fong), 57
오랄 로버츠(Oral Roberts), 183-184
원시주의(primitivism), 46, 183-184, 186, 187-189, 199-200, 265
윌로우 크릭 커뮤니티교회(Willow Creek Community church), 16-17, 319n20
윌리엄 제임스(William James), 47-48, 119, 140, 142, 152, 155, 324n13
유대인, 22
유사 죽음 경험, 152-156
음악. 예배 음악을 보라.
의학적 유물론(medical materialism), 47, 120, 155
이스라엘, 182, 324n14
이슬람 원리주의, 21
이익 집단. 작은 집단 모임을 보라.
인간적 요구: -와 성경공부, 241-242; -와 교회성장, 36, 241-243, 269-271; -와 회심 과정, 112-114, 115, 121, 322n7(3장); -와 종교 신앙, 167-168; -와 작은 집단 모임, 36, 206-207, 319n11
인구학, 106, 318n5, 321n2(3장); -과 교회성장, 237-239, 326n2; 목회자들, 32-33, 177-178, 249-251, 318n6, 319n8
인종주의(racism), 181
일상화(routinization), 49, 126-127, 207-208, 215-216, 263-265; -와 조직 구조, 213-214, 219-221; -와 예배, 132, 186
잉글랜드, 81-82
자원주의(voluntarism), 258

자크 나자리안(Zac Nazarian), 67, 72-73, 84, 182
자택학습, 179
장로교(Prebyterians), 189-192. 또한 주류 교파를 보라.
잭 헤이포드(Jack Hayford), 69, 321n6
저녁놀 집회, 144-146. 또한 작은 모임 집단을 보라.
저출산 세대, 83, 131-133
접촉. 신체적 애정을 보라.
정신분석학적 관점, 147, 152, 156, 317n8, 323n17; -과 반 합리주의, 46, 184, 319n20, 320n27
정신치유적 가치, 42-43, 224, 320n22
정치적 가치, 180-183, 226, 324n14
제도 교회(institutional church). 반 제도주의; 조직구조를 보라.
제리 폴웰(Jerry Falwell), 324n15
제2 대각성운동(Second Great Awakening), 260-263, 270; -과 평신도 참여, 261-263, 265, 327n3, 327n4; 예배 음악, 127-129, 322n5(4장)
제이바티칸(Vatican II), 22
제이바티칸공의회(Second Vatican Council), 22
제자직, 119, 222-223
제프 존슨(Jeff Johnson), 80
조니 걸릭슨(Joni Gulliksen), 77-78
조언 집단, 222, 325-326nn5-7
조지 마르스덴(George M. Marsden), 324n15
조직 구조, 18, 206-231; -와 책임성, 222-225, 248-249, 325n5; 갈보리교회 운동, 62, 63-64, 81-82, 209, 213; -와 카리스마적 지도력, 221-222; -와 교회성장, 212-213, 218-220, 247-248, 257; -와 성령, 217-221; 호프교회 운동, 72-73; 주류 교파, 272, 275; -와 돈, 214-217; 운동 수준, 211-214;-와 포스트모더니

즘, 228-229; 프로그램, 35-37, 225-227; 관계적 친교, 61-62, 63-64, 321n11;-와 종교 신앙, 190-191, 212-213; -와 종파-교파 구조, 227-228; 빈야드교회 운동, 76, 81-83, 257, 321n11. 또한 평신도 운동; 일상화를 보라.

존 웨슬리(John Wesley), 127

존 윔버(John Wimber), 75, 82, 84, 132; -와 교파적 다원주의, 194-195, 257; -와 치유, 158, 159, 160, 163; -와 빈야드교회의 기원, 40, 77, 78-80, 81

존 호날드(John Honald), 72, 110-111

종교, -의 기능, 52-54

종교개혁, 30, 31, 83, 129, 322n6(4장)

종교 신앙, 18, 183-195; -과 성경공부, 64-65, 69, 167, 186, 195-199; 갈보리교회 운동, 63-65; -과 회심 과정, 103-105; -과 인간적 요구, 20, 167, 168; 교파적 다원주의, 193-195, 257; -과 가족/성 역할, 174-180; -과 근본주의, 183, 184, 187-188, 193, 324n15; -과 치유, 163-164; -과 역사적 실재론, 167, 186-187; 호프교회 운동, 73; -과 주류 교파, 183-184, 189-192, 276; 최소주의, 184, 192-193; -과 조직 구조, 190, 213; -과 포스트모더니즘, 45-46, 183-185, 186-189; 원시주의로서의-, 46, 184, 186, 187-189, 199-200, 265; -과 프로그램, 226-227; 핵심 문제로서의 죄, 167; -과 사회적 사역, 169-174; -과 정신치유적 가치, 43; 빈야드교회 운동, 75-76. 또한 성경공부;성령의 은사를 보라.

종교적 경험, 126-164, 319n12; -과 카리스마적 지도력, 48-49; -과 교회성장, 36, 48; -과 마약 사용, 152-155; -과 즐거움, 68, 270; -과 대각성운동 모델, 262, 264, 265-266, 270; -과 제임스, 47-48, 140, 142, 152, 155; -과 주류 교파, 140, 271, 275, 276-277; 두렵고 신비스러움, 146-147; -과 포스트모더니즘, 45, 184; -과 예배 음악, 135-139. 또한 성령의 은사; 하나님(예수)과의 관계; 치유; 예배 음악을 보라.

『종교적 경험의 다양성』(The Varieties of Religious Experience)(James), 47, 119, 142

종파(sect), 227-229

주류 교파(mainline denomination), -와 회심 과정, 122-123, 271-277; -의 쇠퇴, 16, 20, 37-40; -와 대각성운동 모델, 263-264; 지도력 유형, 250, 274-275; 돈, 217; 새로운 패러다임 영향, 40-41, 255-256; 조직구조, 273, 274-275; -와 예수와의 관계성, 109, 110-112, 122; 종교 신앙, 184, 189-192, 277; -와 종교적 경험, 140-141, 272, 275-276, 277; 예배, 135, 186, 275-277; 사회적 사역, 168. 또한 일상화를 보라.

지그문트 프로이트(Sigmund Freud), 46, 185, 317n8, 320n27. 또한 정신분석학적 관점을 보라.

지도력 유형, 34, 59, 70, 80-81; 카리스마적, 49-50, 221-222, 242, 265; -과 교회개척, 71, 242, 249-251; -과 평신도 참여, 35-37, 206-207, 209-210; 주류 교파, 250, 274; 제2 대각성운동, 261-262, 327n3; -과 예배 음악, 135-136. 또한 평신도 참여; 조직구조; 목회자들을 보라.

지미 스와가르트(Jimmy Swaggart), 183

지침 자료, 65, 246, 254; 분권화, 63, 213; -와 돈, 215-216, 217, 325n1

진정성, 108

집단흥분, 242
찰스 웨슬리(Charles Wesley), 127,129
창조론, 182
책임, 119, 123, 213; -과 조직 구조, 222-225, 248, 325n5; -과 작은 집단 모임, 42-43, 224
척 미슬러(Chuck Missler), 57
척 스미스(Chuck Smith), 79-81, 86, 178, 245, 253; -와 갈보리 교회 운동의 기원, 40, 58-63; -와 개척교회, 212, 246; -와 회심 과정, 87-89, 94-95; -와 성령의 은사, 143-145, 321n10, 돈에 관한, 214, 249; -와 조직 구조, 209, 212, 213; 정치적 가치, 181, 182, 324n14; 종교 신앙, 63-65, 193-194; -와 예배 음악, 129-130, 131-132
척 지라드(Chuck Girard), 78
척 프롬(Chuck Fromm), 130
청소년 프로그램, 20, 102-105
최근의 종교적 변화, 18-22; -와 반 제도주의, 16, 21, 40-41, 82-83, 266-268; -와 문화적 변형, 31-32, 38-39; 경제적 유비, 18, 38-40, 53-54, 326n8; 역사적 형태로서의, 17, 260-263; -와 개인주의, 257-258; 주류 교파 쇠퇴, 16, 20, 37-40; -와 다원주의, 317n11; 제2의 종교개혁으로서의, 30, 31; 사회학적 관점, 19-20, 21, 37. 또한 문화적 적합성; 인간적 요구를 보라.
추수 십자군 운동(Harvest Crusades), 86-89, 105
치유, 136-139, 156-164; -와 성령의 은사, 146-147, 148-150, 323n15
침례교(Baptists), 18, 20, 64, 261. 또한 주류 교파를 보라.
카를 터틀(Carl Tuttle), 79, 182
카리스마(charisma), 48-50, 221-222, 242, 265
카리스마적 교회, 38, 118

칼뱅주의(Calvinist) 신앙, 189
케빈 스프링거(Kevin Springer), 130-131
케이 스미스(Kay Smith), 59
켄 걸릭슨(Kenn Gulliksen), 40, 77-78, 79-80, 321n10
퀘이커(Quakers), 79
텔레비전 복음주의(televangelism), 144, 184, 221
토드 프록터(Todd Procter), 90, 103
톰 스타입(Tom Stipe), 132
평신도 참여, 38, 71-72, 206-209, 220-221; -와 대각성운동 모델, 261-262, 266, 327n3, 327n4; -와 지도력 유형, 35-37, 206-207, 208-209
포스퀘어 복음교파(Foursquare Gospel denomination), 58, 68-69, 73, 143, 321n10
포스트모더니즘(postmodernism), 45-46, 184, 187-189, 228-229
풀러 복음주의 협의회, 79
프로그램, 20, 34-37, 225-227, 269. 또한 작은 집단 모임을 보라.
프로미스 키퍼(Promise Keepers), 324n7
피터 드러커(Peter Drucker), 229, 231
하나님(예수), -과의 관계성, 45; -과 회심 과정, 109, 110-112, 116-117, 120, 121; -과 종교 신앙, 183-184, 192, 199; -과 예배 음악, 74-75
하나님의 성회(Assemblies of God), 21, 82
하비 콕스(Harvey Cox), 317n20
헌금, 33, 75, 133-134
헌신, -에의 초대, 34, 56, 76, 88-89, 105, 134. 또한 회심 과정을 보라.
호라이즌 크리스천 펠로우십(Horizon Christian Fellowship), 252
호프교회 운동, 66-73; -과 성령의 은사, 73, 143; 역사, 40. 68-71; 예배, 66-68. 또한 새로운 패러다임 교회를 보라.

환각 경험. 종교적 경험을 보라.

회심 과정, 86-123; 사례 연구, 91-102; -과 교회성장, 121-123; -과 문화적 적합성, 105-109, 122; -과 인간적 요구, 112-114, 115, 122-123, 322n7(3장); -과 인구학, 321n2(3장); -과 옛 가톨릭 신자, 109-112; -의 열매, 47-48; 추수 십자군 운동, 86-90; 운동 지도자, 72-73, 77-78, 87-89; 회심 후 삶의 방식, 118-119;-과 라디오 프로그램, 254; -과 사회적 그물망, 118, 321n1; -의 이론들, 119-120; 촉발 사건, 114-116; 전환점, 116-117; -과 청년 프로그램, 102-105. 또한 헌신에의 초대; 종교적 경험을 보라.

회중교(congregationalists), 18. 또한 주류 교파를 보라.

『후기교파주의 시대』(postdenominational era), 16, 40-41

『후기자본주의 사회』 *(Post-Capitalist Society)*(Drucker), 229

훈련, 63-65, 212, 213, 244-246, 274-275